PEQUENO DICIONÁRIO de Grandes PERSONAGENS HISTÓRICOS

PEQUENO DICIONÁRIO de Grandes PERSONAGENS HISTÓRICOS

José Maria Gomes de Souza Neto
Kalina Vanderlei Silva
Karl Schurster

ALTA BOOKS
EDITORA
Rio de Janeiro, 2016

Pequeno Dicionário de Grandes Personagens Históricos

Impresso no Brasil — 1ª Edição, 2016.

Edição revisada conforme Acordo Ortográfico da Língua Portuguesa de 2009.

Produção Editorial
Editora Alta Books

Gerência Editorial
Anderson Vieira

Assistente Editorial
Jessica Carvalho

Supervisão Editorial
Sergio Luiz de Souza

Produtor Editorial
Claudia Braga
Thiê Alves

Design Editorial
Aurélio Corrêa

Marketing Editorial
marketing@altabooks.com.br

Captação e Contratação de Obras Nacionais
J. A. Rugeri
Marco Pace
autoria@altabooks.com.br

Vendas Atacado e Varejo
Daniele Fonseca
Viviane Paiva
comercial@altabooks.com.br

Ouvidoria
ouvidoria@altabooks.com.br

Equipe Editorial
Bianca Teodoro
Carolina Giannini
Christian Danniel
Izabelli Carvalho
Jessica Carvalho
Juliana de Oliveira
Renan Castro
Silas Amaro

Revisão Gramatical
Alessandro Thomé
Priscila Gurgel Thereso

Diagramação
Lucia Quaresma

Layout, Ilustrações e Capa
Aurélio Corrêa

Dados Internacionais de Catalogação na Publicação (CIP)

S729p Souza Neto, José Maria Gomes de.
Pequeno dicionário de grandes personagens históricos / José Maria Gomes de Souza Neto, Kalina Vanderlei Paiva da Silva, Karl Schurster. – Rio de Janeiro, RJ : Alta Books, 2016.
512 p. : il. ; 24 cm.

Inclui bibliografia.
ISBN 978-85-7608-943-8

1. Biografia - Dicionários. 2. Personagens históricos. 3. História. I. Silva, Kalina Vanderlei Paiva da. III. Schurster, Karl. IV. Título.

CDU 929(038)
CDD 920.02

Índice para catálogo sistemático:
1. Biografia : Dicionários 929(038)

(Bibliotecária responsável: Sabrina Leal Araujo – CRB 10/1507)

ALTA BOOKS
EDITORA

Rua Viúva Cláudio, 291 — Bairro Industrial do Jacaré
CEP: 20970-031 — Rio de Janeiro
Tels.: 21 3278-8069/8419 Fax: 21 3277-1253
www.altabooks.com.br — e-mail: altabooks@altabooks.com.br
www.facebook.com/altabooks — www.twitter.com/alta_books

O livro que o leitor tem agora em mãos é o produto final de anos de intenso trabalho e pesquisa, e ao concluí-lo, desejamos destacar duas pessoas muito especiais: Francisco Carlos Teixeira da Silva e Tany Mara Monfredini (in memoriam).

A vocês, dedicamos esta obra.

Agradecimentos

Um trabalho desse volume não pode ser feito a seis mãos. Ao longo dos anos, contamos com a ajuda preciosa de vários colegas e amigos, que nos emprestaram bibliografia, discutiram conosco, leram e comentaram nossos textos. Dessa forma, agradecemos a grande ajuda de Albino Dantas, Ana Cristina Barros, André Bueno, Carlos Eduardo Campos, Daniel Breda, Félix Jácome, Igor Lapsky, Leandro Ricon, Luiz Henrique Bonifácio, Magno Michel Marçal, Wagner Teobaldo, Aída Barros, Phillipe Augusto e Jairo Fernandes e a todos nossos alunos, fontes de inspiração de nosso trabalho. Agradecemos muito ao nosso editor Rugeri e a toda a equipe da Alta Books. Sem vocês, a realização deste trabalho não seria possível.

SUMÁRIO

Apresentação xvii
A História Contada Por Meio da Vida de Seus Personagens

Introdução xxi
Saindo da Torre de Marfim: A Biografia no Tempo

PARTE I
Exploradores Do Infinito

Enheduanna — Sacerdotisa acadiana, c. 2285–2250 a.C. 3
O Ornamento do Céu

Cai Lun — Cortesão chinês, c. 50–121 8
O Marquês de Papel e o Engenho Chinês

Mawlana Rûmi — Místico sufi e poeta persa, 1207–1273 14
"A Alma do Amado Possui o que é Meu"

Leonardo da Vinci — Artista e cientista italiano, 1452–1519 19
As Proporções do Gênio Renascentista

Cristóvão Colombo — Navegador italiano, século XVI 25
Almirante de Oceanos Desconhecidos

Teresa D'Ávila — Poetisa e religiosa espanhola, 1515–1582 29
O Êxtase Místico

Isaac Newton — Físico inglês, 1642–1727 35
O Gênio da Maçã e da Gravidade

Charles Darwin — Naturalista inglês, 1809–1882 40
A Marcha das Criaturas

Sigmund Freud — Médico austríaco, 1856–1939 46
O Eu Atormentado entre a Dizibilidade e o Silêncio

Albert Einstein — Físico alemão, 1879–1955 51
Uma Nova Interpretação do Universo

Helen Keller — Ativista norte-americana, 1880–1968 56
A Cada Coisa um Nome

Yuri Gagarin — Cosmonauta russo, 1934–1968 62
Às Estrelas com o Comunismo

PARTE II
COMETAS E SEU BRILHO: OS LÍDERES POLÍTICOS

Hatshepsut — Rainha egípcia, 1508–1458 a.C. 71
A Faraona

Ramsés II — Faraó egípcio, c. 1303–1213 a.C. 76
O Sorridente Todo-Poderoso

Nabucodonosor II — Rei babilônico, c. 634–562 a.C. 82
Senhor da Taça de Ouro

Júlio César — Político romano, 100–44 a.C. 87
Caesar sum, Non rex

Cleópatra — Rainha egípcia, 69–30 a.C. 92
Rainha entre Reis

Qin Shi Huangdi — Imperador chinês, 259–210 a.C. 97
Um Único Governante para Tudo-Abaixo-do-Céu

Teodora — Imperatriz bizantina, c. 500–548 103
Da Jaula dos Ursos ao Trono Imperial

Carlos Magno — Rei franco, 742/47/48–814 108
O Patriarca do Ocidente

Harun Al-Rashid — Califa islâmico, 763/766–809 113
O Monarca das Mil e Uma Noites

Mansa Mussa — Imperador malinês, século XIV 119
Grande Senhor da Gente Preta

Pachacutec Inca — Imperador inca, século XV 124
O Senhor dos Quatro Cantos do Mundo

Montezuma II — Imperador asteca, 1466–1520 128
A Águia da Rocha de Cacto

Nzinga Mbandi — Rainha do ndongo, c. 1582–1663 133
Jinga, A Rainha do Congo

Maurício de Nassau — Militar alemão, 1604–1679 138
Príncipe Renascentista abaixo do Equador

Luís XIV — Monarca francês, 1638–1715 144
A Glória Absoluta

Catarina, a Grande — Monarca russa, 1729–1796 150
A "Mãezinha" de Todas as Rússias

Vitória — Monarca inglesa, 1819–1901 155
Rule, Britannia

Lênin — Revolucionário russo, 1870–1924 160
O Cérebro de uma Revolução

Adolf Hitler — Ditador alemão, 1889–1945 166
O Pesadelo do Século XX

Mao Zedong — Líder chinês, 1893–1976 172
O Timoneiro Vermelho das Massas Chinesas

PARTE III
PONTES COM O DIVINO

Krishna — Divindade humanizada indiana 181
Supremo Senhor

Moisés — Profeta hebreu 187
Shelah et ami

Sidarta Gautama, o Buda — Religioso indiano, c. 560–480 a.C. 193
O Caminho para a Libertação

Lao Zi — Místico chinês, século vi a.C. 199
Guia do Caminho

Jesus de Nazaré — Religioso judeu, c. 4 a.C.–c. 30/33 d.C 204
O Pregador Galileu

Maomé — Profeta árabe, 570–632 209
Recita!

PARTE IV
OS DEMIURGOS

Homero — Poeta grego, século VIII a.C. 217
O Educador da Hélade

Confúcio — Pensador chinês, 551–479 a.C. 223
O mestre e seus ditos

Sófocles — Teatrólogo ateniense, 496–404 a.C. 228
A Tragédia de Ser Humano

Sócrates — Pensador helênico, 469–399 a.C. 235
Incômodo Moscardo, Loquaz Vagabundo

Vatsyayana — Filósofo indiano, início da era cristã 241
A Etiqueta do Amor da Índia Clássica

Agostinho de Hipona — Religioso e pensador romano, 354–430 247
O Santo Pecador da Filosofia Cristã

Li Bai — Poeta chinês, 701–762 252
Imortal da Poesia, Eremita do Verde Lótus

Murasaki Shikibu — Escritora japonesa, c. 970–c. 1010 257
A Criadora do Desejo

Averróis — Filósofo andaluz, 1126–1198 262
O Ornamento do Universo

Maimônides — Filósofo andaluz, 1135–1204 267
Ninguém há como Moisés

Dante Alighieri — Poeta italiano, 1265–1321 272
Cruzando Céus e Infernos da Alma Humana

Ibn Khaldun — Historiador magrebino, 1332–1406 277
Escrevendo a Primeira História Universal

Martinho Lutero — Teólogo alemão, 1483–1546 283
O Reformador

William Shakespeare — Poeta, dramaturgo e ator inglês, 1564–1616 289
Inverno dos Descontentamentos

Miguel de Cervantes — Escritor espanhol, 1547–1616 295
Retratista da Triste Figura

Sóror Juana Inés de la Cruz — Religiosa e escritora mexicana, c. 1648–1695 300
A Décima Musa

Voltaire — Filósofo francês, 1694–1778 305
A Ironia contra o Absolutismo

Karl Marx — Economista alemão, 1818–1883 311
O Mundo Como Luta Econômica

Machado de Assis — Escritor brasileiro, 1839–1908 316
O Bruxo do Cosme Velho

Gilberto Freyre — Sociólogo brasileiro, 1900–1987 321
Por uma Civilização Mestiça

Charlie Chaplin — Cineasta inglês, 1889–1977 326
Artesão de Emoções Filmadas

PARTE V
HERÓIS DA RESISTÊNCIA

Hipácia de Alexandria — Filósofa egípcia, 370–415 335
Mártir da Ciência, Vítima do Obscurantismo

Zumbi — Líder escravo brasileiro, c. 1655–1695 340
O General da Cerca Real de Macaco

Chica da Silva — Liberta brasileira, c. 1731–1796 346
A Rainha das Gerais

Emiliano Zapata — Revolucionário mexicano, 1879–1919 350
¡Viva la Revolución!

Gerônimo — Líder apache, 1829–1909 355
Voz dos Espíritos, Terror dos Mexicanos

Gandhi — Líder político e espiritual indiano, 1869–1948 .... **360**
O Líder da Roca e do Calmo Pensar

Che Guevara — Revolucionário argentino, 1928–1967 .... **366**
O Belo e Peripatético Ícone da Revolução

Martin Luther King Jr. — Líder norte-americano, 1929–1968 .... **372**
O Sonhador

Nelson Mandela — Presidente sul-africano, 1918–2013 .... **377**
A Luta é Sua Vida

Billie Holiday — Diva do jazz, 1915–1959 .... **383**
Lady Day: a mais comovente voz do jazz

Os Beatles — Músicos ingleses, 1960–1970 .... **388**
Os Quatro Cabeludos

PARTE VI
OS SENHORES DA GUERRA

Gilgamesh — Guerreiro e líder sumeriano, III milênio a.C. **397**
O Primeiro Herói da História

Alexandre Magno — Imperador macedônico, 356–323 a.C **402**
Ponte entre o Ocidente e o Oriente

Átila — Chefe huno, c. 400–454 .... **408**
O Flagelo de Deus

Saladino — Sultão do egito, c. 1138–1193 .... **414**
O Mais Perfeito Cavaleiro

Gengis Khan — Conquistador mongol, 1155–1227 419
O Maior Conquistador do Mundo

Joana D'Arc — Líder militar francesa, 1412–1431 426
A Santa Guerreira da França

Miyamoto Musashi — Samurai japonês, 1584–1645................ 431
O Espadachim Lendário

Napoleão Bonaparte — Imperador francês, 1769–1821........... 436
A Águia que Voa de Campanário em Campanário até Notre Dame

Simón Bolívar — General venezuelano, 1783–1830 442
Aquele que Arou no Mar

Osama Bin Laden — Terrorista saudita, 1957–2011 447
Onze de setembro

POSFÁCIO 455

BIBLIOGRAFIA 457

Apresentação

A História Contada Por Meio da Vida de Seus Personagens

É uma pintura que nos põe diante dos olhos, nem mais nem menos que num quadro, as coisas dignas de memória, que outrora fizeram os povos poderosos, os reis e príncipes magnânimos, os sábios governadores, e valentes capitães e personagens marcadas por alguma notável qualidade, representando-nos os costumes das nações estrangeiras, as leis e hábitos antigos, os desígnios dos homens particulares, os seus conselhos e empreendimentos, os meios que empregaram para triunfar e os seus desregramentos quando atingiram os mais altos ou quando desceram aos mais baixos graus da fortuna [...].[1]

A História pode ser contada de diferentes maneiras, e uma delas é por meio das biografias. Afinal, um de seus grandes apelos é fazer o leitor embarcar em novos mundos, muitas vezes vistos como estranhos e fascinantes. E a possibilidade de viajar por cidades, costumes e cotidianos dos mais distintos gera um sentimento de fascínio crescente, visível no vultoso número de romances históricos, filmes, programas de televisão e outros tantos produtos que têm a História como tema e onde os personagens centrais são homens e mulheres cujas vidas servem de fio condutor para um grande enredo de aventuras e desventuras, o qual tem como pano de fundo reinos, cidades e cenários às vezes considerados "exóticos".

Pensando nisso, este *Pequeno Dicionário de Grandes Personagens Históricos* segue esse fascínio pela História aventurosa e apresenta sociedades e contextos históricos fundamentais à compreensão da História como a entendemos a partir das vidas de alguns de seus protagonistas. Trabalhando com biografias, um gênero literário fronteiriço entre História e Literatura, acompanhamos personagens cujas vidas servem de ilustração para as estruturas sociais, políticas e culturais nas quais viveram. São líderes políticos, conquistadores e guerreiros, mas também artistas, cientistas e filósofos, homens e mulheres de todos os continentes e épocas, cujas vidas funcionam como um convite para nos aproximarmos de seu mundo e adentrarmos nessas outras realidades fascinantes.

---

[1] PLUTARCO. *As vidas dos homens ilustres*, Tomo I. São Paulo: Editora das Américas, 1959, p. 24.

Assim, dividimos nossos protagonistas ao longo de seis partes temáticas que exploram as facetas mais conhecidas ou atuantes da vida de cada um. Começamos, em *Exploradores do Infinito*, a acompanhar cientistas, místicos e aventureiros que puseram à prova os limites do conhecimento de sua época. Esse ato de desafio manifestou-se das mais variadas formas: da coragem em assumir a autoria quando ninguém jamais o fizera, como Enheduanna, de se lançar aos espaços desconhecidos das amplitudes exteriores, como Colombo e Gagarin, àqueles mais recônditos, como os casos de Helen Keller e Freud.

Em seguida debruçamo-nos sobre aqueles comumente conhecidos como os "grandes líderes", ou seja, homens e mulheres que exerceram papéis de liderança tão importantes que influenciaram as estruturas a sua volta: de Hatshepsut a Mao Zedong, esses líderes seriam, nas palavras de Napoleão, cometas destinados a se queimar para iluminar o século em que viveram.[2]

No entanto, alguns líderes, mais do que pela política, mudaram suas sociedades a partir da religião. Assim, em *Pontes com o Divino* procuramos os fundadores dos grandes sistemas religiosos, de Jesus a Maomé, sem esquecer os míticos Krishna, Moisés e Lao Zi, cujos nomes ainda são reverenciados por milhões de pessoas.

Já a parte *Os Demiurgos* acompanha artistas e pensadores que foram considerados gênios por seus contemporâneos e sua posteridade, cujas obras de uma forma ou de outra estão vivas em nosso cotidiano. A palavra "demiurgo" lembra o papel desses personagens como criadores do gênero humano. São figuras clássicas do pensamento ocidental, como Sócrates, filósofos menos discutidos nos manuais de História, como Averróis e Ibn Khaldun, e outros menos conhecidos dos leitores ocidentais, como Vatsyayana e Li Bai.

Passamos então aos *Heróis da Resistência*, em que procuramos resgatar a ideia de herói a partir de personagens célebres por suas lutas contra situações históricas opressivas: de Zumbi e Chica da Silva, e suas formas opostas de enfrentar a escravidão colonial, a pacifistas como Gandhi, Luther King e Mandela, sem esquecer aqueles que optaram pela revolta armada, como Zapata e Che.

---

[2] Essa citação de Napoleão foi referida por McGUIRE, Leslie. *Napoleão*. São Paulo: Nova Cultural, 1987.)

Finalmente, Os *Senhores da Guerra* segue guerreiros e conquistadores, aqueles cuja fama se deveu primordialmente ao sucesso nos campos de batalha. Do primeiro desses combatentes, o mítico Gilgamesh, aos santificados, como Joana D'Arc, e execrados, como Átila.

Enfim, cada biografia entrelaça a vida do personagem retratado com o processo histórico do qual ele se tornou símbolo. E se a vida do protagonista não pode ser compreendida fora de seu contexto, acreditamos que ela pode nos ajudar a melhor entender o cenário no qual aquele viveu. Assim, desejamos que a leitura deste *Pequeno Dicionário de Grandes Personagens Históricos* possa abrir novos horizontes para a diversidade de contextos que permeia a presença da humanidade no mundo.

Boa viagem!

Introdução

Saindo da Torre de Marfim: A Biografia no Tempo

Karl Schurster e Leandro Couto Carreira Ricon

O historiador francês François Dosse, em seu relevante e amplo estudo acerca do gênero biográfico[1], afirma com certo humor irônico: "Não contem para minha mãe que sou biógrafo: ela pensa que sou historiador". Essa sentença, baseada na própria prática desse historiador em escrever biografias, encerra algumas reflexões acerca dos estudos biográficos ao longo do século XX. Automaticamente pensemos em duas, que estão estritamente interligadas: em primeiro lugar, essa afirmação demonstra que em alguns núcleos acadêmicos ou mesmo perante generosa parcela do grande público ainda impera uma negação das pesquisas biográficas, e, em segundo lugar, a biografia passa a aparecer como gênero relegado às curiosidades, sem valor documental, principalmente se pensarmos em uma historiografia cientificamente orientada. Devemos, contudo, compreender esse gênero de escrita, que é um dos mais expressivos — e debatidos — de nosso tempo presente.

As narrativas de histórias de vida, biografias, surgiram na Grécia Antiga ao mesmo tempo em que surge a História como ramo de conhecimento. Nesse momento do passado humano, essas escritas serviram a uma ordem pedagógica, de ensinamentos mínimos ao cidadão do contexto. Tal qual a História, a escrita biográfica fundamentava-se em também ser uma *mestra da vida*, se quisermos utilizar uma expressão do período. Daniel Madelénat, ao dividir as possibilidades de escrita biográfica em momentos distintos[2], afirmou que a biografia entre a Antiguidade e o século XVIII, mesmo sofrendo variadas modificações, mantém a lógica de instrumentalidade e

---

[1] DOSSE, François. *O desafio biográfico: escrever uma vida.* São Paulo: EDUSP, 2009, p. 19.)

[2] MADELÉNAT, Daniel. *La biografie.* Paris: PUF, 1984. As *biografias clássicas*, ocorridas entre Antiguidade e o século XVIII, as *românticas*, praticadas entre o século XVIII e meados do XX e as *biografias modernas*, escritas até nossa contemporaneidade.

finalidade e ainda demonstrou que essa tipologia de estudo, quando se trata da Antiguidade Clássica, deve ser compreendida a partir do declínio da *pólis* grega, mesmo momento em que a vida coletiva vai se esvaindo, surgindo, assim, por exemplo, as biografias elogiosas, principalmente políticas, e unidas à memória, que tinham como uma de suas funções o resgate de um sentido de unidade que se perdia a cada momento.

Nessa Antiguidade encontramos, por exemplo, autores como Suetônio e seu *A Vida dos Doze Césares*, e Plutarco, um dos principais autores do gênero e o primeiro a escrever biografias a partir de uma abordagem próxima a um comparativismo: *Vidas Paralelas*. Nesses estudos, comparando personagens gregos e personagens romanos, ocorre um confronto simbólico entre as duas principais culturas de seu momento, a Grega e a Romana. Esse autor, nascido em torno do ano de 46 em Queroneia, acabou se inserindo nas discussões historiográficas devido à pluralidade de personagens analisados e às pequenas curiosidades analisadas, relevantes, também, para a compreensão dos atores, uma inovação para o modelo dentro do período. Associando o público com o privado, sua linguagem possui um pleno sentido dramático que acaba por conduzir sua narrativa. Tal característica fazia-se necessária para os anseios biográficos do contexto, bem como a junção da ética com a verdade e com a política — afinal, o mundo grego estabeleceu fortes parâmetros para esses três fatores.

Dentro da própria percepção da Antiguidade, porém, essa possibilidade de escrita histórica encontrou certa resistência, não sendo tida, necessariamente, como algo próximo à História desde seu surgimento. Tucídides, em sua *A Guerra do Peloponeso*, já percebia problemas nessa modalidade, tal qual Tito Lívio. Até mesmo Políbio, em suas *Histórias*, já demonstrava a distinção entre História e biografia, e o próprio Plutarco também tinha suas dúvidas acerca das narrativas de vida, demonstrando a percepção de diferenças entre a biografia e a História ao longo de sua obra.

A Idade Média manteria a principal característica das biografias da Antiguidade: o cunho pedagógico. As biografias, nessa época, ainda eram utilizadas para demonstrar à população como viver, mas com uma diferença: enquanto na Antiguidade grega e romana a vida estava atrelada à prática política — afinal, era o período de afirmação da *democracia* grega e das possibilidades da *república* romana —, na Idade Média, passou a estar presa à moralidade religiosa cristã, que se reafirmava cada vez mais em território europeu com a ampliação hegemônica da Igreja. Durante o medievo, reinaram, então, as hagiografias, já que a figura da santidade e do próprio santo, representativa do Bem numa visão profundamente maniqueísta, deve ser lembrada por ter vencido alguma adversidade.[3] Esse também é o momento no qual as crônicas começam a se consolidar, e, já no século XIV, o escritor italiano Giovanni Boccaccio escreveu uma biografia de Dante Alighieri, o *Tratado em louvor a Dante*. Dante, que morrera pouco tempo antes da escrita dessa biografia, teve seu texto biográfico baseado em documentos, uma característica inovadora da época, já que a Antiguidade tendia a analisar os relatos orais e mitológicos com maior percepção de que eram verídicos do que as próprias possibilidades documentais que o momento oferecia.

Ocorreu então, com o Renascimento italiano, uma modificação no padrão da escrita das histórias de vidas, surgindo as primeiras biografias anedóticas e satíricas, sem, contudo, perderem determinadas características educacionais, assim como as modelagens anteriores. No Renascimento, marcado pela impressão em série de textos, proporcionada pela imprensa de Gutenberg e a "redescoberta" da Antiguidade[4], o indivíduo começa a ter e a perceber sua importância, fazendo com que os textos de memória ganhem relevância. Desta forma, as escritas acerca da vida de determinados indivíduos começam a se colocar como fonte para a História. Já no século XVI, Giorgiu Vasari escreveu seu texto *Sobre a vida dos mais excelentes pintores, escultores e arquitetos*, demonstrando que as mais plurais personagens agora eram biografadas, marcando uma retomada da preocupação com a vida particular de seus atores. Por último, podemos perceber que, com o início do processo de individualização ocorrido na Europa durante o Renascimento, uma das práticas que se transformou em comum foi a produção de autobiografias. Essa característica de produção autobiográfica acabaria se transformando em uma tônica para os estudos históricos da vida privada, principalmente no século XIX e final do XX.

Após estas, o gênero biográfico não sofreria significativas modificações até sua próxima guinada, ocorrida apenas no processo de instauração de uma mentalidade iluminista. Quanto a esse momento, podemos lembrar

---

[3] Para mais informações, ver o verbete sobre Agostinho de Hipona.

[4] Chamamos aqui de "redescoberta", já que o Renascimento se consolidou na historiografia como uma invenção de historiadores dos séculos XVIII e XIX, notadamente os iluministas e os românticos, que, por seu afastamento da Idade Média, acabam não percebendo as características desta no próprio movimento chamado, então, de Renascimento.

da tentativa de reescrita da história de determinado personagem, anulando, assim, seus defeitos, como fez o teólogo e bispo francês Jacques Bossuet, um dos primeiros a defender a teoria do absolutismo político, com suas *Orações fúnebres*. Pouco após esse contexto sociocultural, no ano de 1721, ocorreu a dicionarização da palavra "biografia", designando, à época, "um gênero que tinha por objetivo a vida dos indivíduos".[5] Nesse século XVIII, os atores biografados da Antiguidade e do medievo vão sendo lentamente substituídos pela figura dos grandes homens — aqueles que prestaram algum serviço para seu mundo coletivo. Essa figura de grande homem reinaria na historiografia até o gênero biográfico sofrer um interdito na passagem do século XIX para o XX.

O movimento iluminista, em sua busca de uma racionalização do mundo, modificou a estrutura das escritas biográficas existentes até então, e se as biografias anteriores demonstravam modelos de vida a serem seguidos, a partir do Iluminismo elas se transformaram num modelo narrativo a ser seguido. Nesse momento, iluministas como Voltaire e David Hume escreveram seus textos biográficos ou com aproximações biográficas. Contudo, não ocorreu uma plena unidade nessas escritas: enquanto Hume, acreditando que a biografia criava uma possibilidade de auxílio para a compreensão total da História, escreveu sua obra acerca de Carlos I da Inglaterra com uma caracterização heroica, Voltaire analisou Luís XIV e Carlos XII da Suécia de forma humana e, portanto, dúbia e passível de erros.

Ainda ocorriam, porém, divergências acerca da validação epistemológica da biografia: enquanto Jean-Jacques Rousseau acreditou na possibilidade e relevância do gênero escrevendo, por fim, sua autobiografia (*Confissões*), Diderot, por sua vez, afirmava que uma biografia nunca seria suficiente para captar a essência de um indivíduo, ou seja, nunca seria afirmada numa forma estritamente científica. O que, contudo, não necessariamente excluía a possibilidade de se biografar determinado indivíduo — ambos, Rousseau e Diderot, acreditavam que o diálogo com o método era o melhor caminho para a pesquisa histórica e para a execução das narrativas de vida. Podemos lembrar que nesse período, bem como desde o início da modernidade, a preocupação com o método tornou-se tônica no pensamento ocidental. Essa pretensão de rigor metodológico fez com que, em 1791, James Boswell publicasse *A Vida do Dr. Samuel Johnson*, texto que possuía plenas

---

5 DEL PRIORE, Mary. *Biografia: quando o indivíduo encontra e história*. TOMO I, v.10, n.19, 2009, p. 8.

pretensões de contar apenas a verdade, evitando as adulações, tão comuns nessa época — para isso, por exemplo, o autor recorreu a entrevistas, algo novo no período. Logo, ao contar a vida de Samuel Johnson, também autor de biografias, Boswell passou a ser um dos primeiros a se preocupar com sua personagem integralmente, buscando a exemplificação de qualidades e defeitos. Esse momento, a transição entre os séculos XVIII e XIX, marcado pelo aprofundamento das relações individuais iniciadas com o Renascimento e seguido pela ascensão da burguesia, é o momento no qual ocorre o surgimento do biógrafo profissional, aquele indivíduo que se dedica à análise da vida de outro indivíduo de forma sistematizada e continuada.

É chegado então o século XIX, aquele que ficou conhecido como sendo "o século da História" e, logicamente, das biografias. O momento no qual a História ganhou ampla relevância. Cientificou-se e se transformou em disciplina. Esse contexto que presenciou profundas mudanças em todos os segmentos da vida humana acabou influenciando toda a produção histórica, bem como a teoria (e, por que não, a filosofia) e a metodologia da História. Nesse século, no que tange à escrita biográfica, ocorrem duas posições díspares: primeiramente acontece certa superestimação desse gênero, logo a produção em determinados núcleos ampliou-se pelos mais diferentes motivos; em segundo lugar ocorre, em núcleos específicos, uma subestimação da escrita biográfica, processo que acaba afastando esse tipo de produção. Essa contradição, muitas vezes litigiosa, de núcleos historiográficos, acaba sendo, na verdade, as próprias contradições que a sociedade europeia do "século romântico" percebe. O prisma analítico da História se configurou em uma pluralidade de possibilidades que acabariam sendo responsáveis por determinada relativização e hiperespecialização dessa disciplina.

Para o primeiro grupo de historiadores, a produção biográfica do século XIX faz a união entre a relevância do indivíduo e a importância das histórias nacionais. É o momento do enfoque heroico do indivíduo biografado, tão popularizado por Thomas Carlyle, mesmo que não seja o único modelo a dominar entre aqueles autores que permanecem fiéis à escrita de vidas.

Neste sentido, alguns autores acabaram se tornando famosos ao longo de suas vidas por sua quantidade e qualidade de produção. Entre eles, destacam-se: o historiador e filósofo da história e da cultura Jacob Burckhardt e seu método patológico, baseado no sofrimento dos homens, demonstrando, assim, que a ideia de progresso histórico é equivocada; o crítico e historiador francês Hippolyte Taine, que procurou uma psicologia que afastasse as contradições entre o particular e o geral — além de ambos serem reconhecidos, também, por buscarem uma dimensão antianedótica na escrita biográfica; e o filósofo e historiador francês Jules Michelet, que, escrevendo textos acerca de Dante e de Napoleão Bonaparte, buscou fazer com que a História (biografada) servisse à construção de determinada ideia nacional, uma sensação de se pertencer à determinada coletividade delimitada.

Leopold von Ranke, um dos autores mais relevantes do cenário da produção historiográfica do século XIX, percebia na biografia um complemento ao trabalho do historiador, chegando a escrever os textos biográficos sobre Albrecht von Wallenstein, militar e político boêmio, e sobre o barão Karl August von Hardenberg, relevante estadista prussiano. Todavia, esse mesmo autor acabou encontrando dificuldades em compensar a neutralidade objetiva que ele mesmo constantemente propunha, uma vez que o biografado, pelo simples fato de ser humano, desperta as mais variadas sensações no biógrafo, o que se amplia até a sua narrativa.

Vale lembrarmos, também, que Wilhelm Dilthey foi outro a lançar mão de estudos biográficos, percebendo nestes validade científica, como é o caso, por exemplo, de seus estudos acerca do filósofo Gottfried Leibniz, dos escritores Friedrich Schiller e Wolfgang von Goethe, nos quais procurava explicitar suas concepções psicológicas e epistemológicas. A partir da leitura das obras biográficas de Dilthey notamos que, para esse pensador, o estudo biográfico existe, já que a relação entre a parte (indivíduo) e o todo (sociedade) forma o que pode ser chamado de *teatro da História*.

Para o segundo grupo de historiadores do século XIX, as biografias eram consideradas naturalmente a-históricas. Assim sendo, reduzindo o lugar dos indivíduos, este acabou sendo "esmagado pela lei".[6] Ou seja, a busca por leis gerais comum, por exemplo, no positivismo francês que explicariam amplamente a dinâmica social, dificulta ou mesmo inviabiliza a prática biográfica nos centros historiográficos. A partir daí, a pequena gama de autores que ainda praticava esse gênero começa a se preocupar com dois temas: primeiramente o indivíduo biografado passa a ser compreendido como um ser social e, em segundo lugar, passa a ser necessário levar em

---

[6] LORIGA, Sabina. "A biografia como problema". In: REVEL, Jacques (org). *Jogos de escalas: a experiência da microanálise*. Rio de Janeiro: FGV Editora, 1998, p. 230.

conta o lado psíquico do indivíduo e da cultura social, características que se ampliariam durante o século XX.

Dessa forma, ocorre um afastamento do gênero biográfico, da possibilidade epistemológica da História, possibilidade esta tão procurada nos séculos anteriores, se aproximando, portanto, de uma narratividade não problematizadora. As biografias passariam, com isso, a ser produzidas por literatos, sem um rigor metodológico específico e sem problematizações científicas. Logo, podemos perceber que, apesar de mudar de foco, o interesse pelas biografias ainda persistia entre certos leitores e autores.

Após esse historiograficamente conturbado "século da História", a biografia começa a ser questionada nos meios acadêmicos como gênero menor. Somou-se a esse fato a larga produção que entregava importância exacerbada às curiosidades das vidas ilustres, o que diretamente elaborava personagens incompletos. Todavia, o costume historiográfico contemporâneo de se afastar a prática biográfica desse período deve ser relativizado. O próprio Marc Bloch demonstrou a importância do indivíduo ao afirmar que a "História é a ciência dos homens no tempo".[7] Assim, percebemos que, apesar dos questionamentos afirmados nesse momento, o gênero continuou a ser produzido, atingindo as possibilidades de feitura em outros núcleos intelectuais, como o jornalismo e a sociologia ,que, neste sentido, cada vez mais se reafirmariam.

É chegada a vez, então, do escasseamento biográfico dentro da produção historiográfica. Alguns pontos marcam esse período ocorrido aproximadamente entre as décadas de 1920 e meados de 1960. Durante esse momento, mesmo assim, certos estudos biográficos dentro dos núcleos historiográficos continuaram sendo feitos, dos quais vale destacarmos a tentativa de renovação do gênero, buscando a relação entre o indivíduo e a coletividade, como a proposta por Lucien Febvre com seus *Martinho Lutero, Um destino* e *O problema da incredulidade no século XVI, a religião de Rabelais.* Mesmo com certas críticas, até mesmo Fernand Braudel, conhecido por seus estudos de "História de longa duração", ou seja, uma história mais focada nas permanências que acabam ultrapassando a existência individual, se enveredou por esse ramo, escrevendo textos sobre Carlos V e Felipe II. Contudo, mesmo com as tímidas defesas de significativos historiadores, o

---

[7] BLOCH, M. *Apologia da História ou o ofício do historiador.* Rio de Janeiro: Jorge Zahar Editor, 2001.

gênero biográfico acabou em segundo plano sufocado, principalmente por outras abordagens epistemológicas, como é o caso das análises marxistas focadas nas problematizações econômicas, passando a ser utilizadas pelos historiadores apenas como ilustrações a determinados fatos.

A biografia como modalidade histórica tinha se transformado na biografia romanceada. A partir daí, a plena publicação de textos acerca de vidas ilustres ganharia força editorial e acabaria alcançando as salas de cinema, outra força narrativa poderosa, durante o século XX, atingindo, assim, uma maior parte da população que já começava a ficar interessada nas características dos outros homens. Vale notar que as biografias ganharam tanto interesse popular nesse período que até mesmo Winston Churchill publicaria ensaios biográficos — incluindo personagens como o próprio Adolf Hitler, seu futuro inimigo durante a Segunda Guerra Mundial.

Mesclando seus períodos de popularidade e impopularidade acadêmica, as escritas biográficas acabaram sendo retomadas na historiografia entre os anos de 1960 e 1980, fazendo, hoje, sucesso no mundo inteiro. Um dos motivos dessa retomada nesse momento é a relevância que os estudos acerca da relação indivíduo e sociedade ganharam. Outro motivo possível é a necessidade de se consumir as vidas alheias. No mais, a volta dos indivíduos para o palco da História teve o próprio apoio de determinados historiadores preocupados com certas abordagens sociais. Todavia, os historiadores de nosso tempo presente ainda ficam preocupados com o afastamento que as problematizações tiveram no modelo biográfico, permanecendo apenas com a narratividade cronológica. Destarte, autores plurais passaram a escrever sobre determinados personagens nas formas narrativas mais variantes, como é o caso de Christopher Hill em sua *O eleito de Deus: Oliver Cromnwell e a Revolução Inglesa*, e Jean-Paul Sartre, que, publicando seu *O idiota da família: Gustave Flaubert*, acabou fundamentando a possibilidade de novas escritas biográficas.

Nesse contexto de crise da cientificidade historiográfica e sua tendência globalizante, representada no surgimento da nova historiografia, singular é o caso do medievalista francês Jacques Le Goff. Esse autor organizou, em conjunto com Pierre Norra, uma série de textos acerca das novas possibilidades historiográficas correntes nas décadas de 1970 e 1980. Todavia, em momento algum surge a retomada do gênero biográfico como campo epistemológico na prática da História. Singular também é a postura dos micro-historiadores, principalmente os italianos.

Acerca da História política de pequena escala, podemos perceber a relevância do estudo das biografias segundo estas observações de Philippe Levillain:

> sem dúvida, pode-se falar da interação entre o movimento das forças profundas e os personagens históricos que sabem exprimir, em termos de conduta, curta ou longa, as aspirações de um povo, de uma nação, e se impõem como "protagonistas".[8]

Dentro desses estudos de micro-história, podemos perceber a dinâmica social, cultural, política e econômica de determinado quadro e certo território. No âmbito dos micro-historiadores, com textos biográficos ou com essa aproximação, relevantes para a historiografia contemporânea, encontramos Carlo Ginzburg, com seu *O queijo e os vermes: o cotidiano e as ideias de um moleiro perseguido pela Inquisição*, Natalie Zemon Davis, com seu *O retorno de Martin Guerre*, Judith C. Brown, com seu *Atos impuros: a vida de uma freira lésbica na Itália da renascença*, e Giovanni Levi, com seu *A herança imaterial: trajetória de um exorcista no Piemonte do século XVII*.

O grupo dos Annales, representado aqui por Jacques Le Goff, percebeu que a biografia é um instrumento à História, principalmente aquela culturalmente orientada. Neste sentido, Le Goff escreveu, por exemplo, duas obras biográficas. Na biografia de São Francisco de Assis, o medievalista problematizou a urbanização e o enriquecimento das cidades-Estado italianas. Já em São Luís, pensou sobre a existência e a relação entre a existência individual e a existência coletiva. Nesse autor e em outros historiadores dos Annales desse momento, a duração de uma vida passava a ser significativa para a história, diferentemente do que foi pregado pela geração anterior de Fernand Braudel e sua longa duração. A partir disso, podemos perceber as diferenças das obras de micro-história se comparadas àquelas da chamada História Cultural ou das Mentalidades: essa abordagem se preocupa com os conflitos sociais, negando, porém, as características totalizantes. E enquanto os historiadores filiados aos Analles, como é o caso de Le Goff, decidiram pela necessidade de um novo modelo metodológico para a narrativa biográfica, a partir da década de 1980, os micro-historia-

---

8 LEVILLAN, Philippe. "Os protagonistas: da biografia". In: RÉMOND, René (org.). *Por uma história política*. 2.ed. Rio de Janeiro: FGV Editora, 2003, p. 141–184.

dores procuraram por um quadro teórico-metodológico que os permitisse destacar o valor das escalas, surgindo, assim, os protagonistas anônimos da história. Devemos lembrar que, como crítica consolidada pela historiografia contemporânea a essa micro-história italiana, pode ocorrer uma interpretação exacerbada e, também, uma queda na supervalorização das exceções, na análise de quesitos insignificantes e na busca pelos indivíduos comuns, o que inviabiliza, ou ao menos dificulta, a perspectiva de estudos mais amplos e estruturais — ou mesmo, comparativos.

O já citado François Dosse, com uma erudição ímpar, apresenta um panorama geral da produção biográfica ao longo da História e demonstra que os próprios historiadores vinculados aos Annales afastaram as possibilidades surgidas com a narrativa das trajetórias de vida para utilizar o indivíduo apenas dentro dos estudos da sociedade. Para tal empreendimento, Dosse, assim como Madelénat, divide as biografias em três tipos: primeiramente encontramos as *biografias heroicas*, aquelas que tinham a função de educar por meio dos exemplos de vidas; em segundo lugar encontramos as *biografias modais*, que partiam de concepções generalizantes, buscando nos indivíduos traços que expliquem a dinâmica da sociedade na qual estes estão inseridos; por último encontramos as *biografias hermenêuticas*, aquelas que buscaram romper com o modelo estrutural da historiografia francesa.

A renovação que as biografias tiveram nos últimos anos se deve, portanto, à inversão do procedimento historiográfico. Logo, o interdito do século XX, ocorrente em nível estritamente historiográfico, já que as biografias continuam existindo e mantendo seu sucesso de venda neste momento, é perceptível como uma crítica às modalidades de produção históricas dos séculos anteriores. Esses modelos mais antigos adaptavam a sociedade às possibilidades do indivíduo biografado, não demonstrando as contradições e subordinações mútuas entre os sujeitos e os meios nos quais estão inseridos. O mundo moderno, no entanto, ainda subordina a biografia à História ou ainda as separa completamente, esquecendo-se dos relacionamentos entre esse gênero e essa disciplina. Há, portanto, uma percepção lógica: é imprecisa a fronteira entre biografia e História enquanto possibilidade epistemológica.

Em nosso tempo presente percebemos que ocorreu uma epidemia biográfica influenciada diretamente por certa guinada subjetiva no interior das ciências humanas — o pós-modernismo que o diga. Logo, conforme disse Daniel Madelénat, "A história da biografia é a história de seus recomeços seguidos de sua adaptação a novas percepções do homem".[9]

Hoje, o principal polo de debate acerca dessa modalidade de escrita está nas características metodológicas das abordagens biográficas. Em primeiro lugar, devemos perceber que não existe um método definitivo para a biografia. Desta forma, o método deve ser sempre adaptável à necessidade da pesquisa. Assim sendo, ainda hoje as escritas biográficas acabam misturando métodos criticados, inovadores e/ou aceitos, ocorrendo, portanto, uma incerteza metodológica. Incerteza essa que faz com que variados pensadores ainda critiquem essa forma de pesquisa. O resultado do estudo, ou seja, o texto biográfico, sempre possuirá problemas, uma vez que o critério de seleção é o pesquisador, o que faz com que os fatos selecionados como relevantes sejam assim escolhidos a partir do tempo presente do próprio historiador — afinal, toda história se apresenta com questionamentos de seu presente —, e já que o filtro para as fontes e para os fatos apresentados é sempre o historiador, há, logicamente, uma dificuldade de seleção para as narrativas a serem produzidas.

Pontos adicionais de problematização das metodologias apresentadas nas obras biográficas contemporâneas são, entre outros, a localização da identidade, a complexidade da existência humana no tempo, a questão do inconsciente e a não linearidade da vida. Esta última circunstância acabou se transformando em uma das principais questões para os opositores do gênero biográfico, já que devemos lembrar que as vidas humanas são vividas em curvas. Acerca desta crítica metodológica e de sua respectiva construção narrativa, fundamentou-se toda a análise proposta por pensadores como o sociólogo francês Pierre Bourdieu e o historiador italiano Giovanni Levi.

Para Pierre Bourdieu, o principal problema da escrita biográfica é a condução — encaminhamento — a um final já concebido, uma teleologia. Além, é claro, da moldagem da sociedade e das características necessárias à formação do indivíduo nesse mesmo indivíduo. Desta forma, continuará afirmando que

---

[9] MADELÉENAT, *Op. Cit.*, p. 34.

> produzir uma história de vida, tratar a vida como uma história, isto é, como o relato coerente de uma sequência de acontecimentos com significado e direção, talvez seja conformar-se com ilusão retórica, uma representação comum da existência que toda uma tradição literária não deixou e não deixa de reforçar.[10]

Assim, segundo o sociólogo francês, ocorre uma *ilusão biográfica*, já que é necessário reconstruir o contexto em que o indivíduo age. E continua, afirmando que "o real é descontínuo, formado de elementos justapostos sem razão, todos eles únicos e tanto mais difíceis de serem apreendidos porque surgem de modo incessantemente imprevisto, fora de propósito, aleatório".[11] Percebemos que, para Bourdieu, as análises biográficas são ilusões, uma vez que a subjetividade do estudo apenas reconstrói a vida de forma artificial. Seguindo essas problematizações expostas por Bourdieu, Jacques Le Goff, buscando escapar das "Ilusões Biográficas", demonstrou a dificuldade do experimento biográfico e partiu, por exemplo, para a lógica do "sujeito globalizante", ou seja, aquele sujeito que é considerado apenas em uma perspectiva global. Esse sujeito, portanto, serve para as análises de todas as características do contexto, já que nele essas mesmas características se encontram passíveis de análise.[12]

A partir do exposto até agora, principalmente acerca da incerteza metodológica que o gênero biográfico carrega em seu interior, conseguimos perceber que um dos principais problemas dessa forma de escrita é mesclar a pluralidade e a erudição documental sobre determinado personagem com a problematização que a escrita histórica exige, sem, contudo, criar apenas uma narratividade fechada. Assim, o gênero histórico-biográfico passa a estar no interior da História enquanto campo de saber, seguindo, também, procedimentos específicos.

Logo, uma vez conhecendo amplamente as fontes documentais acerca de determinada vida, o historiador deve cuidar para não se colocar mais do que a necessidade exige, completando situações e criando falsidades. Notamos, então, a necessidade de se respeitar o personagem na integridade, o que inclui, se possível, análises de seus pensamentos, medos, anseios e quaisquer outras características que colaborem em sua formação enquanto ser social.

---

[10] BOURDIEU, Pierre. "A ilusão biográfica". In: FERREIRA, Marieta de Moraes; AMADO, Janaína (orgs.). *Usos & abusos da história oral*. 8.ed. Rio de Janeiro: FGV editora, 2008, p. 185.

[11] Idem.

[12] LE GOFF, Jacques. *São Luís: biografia*. Rio de Janeiro: São Paulo: Record, 1999.

Outro ponto metodológico relevante na escrita histórico-biográfica é a percepção de que a vida do indivíduo não começa no nascimento deste nem termina com sua morte. Destarte, o pesquisador deve buscar, também, as origens e as influências que marcam a vida do indivíduo, bem como os influenciados e a memória construída acerca desse sujeito, já que, muitas vezes, os personagens passam a participar, direta ou indiretamente, do imaginário das sociedades, tendo sido apropriados e reapropriados sucessivas vezes. Logo, é função do autor da análise biográfica, em sua escrita, notar que, muitas vezes, as ausências de fatos são tão ou mais significativas do que os fatos ocorridos em si.

Mais que um gênero meramente literário, mais que uma redução à historiografia, a biografia está localizada em uma área de intersecções amplas que viabilizam ao historiador do tempo presente uma análise mais profunda não só da vida do biografado como, também, do contexto no qual esse indivíduo estava inserido, além, é claro, de possibilitar ao historiador problematizar o tempo da própria escrita. Por esses motivos, devemos coletivizar os solitários, ou seja, pensar no mundo no qual o indivíduo se inseriu, retirando-o de sua *torre de marfim*, se preferirmos utilizar uma expressão histórica do século XIX. A partir do momento no qual, se ultrapassando o indivíduo, chegamos a um prisma socialmente problematizado, as trajetórias de vida ganham nova relevância nos estudos históricos, se afastando das narrativas deterministas outrora empregadas. Gênero antigo e amplo, as biografias hoje se apresentam como uma forma direta e acessível do conhecimento histórico, desde que feitas com todo o rigor metodológico, evitando, assim, o risco de se perderem em uma infrutífera literatura romanceada, aos mais variados públicos. São essas características que encontramos neste livro escrito a seis mãos. Mais do que um livro de biografias, o que temos aqui é um relato analítico e conjuntural daquilo que o filósofo alemão Martin Heiddeger chamou de *ser e tempo* e que, em certa medida, transformou-se no que Hannah Arendt chamou de *homens em tempos sombrios*. O historiador François Bedárida costumava dizer que o tempo histórico é medido pelo tempo de uma vida. Este livro possui múltiplas temporalidades, todas pautadas por um regime de historicidade que constitui o *leitmotiv*, o motivo condutor, da relação entre os personagens aqui retratados e o mundo que os cerca. O que os autores desta obra pretenderam foi retirar o campo teórico da biografia e seus autores da *torre de marfim*, convidando todos os leitores a pensar com a história e não de fora dela.

PARTE I

EXPLORADORES DO INFINITO

Enheduanna

Sacerdotisa acadiana, c. 2285–2250 a.C.

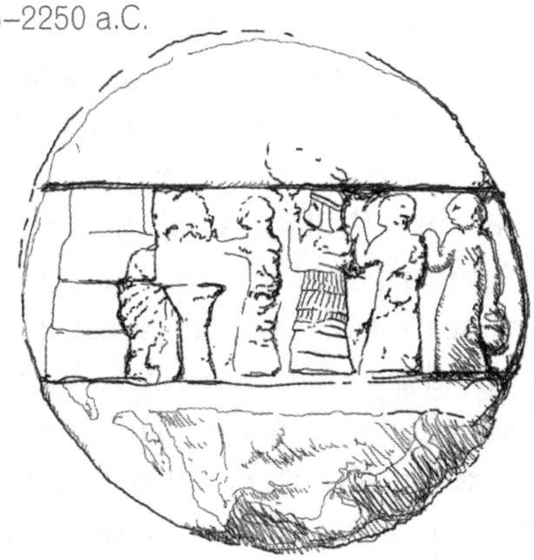

Em algum momento da segunda metade do século XXIII a.C., a localidade mesopotâmica de Ur estava irrequieta: há décadas, um grande chefe militar estrangeiro, autoproclamado Sargão, reunira todas as cidades-estado sumerianas, domínio continuado por seus descendentes — dois filhos e um neto. Todavia, em que pese a superioridade militar dos sargônidas, ela era incapaz de impedir as sublevações — Naram-Sin, que reinou entre 2254 e 2218(?), chega a citar oito batalhas em um único ano. As tropas imperiais eram postas à prova quase ininterruptamente, e num desses levantes, um homem chamado Lugal-anne invadiu Ur e dirigiu-se ao edifício mais importante, o templo de Nanna, onde pontificava a sumo sacerdotisa, o cargo eclesial mais importante de toda região. Certamente, buscava legitimidade sobrenatural para sua aventura armada, ou, quem sabe, apenas defenestrar a religiosa de seu posto, e o que sucedeu, sabemo-lo por meio de um poema:

> Mas lançou-me fora aquele homem, Lugal-anne
> Já não mais habito no formoso local no qual me estabeleceste
> Veio o dia, o sol me abrasou
> Veio a noite, o manto de sombra me envolveu.[1]

Esta breve narrativa possui uma qualidade até então inédita. Conhecemos seu autor, ou melhor, autora, pois foi escrita pela sumo sacerdotisa apeada

---

[1] SOUZA NETO, José Maria Gomes de. "Ensaio: Aquilo que criei, ninguém jamais criou". In: *Antigas Leituras: Diálogos entre a História e a Literatura*. Recife: Edupe, 2012, p. 209.

do cargo pelo líder revoltoso: Enheduanna. Indicada por Sargão, tornou-se uma autoridade de tal preeminência que utilizava a primeira pessoa em seus escritos — até onde sabemos, ninguém antes dela o fizera, indicando se tratar da mais importante teóloga de seu tempo.

Seria difícil encerrá-la numa única categoria. Escritora consagrada, acadiana que dominava o reverenciado idioma sumeriano e autora de muitos e elaborados hinos religiosos que por séculos foram estudados com afinco por gerações de escribas mesopotâmicos (um dos estudiosos que se debruçou sobre sua obra, William W. Hallo, considera-a a "Shakespeare dos cuneiformes"). Outrossim, seu papel de sumo sacerdotisa não pode ser secundarizado: encarnação terrenal da deusa Ningal, consorte de Nanna, por décadas (entre duas e seis, os sumeriólogos divergem quanto à cronologia) foi a personalidade religiosa mais importante da Mesopotâmia, e a análise de seus textos revela uma mulher de apurada espiritualidade, envolta em sincero misticismo. Por último, foi também uma grande política, não apenas por ser responsável pela gestão do templo, para onde convergiam as riquezas oriundas dos campos e oficinas circunvizinhas, mas sobretudo porque, como se viu durante a rebelião, representava o braço hierático da casa real, e sua palavra, a bênção dos céus para os monarcas assentados em Akkad, a capital. Devido a essa convergência de capacidades (sem esquecer, obviamente, que deve ter sido um gênio inquestionável), identificou-se a si mesma nos textos, e pela primeira vez temos acesso a um indivíduo. Tinha início a era da autoria — e como corolário, da autoridade.

A calha dos rios Tigre e Eufrates foi testemunha dos primeiros clarões civilizatórios; nesta região, que conhecemos por Mesopotâmia, homens e mulheres foram os inventores da agricultura, do arado, da irrigação, da arquitetura monumental, da escrita, da vida urbana. Não obstante, diferentemente do Egito, não desenvolveram unidade política, e na porção mais ao sul, na planície pantanosa vizinha ao deserto árabe e ao Golfo Pérsico, floresceram dezenas de cidades-estado, independentes entre si, mas compartilhando uma cultura comum, em especial em finais do IV milênio a.C., quando sumérios imigrantes assumiram a liderança. Contudo, a despeito da proximidade física e ideológica, seguiu-se um milênio e meio de rivalidades, guerras e destruição, preservados em escritos e obras de arte contemporâneos.

Por volta de 2294 a.C., o ensi (rei) da cidade de *Umma*, Lugal-Zage-Si, deu início a uma agressiva e bem-sucedida política expansionista, tornando-se o primeiro líder a unificar todas as cidades-estado sumerianas, de modo tal que assumiu o título de "Rei dos Países", o equivalente a Imperador. Seu domínio, porém, teve vida curta, e de suas próprias fileiras emergiu, poucas décadas depois, uma outra liderança que viria a destroná-lo e assumir seu lugar; não era sequer um sumeriano, mas sim chefe de um povo semita, os acadianos, que há séculos imigravam para a Baixa Mesopotâmia. Um grupo de lendas envolve a vida desse homem, mas a rigor nada sabemos a seu respeito, nem mesmo o nome, sendo conhecido pelo título que adotou, *Sharrukénu*, "monarca legítimo" — Sargão em português —, e que por mais de cinquenta anos governou o primeiro império unificado mesopotâmico, do Golfo Pérsico ao norte da Síria.

Como todos os impérios agressivos do Oriente Médio, o acadiano baseava sua força em um exército bem armado e em uma sequência de conquistas, batalhas, vitórias e massacres; Sargão era, antes de qualquer coisa, um militar, vangloriava-se de suas habilidades bélicas e se sentia feliz na companhia de seus soldados, com os quais dizia frequentemente realizar as refeições. Não obstante, esse governante colérico possuía um lado menos sangrento, e preocupou-se em unificar os dois principais grupos étnicos de seu recém-criado estado — a nova elite dominante e os antigos senhores conquistados — e, para tanto, uma das vigas mestras do governo sargônida foi a incorporação da cultura acadiana ao veio da ancestral e vigorosa tradição nativa: pela primeira vez a escrita cuneiforme foi adaptada a uma língua semítica, e a literatura sumeriana foi preservada por meio de cópias, dicionários e traduções, base para toda a cultura mesopotâmica subsequente. Destarte, práticas e crenças religiosas foram miscigenadas, dando início a um processo sincrético que continuaria por séculos, e o laboratório dessa amálgama era precisamente Ur, talvez a mais importante entre todas as cidades-estado subjugadas: seu *zigurate*, o *É-temen-ní-gùr-ru* ("Casa cuja plataforma de fundação está coberta de terror"), era tão ilustre que fora sucessivamente restaurado séculos após século, e foi justamente para essa cidade notável que Sargão enviou Enheduanna.

Temos a sorte de poder admirar uma representação desta célebre mulher, de nariz adunco e cabelos cacheados na altura dos ombros, pois entre 1925 e 1926, uma expedição conjunta do Museu Britânico e da Universidade da Pensilvânia desenterrou, em Ur, um deteriorado disco de calcita contendo algumas imagens na frente e 11 linhas de escritura no verso, que dizem: En-h[é]du-ana, sacerdotisa de Nanna, esposa do deus Nanna, filha de Sargão, rei do mundo. No templo da deusa em Ur, fez-se um altar e assim o chamou mesa do deus

An (Céu). A cena representada mostra esse momento, pois a figura da religiosa aparece bem ao centro, vestida com um sofisticado vestido de flocos de lã, o *kaunakés*, e a coroa de *Aga*, própria da condição que ocupa; leva uma mão à face em sinal de devoção, e com a outra segura um cetro ou cajado; atrás de si, duas sacerdotisas portam jarras ou cestas cerimoniais, e à sua frente uma pessoa nua faz libações ao altar, situado diante de um edifício escalonado.

Seu nome era um título, junção de algumas palavras da monossilábica língua sumeriana: En, sumo sacerdotisa; Hédu, ornamento; e An, o nome do Deus do Céu... logo, era a Sumo Sacerdotisa, Ornamento do Deus do Céu. Com ela teve início uma tradição que durou até o século XII a.C., pela qual todos os reis hegemônicos da Mesopotâmia indicavam suas filhas para o serviço no templo. Sargão apontou-a já no final da vida, e após sua morte, ela continuou a exercer suas funções por décadas, sob dois irmãos (Rimush e Manistushtu) e, provavelmente, um sobrinho (o famoso conquistador Naram-Sin). Adjacente ao zigurate, encontrava-se um complexo que incluía oficinas, armazéns e a residência pontifícia, o Giparu, onde cumpria as amplas incumbências tradicionais de um sumo sacerdote: os ofícios religiosos, a gestão das terras circunvizinhas, a administração dos bens produzidos e estocados, o controle de impostos, a celebração dos rituais para garantir a fecundidade da terra, e assim por diante. Auxiliava-a um diversificado corpo de funcionários, alguns dos quais nos são conhecidos: Adda, o supervisor das propriedades (possivelmente seu braço-direito), o escriba X-kitus-du, e o cabeleireiro Ilum-palilis.

Na condição de sumo sacerdotisa e herdeira da casa real, sua palavra teve, certamente, grande relevo, e não teve pudor em fazer valer seu prestígio, assumindo a condição de voz da autoridade e exercendo um papel decisivo no complexo projeto de articulação da unidade cultural mesopotâmica planejado por seu pai, dirigindo os esforços para organizar as diversas divindades sumerianas em um único panteão, incorporando, em sincretismo, os deuses semitas adorados pelos acadianos. Sob sua tutela, os antigos textos sagrados, que versavam sobre a origem do homem e das cidades, as lutas dos deuses e a criação, foram copiados e traduzidos, um empreendimento que ultrapassou em muito sua própria existência, perpassou séculos e somente foi completado pelos escribas babilônicos mais de um milênio depois. Brilhante e criativa, Enheduanna montou o cânone imperial de seu tempo e fez de Inanna a principal divindade do panteão mesopotâmico, relacionando-a posteriormente à deusa semita Ishtar. Uma deusa magnificamente terrível, a vida em toda sua violência e dinamismo:

Minha rainha, os Anunna, os grandes deuses
Fugiram de tua presença para as ruínas qual morcegos em polvorosa
Não puderam mirar tua face terrível
Não puderam chegar-se à tua fronte pavorosa.[2]

Seu trabalho sincrético e certamente suas ligações com a casa imperial acadiana, contudo, renderam-lhe inimizades, especialmente entre os religiosos de Ur, que conseguiram expulsá-la do Giparu; por duas vezes tentou voltar, sendo bem-sucedida na segunda tentativa, e nesse contexto compôs sua mais importante obra: o *Nin-me-sara*, a "Exaltação de Inanna", preservado em noventa tabuinhas. Divide-se em três partes principais: a primeira, apologética; a segunda descreve a retidão no cumprimento de seus deveres sacerdotais e como, apesar disso, tinha sido expulsa do templo; por fim, restaurada em sua antiga posição, celebra a si mesma e ao poder de sua deusa, ecoando, nessa bela composição, o conceito sumeriano de História, pois naquela visão de mundo, os combates humanos nada mais eram que pálido reflexo das lutas entre os deuses, e para que Inanna pusesse termo à querela e intercedesse a seu favor, ela clamou com todas as forças.

Enheduanna foi uma escritora prolífica, e além do *Nin-me-sara*, sua obra conhecida inclui também 42 pequenos hinos sagrados (*E-u-nir*) e outros dois hinos maiores — o *Inninsagurra* e o *Inninmehusa* —, ambos em homenagem à Inanna. Uma figura dramática, mística, de estilo impecável e cuidadoso, a primeira autora da história. Como escreveu em um dos seus poemas, "aquilo que criei, ninguém jamais criou".

Curiosidades

A figura de Enheduanna lança luz sobre o papel das mulheres na literatura mesopotâmica; além dela, sabemos que consortes reais patrocinavam poesia, e alguns séculos após sua morte, outra sumo sacerdotisa, Nin-shata-pada, foi igualmente princesa e autora.

[2] SOUZA NETO, José Maria Gomes de. *"Ensaio: Aquilo que criei, ninguém jamais criou"*. In: *Antigas Leituras: Diálogos entre a História e a Literatura*. Recife: Edupe, 2012, p. 207.

Cai Lun

Cortesão chinês, c. 50–121

Segundo as crônicas chinesas, no ano de 105 d.C., um cortesão (cuja titularidade é frequentemente traduzida por "marquês") apresentou ao imperador *He*, da dinastia *Han*, algo revolucionário: *folhas de papel*. Eunuco nascido na província de *Guiyang*, *Cai Lun*, servindo desde 75 na corte imperial, fora promovido a Oficial Encarregado da Manufatura de Armas e Instrumentos em 89, e nessa capacidade respondera à ordem do monarca para que fosse desenvolvido um novo suporte para a escrita. Na China, até então, escrevia-se em pesadas brochuras de bambu ou em elegantes folhas de seda (*chih*), enquanto noutras partes do mundo o principal substrato era o papiro egípcio e, posteriormente, couros de anhos, cabritos e bezerros, transformados em pergaminho. Todos esses materiais ofereciam desvantagens, tais como o custo elevado, caso das folhas de seda, ou a superfície irregular, que prejudicava a escrita, dificuldades essas que motivaram o Filho do Céu a encomendar o desenvolvimento de um novo material, ordem à qual o cortesão soube tão bem responder.

Cai Lun produziu papel a partir de um variado sortimento de refugos macerados (casca de árvores, restos de cânhamo, trapos de roupas e redes de pesca), mas, embora tenha recebido os louros pela invenção, certamente se apropriou de técnicas desenvolvidas pelo menos duzentos anos antes, que consistiam na produção de um caldo aquoso com restos vegetais, o qual era despejado em moldes de pano e retirado quando a polpa secasse; ainda assim, papel não é somente isso: deve ser tratado com diversos produtos, como resina, cola e amido para melhor servir à escritura, ter forma e tamanho padronizados e uma superfície tão lisa quanto possível. Bem-sucedido na congregação de todos esses requisitos, o marquês ascendeu na hierarquia imperial, mas a corte Han era um terreno minado e repleto de intrigas, e em 82 ele apoiou a imperatriz *Dou* contra uma concubina real, a *Consorte Song*, uma disputa que terminou com o assassinato desta última. Quando da morte do imperador, em 105, a imperatriz viúva, *Hexi*, regente em nome de herdeiros masculinos ainda infantes, assumiu o poder, sendo considerada uma monarca competente, e Cai Lun permaneceu a seu serviço. Mas os ventos viriam a se voltar contra ele, pois em 121 ascendeu ao trono o imperador *An*, ninguém menos que o neto da Consorte Song, e esse novo Filho do Céu intimou o inventor a se apresentar à prisão, mas ele preferiu uma alternativa menos violenta: tomou banho, vestiu mantos de seda, bebeu veneno e morreu confortavelmente em casa. A despeito desse fim inglório, permaneceu sendo reverenciado séculos a fio, e um escritor da dinastia Song Tardia (960–1279) reportou a existência de um templo em sua homenagem erigido em Chengdu, onde muitas famílias estavam envolvidas na produção de papel.

O processo de produção de papel data do primeiro século da nossa era, e sua utilização, permaneceu uma quase exclusividade chinesa durante séculos, alcançando, no máximo, alguns reinos satélites, como o Japão e a Coreia. Essa situação mudou em 751, quando os exércitos da dinastia Tang e do califado Abássida se enfrentaram na Batalha de Talas, na Ásia central; os árabes capturaram alguns papeleiros, que só se mantiveram vivos porque revelaram o segredo de seu ofício. Menos de cem anos depois, fábricas de papel vicejavam em Bagdá, espalhando seu produto por todo o Oriente Médio e chegando, graças ao comércio na Rota da Seda, à Índia, um conhecimento que somente por volta do século XII chegaria à Europa Ocidental.

Em vários sentidos, essa invenção revolucionou o dia a dia chinês: barato e disponível, incitou o desenvolvimento da xilogravura, gravações em cilindros de pedra rolados sobre o papel, permitindo que textos jornalísticos e informativos se tornassem comuns nas metrópoles chinesas, expostos em precursoras das bancas de jornal. Em 1041, um inventor chamado *Bi Sheng* confeccionou ideogramas em argila, arrumou-os numa fôrma, passou tinta neles e imprimiu páginas completas, a primeira tipografia conhecida.

Apesar dessa inovação, os tipos feitos em barro eram frágeis, e os milhares de caracteres existentes na escrita sínica não facilitavam o trabalho. Ainda assim, essa invenção antecede em quase meio milênio a imprensa do alemão Johann Gutenberg. Poucas décadas depois, o imenso crescimento da economia provocou tal carência crônica de metal que, em alguns momentos, o fabrico de potes e panelas de ferro e cobre foi proibido para que mais moedas pudessem ser cunhadas. Essa conjuntura propiciou o desenvolvimento do papel-moeda, cujas primeiras notas impressas foram utilizadas em 1024, na região chinesa do Sichuan, e espalharam-se rapidamente por todo o país, causando assombro em visitantes estrangeiros, como o italiano Marco Polo e o magrebino Ibn Battuta.

A invenção do papel é o marco de um longo período criativo chinês. Durante a Idade Média, desde a dinastia Han, no alvorecer da nossa era, até o princípio da dinastia *Ming*, no século XIV, o império experimentou um acelerado crescimento tecnológico, cujo ápice se deu entre os séculos X e XI, sob os *Song*, e fez dele não só o país tecnologicamente mais avançado, mas também dinâmico e aberto aos estrangeiros. Do carrinho de mão ao ferro fundido, das eclusas de canais ao papel-moeda, brotaram de suas oficinas inventos que fascinaram o mundo medieval e chegaram a muçulmanos, indianos, bizantinos e europeus por meio das rotas comerciais — muito embora a dívida para com sua pátria de origem raramente fosse reconhecida.

Desde sempre os chineses demonstraram uma grande inclinação para a eficiência, e seus inventos visavam a otimização e a economia de força. Tome-se como exemplo sua versão do carrinho de mão: bem mais eficiente que o ocidental, enquanto neste a roda se situa na ponta contrária às alças, impondo a quem o usa grande esforço, no modelo chinês ela está no meio, tornando sua utilização mais confortável. Em sua percepção do mundo, porém, nada é criado: os inventores meramente ordenavam o universo — a roda, por exemplo, seria apenas a repetição do movimento executado pelas sementes girando no ar —, e mais do que investigar as causas da invenção, buscavam seu significado emblemático. Por volta de 83 d.C., aprenderam a imantar uma agulha de ferro deixando-a suspensa em óleo, e usaram-na como instrumento de orientação espacial: conhecida por nós pelo nome de bússola, dela desenvolveu-se a arte do *Feng Shui*, que determina o valor dos lugares de acordo com seu posicionamento em relação às águas e aos ventos, um conhecimento que influenciava desde a arrumação dos cômodos até o planejamento das cidades, sendo posteriormente adotado pelos navegadores que singravam os mares da Ásia Oriental.

Na mentalidade chinesa, comandar o tempo era organizar o universo — responsabilidade que representava o principal apanágio do Filho do Céu — e, por causa disso, as oficinas imperiais estimularam a criação de sofisticados medidores de tempo. O precursor do relógio mecânico foi desenvolvido por volta do ano 725 por um genial polímata chamado *Yi Xing*, astrônomo, matemático, engenheiro mecânico e monge budista da era *Tang*. Mas foi entre 1088 e 1092 que a mais extraordinária dessas máquinas foi construída, obra do engenheiro *Su Song*, homem de capacidade prodigiosa, cujos interesses alcançavam dos negócios de estado à zoologia, e da mineralogia à poesia. Sua obra-prima, com nove metros de altura, era dotada de um complexo mecanismo hidráulico munido de freios e contrapesos, os quais garantiam sua precisão e pontualidade. Tal engenho movia, por meio de engrenagens, dois mostradores — informando as horas do dia e os movimentos das estrelas — e uma esfera armilar, indicativa da posição do Sol, da Lua e dos planetas conhecidos.

Pelo menos desde 492 da nossa era, alquimistas perceberam que o salitre alimenta uma tênue chama azulada; séculos de aperfeiçoamento levaram, por volta do século IX, ao surgimento da primeira fórmula conhecida da pólvora, uma mistura de salitre, enxofre e carvão. Usada inicialmente por monges taoistas em busca de um elixir da vida eterna, cedo foi aplicada a fogos de artifício, destinados a espantar maus espíritos. Seu potencial bélico, contudo, não passou despercebido, e a importante obra *Wujing Zongyao* (Compêndio das Mais Importantes Técnicas Militares), escrita em 1044, já trazia uma receita do explosivo, com o qual os militares chineses enchiam taquaras de bambu, criando assim os primeiros foguetes; no decorrer da Idade Média, montaram uma sofisticada artilharia, com soldados equipados com lança-chamas, explosivos, alabardas, espadas e, a partir de 1281, canhões.

A bússola, a pólvora, o papel e a imprensa, amplamente conhecidos e celebrados como As Quatro Grandes Invenções da Antiga China, foram reunidos todos no último grande esforço dessa ciência medieval, ocorrido no século XV: a montagem da gigantesca armada do almirante *Zheng He*. A recém-criada dinastia Ming desejava marcar a presença imperial no oceano Índico, estabelecendo entrepostos comerciais e embaixadas nos lucrativos portos e cidades do sul da Ásia até a África Oriental. Com esse objetivo, dezenas de milhares de artífices instalados nos estaleiros de Longjiang produziram 65 imensos juncos (navios), cada um com mais de 130 metros, e uma centena de barcos menores, naus compostas por 16 compartimentos estanques, que dificultavam o afundamento, e podiam suportar até duzentas toneladas de carga. A retidão de trajetória era garantida pela utilização do leme axial, outra invenção chinesa, e pelas bússolas, enquanto as velas, dobráveis como persianas e reforçadas com talas de bambu, são, por muitos, consideradas como as melhores jamais inventadas.

Os juncos militares da esquadra eram fortemente armados com canhões de bronze, morteiros e obuses explosivos, úteis tanto por sua capacidade defensiva quanto pela forte impressão que deixavam onde quer que atracassem. Enfermidades comuns aos navegadores portugueses contemporâneos, como o escorbuto e o beribéri, eram evitadas por meio do consumo de verduras frescas, plantadas em tonéis, e de carne verde, de porcos levados vivos e abatidos durante a viagem. Já os parasitas que infestavam as caravelas lusitanas, por seu turno, eram destruídos por meio de aplicações de arsênico. Da popa à proa, os navios chineses eram as maiores e melhores embarcações de seu tempo, superiores a quaisquer naus produzidas alhures.

Entre 1405 e 1430, a esquadra de Zheng He zarpou sete vezes, apresentando a China Ming como a potência dominante no Índico. Nenhuma região significativa foi negligenciada: os estados comerciais do Sudeste Asiático; a Índia, um dos principais centros mundiais de manufatura e exportação de produtos tropicais; as costas das potências islâmicas, como a Pérsia e a Península Árabe (sendo Zheng He um muçulmano devoto, fez a peregrinação até a cidade santa de Meca); e mesmo os relevantes portos da África oriental, como Mogadíscio (Somália) e Mombaça (Quênia). A descida até a Austrália era plenamente possível, e muito provavelmente o Cabo da Boa Esperança foi cruzado pelos chineses anos antes dos portugueses.

Altos-fornos, energia hidráulica, ferro fundido... a China possuía, séculos antes da Europa, os principais elementos que, no século XVIII, levaram a Inglaterra à Revolução Industrial, mas esse processo criativo foi interrompido, e por razões nunca bem explicadas. Passaram-se os séculos, os inventos foram rareando, muitas técnicas esquecidas, e a nação que criara o primeiro relógio mecânico, setecentos anos antes, descobriu que a tecnologia de medição do tempo em estado da arte encontrava-se, agora, na Europa, não mais no Império do Meio.

As expedições da Armada tampouco eram unanimidade na corte Ming, e, em 1371, o imperador proibiu seu povo de navegar ao estrangeiro, encapsulando-o em um imobilismo xenófobo que jamais havia sido característica de sua civilização. Os mapas produzidos pelas expedições de Zheng He, bem como as plantas de seus navios, foram destruídos, e conquanto tenham criado os primeiros canhões e a pólvora, os chineses não souberam desenvolver uma artilharia moderna, entregando aos estrangeiros o domínio do Mar da China e suas costas. Ensimesmados e autoindulgentes, foram sendo ultrapassados pelos europeus.

Sua dianteira tecnológica era de tal magnitude que a estagnação demorou a se fazer notar, mas, no século XIX, auge do imperialismo, a China foi humilhada pelas potências ocidentais, que desconheceram sua inventividade e desprezaram sua tradição. O século que se seguiu foi particularmente turbulento, marcado pela derrubada da monarquia, pelas constantes guerras civis, pelos horrores da invasão japonesa e da Segunda Guerra Mundial, e pela implantação do regime comunista. A partir da década de 1980, contudo, o dinamismo e a criatividade voltaram a ser reconhecidamente características chinesas; a ciência e a tecnologia ocidentais foram aprendidas, e agora, sobre essas bases, eles desenvolvem seu próprio conhecimento. Em 2003, o tenente-coronel *Yang Liwei*, a bordo da espaçonave *Sehnzhou V*, tataraneta dos primeiros foguetes de bambu, deu 14 voltas ao redor da Terra e retornou, são e salvo, à sua pátria: era o primeiro *taikonauta*, o termo chinês para astronauta. A China, a olhos vistos, busca recuperar o tempo perdido.

Curiosidades

O uso do papel disseminou-se na China a partir do século III e permitiu ao país desenvolver sua cultura e civilização muito mais rapidamente que antes, dado que a literatura e o conhecimento tornaram-se acessíveis como jamais haviam sido.

"A Alma do Amado Possui o que é Meu"

Mawlānā Rûmi

Místico sufi e poeta persa, 1207–1273

"O coração é como um grão de trigo e nós somos a mó. Como pode o moinho saber por que gira?"[1] Esses versos sintetizam perfeitamente a vida, a poesia e a experiência transcendental de Jalāl ad-Dīn Muhammad ibn Muhammad al Balkhi, jurista, poeta e religioso persa, mais conhecido pelos epítetos Mawlānā (Mevlana, em turco), "nosso mestre", e Rûmi, "Romano", em referência ao termo islâmico para o Império Bizantino, Rum. Místico, desenvolveu uma dança, a *samâ'*, na qual, embalado pela música de flautas e violinos, rodopiava em redor de si e, ao mesmo tempo, em torno de um eixo, imitando os astros. Cada movimento tinha seu significado: rodar lembrava que Deus estava em todos os lugares, iluminando o dançante; bater o pé, esmagar a própria carnalidade; abrir os braços remetia à perfeição; a mão direita aberta com a palma para cima recebia o divino; a prostração final, a submissão a Alá. Volteando em pleno transe, Rûmi compunha seus poemas, imediatamente transcritos por seus discípulos: "Giramos e giramos em êxtase. Esta é a noite do *samâ'*. Há luz agora. Luz, luz". Chamado de "Sultão do amor", compôs mais de cinquenta mil versos de poesia lírica, nos quais utilizou conhecimentos da filosofia grega à revelação corânica ("Eu não sou cristão, não sou judeu, não sou zoroastriano,

---

1 Todos os poemas de Rûmi citados no texto foram extraídos de JALAL AL-DIN RÛMI, Maulâna. *A sombra do amado: poemas de Rûmi*. Rio de Janeiro: Fissus, 2000; JALAL AL-DIN RÛMI, Mawlana. *Poemas místicos*. São Paulo: Attar, 1996.

não sou muçulmano", escreveu) para exaltar a amizade e o amor, e sua espiritualidade exacerbada tornou-o famosa em todo o mundo islâmico, influência que se espalhou pela Ásia, chegando mesmo aos brâmanes da Índia. Sua obra mais conhecida, o Divan (conjunto de poemas de um autor persa), foi consagrada ao homem que tornou possível seu despertar: Shams de Tabriz, um místico iraniano.

Rûmi veio ao mundo na aldeia de Balkh, atual Afeganistão, em 1207, e sua história, como a do restante do Oriente Médio de então, vincula-se ao advento dos turcos, os exímios cavaleiros nômades muçulmanos que, vindos da Ásia Central em princípios do século XI, perceberam na fragmentação do Império Islâmico uma grande oportunidade para se estabelecer: o califa fora reduzido a uma figura meramente decorativa (chamavam-no "o Venerado Fantasma"), e sua autoridade nada mais era que pálida lembrança dos tempos de Harun Al-Rashid. Um clã turco, os seldjúcidas, impôs sua hegemonia, derrotou rivais islamitas e esmagou as forças cristãs bizantinas na batalha de Manzikert, em 1071, vitória que lhes abriu as portas para um novo território, a Anatólia, onde estabeleceram sua capital, Konya. Abençoados por Bagdá, deram início a um importante renascimento cultural, semeando *madrasas* (escolas islâmicas) e difundindo arte e conhecimento — um florescimento político-cultural fugaz (não chegou a durar cem anos), mas indiscutivelmente intenso.

Cria desse ambiente culturalmente complexo e diversificado, como bem o demonstra sua biografia, Rûmi nasceu de pais persas e dominava o farsi e o turco; em Balkh, sua família era famosa por seus juristas e teólogos, inclusive seu pai, que havia recebido o epíteto de "Sultão dos Eruditos", e só decidiram deixar a Ásia Central para os recém-conquistados territórios anatolianos por questões de segurança, pois os ventos que sopravam do Oriente traziam notícias sobre temíveis invasores montados, os mongóis. Emigraram em 1213, quando era apenas um menino, e numa das primeiras paradas, em Nishapur, no Afeganistão, encontraram-se com Farid ud-Din Attar, autor do célebre livro de poesia mística *A Conferência dos Pássaros*, o qual, segundo conta a tradição, reconheceu imediatamente no garoto um grande mestre, e ao vê-lo sendo levado pela mão pelo pai teria comentado: lá vai um rio arrastando um oceano. Passaram anos visitando alguns dos mais importantes centros urbanos, como Bagdá, Meca, Jerusalém e Damasco, mas optaram por se estabelecer em Konya, em 1229, onde Rûmi chegou já casado e deu início à sua educação formal, sob a tutela de um antigo pupilo de seu pai, profundo conhecedor da sabedoria mística. Aos 37 anos, era uma respeitada personalidade, liderança da comunidade ascética local, quando então conheceu Shams, e viveu os três anos mais intensos de sua vida.

Em 1244, Shams de Tabriz estava em Konya havia pouco quando viu o respeitado intelectual voltando da *madrasa* onde ensinava. Ao reconhecê-lo, dirigiu-lhe uma pergunta capciosa, e foi respondido de forma perspicaz, e esse curtíssimo diálogo bastou para que ambos percebessem estar diante de pessoas especiais. Abraçaram-se e seguiram para a casa de Rûmi, onde permaneceram pelos próximos três meses em *sobhet*, a comunhão mística, registrada pela piedade sufi como o encontro de dois oceanos. Já entrado na casa dos 60 anos, o visitante era bem mais velho que seu anfitrião, rejeitava o conhecimento puramente livresco dos versículos decorados e vagara pelo Oriente Médio em busca de um mestre verdadeiro, que o apresentasse a uma nova e autêntica forma de compreensão, sendo por isso conhecido como *Parindah*, "o voador", ou "o pássaro". Seguia o sufismo, uma modalidade mística da fé islâmica desenvolvida no primeiro século da Revelação, e propunha uma relação mais direta e pessoal com Alá, alcançada não a partir das leituras canônicas e analíticas do Alcorão e dos ditados do Profeta, mas antes por meio de um despertar interior, conseguido pela reflexão e pelo êxtase. Rejeitado pelas correntes teológicas majoritárias, em finais do século XI experimentava um robusto reavivar, capitaneado pelo célebre filósofo Al-Ghazzali, um gênio que o alçou à condição de escola respeitada.

O "encontro entre os dois oceanos" transformou a vida de Rûmi: abandonou suas aulas e discípulos e dedicou-se a meditar e orar com seu novo amigo. Progressivamente, abandonou o racionalismo que o caracterizava e dedicou-se ao misticismo — um intuir, mais que um conhecer, processo bem exemplificado numa pequena historieta, preservada pela piedade sufi: certa vez, Rûmi estudava seus livros, quando Shams lhe perguntou "O que é isso?", ao que respondeu: "Tu não entenderias". O amigo então tomou-lhe os volumes e jogou-os na água, e o poeta correu para recuperá-los, mas quando os tirou, as letras continuavam intactas. "Como se deu isso?", perguntou, obtendo como resposta "Tu não entenderias".

A natureza do relacionamento com Shams é essencial ao entendimento da obra de Rûmi: ele dedicou versos de incomparável lirismo ao amigo, descreveu-o como a Lua e o Sol, e ansiava por sua presença e proximidade.

Ainda assim, embora transbordem de amor, não são necessariamente eróticos, pois uma característica da poesia sufi em persa é precisamente essa ambiguidade em relação à identidade do destinatário do sentimento, seja Deus ou o amado. Desse modo, quando expressava seu amor a Alá, o fazia por meio da paixão que devotava a Shams, afirmando que nessa amizade resplandecia a sombra divina, representando, para ambos, um momento de teofania, de manifestação divinal, que lhes abria a consciência para novas formas de compreensão. Shams certa vez descreveu a si mesmo como "água estagnada, quase podre" que, ao encontrar Rûmi, tornou-se corrente fresca e saborosa. Um completava o outro: o andarilho precisava se estabelecer, o sedentário carecia de movimento — e esse afeto haveria de conduzi-los ao Paraíso.

Esse carinho de abissal profundidade não foi bem recebido pelos discípulos de Rûmi, para quem o estrangeiro era um homem rude, cujas práticas incômodas consideravam heréticas. Shams tampouco era uma personalidade afável, e no decorrer de sua busca, demonstrou pouquíssima tolerância para com o debate intelectual. Em Konya essa atitude não se modificou, e em 1246 ofendeu os ulemás num debate, e a antipatia que granjeara contra si explodiu, levando-o a fugir da cidade. Rûmi caiu em depressão profunda, retirando-se em uma cela e expressando sua angústia por meio de gazéis e rubis, estilos poéticos persas, em homenagem ao amigo foragido. Livre das amarras acadêmicas, seu misticismo fluiu: paixão e êxtase, perda e saudade borbulhavam naquela que é considerada a melhor poesia mística já produzida pelo Islam. Enviou cartas e emissários a todo o Oriente Médio pedindo que retornasse, e mandou o próprio filho, Sultan, a Damasco para implorar seu retorno. E ele voltou, sua volta representando o retorno à comunhão mística. Rûmi o casou com uma enteada e tornou-o parte da família, mas as antipatias e ressentimentos permaneciam, e seus discípulos passaram a conspirar contra a vida do sufi. Numa noite de 1247, conversava com o poeta quando foi chamado à porta... e jamais retornou. Sua morte não significou o esquecimento, pois mesmo que a pessoa não mais existisse, sua presença permanecia como epítome tangível do amor total e inspirava o amado sobrevivente a compor belos poemas líricos. Deus, a natureza, tudo era amor, tudo era Shams.

Tempos depois, enquanto caminhava no quarteirão dos ourives, Rûmi ouviu um martelar, e imediatamente entrou em êxtase e dançou a *samâ'* diante da loja de Salah ud-Din Zarkub, a quem tomou como novo amigo até a morte dele, em 1258. Escolheu então um discípulo, Hussam ud-Din Chelebi, como seu novo, e último, amado. Morto em Konya em dezembro de 1273, sua primeira biografia foi escrita pelo filho, Sultan Walad, continuador de sua tradição, exegeta de sua obra e fundador da ordem dos dervixes rodopiantes, os Mevlevi, cujos membros até hoje encontram seu transe místico por meio da dança que criou.

Curiosidades

A poesia de Rûmi é a base da música clássica iraniana e afegã, e seu trabalho foi traduzido para quase dez línguas. Audiências contemporâneas têm tido acesso à sua obra pelos mais variados meios, tais como concertos, oficinas, audições e danças.

Leonardo da Vinci

Artista e cientista italiano, 1452–1519

Em 1516, um idoso artista florentino, desgastado com a situação política de sua terra, resolveu se mudar para a França e tentar a sorte na corte do rei Francisco I. Era o já famoso Leonardo da Vinci, que, então com 64 anos, deixava Roma em lombo de mula em busca de cortes mais aprazíveis. Levava consigo algumas de suas telas favoritas, entre elas um pequeno retrato de uma senhora florentina, *la Gioconda*. Depois chamada de *Monalisa*, a tela estava fadada a se tornar a obra de arte mais famosa do mundo. Essa viagem transformou a França de Franscico I no último lar, confortável e acolhedor, desse mestre cuja imagem, para o Ocidente, corresponde à do maior e mais multifacetado dos sábios.

Além da pintura, com telas que ainda hoje causam celeuma, como a *Última Ceia* e a *Monalisa*, a da Vinci são atribuídos os primeiros esboços do que viriam a ser invenções só muito séculos depois realmente construídas: o avião, o submarino, a bicicleta, o tanque de guerra e o ar-condicionado. Foi também exímio engenheiro militar e anatomista, provavelmente o primeiro a registrar a circulação sanguínea e os órgãos internos. Por causa de tudo isso, não poucos o consideram o gênio máximo da humanidade.

No entanto, da Vinci foi, antes de mais nada, um artista do Renascimento italiano. Seu gênio múltiplo se deveu em grande parte ao ambiente em que foi criado: com cerca de 20 anos havia ingressado como aprendiz no ateliê de Andrea del Verrocchio, um dos mais importantes artistas de Florença no século XV. Então era comum que os ateliês renascentistas realizassem tarefas diversificadas, como a pintura, a mecânica e a ourivesaria, além de receberem encomendas arquitetônicas. Eram espaços perfeitos para a imbricação entre arte, técnica e ciência, em uma relação que em alguns anos seria melhor representada por da Vinci.

Leonardo nasceu em 1452, em Vinci, nas proximidades de Florença, na região italiana da Toscana. Seu pai era um tabelião de família abastada, e sua mãe, uma camponesa, e o relacionamento dos dois foi clandestino. Assim foi que Leonardo viveu com a mãe seus cinco primeiros anos de vida, sendo reconhecido pelo pai apenas quando este contraiu um matrimônio oficial. A partir desse momento o menino foi afastado de sua mãe e criado no seio da família paterna.

Aos 14 anos, mudou-se com o pai para Florença, então uma das mais ricas cidades da Europa, com manufaturas de tecido que sustentavam um comércio a Oriente e Ocidente. Desde o fim da Idade Média, a Itália era um emaranhado de cidades-estado governadas pela burguesia, onde vez por outra uma família assumia o governo como uma *signoria*, espécie de tirania. Essas urbes conviviam de maneira irregular, disputando territórios em guerra constante entre si, com o Sacro Império do qual deveriam fazer parte, e com reinos como a Espanha e a França, que de tempos em tempos expandiam seu poderio na região. E desde o século XIV, os ricos comerciantes haviam se tornado governantes de repúblicas como Gênova e Veneza, ou assumindo *signorias* como Milão e Florença. Sem falar da influência que exerciam sobre os estados papais, em Roma.

Nesse cenário político se desenvolveu toda uma cultura burguesa, que durante a Idade Média fora relegada a um papel inferior. Os ricos burgueses italianos precisavam afirmar sua importância, e para tanto financiavam artistas interessados em glorificar as conquistas humanas. Surgiu assim o mecenato que incentivou, por meio de patrocínios e encomendas, a prolífica produção artística da Renascença. Ao mesmo tempo, desde o século XII, italianos, franceses e catalães se influenciavam mutuamente produzindo um humanismo que trouxe à tona a memória da cultura clássica. Na Itália, essas inquietações, em interação com a necessidade de a burguesia se afirmar culturalmente, deram impulso a toda uma modificação nas artes plásticas e na moral.

As artes renascentistas foram indissociáveis do humanismo, da releitura dos textos antigos, da busca pelo conhecimento baseado na observação e da crítica à cultura escolástica da Igreja Católica. Leonardo da Vinci não frequentou as universidades e não leu os escritores gregos e romanos que deram impulso à observação da natureza, mas, ainda assim, dedicou a esta toda a sua vida, bem como aos experimentos que o fizeram pioneiro nos estudos anatômicos. Sua apreensão dos clássicos foi adquirida por meio de conversas com os estudiosos que pululavam em Florença, então importante graças a seus governantes, os Médici, antiga família de comerciantes que atuava como uma *signoria*. Governava então Lorenzo de Médici, chamado O Magnífico, um modelo para os mecenas que o seguiram. Com ele, Florença tornou-se o grande centro das artes renascentistas italianas.

Uma vez em Florença, em 1469, seu pai conseguiu para Leonardo vaga no ateliê de Verrocchio. Ser um aprendiz em um ateliê florentino significava começar de baixo: o aprendiz assistia o mestre, cuidando da limpeza e de tarefas domésticas e, depois de iniciado nas artes, desenhando e pintando partes de suas obras. O ateliê de Verrocchio, como todos os grandes, não se dedicava apenas a uma arte: desenho e pintura se uniam à ourivesaria e arquitetura, pois os mecenas exigiam que os criadores possuíssem todos os conhecimentos do mundo.

Esse ateliê foi a grande experiência de aprendizagem de Leonardo. Na oficina, conviveu com outros aprendizes que viriam a ser renomados pintores, como Botticelli, de quem inclusive se tornou sócio em uma cantina. Mas em 1472, depois de apenas três anos de aprendizado, metade do tempo padrão, foi admitido na guilda de pintores de Florença. Desde 1470 já não vivia como aprendiz, apesar de continuar a trabalhar no ateliê de seu mestre, e, uma vez na guilda, passou a fazer seu próprio renome e a receber encomendas, enquanto cultivava uma certa reclusão.

Mas manter distância do burburinho da cidade não o impediu de, em 1476, ser alvo de uma denúncia anônima que o associava, junto a outros três jovens, à prática de sodomia com um jovem marginal. A sodomia, o homossexualismo, era então considerada pecaminosa e criminosa. A acusação não seguiu adiante, porque carecia de provas ou porque a influência do pai de Leonardo se fez sentir. Mas esse episódio contribuiu para que ele se tornasse cada vez mais recluso. Ainda jovem abdicara de comer carne e passara a pregar a abstinência sexual como forma de elevação pessoal. Bonito, chamava a atenção das mulheres nas cortes nas quais viveu, sem aparentemente nunca ter se interessado por nenhuma, provavelmente por ser homossexual.

Em 1482, deixou Florença, cujo cenário político se tornava mais turbulento depois de uma fracassada conspiração contra os Médici. Há algum tempo Leonardo, então com 30 anos e já bem conhecido, procurava um patrocinador. Apesar de seu talento como pintor ter lhe rendido fama, também era famoso por atrasar a entrega das encomendas ou abandoná-las. Provavelmente porque, durante a elaboração de uma obra de arte, sua atenção era retida em experimentos variados, de anatomia, de estudo da luz e sombra, de perspectiva: experimentos que começavam como suportes às telas, mas que logo se tornavam seu interesse principal. Totalmente dedicado a esses experimentos de ótica, hidráulica e anatomia, ele parecia não fazer distinção entre ciência e arte.

Sobre suas experiências escreveu, ao longo de sua vida, milhares de páginas de reflexões em um diário que contém também questionamentos filosóficos sobre a natureza. Como nunca continuou seus estudos para além da infância, não teve acesso ao grego, latim ou árabe, línguas que ajudavam os humanistas a esmiuçar os autores clássicos, por isso se manteve à parte das discussões mais letradas. No entanto, por isso mesmo cultivou questionamentos bem originais, como autodidata cujas preocupações giravam em torno da observação do mundo natural.

Após deixar Florença, obteve um posto com Ludovico Sforza, o duque de Milão, cujo ducado estava imerso em guerra e sofria com tentativas de invasão, o que o tornava necessitado de serviços militares. Leonardo conseguiu sua colocação depois de ter apregoado suas habilidades de engenheiro militar, propondo também construir um monumento dedicado ao pai do duque: uma estátua equestre representando a força da família de governantes milaneses. Um projeto que lhe tomou anos, muitos dos quais dedicados a estudos de anatomia equina e à elaboração de esboços, terminando pela composição de um modelo de barro de oito metros que impressionou a todos. A estátua, todavia, nunca ficou pronta.

Em Milão, Leonardo se dedicou mais a tarefas artísticas e de engenharia civil que aos projetos militares: desenhou o plano para uma reconstrução da cidade, após uma devastadora epidemia, nunca efetivado devido aos custos; iniciou a reforma do Domo da Catedral de Milão, mas perdeu o interesse no meio do projeto; dedicou-se à música e à organização de festas, tarefa à qual era obrigado pelo duque; escreveu um caderno de culinária; ampliou seus estudos de anatomia, independentes da pintura; e pintou várias obras, inclusive a *Última Ceia*.

Sua fama aumentou em Milão, onde permaneceu por 17 anos, e, em 1490 adotou um órfão de 10 anos, Giacomo, jovem ladrão que o acompanharia por quase toda a vida e que, apelidado Salaino, se tornaria seu modelo para muitos quadros. Protegido, entretanto, que nunca perdeu o hábito de roubar e que traria muitos dissabores ao mentor.

Talvez Leonardo tivesse continuado na corte Sforza se a prisão de Ludovico pelo rei da França não o obrigasse a abandonar Milão e, após passar por várias cidades, voltar para Florença. Nesta, depois da invasão francesa e do exílio dos Médici, governava uma república que não conseguia estabilizar a situação política. Então com 48 anos, Leonardo era já considerado velho pelos contemporâneos. Com a fama ampliada por sua temporada milanesa, os florentinos lhe deram boa acolhida, e ele abriu um ateliê, mas passava a maior parte das encomendas a seus discípulos e se afastava cada vez mais da pintura, deixando muitas não terminadas. Além disso, sua volta à cidade despertara a rivalidade de um jovem artista que já era o novo favorito de Florença, Michelangelo Buonarroti.

Apesar dos problemas, da Vinci continuou a receber contratos não apenas de Florença, mas também de potentados como César Bórgia, muitos dos quais para atuar como engenheiro militar nas intermináveis guerras italianas. Em 1506, partiu novamente para Milão a convite do então governo francês. E essa nova estada foi pacífica e produtiva, permitindo que retomasse seus estudos. Mas quando a família Sforza reassumiu, ele foi considerado colaborador dos franceses e obrigado a partir mais uma vez, em 1513. Dessa vez para Roma, capital dos estados papais.

Em Roma, apesar de conseguir patrocínio, Leonardo se defrontou com um ambiente hostil. Em primeiro lugar, a língua da corte era o latim, o qual não dominava. Por outro lado, artistas mais jovens monopolizavam a cena e não estavam felizes com sua chegada. Entre eles, dois ícones do Renascimento: Rafael e, para dissabor de Leonardo, seu antigo desafeto, Michelangelo. Assim, quando seu patrono romano faleceu, em 1515, Leonardo se encontrou em uma situação muito difícil, alvo das intrigas de seus inimigos na corte papal. Uma situação que só foi amenizada quando Francisco I, rei da França, convidou-o a Paris. Lá, da Vinci passaria seus últimos anos, finalmente dedicando-se a seus experimentos e especulações, e sob a proteção de um patrono que quase não lhe pedia nada.

Francisco I admirava profundamente o velho pintor, não exigia nada dele e não se cansava de afirmar, para quem quisesse ouvir, que não havia ninguém em todo o mundo cujo conhecimento se igualasse ao de da Vinci. Depois de acolhê-lo, em Paris, deu-lhe uma pensão e uma propriedade confortável, e procurava visitá-lo e ouvi-lo sempre que possível. Nessa companhia, Leonardo veio a falecer em 1519, com 67 anos.

Curiosidades

Como pintor, também inovou ao criar uma técnica de pintura chamada de ***sfumato***, que consistia numa miscelânea de cores e tons, pouco perceptível para o observador, cujo efeito se assemelhava à fumaça.

Cristóvão Colombo

Navegador italiano, século XVI

Em abril de 1492, três naus aportaram em uma ilha do que hoje é o Mar do Caribe, na América Central. Vinham de uma expedição difícil, de meses no Atlântico, na qual a tripulação havia passado fome e medo e chegado à beira de um motim. Os marujos estavam temerosos, pois ninguém, dentre aqueles de seu mundo conhecido, navegara antes naquelas águas. Eram naus da Coroa de Castela, naus espanholas, comandadas por um navegador originário da cidade de Gênova, na Península Itálica. Naus que, ao aportarem na primeira ilha que encontraram, e que chamaram de Hispaniola, abriram um novo capítulo na história do mundo, em cujas páginas se inventaria todo um novo continente, a América.

A fama de Cristóvão Colombo gira em torno desse fato, a *descoberta* da América. E foi por fama, riquezas e glória que ele empreendeu sua viagem. Conseguiu-as em vida por pouco tempo, logo sendo considerado louco por muitos de seus contemporâneos. Postumamente, todavia, seria visto como um visionário brilhante perante a História, mas quando, por ocasião da celebração dos 500 anos de conquista da América, em 1992, populações indígenas e historiadores por todo o mundo começaram a criticar a legitimidade de seu *descobrimento*, atentando para a violência do processo iniciado em 1492, Colombo teve seu papel de visionário seriamente abalado.

Teria nascido em Gênova, quando esta era uma das mais influentes cidades comerciais da Europa, dominando importantes rotas de comércio entre reinos asiáticos e o Ocidente. No século XV, entretanto, no período mesmo em que ele começaria sua carreira de navegador, a cidade italiana passava por uma grave crise devido à tomada de posse de suas rotas pelo Império Turco Otomano, em franca expansão. Foi provavelmente esse cenário que o levou a buscar novas paragens.

E, em fins do século XV, a região mais promissora da Europa Ocidental era a Península Ibérica, com o reino de Portugal levando à frente um ambicioso projeto de circunavegação da costa africana que lhe dava a primazia na navegação europeia da época. Já a Espanha vivenciava um processo de unificação política, territorial e religiosa, iniciado com o casamento dos chamados *reis católicos*, Fernando de Aragão e Isabel de Castela.

Foi por isso que Colombo se dirigiu à Península Ibérica, buscando patrocínio para seu plano de navegar para o oeste e alcançar a Índia e a China, para evitar as muito disputadas rotas do Mediterrâneo. Primeiro se dirigiu a Portugal, mas os portugueses recusaram-no por causa das grandes reivindicações que fazia para levar sua expedição a cabo e por já estarem desenvolvendo um projeto próprio de alcançar o Oriente por meio da África. Assim, depois de uma rápida tentativa com a Inglaterra, onde não obteve resposta, Colombo se voltou para a Espanha, em 1485, conseguindo convencer a rainha Isabel da viabilidade de sua proposta. Nesse ponto parece ter mudado de estratégia e, além das razões comerciais apresentadas a Portugal, ofereceu aos espanhóis também razões religiosas. Garantiu-lhes que as riquezas da empreitada patrocinariam a reconquista de Jerusalém, engavetada desde o fracasso das Cruzadas. Seus argumentos se voltaram principalmente para a expansão do cristianismo, maior interesse da rainha naquele momento. No entanto, Castela estava empenhada então em conquistar o último território islâmico da Espanha, o reino de Granada, e só com a queda deste, em 1492, a rainha concordou em financiar a expedição de Colombo.

Durante os sete anos de espera, outros obstáculos se interpuseram perante os planos do genovês na corte castelhana, principalmente porque os cortesãos e a Igreja trataram-no como louco. Em 1486, os dominicanos, religiosos que definiam o saber inquisitorial, chegaram a se reunir na Universidade de Salamanca para submeter Colombo a uma sabatina, acusando-o de pregar ideias absurdas, como aquela que dizia que a Terra era redonda. Além disso, suas exigências continuavam consideráveis e assustavam a Coroa castelhana:

em pagamento de seus serviços Colombo reivindicava, entre outras coisas, o posto hereditário e vitalício de almirante, o cargo de vice-rei de todas as terras a descobrir, e uma décima parte de todas as riquezas obtidas. Exigências muito vultosas para um estrangeiro.

Com a conquista do reino de Granada se completava a unificação da Espanha sob o poderio dos reis católicos, abrindo as portas para Colombo. Mas a Coroa parece ter se mantido defensiva, pois, apesar de aceitar as reivindicações do genovês, equipou Colombo com apenas três naus, um número muito pequeno para uma expedição tão ousada.

O que importava para Colombo, todavia, era a possibilidade de finalmente levar a cabo seus sonhos, e assim ele partiu comandando a nau Santa Maria. Todo seu empreendimento havia se baseado, desde o começo, em duas fontes básicas: o mapa de Toscanelli e *O Livro das Maravilhas*, de Marco Polo, obras do final da Idade Média e início da era Moderna que falavam de países distantes, ricos, exóticos e que despertaram a imaginação europeia, povoando-a com monstros, maravilhas e rotas comerciais milionárias. Imagens que, mais tarde, seriam reproduzidas nos escritos do próprio navegador, que imaginou ver, no Mar do Caribe, as sereias descritas por Marco Polo.

Durante a expedição, os conflitos com Martin Pinzón, o armador que comandava as naus Pinta e Niña, se acirraram, principalmente porque a viagem durou meses a mais do que Colombo previra. Isso também provocou o amotinamento da tripulação, já temerosa e que via seus recursos minguarem. Apesar disso, em abril de 1492, os três navios chegaram à Hispaniola, ilha dos atuais Haiti e República Dominicana. O genovês via o que queria ver, entretanto acreditou ter chegado a Cipango, o Japão, e estar próximo da costa asiática. Empreendeu várias excursões pelas ilhas adjuntas, fez contato com diferentes grupos indígenas, distanciou-se cada vez mais de Pinzón, buscou ouro e escreveu seu diário, no qual relatava as *maravilhas* encontradas.

Voltando à Espanha, foi recebido em uma aura de glória: foi nomeado vice-rei das terras descobertas e reivindicou seus direitos às riquezas e a títulos para seus filhos. Seu sucesso lhe garantiu uma nova expedição para iniciar o estabelecimento da colonização espanhola. Mas dessa vez sua frota era bem diferente: tinha 1.500 homens.

Como vice-rei das *Índias*, Colombo deveria governar, mas essa função não lhe trouxe sucesso. Sempre defendendo estar na Ásia, não demorou que entrasse em conflito com os espanhóis, cuja mentalidade mais estamental e religiosa chocava-se com a experiência mais comercial do navegador. Ao mesmo tempo, a Espanha começou a enviar aventureiros, oficiais, burocratas e padres, que, independentemente de Colombo, buscavam se firmar nas ilhas do Caribe cada vez mais convencidos de que, longe de estarem na Ásia, haviam se defrontado com uma terra totalmente desconhecida. Mas Colombo continuava a discordar. Ele comandou ainda duas outras expedições, em nenhuma delas admitindo ter chegado a um *novo* continente, mantendo sempre suas declarações de que estava na Ásia. Essa renitência tinha um móvel bastante mundano: caso aceitasse que não havia chegado na Ásia, estaria admitindo que não cumprira sua parte no acordo firmado com a Coroa e perderia seus direitos. Assim, ele se manteve até o fim defendendo seu ponto de vista.

Por outro lado, o navegador genovês se dizia continuador da façanha espanhola de derrota dos mouros, e somava à sua ambição um ideal cruzadístico que o levou a se identificar como profeta cuja missão divina era unificar os diferentes rincões do mundo. Isso desagradou profundamente a Coroa espanhola e a Igreja, e em sua terceira expedição ele entrou em conflito com colonos, funcionários e indígenas, demonstrando pouca habilidade para desempenhar o cargo de governador e terminando por ser atirado em uma prisão espanhola.

Depois de libertado, foi novamente empregado como navegador, mas quando comandou sua quarta e última expedição, já não era o único a perfazer aquelas rotas. E ao voltar, por fim, à Espanha, a renitência em reconhecer o *novo* continente, suas desavenças com a Coroa e a morte de sua protetora, a rainha Isabel, levaram-no a uma morte esquecida e solitária. Sua imagem, entretanto, foi resgatada posteriormente, e seu nome, louvado como o de um visionário genial, pelo menos até as severas críticas ao processo de colonização que começaram a se esboçar no século XX. Isso não impede, todavia, que esse apático descobridor de terras que não foram descobertas ainda seja um símbolo para o Ocidente, o do início da América. Um marco tanto para os defensores do *descobrimento* quanto para os críticos que, com ele, relembram o genocídio indígena.

Curiosidades

Há um grande enigma sobre a origem pátria do navegador Cristóvão Colombo. Embora a versão tradicional da história afirme que o navegador teria nascido na cidade de Gênova, alguns pesquisadores defendem a hipótese de que Colombo pode ser de origem portuguesa, catalã ou galega.

Teresa D'Ávila

Poetisa e religiosa espanhola, 1515–1582

Em 1648, o já então aclamado escultor Gianlorenzo Bernini terminou uma de suas obras mais famosas, encomendada para uma capela em Roma. Era um grupo escultórico em mármore e bronze que representava uma freira desfalecida aos pés de um rechonchudo querubim que a trespassava com uma flecha: uma alegoria da visão divina que banhava a mulher com um gozo quase carnal. Essa obra, chamada de *O Êxtase de Santa Teresa*, ilustra como poucas a filosofia da mais importante pensadora da Igreja Católica, Sóror Teresa D'Ávila, ou Santa Teresa de Jesus. Religiosa, mística, poetisa, reformadora, uma das poucas mulheres cujas ideias influenciaram, de forma profunda, a Igreja Católica, tão hegemonicamente masculina.

Canonizada em 1662, Santa Teresa tornou-se conhecida por reformar a própria estrutura eclesiástica, eliminando o luxo e o mundanismo da Ordem Carmelita, voltando-a para a contemplação e a pobreza. Mas ela foi também uma escritora, cujo renome a fez aclamada como um dos principais nomes do chamado *Século de Ouro* da literatura espanhola.

Nasceu Teresa de Cepeda y Ahumada, em 1515, em Ávila, bastião da nobreza castelhana, filha de um fidalgo de origens judaicas com uma mulher de família *cristã-velha* e de tradicional estirpe nobre. Sua infância foi cercada de privilégios e riquezas, e desde cedo ela parece ter demonstrado uma vontade férrea e uma tendência à religião e a erudição. Esse gosto pela erudição, que a Espanha raramente permitia às mulheres, teve livre curso graças à biblioteca particular de seu pai, uma raridade entre as famílias fidalgas, devedora provavelmente da herança judaica que sua família sempre tentou esconder.

Isso porque o preconceito contra os judeus ganhara ares de política de Estado com os chamados *reis católicos*, que no século XV usaram a bandeira da religião para unificar a Espanha. Além disso, a cultura fidalga sob a qual o Império Espanhol seria construído defendia a *limpeza de sangue*, ou seja, a ausência de descendência moura ou judaica como condição básica para seus membros. Assim, o pai de Teresa, como muitos descendentes de judeus de seu tempo, tudo fez para esconder essa herança, inclusive se dedicando, e aos filhos, ao catolicismo e casando-se, duas vezes, com mulheres de conhecidas famílias *cristãs-velhas*.

Nesse mundo, cresceu a jovem Teresa, entre irmãos e criados que lhe contavam histórias de aventuras, e dentro da biblioteca de seu pai, onde exemplares sobre a vida de santos estavam entre seus livros favoritos. Além disso, sua mãe, que morreu muito cedo depois de sucessivos partos, lhe incutira o gosto pelas novelas de cavalaria. Tais influências moldaram seu caráter aventuroso, ousado e erudito, com forte tendência para a religião, o que a levou, aos 7 anos, a sair de casa com seu irmão Rodrigo para se tornar mártir em terras árabes, plano rapidamente impedido pelos parentes.

Ao se tornar adolescente, sua beleza, inteligência e nome nobre lhe garantiram uma vida social bastante requisitada, em que não faltaram flertes. Mas sua postura independente, considerada inapropriada para uma mulher fidalga, fez com que seu pai lhe internasse em um convento em 1531, quando ela completou 15 anos. Então os conventos eram o único refúgio para as mulheres que não desejavam, ou não podiam, casar-se, já que naquela sociedade às mulheres estava reservado o papel de reprodutoras da família. Igreja e moralistas consideravam que, para isso, elas não precisavam estudar, devendo se comportar sempre como mães e esposas. Aquelas que não casassem deveriam se recolher aos conventos e viver em devoção religiosa.

A maioria dos conventos, no entanto, era composta por ambientes luxuosos, onde as nobres tinham permissão de manter bens materiais e receber convidados. Entretanto, logo de início Teresa foi levada para o severo convento de Nossa Senhora das Graças, das agostinianas, que apesar de só receber mulheres da mais alta linhagem, obrigava-as a trocar o luxo da criadagem pelas constantes penitências. Durante o ano e meio em que lá permaneceu, a jovem tentou fervorosamente se interessar pela vida religiosa, mas não se emocionava nem mesmo com a Paixão de Cristo, o que era considerado falta grave. No entanto, não queria casar e permaneceu indecisa entre o tédio do convento e o medo da submissão, até que adoeceu e foi levada de volta para a casa do pai, onde permaneceu por anos, convalescente, abalada com a falta de perspectivas. Nesse período, dedicou-se à leitura de vida e obras de santos, principalmente daqueles que pregavam um discurso religioso fervoroso, como São Jerônimo, até que aos 19 anos decidiu finalmente abraçar a vida religiosa e ingressou no Convento Carmelita da Encarnação, onde, um ano depois, tomou os votos.

Seu novo convento não poderia ser mais diferente do antigo. Nele, as moças fidalgas entretinham convidados e mantinham objetos de luxo em suas celas, continuando sua vida de nobres. E fora por essa vida fácil que Teresa escolhera esse convento em particular, tornando-se logo, e por muitos anos, uma frequentadora assídua do locutório, a sala de visitas onde recebia convidados nobres de Ávila.

Sua doença, todavia, não a abandonara, e uma vez mais a obrigou a voltar à casa de seu pai, onde novamente permaneceu por alguns anos. E de novo se voltou para os livros religiosos, dessa vez seguindo a pregação de Francisco de Osuna, que propunha a oração mental como exercício. Retornando ao convento, entretanto, não demorou a pôr de lado as orações, de novo entretida com as constantes visitas dos muitos admiradores. E somente após a morte de seu pai passou a se dedicar mais à oração, mesmo que, como a maioria de suas contemporâneas religiosas, faltasse-lhe então uma verdadeira vocação monástica.

Todavia, se Teresa ingressara na vida monástica como o menor de dois males, aos poucos sua postura iria se modificando, e ela foi gradualmente adaptando seu caráter à vida na clausura: por um lado, diferentemente da maioria de suas companheiras, sua religiosidade era inflamada e pouco convencional, levando-a ao caminho do misticismo; por outro, como religiosa ela podia se dedicar às letras, mesmo que isso não fosse recomendado pelas autoridades eclesiásticas. Além disso, a vida religiosa era o único caminho ao heroísmo aberto às mulheres, e essa era uma característica fidalga muito cultivada em sua família. Assim, enquanto seus irmãos se jogavam em aventuras na conquista da América, ela logo percebeu que, para uma mulher, o único caminho para o heroísmo era o martírio religioso.

No claustro ela se voltou para a meditação; uma dedicação que coincidiu com suas primeiras experiências místicas, suas *visões*. O misticismo era, então, um fenômeno muito comum na Espanha, apesar de ser considerado uma forma popular de religiosidade, e, logo, malvisto pela Igreja, que se tornava cada vez mais intolerante. A seita dos "alumbrados", por exemplo, a qual Teresa seria mais tarde muitas vezes acusada de integrar, pregava uma religiosidade em que a conexão com a divindade era feita por meio de visões e êxtases místicos. E seriam esses arrebatamentos que transformariam a vida da intelectualizada Teresa a partir de sua primeira experiência mística: uma visão de Maria Madalena, em 1555. Essa logo foi seguida por uma conversa com Cristo, na qual ela teria perguntado quem O colocara na cruz e escutado como resposta: foram tuas conversas no locutório.

O imaginário popular na Espanha moderna era, então, intensamente dominado pelas imagens de Cristo, dos santos, de pecados e punições. Assim, quaisquer que fossem as razões para as visões de Teresa, não é de espantar que estas tomassem a forma de conversas com a divindade. Pelas mesmas razões também não surpreende que toda sua obra religiosa e poética seja intensamente mística, influenciada por tais visões, que transformaram também sua postura com relação à Ordem Carmelita, inspirando-a a pôr em prática toda uma reforma religiosa. Isso lhe garantiu muitos anos de dificuldades e uma ferrenha oposição de diferentes setores dentro e fora da Igreja. Apesar disso, ela se pôs a trabalhar pela mudança da vida nos conventos, conseguindo, ao final de sua vida, reformar 18 deles em toda a Espanha e instalando em todos votos de pobreza e abstinência. Em tudo isso deixava as marcas de sua formação fidalga, de uma religiosidade implacável, e acostumada a impor sua vontade sobre o mundo. Certa vez, ao falar de si mesma e da realização de seus projetos, afirmou que Teresa sem a graça de Deus era uma pobre mulher; com a graça de Deus, uma fortaleza; e com a graça de Deus e dinheiro, uma potência.

Assim, e ao longo dos anos, enquanto planejava sua reforma, seguia escrevendo uma obra que, ao fim, contaria 5 mil páginas, trazendo a mística em seus métodos de oração e na poesia, em livros como o *Caminho da Perfeição*, o *Castelo Interior*, mas principalmente no *Livro da Vida*, sua obra-prima em forma de autobiografia.

Nesse meio tempo, em 1559, suas visões vieram a público, tornando-a alvo da ira de teólogos, para quem seus arrebentamentos místicos beiravam a heresia por apresentarem o contato com a divindade como uma experiência sensual. Naquele momento, a Inquisição crescia na Espanha, multiplicando seus autos de fé em praça pública, e os teólogos jesuítas apontavam as manifestações místicas como algo demoníaco. E o misticismo de Teresa, assim como o de seu amigo São João da Cruz, estava envolto em erotismo, com sua poesia falando do amor divino em termos de amor carnal e apresentando Deus como o máximo objeto de amor, nada distinguindo seus êxtases místicos de um êxtase físico. Além disso, seu caráter novelesco a fazia ousada e desafiadora, levando-a, por exemplo, a comentar os *Cânticos dos Cânticos* no mesmo ano em que o tradutor destes, frei Luis de Leon, foi acusado pela Inquisição.

Por outro lado, sua fama crescia junto ao povo, muito mais propenso ao misticismo que os teólogos, e com a fundação do primeiro convento, sua fama de santa cresceu fora dos círculos eclesiásticos.

Enquanto expandia o número de conventos, ela continuava a escrever. *O Livro da Vida* entrelaça sua experiência pessoal, os acontecimentos desde sua infância até a bem-sucedida fundação de seu primeiro convento, com sua visão da religião e do misticismo. Muitas de suas obras foram elaboradas como exortações a suas discípulas, como *O Caminho da Perfeição*, um manual de oração e de comportamento que prega uma religiosidade em que meditação e contemplação se tornam práticas combativas. Mas então a Inquisição estava acrescentando várias obras de religiosos católicos a sua lista de livros proibidos, e a situação de Teresa, já frágil perante o Santo Ofício, fez com que a maioria de suas obras só fosse publicada após sua morte. Sua escrita era arrebatada, incitando à oração, à meditação e ao abandono das vaidades mundanas, e mesclava características jesuítas, franciscanas e dominicanas, ou seja, exercícios espirituais, pobreza e teologia.

A reforma da Ordem Carmelita não ficou apenas nos conventos femininos, e por meio de discípulos como São João da Cruz, o ramo masculino passou pela virada para a pobreza e contemplação. Esses sucessos se somaram ao apelo popular que suas visões tinham em Castela. Entretanto, continuavam as perseguições, que culminaram com a prisão de João da Cruz. Apesar desses dissabores, em 1580 o papa reconheceu os Carmelitas Descalços como uma ordem católica independente, para alegria e júbilo de Teresa, que morreria dois anos depois, com 65 anos, ainda trabalhando na fundação de novos conventos.

Sua pregação exerceu grande influência sobre a religiosidade espanhola, visível no crescimento que os Carmelitas Descalços vivenciaram durante sua vida e depois de sua morte. E seu papel como reformadora eclesiástica é único em uma estrutura tão severamente masculina como a Igreja Católica. No entanto, sua obra permaneceu, não apenas sua reforma estrutural, mas sua filosofia de contemplação e oração, em que o amor carnal é dedicado à divindade. Tanto que, em 1970, a Igreja Católica finalmente a reconheceu como pensadora ao lhe conferir o título de Doutora da Igreja.

Curiosidades

Décadas após sua morte, o Reino da Espanha entrou em debate sobre qual santo deveria ser o padroeiro do país. Embora tenha perdido para São Tiago Matamoros, padroeiro tradicional, Santa Teresa permaneceu mais popular entre a população em geral.

Isaac Newton

Físico inglês, 1642–1727

No início do século XVIII, o idoso cientista *sir* Isaac Newton já era considerado um dos grandes gênios da humanidade. Colecionava vitórias, assim como a fama de excêntrico, de mesquinho e arrogante advinda das muitas disputas com outros cientistas. Mas apesar das antipatias, suas realizações no campo científico haviam sido tamanhas que ele angariara também muitos admiradores. Isso porque Newton criou a Física enquanto ciência e o Cálculo como área do saber matemático; *descobriu* o funcionamento da gravidade, dos movimentos dos planetas, da ótica e da luz, além de organizar o método científico. Isaac Newton, ao fim de sua vida, poderia se vangloriar de ter inventado a ciência moderna.

O futuro cientista, filho de prósperos fazendeiros protestantes, nasceu na Inglaterra, em 1642, então assolada pela peste negra e há pouco saída da guerra civil gerada pela Revolução Inglesa. Seu pai morrera, levando sua mãe a contrair um novo matrimônio com um rico clérigo anglicano que não queria o filho de seu antecessor. Assim, Isaac foi enviado para viver com sua avó materna, e até o final de sua vida se referiria ao padrasto com verdadeiro pavor, somente voltando a viver com sua mãe quando tinha 10 anos, depois da morte dele.

Na escola, foi um aluno desatento que não se saía bem nos estudos, sendo frágil e antissocial. Seus resultados ruins fizeram com que sua mãe decidisse tirá-lo da escola e treiná-lo para administrar a fazenda, função na qual obteve um desempenho ainda mais pobre. Convencido de que o menino não tinha nenhuma habilidade como fazendeiro, um tio persuadiu sua mãe de que a melhor opção seria deixá-lo estudar. E, assim, ele voltou para a escola.

Foi essa série de ocorrências que o levou, em 1661, à Universidade de Cambridge e ao Trinity College, onde precisou financiar seus estudos executando trabalhos de limpeza, uma função inferiorizada que o tornou ainda mais recluso. Era rigidamente religioso, protestante devoto e se mantinha afastado da vida boêmia da universidade, dedicando-se a experimentos. E foi num desses que, em 1664, usando um prisma, descobriu a refração da luz. Nascia, assim, a Ótica como campo de conhecimento científico.

Nesse mesmo ano tornou-se um aluno em tempo integral, com direito a financiamento, e conseguiu um diploma básico, que lhe garantiu a continuidade de seus estudos. Rapidamente sua situação no Trinity College foi melhorando de forma considerável, pois, livre de um trabalho que o envergonhava e de disciplinas que não o interessavam, Newton passou a se consagrar ao estudo da luz, começando também a pesquisar a trajetória dos planetas. Para isso precisava de matemática avançada, mas logo percebeu que o conhecimento matemático disponível até então era insuficiente. Isso o levou ao debate internacional que então se travava, no qual pensadores como René Descartes estavam questionando o saber matemático tradicional. E foi a partir das reflexões desse filósofo que Newton deu início à formulação de suas próprias teorias matemáticas, criando o cálculo moderno.

Não era apenas a situação do saber matemático que o incomodava, também a metodologia de pesquisa disponível então, muito especulativa, impedia o desenvolvimento de seus trabalhos. Assim, dedicou-se a elaborar um método próprio de investigação que partia, em primeiro lugar, da observação empírica de experimentos, para somente depois traduzir os resultados para a linguagem matemática. Ou seja, para poder responder às questões que o interessavam, Newton inventou o método científico, o que lhe rendeu, nos séculos seguintes, o título de primeiro cientista moderno.

Enquanto isso, a peste negra assolava a Inglaterra, e em 1665 afetou uma Londres onde as péssimas condições de higiene permitiram que a epidemia se espalhasse rapidamente nos cortiços. Os muitos mortos desassistidos eram carregados em carroças pelas ruas, e a população, em pânico, começou a fugir da cidade, o que só contribuiu para espalhar a epidemia pelo interior.

Logo Cambridge foi assolada, a universidade foi obrigada a fechar suas portas, e Newton, obrigado a voltar para a casa de sua mãe.

Passou então os 18 meses seguintes na fazenda, dedicando-se totalmente a seus experimentos e vivenciando o que seria considerado um dos períodos mais produtivos de sua vida, mais tarde chamado por ele próprio de seu ano miraculoso. Algumas de suas maiores descobertas foram feitas nesse intervalo de tempo, como a Teoria da Gravidade.

Ele se defrontou com a força da gravidade quando buscava respostas para o funcionamento das trajetórias dos planetas. Inquietava-se naquele momento com questões a exemplo do modo como os planetas se moviam no céu, e que força fazia com que permanecessem em suas órbitas. Segundo uma lenda, enquanto refletia sobre essas questões, sentou-se em baixo de uma macieira e foi atingido na cabeça por uma maçã. E seria essa maçã que, ao cair, teria lhe inspirado a descoberta da gravidade como a força que permite o movimento regular dos planetas.

Em 1667, com o fim da epidemia, ele pôde voltar a Cambridge e começar a elaborar as fórmulas matemáticas que explicariam suas observações sobre a gravidade, logo sendo recomendado ao posto de pesquisador. Até então nenhuma de suas descobertas era de conhecimento público, mas em 1688 um acontecimento mudou bruscamente essa situação: o matemático dinamarquês Nicolas Mercator publicou *Logarithmotehnia*, expondo teses matemáticas exatamente iguais às de Newton.

Por causa disso, e temendo perder o crédito por suas pesquisas, Newton começou a divulgar seus manuscritos na comunidade científica. E como suas teses estavam bem mais definidas que as de Mercator, não apenas provou que precedia o dinamarquês, mas também se tornou famoso, o que lhe valeu convite para ocupar o prestigioso posto de professor de matemática do Trinity College, uma posição que lhe garantia tudo o que ele queria: tempo e recursos para suas pesquisas. Tinha então 26 anos.

Em 1672, após aprimorar o telescópio que Galileu tornara popular, foi convidado a ingressar na Royal Society, importante círculo de elite dos cientistas ingleses. E foi durante sua palestra inicial que conheceu aquele que viria a ser seu grande adversário científico, Robert Hooke, cientista que explorava diversas áreas da ciência e se considerava um especialista em luz.

Nos anos que se seguiram, Isaac vivenciou a morte de sua mãe, a necessidade de administrar a fazenda e cuidar do irmão mais novo, e um súbito interesse em Alquimia. Nesse meio tempo se desenrolavam as disputas com Hooke, e ele continuou adiando a publicação de sua tese, até que, em 1684, foi convencido por um amigo cientista a publicar seus principais resultados após ter participado de uma discussão em que Hooke afirmara ter descoberto o funcionamento da gravidade. Apesar disso, Newton levaria ainda dois anos para terminar seu livro, publicando só em 1686 a obra que passaria a ser considerada o livro mais importante da história da ciência: os *Princípios Matemáticos da Filosofia Natural*. Além de descrever a gravidade, o *Principia*, como é mais comumente conhecido, apresentou os conceitos que comporiam as Leis da Mecânica de Newton, base sobre a qual se construiu toda a Física moderna.

Hooke ainda tentou atacar dizendo que Newton roubara suas ideias sobre a gravidade, mas gradativamente foi caindo no descrédito. Também o público logo tomou conhecimento da obra, e seu autor, já famoso, passou a ser considerado uma autoridade a ser consultada em diversos assuntos. A publicação do *Principia* mudou radicalmente o pensamento científico, mas estava longe de se constituir em um caso excepcional, pois a Europa passava então pela chamada Revolução Científica, quando pensadores como Descartes e Galileu traziam a público descobertas que fundariam a Ciência Contemporânea. Um dos grandes fatores para essa revolução foi o desenvolvimento da Matemática, pois era por meio da matematização do mundo, que culminou na obra de Newton, que esses pensadores tentavam explicar o funcionamento da Natureza e do Universo.

Mas esses gênios estavam longe de integrar uma corrente de pensamento uniforme. As contradições entre suas teses, inclusive, eram grandes: a obra de Descartes explicava a origem do Universo e dos fenômenos naturais a partir das leis mecânicas do movimento da matéria, e contra ele se levantaram muitos, inclusive Newton, que defendia que o Universo, em sua maravilhosa uniformidade, era fruto de um projeto intencional de Deus. Para ele, as leis naturais só começaram a agir depois da formação do Universo e tinham sido estabelecidas pela divindade. Diferente de Descartes, a quem considerava um mecanicista ateu, Newton acreditava que o método científico deveria ser meramente descritivo, usado para entender o funcionamento do mundo, mas não para explicar suas origens.

Paralelamente a essas disputas, os anos que seguiram a publicação do *Principia* foram um período tumultuado para Newton. Apesar de seu renome crescente, ele voltou à Alquimia, logo depois sofrendo um esgotamento nervoso. Mas em 1696 foi nomeado diretor da Casa da Moeda inglesa, passando a supervisionar a impressão e distribuição de moedas e a perseguição de falsificadores, um alto cargo que, todavia, nada tinha a ver com sua carreira acadêmica. Isso o levou a deixar de se dedicar à pesquisa, apesar de manter seu cargo em Cambridge. Só em 1703 voltando à Física, ao ser nomeado presidente da Royal Society, instituição que se destinou a modernizar.

Entre 1704 e 1705, publicou o trabalho que começara em sua juventude, *Ótica*, sendo aclamado então, em sua terra, como o mais importante cientista de todos os tempos e nomeado cavaleiro pela rainha Anne. Depois disso, manteve seu prestígio, fez novos inimigos, mas não voltou a produzir obras que se equiparassem às descobertas de sua juventude. Durante sua velhice tornou-se um excêntrico, obcecado por retratos, acusado de não dar crédito a outros cientistas e de, quando comandara a Casa de Moeda, se divertir enviando criminosos para a morte. Morreu em 1727, com 84 anos, e foi enterrado na Abadia de Westminster, entre os reis da Inglaterra. Certa vez, ao refletir sobre seu importante legado, comentou:

> Eu não sei o que posso parecer para o mundo, mas para mim mesmo eu pareço ter sido somente um garoto brincando na praia e me divertindo de vez em quando, encontrando um cristal mais aveludado, ou uma concha mais linda do que o usual, enquanto o grande oceano da verdade deposita todo o inexplorado diante de mim.[1]

Curiosidades

Para realizar seus estudos sobre a visão e a luz, Newton transformou-se em cobaia de seu próprio experimento, tendo pressionado o nervo ótico de um dos seus olhos com um palito pontiagudo. Outro fato atípico em sua biografia era seu costume de olhar fixamente para o Sol, o que lhe ocasionou uma cegueira temporária por três dias, relato descrito em seu diário.

---

[1] Newton apud WHITE, Michael. *Isaac Newton*. Rio de Janeiro: Globo, 1993, p. 58.

Charles Darwin

Naturalista inglês, 1809–1882

Em novembro de 1859, os livreiros de Londres disponibilizaram em suas vitrines o recém-lançado *A Origem das Espécies*, uma obra científica que surpreendeu a todos ao se esgotar no mesmo dia de seu lançamento. Tamanho interesse em um trabalho acadêmico se explicava por seu conteúdo revolucionário que transcendia os limites da Biologia. Nele, seu autor, o naturalista Charles Darwin, afirmava que todas as espécies vivas descendiam de outras modificadas ao longo do tempo por uma seleção natural que privilegiava os organismos mais bem capacitados. Com essa tese, meticulosamente explicada ao longo de quatrocentas páginas, *A Origem das Espécies* acendeu uma polêmica acalorada e pôs em xeque séculos de ideias criacionistas que consideravam que o mundo fora criado por Deus em sete dias. Nela, Darwin expunha sua Teoria da Evolução, elaborada após vinte anos de estudos, e dava início a uma revolução nas mentalidades, mudando para sempre a forma como a humanidade vê a si mesma e seu papel no mundo.

Mas esse inovador trabalho só foi possível porque seu autor viveu em um período de contestação científica, e a própria ideia de evolução foi construída a partir de séculos de descobertas. Darwin herdou, entre outros, o trabalho do sueco Lineu, que no século XVIII forneceu nova base para a Biologia ao propor uma classificação das espécies em reinos, filos, classes, ordens, famílias, gêneros e espécies. Mas o naturalista sueco, assim como seus antecessores e contemporâneos, acreditava que as espécies animais e vegetais haviam surgido a partir da criação divina e jamais sofrido qualquer tipo de modificação. Era a Teoria da Imutabilidade das Espécies, que defendia que Deus havia provido a Terra de espécies fixas e invariáveis. E apesar de, ainda no século XVIII, o naturalista francês Jean-Baptiste de Lamarck ter apresentado uma tese evolucionista própria sobre a origem das espécies, essa ideia caiu em descrédito, e a imutabilidade continuou a vigorar. Mas a partir daí cresceria uma inquietação em torno do funcionamento da natureza e do próprio criacionismo.

Foi nesse contexto científico que, em 1809, nasceu Charles Darwin, em uma abastada família inglesa, filho de um eminente médico e neto de outro: seu avô, Erasmus Darwin, fora também um naturalista interessado na origem da vida. E essa ilustre família exigia que seu Charles lhe seguisse os passos. Por isso, em 1825, com 16 anos, o rapaz foi mandado para Edimburgo, na Escócia, para estudar Medicina.

Edimburgo, então, era uma cidade cosmopolita, onde os estudos eram mais livres que na Inglaterra, altamente influenciada pela Igreja Anglicana. Charles se entusiasmou com o novo e promissor cenário, mas logo percebeu que a Medicina não era uma profissão para ele e passou a pesquisar os debates científicos que eram alimentados pela descoberta de fósseis e pelo desenvolvimento de ciências como a Geologia. Mas as ciências naturais eram consideradas apenas um *hobby* para cavalheiros, e, apesar de a riqueza de sua família lhe garantir um futuro seguro, seu pai exigia que o rapaz tivesse uma profissão. Darwin pai, entretanto, logo percebeu que esta não seria a Medicina e enviou o filho para Cambridge para continuar os estudos e tornar-se um clérigo.

Charles chegou a Cambridge em 1828 com 19 anos e, apesar de não ser religioso, a perspectiva de integrar o clero começou a lhe agradar, já que essa carreira lhe proporcionaria tempo para seus interesses de naturalista. Aprofundou-se em Botânica e Geologia e, quando se diplomou, em 1831, recebeu uma proposta para embarcar em uma jornada no veleiro *Beagle*, que mudaria os rumos de sua vida e a história da Teoria da Evolução.

O *Beagle* era um navio da Marinha inglesa que partia em missão oficial com o objetivo de elaborar cartas de navegação do litoral do Chile e da Argentina. A viagem deveria durar três anos, mas terminou em cinco. O cargo de naturalista não existia, sendo uma função do médico de bordo registrar os espécimes encontrados ao longo do trajeto, mas o capitão Robert Fitzroy, em sua posição de *cavalheiro*, de membro da classe mais elevada da sociedade inglesa, abriu vaga para um naturalista que pertencesse a sua classe social.

A vaga não era gratuita, muito menos remunerada. Pelo contrário, quem a aceitasse deveria arcar com suas próprias despesas de viagem. Darwin considerou a oportunidade imperdível, e conseguiu a autorização e os recursos paternos sob a condição de se tornar clérigo ao fim da viagem.

O navio partiu em dezembro de 1831, navegou pela costa da África, atravessou o Atlântico em direção ao Brasil, desceu a costa oriental da América do Sul, atravessou o estreito de Magalhães e subiu a costa ocidental do continente até as Ilhas Galápagos, de lá seguindo viagem pelo Pacífico. Na costa da Argentina, Darwin escavou fósseis; no Brasil, tomou grande interesse pela diversidade da Mata Atlântica; na costa do Pacífico, se defrontou com vulcões e terremotos. Suas observações eram registradas em um diário, e em cada parada Darwin coletava centenas de espécimes, que enviava para seu amigo naturalista Henslow, na Inglaterra.

O *Beagle* chegou às Ilhas Galápagos, no litoral do Equador, em 1835, quando Darwin tinha 26 anos. E enquanto a tripulação fazia seu trabalho em mar, ele permanecia nas ilhas estudando animais, crustáceos, plantas e conchas. Durante sua curta permanência, coletou informações suficientes para elaborar, nas décadas seguintes, a Teoria da Evolução das Espécies. Percebeu que a geografia isolada das ilhas havia permitido que, ao longo das eras, os animais evoluíssem separadamente. As espécies animais de Galápagos não apenas eram diferentes das do continente, mas diferentes também de ilha para ilha. As tartarugas gigantes, por exemplo, para sempre associadas à Teoria da Evolução, possuíam em seus cascos configurações geométricas diferentes em cada ilha.

Em 1836 o *Beagle* finalmente voltou à Inglaterra, e Darwin descobriu que Henslow tornara públicos seus espécimes e suas conclusões. Nem bem aportou e já viu seu nome em uma posição respeitável entre os naturalistas ingleses. Esse renome lhe garantiu a permissão de seu pai, atrelada a uma renda fixa, para que se dedicasse totalmente à ocupação de naturalista. Ele se estabeleceu então em Londres e começou a trabalhar em uma obra sobre zoologia subvencionada pelo governo. Em 1839 se casou com uma prima, Emma Wegwood, e publicou o *Diário de Pesquisas sobre a História Natural* e a *Geologia dos países visitados durante o cruzeiro do Beagle em volta do mundo*, seu bem acolhido relato da viagem no *Beagle*.

Enquanto sua notoriedade aumentava, sua personalidade tranquila e índole pacífica o afastavam das discussões científicas que se misturavam com disputas por fama e prestígio. Além disso, uma doença crônica, possivelmente a doença de Chagas, o atormentava cada dia mais. Isso o levou a, em 1842, mudar-se para o condado de Kent, bem mais pacato, onde viu sua família crescer. O casal Darwin teve dez filhos, com alguns deles tendo se tornado vítimas da elevada taxa de mortalidade infantil daquele período.

Entre 1839 e 1855 escreveu cinco volumes sobre Zoologia e três sobre Geologia, baseados em sua viagem no *Beagle*, além de se especializar no estudo das cracas marinhas. Em paralelo elaborava seu projeto especial, o estudo da mudança nas espécies. Já em 1837 concluíra que todas as espécies da Terra estavam passíveis de evolução, mas ainda não compreendia como e por que essa evolução se dava. E foi em 1838, ao ler *Ensaios sobre a População*, de Malthus, que formulou uma das principais peças da sua teoria: a luta pela sobrevivência.

Malthus foi um clérigo que, no final do século XVIII, escreveu uma obra sobre economia usando a natureza como paralelo para analisar a pobreza em Londres. Nesse texto, ele afirmou que todas as espécies se reproduziam em número maior do que a natureza podia suportar, levando esta a limitar o número de indivíduos ao usar como ferramenta a luta por alimento e a concorrência entre espécies, provocando assim a morte de muitos. Essa máxima se aplicava tanto à natureza quanto à população pobre que tinha mais filhos do que poderia alimentar, o que levava Malthus a concluir que a sociedade não deveria ajudar essa população, pois era natural que muitos deles perecessem para que outros pudessem sobreviver.

Darwin adaptou a tese malthusiana à evolução defendendo que, na luta pela sobrevivência, se algum animal tem uma vantagem especial fornecida pela natureza, ele tende a sobreviver e passar seus genes adiante. Estava formulada, assim, em 1838, a Teoria da Seleção Natural. Mas ele ainda demoraria outros 20 anos para trazê-la a público, principalmente porque tinha consciência da polêmica que causaria. Continuou trabalhando em diferentes projetos, e somente em 1858 tomou a decisão de publicar sua obra maior. E o que o levou a se decidir foi um manuscrito que lhe foi enviado por outro naturalista, Alfred Russel Wallace, no qual este expunha sua própria teoria da evolução e que concordava em tudo com a inédita teoria darwiniana.

Wallace, então na Malásia, lera o diário de Darwin e a obra de Malthus e chegara a conclusões semelhantes. Darwin, cuja índole o impedia de brigar por créditos, escreveu para seus amigos dizendo que preferia nunca revelar sua própria pesquisa a correr o risco de alguém pensar que ele cometia alguma ignomínia contra Wallace. Mas seus amigos decidiram apresentar na Sociedade Lineana as conclusões de Darwin juntamente às de Wallace, provando que Darwin chegara a essas conclusões antes do colega. Apesar de Wallace não ter sido consultado sobre essa medida, sua reação foi de concordância, e parece não ter se ressentido do fato de Darwin ter ganhado os créditos pela Teoria da Evolução.

Depois disso, e uma vez apresentadas suas ideias ao círculo científico londrino, em 1859, Darwin finalmente publicou *A Origem das Espécies,* que foi recebido com imenso interesse. Em suas seis primeiras edições, a obra foi bastante modificada, pois Darwin incluía as críticas e correções que ia recebendo à medida que a obra corria o mundo.

As duas principais teses da obra convenceram de pronto os especialistas: as espécies evoluem e se adaptam ao meio que encontram; as novas espécies se formam graças à seleção natural, que permite a sobrevivência e a reprodução dos organismos mais bem adaptados.

> Vejo-me, contudo, após os estudos mais profundos e uma apreciação fria e imparcial, forçado a sustentar que a opinião defendida até há pouco pela maior parte dos naturalistas, opinião que eu próprio partilhei, isto é, que cada espécie foi objeto de uma criação independente, é absolutamente errônea. Estou plenamente convencido de que as espécies não são imutáveis; estou convencido de que as espécies que pertencem ao que chamamos o mesmo gênero derivam diretamente de qualquer outra espécie ordinariamente distinta, do mesmo modo que as variedades reconhecidas de uma espécie, seja qual for, derivam diretamente desta espécie; estou convencido, enfim, de que a seleção natural tem desempenhado o principal papel na modificação das espécies, posto que outros agentes tenham nela partilhado igualmente.[1]

Mas a Igreja Anglicana reagiu mal à obra, e a reação da imprensa e do público não foi melhor. Muitos, não entendendo a nova teoria, acreditavam que Darwin propunha ser a humanidade descendente dos macacos, o que causou choque na sociedade vitoriana. As charges e severas críticas na imprensa se multiplicaram, sem que ele jamais as respondesse. Em seu lugar, no entanto, atuava Huxley, apelidado de buldogue de Darwin, e outros naturalistas que empreendiam não poucos esforços para defender a Teoria da Evolução.

Aos poucos, ao longo de 20 anos, a teoria foi ganhando respeito popular, e a imagem de Darwin passou a ser cada vez mais respeitada. Nesse meio tempo ele continuou trabalhando em sua casa, afastado, mas não esquecido:

---

[1] DARWIN, Charles. *A origem das espécies*. Portugal: Lello & Irmão, 2003, p. 18.

recebia honrarias de todas as partes do mundo. Em 1871, publicou suas ideias sobre a evolução da espécie humana, encaixando-a na Teoria da Evolução. Morreu em sua cama, em 1882, de uma doença cardíaca, mas viveu o suficiente para ver a ampla aceitação de sua teoria. Uma aceitação que transpôs a Biologia e influenciou inclusive questões políticas.

De fato, ao longo do século XIX, as potências imperialistas, encabeçadas pela Inglaterra, que vinham defendendo a ideia de progresso, rapidamente incorporaram esta à Teoria da Evolução. Se atualmente existe uma consciência de que evolução não necessariamente significa progresso e de que as modificações nas espécies, aleatórias, podem não significar uma melhor adaptação ao meio, durante o XIX a ideia de progresso foi usada para justificar a expansão imperialista da Europa ocidental, e foi associado a esta que surgiu o chamado "darwinismo social", defendendo que em uma sociedade só os mais aptos, as classes superiores, levariam vantagem, justificando o domínio de alguns grupos sobre a maioria. O criador do *darwinismo social* foi o filósofo Herbert Spencer, que afirmava que os pobres estavam sendo eliminados pela seleção natural por não serem aptos a sobreviver. A mesma teoria justificava a dominação da África e Ásia, considerando africanos e asiáticos inferiores aos europeus.

Por outro lado, apesar da ampla aceitação da Teoria da Evolução, o criacionismo não deixou de existir, e ainda hoje muitos fundamentalistas cristãos, principalmente nos Estados Unidos, negam que a Terra tenha evoluído e que espécies diferentes tenham se sucedido ao longo do tempo. E se em meados do século XX os criacionistas eram vistos como fanáticos, hoje eles tentam dar um formato científico a suas ideias, chamando de *ciência da criação* a explicação de que Deus criou o mundo em sete dias. Os cientistas sociais e humanistas, por sua vez, ao longo do século XX, derrubaram o *darwinismo social* e as ideias de progresso e superioridade racial associadas a ele. Por outro lado, a própria teoria de Darwin recebe novos acréscimos e novas críticas de pensadores, que, no entanto, não se afastam de suas teses principais. Mais de um século após a morte de Darwin, suas ideias continuam evoluindo.

Curiosidades

O diário de Darwin traz relatos que vão além de seus estudos biológicos. Durante sua passagem pelo Chile, ocorreu a destruição da cidade de ***Concépcion*** depois de um devastador terremoto. Alguns estudiosos afirmam que esse evento pode ter influenciado a elaboração da Teoria das Espécies.

Sigmund Freud

Médico austríaco, 1856–1939

Em 1901, o médico vienense Sigmund Freud, pela primeira vez em Roma, foi visitar o templo de Minerva, divindade que, segundo a mitologia latina, havia nascido armada de uma enxaqueca de Júpiter, o pai dos deuses. Para o austríaco, esse mito era uma analogia de sua própria vida, em especial pelo fato de, dois anos antes, ter experimentado a sensação de extrair de sua própria mente o que para ele era uma Minerva furiosa, na forma de sua obra-prima: *Die Traumdeutung* (*A interpretação dos sonhos*, em português), obra escrita num momento particularmente difícil, pois, além de enfrentar o crescimento do antissemitismo em seu país, Freud ainda sofria com problemas financeiros, profissionais e com a morte do pai. Essas agruras o haviam levado a um intenso processo de autoanálise, recurso já trilhado por Santo Agostinho e Montaigne. Sua originalidade, contudo, estava em realizar essa análise a partir dos próprios sonhos, interpretando o simbolismo das imagens e episódios de sua infância que neles apareciam, tentando percebê-los como manifestações de desejos reprimidos que permitiam uma abertura para a parte da mente que não era racional, à qual chamou de *Inconsciente*. Nesse processo, descobriu que, quando criança, sentira atração pela mãe e hostilidade em relação ao pai, fenômeno que mais tarde chamaria de *Complexo de Édipo*, em mais outra de suas muitas referências à Antiguidade clássica. Estavam esboçadas, assim, as principais premissas da Teoria da Repressão, a pedra angular da psicanálise para Sigmund Freud.

Pensadores como Nietzsche já haviam proposto o conceito do Inconsciente, mas coube a Freud desenvolver um acesso científico a ele, no que foi muito influenciado pelo contexto social e cultural da Europa no fim do século XIX; se os europeus oitocentistas eram mais prósperos do que nunca, graças à ciência e à técnica, vivenciavam, igualmente, a *malaise*, um sentimento indefinido de mal-estar e inquietação, uma sensação de que o progresso era impotente para acalmar os espíritos, e a razão humana, insuficiente para atenuar sua ansiedade.

A Viena de Freud era a capital do decadente Império Austro-húngaro, onde a democracia liberal era diuturnamente posta em risco pela emergência de novas forças políticas, pelas disputas entre as duas nacionalidades dominantes (germânicos da Áustria e magiares da Hungria), e pelo crescente nacionalismo das etnias subjugadas (tchecos, eslovacos, bósnios, sérvios, italianos do Tirol), além dos judeus, atacados por todo o império, mas determinados a serem reconhecidos como cidadãos plenipotenciários. Esse caldo de cultura fez brotar uma geração de intelectuais dedicada a reformular as tradições e o pensamento, linhagem da qual Freud se tornou o principal representante.

Nascido em família judia na Morávia em 1856, Freud viveu a maior parte de sua vida na capital austríaca, onde chegou com os pais aos 7 anos de idade. Nessa cidade, se formou em Medicina em 1881, na mesma época em que conheceu sua futura esposa, Martha, e que começou a trabalhar no Hospital Geral de Viena. Embora preferisse se dedicar à pesquisa, atuou como clínico nesse hospital, e teve contato pela primeira vez com o extrato da folha da coca, então usado para curar males variados, inclusive depressão. Logo se tornou um consumidor contumaz da droga e, antes de perceber seus efeitos danosos, chegou mesmo a receitá-la a amigos e parentes.

O interesse pela Psiquiatria aumentava progressivamente e, em 1885, conseguiu uma bolsa para estudar no Hospital Saltpêtrière, junto ao doutor Jean-Martin Charcot, um dos pioneiros no tratamento de casos de histeria por meio da *hipnose*. Entusiasmado com esse método, ao retornar a Viena utilizou-o quando abriu seu primeiro consultório, frequentado majoritariamente por jovens senhoras da comunidade judaica. Nesse período, aproximou-se de um outro médico, doutor Josef Breuer, outro adepto da técnica do hipnotismo, com quem manteve entusiásticas discussões sobre casos clínicos. Em 1881, Breuer cuidou de uma paciente chamada Bertha Pappenheim, tornada célebre pelo pseudônimo Anna O. Cuidando do pai acamado, essa atormentada mulher desenvolveu sintomas típicos da histeria, tais como angústia, alucinações e somatizações. Seu tratamento seguia o método catártico, cuja premissa básica se assentava no fato de que a paciente vivera, no passado, cenas impactantes que tinham sido reprimidas, os chamados *traumas*. Por meio do transe hipnótico, ela era estimulada a reproduzir essas cenas, falar sobre elas, livrando-se, assim, dos traumas, processo que ficou conhecido como *catarse*.

O trabalho de Breuer influenciou fortemente o pensamento de Freud, como pode ser percebido no artigo científico que publicaram juntos em 1895, *Estudo sobre a Histeria*. A comunidade médica, contudo, desprezava as conclusões, e sequer reconhecia como doença a histeria, vinculando-a, geralmente, ao fingimento. Em 1889, outra paciente apresentou os sintomas clássicos da histeria, e quando tratada da maneira usual, com hipnotismo e fisioterapia, mostrava avanços, mas uma vez longe do médico, voltava a piorar. Freud interpretou essas melhoras como uma forma inconsciente de agradá-lo durante as sessões, percebendo, então, as limitações do método utilizado: algumas pessoas resistiam ao tratamento, e se a relação médico-paciente fosse rompida, o processo terapêutico também o seria. Em 1893, abandonou o hipnotismo e desenvolveu um novo método chamado *associação livre*, no qual o paciente, deitado num sofá, fechava os olhos e se concentrava nos sintomas que sentia, falando sobre tudo o que vinha à mente e que pudesse aclarar a origem do mal. Freud conduzia, então, a atenção do paciente para a cena traumática, fonte dos sintomas, esforçando-se para desvendar o conflito e liberar as emoções reprimidas. Na busca por esse instante último quando tudo começara, os pacientes retrocediam cada vez mais em suas sessões, chegando até a infância, num processo chamado de *regressão* que deixou claro para Freud onde se escondia a origem dos traumas.

Na passagem do século XIX para o XX, enquanto desenvolvia um tratamento para ajudar pessoas com problemas psicológicos, Freud teorizava sobre a psique, a vida mental, humana: dividiu-a em camadas, as mais profundas escondendo desejos inconfessos, oprimidos pela consciência, e que se manifestam por meio de lapsos e dos sonhos. Suas pesquisas duraram décadas, e a teoria freudiana somente se viu completada em 1923, com a publicação de *O Ego e o Id*, trabalho no qual procurava explicar o mecanismo da repressão segmentando a psique em três instâncias: *Id* (isso, em alemão), os impulsos primitivos, os desejos, presentes desde o nascimento; sob a influência do mundo externo, uma porção do Id se transformava em *Ego*, espécie de porteiro da alma, que recebe os estímulos instintivos da satisfação sem, contudo, desconhecer o exterior.

A terceira instância é o *Superego*, a consciência, que representa os costumes e valores já internalizados pelo inconsciente, originários dos elementos que instilam modelos sociais, como os pais, os professores e instituições. Na medida em que o subconsciente é o prazer absoluto, o Superego lhe impõe uma moralidade punitiva, mais intensa do que aquela experimentada pela consciência. A relação entre essas três instâncias é influenciada por fatores os quais Freud chamou de *pulsões*, energias inatas, das quais as duas primordiais seriam o *Eros* (sexual, desejosa de perpetuar a vida) e o *Tânatos* (pulsão da morte, que tende à destruição). Agressividade e desejo, vida e morte trabalhando incessantemente em conjunto, uma não agindo sem a outra.

O corpo da teoria freudiana fez de seu criador uma figura bem conhecida, e polêmica, nas primeiras décadas do século XX: se, por um lado, reuniu à sua volta chusma de jovens interessados em aprender, inversamente provocou a rejeição de boa parte da sociedade, que não admitia, por exemplo, que crianças possuíam instintos sexuais direcionados aos próprios pais. Em 1910, seus seguidores fundaram a *Associação Psicanalítica Internacional*, presidida por *Carl Gustav Jung*, seu discípulo mais brilhante. Embora não ocupasse qualquer cargo específico, Freud pairava sobre todos, e exigia total obediência, levando a algumas dissidências, das quais a mais dolorosa foi a do pupilo favorito, Jung, que começou a divergir publicamente do mestre, algumas vezes de modo rude, e trilhou uma carreira independente, voltada à análise da mitologia, deixando a associação em 1913.

Durante a Primeira Guerra Mundial, de 1914 a 1918, o Império Austro-húngaro alinhou-se à Alemanha e ao Império Otomano; derrotado, submeteu-se às condições draconianas impostas pelos vencedores: a Áustria e a Hungria foram separadas em duas nações distintas, e vários territórios tornaram-se países independentes, como a Tchecoslováquia. Na esteira de tais acontecimentos, a ex-capital imperial e seus habitantes conviveram com a falta de comida e de combustível, e com epidemias, em especial a da gripe espanhola, em 1918. E se os anos 1920 foram difíceis, a ascensão nazista em 1933 trouxe ainda mais ameaças, culminando com o *Anschluss*, a anexação da Áustria à Alemanha, em 1938. Violentos ataques antissemitas se disseminaram por toda Viena, e Freud, que a princípio relutava em emigrar, ao ver que a ciência que criara, majoritariamente exercida por judeus, fora expurgada, e depois de ter sua casa invadida duas vezes pela *Gestapo*, percebeu que não havia outra escolha.

Seus filhos e netos seguiram primeiro, mas as autoridades alemãs exigiram uma alta soma em impostos (chantagem sob outro nome) para o deixar viajar e, antes de partir, foi obrigado a assinar um infame documento, no qual afirmava ter sido bem tratado pelas autoridades alemãs e pela Gestapo, e ter recebido permissão de viver e trabalhar em plena liberdade sob o regime nazista. Numa tirada satírica, perguntou se poderia incluir uma frase sua no tal documento, recomendando "de coração a Gestapo a qualquer pessoa", pedido negado pelo oficial nazista, pois "assim todo mundo perceberia a falsidade". Freud seguiu primeiro para a França e depois para Londres, onde se estabeleceu. Fumante desde os 24 anos, o médico austríaco desenvolveu violento câncer bucal, doença que exigiu dezenas de cirurgias agressivas ao longo dos anos, as quais praticamente destruíram seu maxilar. Falecido em 1939, ainda viveu o suficiente para ver seus livros queimados em praça pública nas manifestações nazistas em Berlim.

Curiosidades

A feminilidade e o conceito intitulado de ***inveja do pênis*** são pontos, por excelência, polêmicos da obra de Freud. Segundo ele, a psicanálise não tem como objetivo uma descrição da mulher, mas se debruça sobre o questionamento de como a mulher se forma, como se desenvolve desde criança dotada de uma ***disposição bissexual***.

Sigmund Freud, idolatrado e odiado, é um daqueles pensadores seminais pelos quais não se passa impunemente e cuja obra mudou totalmente a forma como o indivíduo entende a si próprio.

Albert Einstein

Físico alemão, 1879–1955

Em 1905, um jovem e obscuro físico alemão publicou uma obra que o tornaria o cientista mais conhecido de todos os tempos e transformaria seu nome em sinônimo de gênio em várias línguas. A obra era a *Teoria da Relatividade Especial* (ou Restrita), e o cientista, Albert Einstein. Essa teoria mudou a forma como o Universo é compreendido aos olhos humanos e gerou uma nova Física. Já a própria imagem do cientista, excêntrico, simples e genial, passou a ser reconhecida por milhões de pessoas, mesmo fora dos círculos de cientistas e acadêmicos.

Einstein nasceu em Ulm, na Alemanha, em 1879, em uma família judia culta e de poucos recursos. Aprendendo a falar somente aos 3 anos, ele vivenciou uma situação complicada nas escolas, sempre oscilando entre excelentes notas e lentidão para aprender. Além disso, não sendo um aluno nem particularmente bom, nem particularmente ruim, nunca foi o favorito de nenhum professor, detestando aprender sob pressão e não se adaptando a nenhuma atividade em grupo. Tudo isso ilustrações vívidas de seu complicado relacionamento com as formas tradicionais de ensino e conhecimento. O mesmo se deu quando foi obrigado por sua mãe a estudar violino, só chegando mesmo a se apaixonar pela música quando, aos 13 anos, conheceu a obra de Mozart e passou a praticar sozinho. Desde então o violino se tornou uma presença constante em sua vida, provando que, ainda que sem professores e sem disciplina, Albert aprendia muito melhor.

Em 1876 deixou a Alemanha para estudar Física na Politécnica de Zurique, aos 17 anos, e lá aumentou sua fama de aluno irregular, exasperando os professores ao realizar os experimentos a sua própria maneira e desprezar toda e qualquer forma de disciplina.

Enquanto esteve na Suíça, juntou dinheiro para pagar as taxas de nacionalização e se casou com uma colega, a sérvia Mileva Maric. Um casamento bastante criticado por sua família e amigos, que desprezavam as origens camponesas de Mileva. Mas apesar disso, essa relação, que durou muitos anos, foi das mais importantes em sua vida, levando-o a desenvolver sua faceta mais sensual, criativa e avessa ao intelectualismo frio, unindo o amor pela ciência à paixão física: em suas cartas para a esposa, Einstein explorava seu lado malicioso e brincalhão, falando de Física com um toque bem sensual.

Em 1904, defendeu seu doutorado e tentou, em vão, conseguir o cargo de professor titular de Física em alguma instituição de ensino superior, mas acabou tendo que se contentar com um trabalho no escritório de patentes em Berna. Por outro lado, obteve sua sonhada nacionalidade suíça: para ele os suíços eram o mais humano dentre os povos. Depois disso, apesar de seu trabalho burocrático, conseguiu publicar sua Teoria da Relatividade Especial, em 1905, tornando-se imediatamente famoso. Essa teoria, segundo a qual as leis da Física são as mesmas, independentemente da condição do movimento, seria aplicada a apenas um caso: o observador se movendo a uma velocidade constante relativa a outro. Por exemplo, considerando um homem sentado em uma poltrona em casa, e uma mulher fazendo o mesmo em um avião no céu. O homem está em repouso e a mulher em movimento, mas as leis da Física se aplicam igualmente aos dois porque as noções de repouso e movimento são relativas: o homem está em repouso em relação ao avião que passa, mas a mulher está em repouso em relação à Terra que gira abaixo dela. Por outro lado, cada um deles está em movimento em relação ao outro, e as galáxias, planetas etc.

No mesmo ano, ele publicaria outros três artigos também considerados revolucionários, e que levariam os entusiastas a chamar o ano de 1905 de *Ano Miraculoso* da Física. Em um desses textos, Einstein apresentava evidências concretas da existência dos átomos, até então contestada por muitos, e das partículas chamadas de *quanta*, que deram origem à Física Quântica.

Nos outros dois, ele discutia a Teoria da Relatividade Especial e deduzia a equivalência entre massa e energia, expressa na famosa fórmula $E=mc^2$: a energia é igual à massa vezes o quadrado da velocidade da luz. Ou seja, massa e energia seriam formas diferentes da mesma coisa, o que na prática significava que seria possível, por exemplo, transformar uma massa sólida como urânio em energia pura.

Nos dez anos seguintes, Einstein trabalhou em sua Teoria Geral da Relatividade, apresentando-a à Academia de Ciências da Prússia em 1915, e reformulando totalmente pressupostos até então tidos como imutáveis, como a Lei da Gravidade. Se a Teoria da Relatividade Especial é um conceito simples por considerar apenas o caso de observadores em velocidade constante, a Teoria da Relatividade Geral custou a seu autor uma década de estudos, pois analisava uma variedade de casos em que o movimento não era constante, devendo considerar aceleração, paradas e inércia.

Esses sucessos lhe deram, ainda em 1909, o que ele sempre sonhara, uma nomeação para professor na Universidade de Zurique. Tinha então 30 anos e já se tornava uma celebridade. Dois anos depois conseguiu outro cargo na Universidade de Praga. Mas sendo judeu, foi muito menos bem recebido nessa cidade do que era em sua amada Zurique. Sua família não apreciou a mudança, e ele e Mileva começaram a se afastar, principalmente porque a nova fama de Einstein o levava a viajar bastante, realizando conferências internacionais, enquanto sua esposa, que também era física, ficava em casa se ressentindo. Assim, enquanto ela começou a ter surtos, atribuídos a uma predisposição genética à esquizofrenia, ele dava início a um relacionamento com uma prima, com quem se casaria muitos anos depois. No fim, Albert e Mileva se separaram, mas não sem antes tentar salvar o casamento mudando-se novamente para Zurique e depois para Berlim. A separação veio em 1914, catastrófica para ambos.

Enquanto Mileva voltava para Zurique com os filhos, Albert permanecia em Berlim mergulhado no trabalho. Já era então uma celebridade mundial, fenômeno raro para um cientista. Em 1919, um eclipse provou correta sua tese de que a gravidade deformava a luz, pavimentando seu caminho para o Prêmio Nobel de Física, em 1921. Antes disso, entretanto, sua vida foi diretamente atingida pela explosão da Primeira Grande Guerra. E enquanto a maioria dos cientistas alemães se engajava no conflito, Einstein defendia abertamente a vitória dos aliados.

Além disso, a revolução que suas ideias trouxeram, fundando inclusive um novo ramo da ciência, a Cosmologia, não era bem-aceita, e muitos físicos que ensinavam suas teorias foram jogados no ostracismo. Somava-se a isso a situação política, que se tornava cada vez mais tensa na Alemanha, com a ascensão nazista. Tudo culminando, em 1933, na expulsão dos cientistas judeus de Berlim, levando-o a emigrar para os Estados Unidos, onde trabalharia na Universidade de Princeton, apaixonando-se por um dos mais caros preceitos da ideologia norte-americana: a liberdade de expressão. Logo, sem abrir mão de sua nacionalidade suíça, conseguiu também a norte-americana, em 1940. Nesse período, dedicou-se duplamente à Física e à Política, pois enquanto trabalhava na teoria das quatro forças fundamentais, que deixaria inconclusa, tudo fazia para apoiar a guerra contra a Alemanha nazista.

Por isso foi que, quando estourou a Segunda Guerra Mundial, Einstein, apesar de pacifista, militou junto ao governo norte-americano em favor da produção da bomba atômica, levado por seu ódio aos nazistas e ao militarismo alemão, e pelo medo de que estes pudessem desenvolver a arma primeiro. Chegou mesmo a escrever ao presidente dos EUA, Franklin Roosevelt, defendendo as benesses da bomba atômica. E se nunca chegou a se envolver em sua fabricação, defendeu desde o início que o poderio nuclear deveria estar sob proteção de uma autoridade internacional, mas isso não bastou para preservar seu nome quando a Guerra Fria trouxe o medo generalizado do holocausto atômico. Então a imprensa associou sua face, a do mais famoso cientista do mundo, a esse pânico. De fato, depois da explosão das bombas no Japão, o próprio Einstein lamentou seu engajamento anterior, afirmando que, se os cientistas soubessem que os nazistas não tinham a bomba atômica, jamais teriam promovido sua construção nos Estados Unidos.

Esses fatos o levaram a se dedicar, durante sua última década de vida, a defender a organização de um governo internacional que controlasse a corrida armamentista. Mais e mais, tornava-se uma consciência moral do mundo contemporâneo:

> Nosso tempo está marcado pelas maravilhosas conquistas nos campos do entendimento científico e das aplicações técnicas dessas descobertas. Quem não se regozijaria com isso? Mas não nos esqueçamos de que não são apenas o conhecimento e as habilidades que conseguem levar a humanidade a uma vida feliz e digna. A humanidade tem toda a razão em colocar os proclamadores dos altos valores e padrões morais acima dos descobridores das verdades objetivas.[1]

[1] Einstein apud MACDONALD, Florence. *Albert Einstein*. Rio de Janeiro: Globo, 1993, p. 41.

Apesar de seu amor pelos Estados Unidos, ele nunca foi nacionalista, e passou a afirmar que, se aquele país continuasse controlando o poderio atômico, outras guerras seriam inevitáveis. Essa militância foi sua última: ele morreu em Princeton, em 1955.

Das grandes contribuições de sua obra, a relatividade e a Física Quântica são as principais, adentrando o cotidiano do século XX. Mas sua imagem ultrapassa em muito suas teorias: Einstein é conhecido e respeitado por milhões que nada sabem sobre *quanta* e relatividade, mas que o reconhecem como o gênio máximo da humanidade. Durante toda sua vida, foi contrário a qualquer tipo de autoridade e extremamente antimilitarista. Foi sempre uma personalidade criativa que aliou à ciência fria uma dose de intuição e imaginação, possuidor também de uma religiosidade agnóstica profunda. Mas isso não impediu que seu nome fosse associado à imagem de tudo que de mais difícil poderia existir no pensamento humano. Situação que o levaria, no fim da vida, a afirmar que, como punição por seu desprezo às autoridades, o destino terminara por fazer dele também uma autoridade.

Curiosidades

Em 1952, poucos anos após a criação do Estado de Israel, o primeiro-ministro Ben-Gurion ofereceu o cargo de presidente a Einstein, que recusou. Para alguns, sua dedicação à Física era maior que à Política.

Helen Keller

Ativista norte-americana, 1880–1968

Em 1886, em *Tuscumbia*, zona rural do estado norte-americano do Alabama, vivia uma menina chamada Helen Keller. Inteligente, balbuciou suas primeiras palavras aos 6 meses, e já andava bastante pela mesma época. Aos 2 anos, contudo, essa criança, após um violento ataque de febre escarlatina, ficou cega e surda, com olhos e ouvidos destruídos pela doença. Comunicar-se com ela tornou-se, pois, um desafio, e embora a família tivesse muito boa vontade e conseguisse estabelecer algumas pontes, as limitações de como ensinar a alguém assim pareciam intransponíveis. Diante do impasse, seguiram para o norte dos Estados Unidos, buscando aconselhamento com médicos, especialistas, até chegarem à *Perkins School for the Blind*, em Boston, uma instituição para cegos, onde conheceram a jovem *Anne Mansfield Sullivan*, ela mesma quase cega, vítima de tracoma, e recém-formada professora para deficientes visuais.

A jovem mestra seguiu para o Alabama com sua pupila e família, e desde o primeiro dia começou a estimular sua aluna: deu-lhe uma boneca, pôs suas mãos nas mãos da menina e, em língua de sinais, soletrou: *d-o-l-l*, boneca em inglês. De imediato, Helen percebeu a nova brincadeira, e passou a repeti-la, mas ela ainda não conseguia perceber que aqueles dedos nervosos, mais do que um mero jogo, eram a porta para a compreensão do mundo mais amplo. Em algum tempo, Helen percebeu que *d-o-l-l* se referia especificamente àquele objeto que segurava, ou seja, ao brinquedo que ganhara de Anne, embora fosse difícil fazê-la compreender que aqueles sinais se referiam a qualquer tipo de boneca: era substantivo simples, não próprio.

Durante meses, Anne seguiu ensinando mais e mais palavras. A cada coisa, um nome, e Helen deveria aprendê-los, mas não era fácil, posto que a menina percebia o jogo dos dedos como simplesmente uma brincadeira, e não uma forma de comunicação. Além disso, ocorria uma certa confusão cognitiva, e para ela, a jarra e a água nela contida eram a mesma coisa, um emaranhado difícil de desfazer. A solução veio fora dos limites da casa e, num dia de passeio, a professora pôs a mão da criança num pequeno riacho e soletrou *w-a-t-e-r* (água) com os dedos, e depois repetiu os mesmos sinais com a água que caía da jarra... só então a criança começou a entender que aqueles dedos se referiam ao líquido, qualquer que fosse sua origem. Cega e surda, até aquele momento Helen Keller tivera muito pouco acesso ao conhecimento produzido pela humanidade, mas por meio dessa fresta recém-aberta, seria capaz de explorar até os recônditos mais íntimos da condição humana. Sua vida e sua luta para aprender e se formar com dignidade serviram de parâmetro a milhões de pessoas, pois, ainda que aprisionada num casulo de duplo fio — a cegueira e a surdez —, Helen Kelller se tornou uma mulher inteligente, culta e atenta ao mundo no qual vivia, disposta a expressar sua opinião e se fazer ouvir.

A educação formal para cegos era algo relativamente recente: a primeira escola, o Real Instituto para Crianças Cegas, fundado em Paris por *Valentin Haüy*, em 1784, resistira aos excessos da Revolução Francesa e às aventuras napoleônicas, e estava em pleno funcionamento em 1819, quando um garoto de de 10 anos chegou do interior da França para estudar. Seu nome, *Louis Braille*. Cego devido a um acidente aos 3 anos de idade, iniciou seus estudos aprendendo a ler com os dedos passeando por páginas de imensos livros, cujas letras eram impressas em relevo. Esses cartapácios, de confecção cara e demorada, não eram acessíveis, resultando numa biblioteca escolar com pouquíssima diversidade, levando o jovem Braille, com apenas 15 anos, a desenvolver, em 1824, uma proposta de escrita para cegos baseada no modelo de "pontos e traços" concebido por um militar francês no fim do século XVIII e cuja maior vantagem era a simplicidade: seis pontos impressos em relevo conseguiam representar letras, acentuação, pontuação. Seu crescimento foi vertiginoso: a primeira gramática francesa no sistema braile foi publicada em 1827; dez anos depois, o primeiro livro escrito nesse sistema foi editado, e em 1847 foi desenvolvida uma máquina de escrever. Não obstante, o braile não era o único sistema de leitura para cegos: nos Estados Unidos, por exemplo, trabalhava-se com diversos sistemas, que incluíam as antigas letras em relevo e o braile original, além de numerosas variantes. Seja como for, quando Helen nasceu, em 1880, a educação escolar para cegos já era uma realidade comum, mas ensiná-la à menina representava um desafio ainda desconhecido, pois além de não enxergar, tampouco ouvia.

A própria Helen também estimulava a família, e mesmo antes da chegada de Anne criara importantes formas de comunicação, balançando a cabeça para indicar não e sim, puxando para trazer, empurrando para afastar. Mas, à medida que crescia, tais estratégias tornavam-se progressivamente inadequadas, e em sua autobiografia recordou o momento no qual se percebeu diferente pela primeira vez: ao notar duas pessoas conversando, pois embora ela mesma não tivesse a menor ideia do que fosse aquilo, a vibração das vozes e os movimentos corporais indicavam que estavam fazendo algo além de sua compreensão e do qual não podia participar. Acessos de fúria passaram a ser frequentes, assim como traquinagens e pequenas maldades, das quais a própria Anne Sullivan chegou a ser vítima: certa vez, sua aluna trancou-a num quarto e escondeu a chave.

Adulta, Helen Keller observou que as crianças com audição adquirem a linguagem sem esforço, pois as palavras "caem dos lábios e são capturadas no vento", enquanto as surdas "precisam montar armadilhas"; um processo lento, pois aquilo que aquelas aprendem num único ano, estas levam vários. Contrariamente, seu próprio aprendizado foi intenso, rápido, meses exercitando o poder adâmico de dar nomes às coisas. Substantivos concretos — pai, mãe, objetos — foram facilmente assimilados, mas as abstrações, estas exigiram um esforço bem maior, e a primeira vez que Helen perguntou à sua professora o significado da palavra "amor", Anne apontou para o coração da menina, confundindo-a. Assim, antes de apreender esse conceito, ela precisou compreender o sentido de "pensar". Posteriormente, Anne comparou o amor às nuvens, dizendo que, embora não possam ser tocadas, é possível sentir a chuva e seus efeitos benignos, e como alegravam "as flores e a terra sedenta".

A educação ministrada por Anne Sullivan foi completa, e envolvia as mais diversas matérias: a professora espalhava cartões com letras salientes pela casa, e, ao lê-los, a menina aprendia os nomes de mais objetos.

Seguiram-se aulas de aritmética, zoologia, botânica. Helen encantava-se particularmente pelas ciências dos seres vivos, e comparava sua própria vida à de um molusco marinho, o náutilo, cuja casca era construída camada após camada, da mesma forma que sentia, ela edificava seu conhecimento. Após quatro anos, sentiu a necessidade de falar, intuindo que a utilização exclusiva da linguagem de sinais seria muito restritiva e impediria sua comunicação com os ouvintes. Uma decisão dessa natureza, hoje, causaria polêmica: estudiosos divergem sobre se o aprendizado da fala é, de fato, mandatório ou se apenas a fluência na linguagem de sinais é o bastante; por outro lado, muitos surdos consideram viver numa cultura própria, à qual a fala não apenas não pertence como é, de certa maneira, uma forma de preconceito. Mais de século atrás, todavia, tal discussão não existia, e Helen Keller se dispôs a esse exercício, difícil para alguém incapaz de ouvir o som das palavras, e ainda mais para ela, que não podia nem sequer ver a forma que os lábios e a língua tomavam ao pronunciá-las. Para contornar essa adversidade, ela punha a mão na garganta de uma professora, sentia as vibrações que o som produzia, e tentava reproduzi-lo; da mesma forma, colocava a mão na boca da mestra, compreendendo, pelo tato, o artesanato da pronúncia. Ao final, logrou desenvolver uma fala audível e compreensível.

Sua educação escolar teve início em 1888, na mesma *Perkins School for the Blind* que, anos atrás, havia lhe fornecido sua primeira professora. Lá, não apenas experimentou a socialização com outras crianças cegas como iniciou seu preparo para ser uma universitária, processo que duraria até 1900. Aprendeu francês, latim, alemão e grego, ampliou seu senso crítico, e em todas as aulas, Anne Sullivan estava ao seu lado, soletrando em suas mãos o conteúdo ministrado. Um dado particularmente difícil foi a diversidade de métodos de leitura utilizados: Helen conhecia um único sistema, e quando uma prova era redigida noutro qualquer, acrescia mais um grau de dificuldade. Mas para alguém como ela, que já superara tantos obstáculos, esse nem era dos maiores.

Tornar-se estudante universitária foi um sonho realizado, mas não sem algum desengano: Keller imaginava a academia como um local romântico, de descobertas incessantes, mas lá chegando, e deparando-se com a rotina cansativa de aulas, resumos e provas, desencantou-se, e observou que as pessoas iam até lá para aprender, não para pensar. O enfado com o conhecimento acadêmico empurrou-a para a literatura, e ela mergulhou na leitura da Bíblia, principalmente do Antigo Testamento, de Homero, de Shakespeare — sobre este último, diria mais tarde que não lembrava de um tempo em que fosse capaz de gostar de livros sem amar suas obras. Em 1904, finalizou seus estudos no *Radcliffe College*, aprovada com distinção e louvor — a primeira pessoa surdocega a conseguir tal feito.

O início do século XX foi um período agitado, com posições políticas defendidas fervorosamente, e Helen Keller não se furtou à discussão: foi sufragista, partidária do voto feminino; pacifista, num mundo às vésperas da Guerra Mundial; e contrariamente à maioria das igrejas, defendia o direito ao controle de natalidade. Sensibilizada pelas condições de trabalho dos operários americanos, tornou-se socialista e passou a escrever artigos em favor da classe trabalhadora, e comentou, após ter visitado as fábricas calorentas e os cortiços abarrotados, "ainda que não pudesse ver as pessoas, podia sentir seu cheiro, e isso somente já era suficiente para influenciá-la". A cegueira, obviamente, era uma questão que lhe tocava particularmente o coração, e por mais de 40 anos devotou seus esforços à *American Foundation for the Blind*, contribuindo para a criação de muitos programas, dentre os quais o *Books for the Blind*, que fornece gravações da leitura de livros gratuitamente para aqueles com deficiência visual.

Em 1915, Helen integrou uma comissão destinada a apurar as condições de vida dos operários americanos, e percebeu que, amiúde, casos de perda da visão não eram azares inerentes à vida, e sim fruto de péssimas condições de trabalho. Suas percepções foram transformadas em artigos, e muitos se sentiram incomodados com suas críticas. Se durante toda a vida ela fora um exemplo de superação, louvada pela sua resiliência e determinação, após as denúncias, grupos conservadores e patronais começaram a apontar o que chamavam de "limitações a seu desenvolvimento" supostamente provocadas por suas deficiências visual e auditiva.

A amizade que ligou Helen Keller à sua primeira professora permaneceu inabalável: durante todo seu curso universitário esta esteve presente, soletrando em suas mãos o conteúdo das aulas. Em 1905, quando Anne se casou com um professor de Harvard, levou consigo a aluna, e permaneceram juntas até a morte de Sullivan, em 1936.

Helen Keller viveria mais 32 anos, até 1968, uma vida plena em realizações: autora de mais de 12 livros, viajou o mundo inteiro trabalhando pela melhoria das condições de vida de cegos e videntes, surdos e ouvintes. Foi indicada ao Prêmio Nobel da Paz, e, embora não o tenha ganho, tal fato depõe mais contra os critérios da premiação do que efetivamente contra sua atuação. Uma lenda em seu próprio tempo, uma humanista, na acepção mais precisa da palavra.

Curiosidades

Helen Keller participou pessoalmente de dois filmes: o primeiro deles, ***Deliverance***, de 1919, e ***The Miracle Worker***, inspirado em sua autobiografia, ***The Story of My Life***. Em 1957 foi produzido um teleteatro e, em 1962, o filme ***O Milagre de Anne Sullivan***.

Yuri Gagarin

Cosmonauta russo, 1934–1968

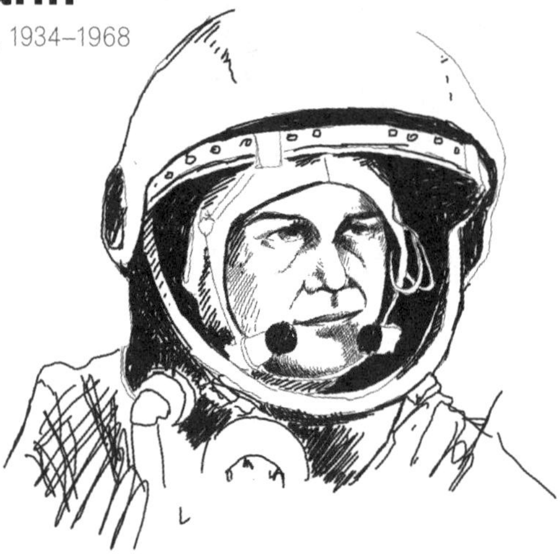

12 de abril de 1961. Um frequentemente olvidado marco histórico: o dia em que a espécie humana transcendeu seu limite planetário, e iniciou uma aventura além das fronteiras mais externas até então conhecidas. Desse fato foi única testemunha um jovem piloto russo, Yuri Gagarin, que a bordo da nave *Vostok I* rompeu os limites atmosféricos da Terra e, por 108 minutos, orbitou o planeta, comunicando-se com as estações de controle em sua nação, a União Soviética. Assoviando uma conhecida canção patriótica, deslumbrou-se com a vista e, em declaração nunca confirmada, teria reforçado o ateísmo oficial daquele regime, afirmando "não ver nenhum Deus por ali", e proferiu uma frase que, apesar de sua simplicidade, tornou-se um dos mais importantes pronunciamentos da humanidade: a Terra é azul.

A curta duração de sua jornada, 1 hora e 48 minutos, foi tempo suficiente para as autoridades militares soviéticas promoverem-no de tenente a major. Retornou ao solo protegido em sua cápsula, envolto no que chamou de "púrpura bola de fogo", e diferentemente de outros cosmonautas, que abandonavam a estrutura e saltavam de paraquedas, pousou, são e salvo, dentro de sua cabina espacial. Dois dias depois era recebido no Kremlin pelo premiê Nikita Kruschev: era um herói nacional, era um herói universal. Na Tchecoslováquia, país do bloco socialista, um cartaz retratava Gagarin mirando o firmamento e afirmava: "Às estrelas com o comunismo". No Brasil, o *Jornal de São Paulo*, no dia seguinte, descreveu, exultante, seu sorriso de triunfo e orgulho; e mesmo entre os arquirrivais norte-americanos, a despeito de grande inveja, a admiração por esse novíssimo semideus da era atômica era declarada.

Yuri Gagarin é figura ímpar da segunda metade do século XX, um elemento-chave da disputa global por corações e consciências na qual Estados Unidos e União Soviética estavam empenhados, conhecida, já então, pelo nome de Guerra Fria. Outrossim, personificou a intensa corrida científica que marcou o dia a dia da humanidade desde os anos 1950, pois os laboratórios espaciais, na disputa intensa pela primazia espacial, foram responsáveis pelo desenvolvimento de novas tecnologias que terminaram por modificar o cotidiano de grande parte da humanidade, e que vão da televisão ao vivo à internet.

Desde o final do século XIX, o Ocidente demonstrava crescente interesse pelo desenvolvimento do voo: a *Astronáutica* nasceu na literatura, e o escritor russo *Konstantin Tsiolkovsky* foi o primeiro a abordar, num romance, as múltiplas questões que se interpunham até o espaço, propondo a utilização de foguetes e descrevendo-os minuciosamente; é dele a autoria da frase muitas vezes repetida "a Terra é o berço da humanidade, mas ninguém pode viver eternamente no berço". Deixando as páginas da ficção científica, a ciência dos foguetes cresceu por meio do trabalho de cientistas ao redor do mundo, e, após a Primeira Guerra Mundial, a Alemanha, impedida de criar forças armadas tradicionais, investiu maciçamente na pesquisa e fabricação de foguetes, armamentos não vedados pelos draconianos termos do Tratado de Versalhes, investimento exponencialmente acelerado com a ascensão nazista, em 1933, pois Hitler acreditava que os bólidos seriam a chave para a vitória no conflito que planejava. Das pranchetas de cientistas liderados por *Wernher von Braun* irromperam as bombas *V2*, com notável autonomia de voo e que, conquanto não tenham decidido a guerra, causaram muito dano, principalmente à cidade de Londres.

Norte-americanos e soviéticos não estavam alheios à pesquisa germânica, e almejavam capturar suas mais importantes mentes e utilizá-las em seus próprios programas. A partir de 1944, enquanto a derrota nazista se aproximava, iniciaram a disputa por esses especialistas. As forças vermelhas chegaram primeiro aos celeiros de foguetes alemães no Mar Báltico, mas foram os norte-americanos que arrebataram o grande prêmio, pois meses antes essas instalações haviam sido destruídas, e os cientistas preferiram se entregar às tropas ocidentais. Os ianques tinham os russos na conta de um povo atrasado, incapaz de produzir projéteis sem ajuda alemã, mas a União Soviética herdara o fascínio russo pelos bólidos e soube desenvolver, ao longo dos anos 1950, uma indústria astronáutica respeitável e líder no setor.

A competição entre norte-americanos e soviéticos, contudo, não se restringia ao espaço sideral: aliados duvidosos tinham convergido especificamente para derrotar o inimigo comum nazista, e tão logo conseguiram vencê-lo, passaram a disputar entre si a supremacia mundial. Os norte-americanos explodiram sua primeira bomba nuclear em 1945, os soviéticos, quatro anos depois, e, a partir de então, uma nação tentava produzir mais e melhores armamentos que a outra, embarcando em uma feroz corrida armamentista. O resto do mundo tornou-se palco para essa disputa, e cada uma das superpotências tentava ganhar a simpatia de mais povos e mais países para sua ideologia.

A tecnologia dos foguetes, Stalin acreditava, seria a chave para as bombas nucleares, crença que alimentou o talento e a tradição russos na Astronáutica e permitiu-lhes uma série de vitórias durante a década de 1950: em 4 de outubro de 1957, colocaram em órbita o satélite artificial *Sputnik I*, primeiro instrumento feito pelo homem a se manter em órbita fixa, feito que provocou um caudal de sentimentos conflituosos ao redor do mundo, pois para os países capitalistas, especialmente os Estados Unidos, era como se um espião estivesse sempre observando-lhes o quintal, enquanto para os comunistas, era o símbolo maior de sua supremacia científica. Um mês depois, subiu o *Sputnik II*, levando uma cadelinha de 5kg chamada *Kudriavka*, mais conhecida pelo nome de sua raça, *Laika*; morta no espaço, foi o primeiro ser vivo a sair da proteção atmosférica, e enviou dados essenciais sobre comportamento de organismos vivos durante voos espaciais. O caminho para o voo humano estava sendo aberto, e o momento se aproximava para a escolha do protagonista ideal para esse feito memorável.

Dentro dos padrões soviéticos, Yuri Gagarin era um exemplo de perfeição: não apresentava o que era então chamado de "mancha de classe" em sua árvore genealógica, ou seja, não possuía parentes na odiada aristocracia czarista. Nascera em 1934, no campo, e seus pais, referidos no discurso oficial como camponeses, eram agricultores numa fazenda coletiva, cuja vida familiar foi pintada com as tintas do Realismo Socialista, isto é, pobre, porém muitíssimo nobre, pai exímio carpinteiro, mãe leitora dedicada. A Segunda Guerra Mundial foi um período de grandes provações para os Gagarin, e o menino Yuri teve irmão e irmã mais velhos levados pelas tropas germânicas para a Alemanha, de onde retornariam após o fim do conflito.

Aos 17 anos, dirigiu-se à Moscou para estudar na escola de fundição; seria um metalúrgico, profissão altamente estimada num país ansioso em se tornar uma grande potência. Ao completar sua formação técnica, em 1955, iniciou a preparação para se tornar piloto de caças, e quatro anos depois se alistou para o treinamento espacial, integrando a equipe do *Cosmódromo Tyuratam*, perto do Mar de Aral. Exemplar em todos os sentidos, pela mesma época casou-se com *Valentina Goryacheva*, com quem teria dois filhos. Belo como um deus, pai de família, camponês elevado, pelo estudo e patriotismo, a cabeça do desenvolvimento tecnológico da nação, Yuri Gagarin era a imagem do soviético heroico, e a narrativa oficial afirmava que os próprios colegas o tinham escolhido para a missão graças à sua boa forma, a seus princípios e sua simplicidade e modéstia. Omitiu-se o fato de que um outro piloto, *German Titov*, embora reunisse as mesmas qualificações técnicas que Gagarin, fora preterido por não representar tão bem os aspectos ideológicos e propagandísticos do regime. A propaganda construída à sua volta tampouco ilumina outro fato significativo: em muitos sentidos, Gagarin foi uma cobaia do programa espacial, destinada a mostrar que o corpo humano podia sobreviver aos inúmeros perigos tanto do lançamento quanto da reentrada, procedimentos que, antes dele, já haviam custado a vida de, pelo menos, dois outros pilotos.

O sucesso do seu voo espacial foi um momento de júbilo para a União Soviética e o alçou à condição de mito vivo. A Rádio Moscou parou sua programação normal e transmitia, em tempo real, comunicados e boletins sobre o evento, e as autoridades soviéticas sublinhavam as características super-humanas dos exploradores espaciais, pois ser cosmonauta, atividade que requeria os mais altos padrões de força, inteligência e dedicação, não era (e nisso não mentiam) uma posição para meros mortais. E, nesse ponto, Gagarin era, uma vez mais, a metáfora perfeita para o modelo de novo homem que o regime socialista queria implantar: jovem, bom caráter e ideologicamente engajado — em suas últimas palavras antes do embarque, afirmou ser comunista com orgulho, exaltou a superioridade e a coragem dos camaradas que deixava em terra, o heroísmo de todos os trabalhadores que edificavam a nação e o futuro da humanidade; por fim, dedicou sua aventura iminente aos homens e mulheres soviéticos, renovados graças à sociedade comunista.

Passada a grande conquista de 1961, os soviéticos continuaram quebrando recordes espaciais, e seus cosmonautas — entre os quais estava a primeira mulher no espaço, *Valentina Tereshkova*, que viajou em 1963 a bordo da nave *Vostok VI* — tornaram-se os melhores embaixadores que Moscou poderia sonhar. Mas a grande aventura e os seguidos sucessos russos provocaram nos Estados Unidos um profundo sentimento de competição; a despeito de sua tecnologia, os norte-americanos amargavam um segundo lugar quase constante, e embora lançassem satélites e sondas espaciais e enviassem seu primeiro astronauta ao espaço em 1962, faltava-lhes um marco tão sólido quanto o estabelecido por Gagarin... Decidiu-se, então, pela Lua: o presidente John Kennedy desafiou os técnicos e cientistas de seu país a enviarem, antes do fim da década de 1960, astronautas ao satélite da Terra. A agência espacial daquele país, a Nasa, não poupou recursos, e, em 21 de julho de 1969, os astronautas *Neil Armstrong* e *Edwin "buzz" Aldrin* eram os primeiros seres humanos a pôr os pés em solo lunar, aventura acompanhada por telespectadores incrédulos diante de seus aparelhos de tevê. Armstrong, como Gagarin poucos anos antes, fez também um pronunciamento tão simples quanto inesquecível e, ao dar sua primeira passada no solo poeirento, disse ser aquele "um pequeno passo para o homem, mas um grande passo para a humanidade".

Gagarin tornou-se uma celebridade internacional, recebendo honrarias ao redor do mundo; homenageado como um czar em seu país natal, serviu como deputado do *Politburo*, órgão legislativo do Partido Comunista Soviético, e posteriormente retornou à Cidade das Estrelas, local de formação dos cosmonautas soviéticos, onde deu continuidade a seu trabalho. Faleceu em 1968, num acidente com seu jato *MIG*, que caiu perto de Moscou. Sua figura permaneceu sagrada, mesmo após o fim da União Soviética, e somente nas primeiras décadas do século XXI vieram à tona biografias menos hagiográficas a seu respeito. Numa delas, Yuri é apresentado como um fiel devoto da Igreja Ortodoxa Russa, que em vez da famosa blague ateísta (uma piada dita por Kruschev, afirma o autor), dizia: um astronauta não pode flutuar no espaço sem levar Deus em sua mente e seu coração.

A corrida espacial continuou a acompanhar os altos e baixos da Guerra Fria, até que os Estados Unidos e a União Soviética articularam uma distensão, chamada *détente*, promovendo um sentimento de cooperação que se estendeu ao espaço, em 1975, com a primeira missão conjunta entre as superpotências. Depois disso, naves e estações espaciais se transformaram em laboratórios de última geração, com pesquisas que vão da cura de doenças às propriedades dos mais diversos materiais. É filho direto do Sputnik o sofisticado sistema de satélites que permite a imediata comunicação global que hoje impera, bem como o correio eletrônico, os telefones celulares, a transmissão ao vivo... toda a comunicação global ininterrupta e a midiática aldeia global teve início na aventura espacial. Enquanto engatinhavam rumo às estrelas, os heroicos homens do espaço, soviéticos e norte-americanos, preparavam a humanidade para galopar em seu próprio planeta.

Curiosidades

O cosmonauta soviético visitou o Brasil entre 29 de julho e 5 de agosto de 1961, onde foi condecorado pelo presidente Jânio Quadros com a maior honraria brasileira, a ***Ordem do Cruzeiro do Sul***.

PARTE II

COMETAS E SEU BRILHO: OS LÍDERES POLÍTICOS

Hatshepsut

Rainha egípcia, 1508–1458 a.C.

Em finais do século XVI a.C., os cidadãos próximos ao porto da cidade de *Uaset* (a qual conhecemos pelo nome grego, Tebas), sentiram o aroma doce de incenso trazido pelo vento, recendendo e singravam o Nilo. Correram para receber a frota que chegava de *Punt*, terra dos negros do sul, para onde o comandante *Nehesi*, ele mesmo um núbio, partira anos antes. Atracados, os barcos regurgitaram as maravilhas guardadas em seu bojo: toras de ébano (nobilíssima madeira escura), gigantescas presas de elefantes, incenso, macacos babuínos de caninos afiados, cães delgados — exuberantes presentes para o faraó. Acima de tudo, traziam ainda o bem mais precioso de toda a frota: 31 exemplares vivos das aromáticas árvores de mirra, plantas que só floresciam naturalmente ao sul do Mar Vermelho, entre o Iêmen e a Etiópia, região que durante toda a Antiguidade se especializou em sua exportação. O Egito fora comprador contumaz desse raro produto, mas um século de desordem política cortara os contatos com os fornecedores. A flotilha do comandante Nehesi fora montada com o objetivo declarado de reatar esses laços esquecidos, e ele fora pessoalmente instruído a não só reabrir a rota comercial, como também a trazer mudas vivas para serem plantadas nos jardins do templo de Amon.

Os egípcios retrataram Punt como uma terra exótica, repleta de animais selvagens, palmeiras exuberantes e casas de palha, lar de homens e mulheres de tez negra, altos e esbeltos, com exceção de sua rainha — baixa, gorda, padecendo de um agudo desvio na coluna. A expedição para esse país extravagante partira de Tebas e, depois de meses de estadia, retornou com as ordens cumpridas a contento e foi recepcionada pelo faraó em pessoa, que recebeu os embaixadores que vinham lhe prestar homenagem, perfumou-se com o bálsamo africano e contemplou os animais selvagens. Tratava-se, contudo, de um monarca diferente, pois embora usasse todos os paramentos sagrados, inclusive a barba falsa, possuía seios, apertados por bandagens para que não pontassem pela roupa fina; era, em verdade, uma mulher notável, que, havia sete anos, assumira o trono do reino do Nilo. Não foi a primeira, mas certamente seria a mais famosa líder egípcia até Cleópatra assumir o trono, muitos séculos após sua morte. Seu nome, Hatshepsut.

O conceito de uma líder era algo insólito no país das pirâmides; não havia sequer a palavra "rainha" em sua língua — utilizavam termos como "mãe do deus" —, e o substantivo *faraona*, criado apenas no Ocidente no século XX, era-lhes totalmente desconhecido. Ainda assim, e desde muito cedo, mulheres assumiram papéis destacados no trono egípcio, legitimando dinastias, transmitindo a maridos e filhos o direito à coroa; já existira, inclusive, mulheres-faraós, como *Sobek-Neferu*, última governante antes da invasão hicsa, que governou em finais do século XIX a.C. Até Hatshepsut, porém, nenhuma outra reinara tanto tempo, nem com tanta independência — tendo recebido o trono em meio a uma pequena crise dinástica, somente quase duas décadas depois o entregou ao herdeiro presuntivo, o futuro Tutmés III, e, contrariamente às suas predecessoras, governou durante uma era dourada, de expansão e estabilidade, consagrando-se como um dos mais competentes líderes que o Egito já conheceu em toda sua longa história, exibindo as marcas de uma administração pessoal, fortemente dirigida e coerente, ilustrada pela expedição a Punt, arriscada, do ponto de vista logístico, de maneira a tornar-se um marco de sua política externa, que incluiu ainda contatos mercantis com Biblos, na Fenícia, e o Sinai. Numa dinastia de faraós falcões militaristas, seu governo representou uma pausa no processo de conquistas territoriais, mas não titubeou em defender seu trono, enviando exércitos para debelar uma revolta na Núbia, colônia abastada ao sul do Egito, liderando, como se esperaria dos portadores do *pschent* (a dupla coroa faraônica), pessoalmente suas tropas.

O século XVI a.C. encontrou o Egito dividido: os asiáticos *hicsos* dominavam a foz do Nilo, e príncipes locais controlavam os nomos mais ao sul. De todas as cidades, a mais importante era Tebas, e foi precisamente de lá que partiu a campanha pela expulsão dos estrangeiros e consequente reunificação da coroa, movimento que contou com intensa participação de princesas tebanas, em particular *Tetisheri* e *Aahotep*, respectivamente avó e mãe de *Ahmés I*, fundador da XVIII dinastia em 1539 a.C., a primeira do Novo Império — Aahotep, em especial, chegou a ser corregente no reinado de seu filho, e foi condecorada com a mais alta comenda militar, as Moscas de Ouro da Bravura. Nessa estirpe voluntariosa, na qual Hatshepsut viria a nascer, a linhagem feminina era frequentemente mais legítima que a dos homens: a avó da *faraona*, *Ahmés-Nefertari*, fora rainha do Egito e personagem de destaque durante o reinado de seu marido, Ahmés, a quem sobreviveu, tornando-se regente durante a menoridade de seu filho, o futuro *Amenhotep I*, sucedido no trono por *Tutmés I*, um militar competente, mas sem gota sequer de sangue real, e cuja ascensão ao poder foi legitimada pelo casamento com *Amose*, filha do faraó defunto. Conquanto seu reinado tenha sido relativamente curto, cerca de uma década, foi reconhecido como um dos grandes conquistadores egípcios. O pai, militar renomado, a mãe, herdeira direta de uma casta de guerreiras: da união dessas duas pessoas nasceu Hatshepsut, por volta de 1508 a.C.

A morte do faraó, em 1493 a.C., abriu nova crise dinástica, pois sua descendência masculina com a rainha Amose havia morrido precocemente, restando um único herdeiro, homônimo ao pai, mas gerado por uma segunda esposa. Como lhe faltasse sangue real, para legitimar sua coroação o casaram com sua meia-irmã, Hatshepsut. Quando veio a óbito, em 1479 a.C., os fatos se repetiram: deixou uma filha, *Neferuré*, fruto do casamento principal, e um filho, outro Tutmés, cuja mãe era uma concubina real. Nessas condições, a regência coube a Hatshepsut, ocorrência normal numa história tão extensa como a egípcia. Já sua posterior ascensão a governante plenipotenciária foi algo bem mais inusual: *faraona* por pouco menos de 20 anos, durante boa parte do reinado seu enteado esteve presente, conduzindo os exércitos egípcios em expedições no Oriente Médio, enquanto a monarca comandava os negócios de Estado.

Hatshepsut era devota de *Amon*, a quem dedicava suas ações:

Eu fiz essa doação com um coração cheio de amor por meu pai, Amon;
Iniciada em seus ocultos começos
Informada com seu benéfico poder [...]
É ele quem me guia
Eu não planejo nenhum trabalho sem sua execução.
É ele quem dá todas as direções[1]

Em assim procedendo, granjeou o apoio do muitíssimo influente clero dessa divindade, o corpo sacerdotal mais importante do Egito, fiador de sua subida ao trono. Em seu túmulo, na margem esquerda do rio Nilo, no Vale dos Reis, relevos mostram como o deus teria visitado sua mãe, Amose, fazendo dela, portanto, progênie da maior deidade egípcia — na descrição de sua viagem a Punt, por exemplo, lê-se que os arbustos de mirra seriam plantados no jardim do templo "do meu pai Amon", como cumprimento de uma promessa.

A *faraona* teve a seu lado, como principal auxiliar e companheiro, o tebano Senenmut, homem de origem humilde, que galgou posições hierárquicas na corte, até se tornar o mais importante funcionário civil da administração, cumprindo ainda a relevante tarefa de educar Neferuré. Como "Primeiro Arquiteto e Intendente das Obras", coube-lhe comandar a construção de alguns dos mais belos exemplos da arquitetura egípcia, entre eles o túmulo da rainha no Vale dos Reis: aninhado numa escarpa rochosa de mais de 90 metros, essa construção, aberta em terraços e rampas, abrigava jardins com palmeiras e sicômoros, espelhos d'água e fileiras de esfinges, além de uma capela para Anúbis, deus chacal da morte, e outra para Hathor, deusa mãe e padroeira da música.

Um dos pontos de mais alto simbolismo do reinado da *faraona* foi a comemoração do festival *Sed*, um ritual muito antigo, cujas primeiras referências concretas datam, pelo menos, da V dinastia, no qual celebrava-se o jubileu de 30 anos de um reinado. Os monarcas que alcançavam tal marca executavam numerosos exercícios atléticos, celebravam procissões e oferendas votivas e mandavam edificar monumentos. Hatshepsut festejou seu *Sed*, embora não ocupasse o trono pelo prazo exigido, e, para tanto, computou a duração de seu governo a partir da coroação de seu débil marido, Tutmés II, indicando que já então exercia o poder, antes mesmo de sua ascensão

---

1 BAKOS, Margaret. "O obelisco de Hatshepsut: suporte e imagens de poder". In: SOUZA NETO, José Maria Gomes de (org.). *Antigas Leituras: Diálogos entre a História e a Literatura*. Recife: Edupe, 2012, p. 30.

formal, na qualidade de corregente mais do que como primeira esposa, ou rainha, função cumprida pela filha do casal, Neferuré.

Por volta de 1458 a.C., Hatshepsut morreu (cerca de um ano depois de Senenmut), e Tutmés III ascendeu ao trono... e o que se seguiu faz parte da mística que a acompanha: é lugar-comum aceitar-se que o novo faraó tenha empreendido uma campanha contra sua madrasta, reconsagrando as capelas que construíra em seu próprio proveito e apagando seu nome e figura dos monumentos — o que na antiga crença egípcia equivaleria a uma segunda morte, o esquecimento. De acordo com essa interpretação, os egípcios não toleraram o fato de que uma mulher tivesse ocupado o trono e fizeram de tudo para erradicar a memória da sua existência — e de fato, uma das mais completas listas reais, de Abidos, elaborada cerca de um século após sua morte, não incluiu nem seu nome nem o do faraó herege Akhenaton. No entanto, talvez mais do que tentar apagar o nome da *faraona* da história, talvez a principal intenção do novo monarca fosse ligar-se a seus dois antecessores, pai e avô, criando uma espécie de dinastia dos Tutmés, rebaixando-a à categoria de regente. E mesmo que Hatshepsut tenha sido apagada a cinzeladas de alguns relevos, a descrição da expedição ao Punt e seu belo templo funerário foram preservados em sua inteireza, algo que, por si só, bastaria para manter viva a alma da rainha defunta.

Seja como for, Hatshepsut foi um dos grandes nomes da política egípcia, cuja administração manteve o país rico, estável, respeitável, e possibilitou a seu sucessor empreender campanhas de expansão na Ásia. Destarte, foi um ser humano amoroso: seu hipogeu, como os dos outros faraós, foi talhado no Vale dos Reis, a ocidente da escarpa onde está seu templo funerário, e do lado oposto está o túmulo de Senenmut: depois da entrada, segue-se um corredor que, de tão comprido, deixou sua câmara mortuária a apenas alguns metros do local de repouso final da *faraona*. Na morte, como em vida, permaneceram juntos, celebrando uma grande amizade ou um amor intenso.

Curiosidades

A frota que seguiu para Punt era formada por cinco navios a vela. Entre os produtos que trouxeram ao Egito estavam a mirra e o incenso; este último foi utilizado pela *faraona* para produzir *kohl*, sombra para os olhos, amplamente utilizado por egípcios de ambos os sexos para diminuir os efeitos daninhos do brilho solar na visão — esse é o primeiro uso registrado dessa resina para tal fim.

Ramsés II

Faraó egípcio, c. 1303–1213 a.C.

Durante séculos, a região da Síria e Palestina foi palco de conflitos entre impérios expansionistas. Os egípcios, sempre tentando ampliar suas possessões asiáticas e proteger-se de invasões nômades, investiram na ocupação dessas terras com diferentes níveis de sucesso ao longo do tempo — Tutmés III, por exemplo, chegara a molhar os pés no Eufrates. Outros governantes do reino do Nilo, contudo, haviam prestado pouca atenção às suas possessões asiáticas no século que precedeu à ascensão do faraó Ramsés II ao trono: *Akhenaton*, na década de 1360 a.C., estava mais interessado em controvérsias religiosas do que na manutenção das províncias, e cartas angustiadas enviadas por seus prebostes em Canaã relatam desespero em vista do abandono a que lhes relegava. Seus sucessores imediatos, últimos faraós da XVIII dinastia, conduziram reinados tão atribulados que lhes foi impossível impor-se incontestavelmente sobre o território. Havia, ainda, outros contendores na disputa: primeiro os hurritas do *Mitani* (casta militar indo-europeia que encabeçou um império que se estendia do Mediterrâneo ao norte mesopotâmico), sucedidos pelos hititas, seus conquistadores e arquirrivais de Ramsés. O ponto alto dessa rivalidade materializou-se nas cercanias da cidade síria de *Kadesh*, em 1274 a.C.

Foi um embate de titãs: de um lado, o rei dos hititas, *Muwatallish*, e seu impressionante exército de 17 mil homens (possivelmente a melhor militaria da época) e 2.500 robustos carros de guerra; do outro, o faraó do Egito, Ramsés II, que assumira o trono havia cerca de quatro anos e liderara suas tropas pelo corredor sírio-palestino, recuperando o controle de importantes posições, desde Canaã até a Fenícia. Reunira uma notável força de 20 mil homens repartidos entre quatro divisões — *Amon, Rá, Ptah e Set*, nomeadas em honra a grandes divindades nacionais — e durante a marcha, o pelotão de Amon assumiu a vanguarda, seguido de perto pelo de Rá, enquanto os dois outros distavam um dia de caminhada, de modo que apenas cerca de 5 mil homens acompanhavam efetivamente seu monarca quando chegaram à praça-forte de Kadesh, nas margens do rio Orontes, onde montaram acampamento. A real localização das tropas inimigas era imprecisa, e, percebendo tal fato, Ramsés enviou mensageiros exigindo pressa a seus destacamentos retardatários, mas era tarde demais: Muwatallish aguardava sua chegada, e rapidamente ordenou a seus carros de guerra que se lançassem sobre os egípcios, cujos veículos, mais leves, foram destroçados pela carga inimiga. A infantaria bateu em retirada, os restos da cavalaria idem, e o próprio faraó correu o risco de ser capturado. Àquela altura, parecia claro que o senhor indiscutível da Síria viria não de Tebas, mas sim de Hattusa, a capital hitita.

Mas os gênios da guerra são criaturas caprichosas. Certos de sua vitória, os homens de Muwatallish baixaram a guarda, dedicando-se ao saque dos espólios inimigos e cedendo a Ramsés tempo valioso: soldados e mercenários egípcios chegaram ao campo de batalha, e o faraó ordenou um contra-ataque, forte o suficiente para roubar às mãos hititas a vitória até então inquestionável — ao final, nenhum dos lados logrou dominar, sozinho, a Síria, e após anos de guerra e desgaste, um tratado de paz, de 1259 a.C., estabilizou a situação política regional, transformando o rio Orontes em fronteira mutualmente aceita, um acordo que lidava com questões notavelmente atuais, ainda que expressas em terminologia, como seria de esperar, bem diferente da nossa:

> O grande chefe do Hatti não atravessará (a fronteira do) país do Egito — até a eternidade — com o objetivo de tomar nesse país a menor das coisas. Do mesmo modo, Ousermaitre-Setenpere [nome de coroação de Ramsés] não atravessará (a fronteira do) país do Hatti [...] Se um outro inimigo vier até o país de Ousermaitre-Setenpere, o grande chefe do Egito, este poderá dirigir-se ao grande chefe do Hatti dizendo: Vem comigo, como reforço contra ele [...][1]

[1] "O tratado egípcio-hitita". In: MENU, Berdadette. *Ramsés II: Soberano dos Soberanos*. Rio de Janeiro: Objetiva, 2002, p. 136.

O cumprimento desses e de outros termos estabeleceu um ordenamento internacional concertado, dos primeiros de que se tem notícia.

O acerto não impediu, em absoluto, que a propaganda oficial egípcia retratasse Kadesh como uma vitória egípcia acachapante: as paredes do templo faraônico fervilharam com inscrições e relevos referentes à batalha, desde a inicial superioridade numérica das forças hititas, até o último e incontrastável triunfo, alcançado graças às orações e à coragem do faraó. Tanto a batalha quanto seus relatos ilustram bem a personalidade de Ramsés II: líder arrojado, militar experimentado, monarca devoto e excelente propagandista, que desde a juventude se preocupara em registrar e divulgar seus feitos nos santuários — naqueles que efetivamente mandara erigir, bem como em outros, edificados por antigos reis, cujas inscrições eram apagadas, sem pejo, para que as notícias do novo líder fossem ressaltadas. Abençoado com um longo reinado de quase 70 anos, teve muito tempo para burilar e polir sua imagem pública, e quando faleceu, nonagenário, era já um ícone nacional. Seu sorriso sereno ornava monumentos em todo o império, e inspirou nada menos que nove de seus sucessores a ostentar seu nome, embora nenhum deles o tivesse recebido por nascença — buscavam, meramente, compartilhar a fama do grande predecessor.

A XIX dinastia, justamente conhecida por Raméssida, ascendera ao poder após grave crise dinástica: a tentativa de Akhenáton e da rainha Nefertiti de implantar o culto monoteísta a Aton havia dividido profundamente o país, irritando a elite sacerdotal e ensejando sentimentos secessionistas no exército, ora propenso a preservar as antigas divindades, ora desejoso de diminuir a influência dos sacerdotes. Em meio a tais dissensões, Akhenáton foi (provavelmente) assassinado, e seguiram-lhe reinados breves e débeis: *Smenkharé*, seu irmão mais novo, e o postumamente célebre *Tutankhamon*, ocupante do trono por quatro anos; a esses faraós muito jovens, seguiu-se o idoso *Ay*, que assumiu a coroa por meio do casamento com a viúva de Tutankhamon, sua neta, e governou por outro quatriênio.

Seu sucessor poria fim a esses reinados incertos: *Horemheb*, general experiente e altamente condecorado que havia ocupado o posto de Grande Comandante do exército de Akhenáton. Durante seu governo, tratou de reorganizar o país, restaurando templos e cultos e reaparelhando o exército, e quando de sua morte, foi sucedido por *Ramsés I*, vizir do faraó defunto, sem qualquer origem nobre (asfaltara seu caminho ao trono por meio do matrimônio), que retomou uma monarquia de faraós falcões militarizados e enérgicos, cujos príncipes herdeiros, alçados à condição de regentes, compartilhavam do poder paterno e se preparavam para os compromissos que assumiriam no futuro. Sucedeu-lhe o filho, *Seti*, pai do futuro Ramsés II.

Coerente com o modelo de monarquia instituído, desde cedo Seti I se fez acompanhar pelo filho, ainda criança, em campanhas militares. Os retratos mais antigos de Ramsés mostram-no menino, semblante curioso, o dedo na boca (como se roesse a unha), usando uma imensa trança, característica dos adolescentes nobres, e com dobras de gordura na barriga, um sinal de boa saúde — posteriormente, já adulto, seria representado de modo diverso: um homem musculoso, de abdômen trincado, conforme os padrões estilísticos para líderes egípcios. Regente de seu pai aos 14 anos, desde então conheceu responsabilidades e comandou tropas armadas, e quando ascendeu ao trono, com menos de 20 anos, era, portanto, um governante experiente. Acompanhava-lhe *Nefertari*, sua principal consorte até a morte, em 1250 a.C.: embora mantivesse o costume real de ter muitas mulheres — no decorrer de sua longa vida foram oito rainhas, duas das quais suas filhas (prática comum na casa real egípcia), além de incontáveis concubinas — nenhuma lançou sombra a Nefertari. Figura de destaque nos relevos do marido, recebeu uma honra raríssima na tradição egípcia, um templo dedicado a si, em *Abu Simbel*, ao lado da construção edificada para o rei, e conquanto o templo dele seja maior que o dela, suas estátuas têm a mesma altura, sinal de equivalente importância desconhecida em qualquer outra obra. Quando de seu falecimento, foi enterrada com pompa única, num dos maiores hipogeus do Vale das Rainhas, onde foi tratada como a "Defunta Grande Esposa Real".

A prolífica propaganda oficial nos permite acompanhar os fatos mais relevantes do seu reinado. As vitórias militares eram o elemento mais importante, e sua primeira ação como monarca foi a defesa do delta do Nilo contra os piratas *sherden* que o assolavam. Derrotados, ingressaram como mercenários ao exército, chegando, inclusive, a combater em Kadesh. Em seguida, liderou incursões no riquíssimo território imediatamente ao sul do Egito, a Núbia, sua mais importante conquista. Subjugada pela primeira vez no século XX a.C., no transcurso da extensa história egípcia fora periodicamente conquistada e perdida. Seus recursos naturais abundantes, especialmente o ouro, extensões de terra fértil cultivada, ligações comerciais com o interior do continente africano e farta mão de obra permitiram a Ramsés se transformar em um dos maiores faraós de todos os tempos — igualmente importantes eram os *medjay*, habilíssimos arqueiros núbios que manejavam arcos de quase 2 metros, os melhores daquela época, também incorporados à militaria faraônica.

Em sua autoglorificação, distribuiu construções suas por todo o país. Ao norte, no Baixo Egito, resplandecia sua capital, *Pi-Ramses*, a "Casa de Ramsés", chamada *Pithom* pela Bíblia; situada no extremo leste do Delta, controlava a passagem para a Ásia e reafirmava o poder do soberano. No vale do Nilo, o Alto Egito, mandou erguer seu mais importante templo, a *Morada dos Milhões de Anos de Ramsés, que reúne a cidade de Tebas no domínio de Amon*, mais conhecido pelo nome francês de *Ramesseum*, um santuário magnífico, abrigo da barca sagrada, que estabeleceu o mais alto padrão para a arquitetura religiosa egípcia. Tal programa de construções, todavia, não se restringiu à sua pátria natal: as terras conquistadas também receberam grandes monumentos, destinados a lembrar aos vencidos o poder de seu soberano, e entre esses talvez o mais notável tenha sido edificado em pleno coração da Núbia, na região atualmente conhecida como Abu Simbel.

O território egípcio terminava na primeira catarata do Nilo. Muitos quilômetros além deste marco, ordenou, em 1255 a.C., a criação de um templo dedicado a si próprio. Talhado num penhasco, sua fachada foi guarnecida por quatro estátuas do faraó sentado, medindo cada uma 18 metros de altura, enquanto em seu corredor interno, dez esculturas do monarca em pé, com 10 metros de altura cada, guiam o passante até uma capela interna, onde há imagens de quatro deuses, entre eles o próprio Ramsés, divinizado em vida. Ao lado, o templo gêmeo dedicado à sua rainha, Nefertari, igualmente divinizada e representada como a deusa Hathor. Os quatro gigantes esculpidos na rocha relembravam aos núbios a grandiosidade do conquistador e reafirmavam seu domínio sobre aquela terra.

Ramsés comemorou o festival *sed* (jubileu no qual os monarcas eram proclamados divindades viventes) duas vezes no decorrer de seu longevo reinado de mais de seis décadas, e ao falecer, em 1213 a.C., com mais de 90 anos, legou um império sólido, rico, com fronteiras pacificadas. Sobreviveu a várias esposas e a muitos filhos, e sua tumba há muito o esperava, certamente abundando em riquezas e protegida pelas maldições tradicionais invocadas contra os ladrões de sepulturas. Tais imprecações, contudo, não foram suficientes para protegê-la já na Antiguidade devastada por saqueadores, e seu corpo embalsamado só foi salvo graças ao zelo de sacerdotes que o esconderam, junto aos de muitos outros monarcas e membros da família real, numa caverna, onde foi encontrado, em 1881, e levado para o Museu Egípcio do Cairo, onde permanece em exposição. Contemplar seus restos mortais permite um raríssimo encontro cara a cara com uma pessoa oriunda da Antiguidade, cujos traços físicos permanecem visíveis: media 1,70 metro, tinha o nariz adunco, cabelo ralo, avermelhado pela hena; sofria de artrite, cáries e problemas circulatórios. Em 1974, a múmia precisou ser enviada a Paris, a fim de ser examinada e apresentada em uma grande exposição na capital francesa. O governo egípcio emitiu-lhe um passaporte (sua ocupação registrava "monarca falecido") e, após tocar o solo, o féretro recebeu honras de chefe de Estado, carregado pela Guarda Presidencial, homenagem prestada pelo mundo contemporâneo a um dos maiores estadistas de todos os tempos.

Curiosidades

Ramsés II é sempre lembrado como o maior, mais celebrado e poderoso de todos os monarcas egípcios. Seus sucessores e demais egípcios costumavam chamá-lo de "Grande Ancestral".

Nabucodonosor II

Rei babilônico, c. 634–562 a.C.

No sétimo século antes de Cristo, grande número de estrangeiros adentrava a Babilônia — gregos, judeus, arameus, árabes, egípcios, citas, cimérios, lídios, frígios, indianos. Eram mercenários, comerciantes, financistas, caravaneiros, cameleiros, místicos, filósofos, cavaleiros, ou simples viajantes, mas todos, não importando suas origens ou atividades, provavelmente jamais teriam visto tal obra do gênio humano, um formigueiro habitado por meio milhão de pessoas, maior densidade populacional do planeta, arrodeado por ciclópico conjunto de duplas muralhas, pontilhadas de torreões em intervalos regulares, interrompido por oito poderosos portais fortificados. Muitos de seus edifícios eram gigantescos, numa proporção difícil de ser igualada em qualquer outra parte do mundo, com a honrosa exceção do Egito e suas já então velhíssimas pirâmides, destacando-se, nesse particular, a torre escalonada (*zigurate*) dedicada ao deus Marduk, padroeiro e protetor da cidade, cujo cimo, pairando a quase 100 metros do solo, causava vertigens aos passantes. De fato, em parte alguma do mundo habitado existia algo semelhante a Babel, e nenhum outro nome vinculou-se mais fortemente a essa metrópole médio-oriental que o de seu líder maior, Nabucodonosor, cuja fama difundiu-se para muito além de seu império e de seu tempo (por meio da Bíblia e do Alcorão, para mencionar apenas fontes mais importantes) como sinônimo de riqueza, grandiosidade, opulência, extravagância e arrogância, pecados que compartilhava com sua magnífica capital.

Nabuconosor era caldeu, ou seja, pertencia a uma obscura tribo semítica, aparentada (mas distinta) aos arameus da Síria, estabelecida no centro da Mesopotâmia. Em seu idioma natal, chamava-se *Nabu-kudurru*, "*Nebo* (divindade principal) abençoe meu primogênito", e era, de fato, o filho mais velho de Nabopolassar, *sheikh* de sua gente, senhor do trono babilônico desde cerca de 626 a.C., e integrante de uma amplíssima coalizão internacional antiassíria, que incluía os medos do Irã, além de populações nômades da Ásia Central (como os citas e os cimérios). Os exércitos unidos desses aliados devastaram Nínive e aniquilaram o Império Assírio em 612 a.C., pondo termo a três séculos de dominação sobre a Babilônia. Vitoriosos, reuniram-se para traçar os destinos do Oriente Médio e partilhar as antigas províncias, cabendo aos babilônicos quase toda Mesopotâmia e as posições mais a oeste, como a Síria e o litoral mediterrânico, territórios ricos em lucrativos contatos comerciais. Foi esse patrimônio que Nabucodonosor herdou quando ascendeu ao trono, após a abdicação do pai, por volta de 605 a.C., e que se dedicou a ampliar e fortalecer por meio de inúmeras campanhas militares e de uma administração sofisticada e eficiente.

As linhas gerais de sua política externa consistiam na solidez das fronteiras externas e no controle das populações internas e, em consonância com tais diretrizes, celebrou acordos políticos e comerciais com as principais potências circundantes, especialmente a Média (aliança assegurada por meio do matrimônio com a filha do xá, Amitis), e a Lídia, garantindo assim uma extensa linha de fronteira pacificada, que seguia do Golfo Pérsico ao Mediterrâneo. As ambições expansionistas dirigiram-se, então, para o sul, o Corredor Siro-Palestino, e o Egito, antigo aliado assírio, envolvimento que degenerou num atoleiro político-militar que durou mais de uma década: os egípcios conseguiram rechaçar a primeira investida babilônica, em 601 a.C., e a partir de então instigaram repetidas vezes os pequenos estados sírios e palestinos à sedição. O caso do reino de Judá é paradigmático: revoltou-se em 597 a.C., teve sua capital invadida, e seu rei, Joaquim, deportado; nove anos depois, após nova sublevação, Jerusalém foi destruída, e a elite local, desterrada, episódio referido pela Bíblia como o Cativeiro da Babilônia.

Os estados mais importantes da região eram as cidades fenícias, sedes de importantes estaleiros navais e sofisticadas manufaturas. Quase todas capitularam rapidamente, mas a mais poderosa dentre elas, Tiro, não, e por mais de uma década (c. 586–573 a.C.), as forças caldaicas sitiaram-na sem jamais obter êxito, pois, carentes de uma marinha de guerra, confrontavam a maior potência marítima de seu tempo, construída sobre uma ilha (imune, portanto, às máquinas de cerco) e recebendo reforços e suprimentos por navios oriundos de suas colônias e entrepostos além-mar. Ainda que essas condições conferissem aos tírios uma quase interminável capacidade de resistência, o assédio prolongado causava danos econômicos, e após 13 anos de impasse, os dois lados, desgastados, foram empurrados a um acordo, pelo qual a urbe fenícia reconhecia a autoridade babilônica, mas permanecia independente.

O Império Caldaico liderou um amplo período de prosperidade econômica, e ao abdicar do terrorismo estatal praticado por seus antecessores assírios (suas guerras constantes e deportações maciças), viu florescer todo o Oriente Médio, e muito particularmente duas regiões: o Corredor Siro-Palestino, centro comercial e operacional; e a Baixa Mesopotâmia, núcleo agrícola e político, destacando-se, nesse particular, a própria Babilônia, onde duas gerações de judeus exilados desenvolveram um sólido setor financeiro. Em seus portos e estradas encontravam-se rotas comerciais que iam da Índia à Grécia, do Irã ao Egito, e tal opulência permitiu a Nabucodonosor estabelecer um programa de construções que sua grande cidade jamais conhecera — num dos tijolos encontrados em sua grande capital, um texto celebra: "Assentei as fundações abaixo, até as águas subterrâneas, e as adornei com luxuoso esplendor, para que toda a raça humana, fascinada, admirasse".

Babilônia era, obviamente, uma antiquíssima cidade: sede de um império governado pela dinastia amorita milênio antes dos caldeus, cuja figura de destaque foi o famoso Hamurábi; no curso de sua longuíssima história fora invadida, destruída e reconstruída diversas vezes, mas os 300 anos sob vassalagem assíria foram particularmente duros, e seus templos e edificações defensivas exibiam as cicatrizes do abandono. Nabucodonosor, dando seguimento aos planos do pai, utilizou o ouro que fluía, dos impostos e do comércio, para reforma e engrandecimento da capital, apagando, de uma vez por todas, a memória amarga do jugo estrangeiro, refletindo a riqueza que circulava por seus domínios. Seus edifícios e muralhas, construíram-nas em proporções inumanas, claro elemento propagandístico e dissuasivo: que todos admirassem a soberba babilônica e reconhecessem que era poderosa, inviolável, capaz de resistir a quaisquer incursões inimigas.

Possivelmente, o elemento mais ostensivo do sistema de defesa, quiçá de toda a Babilônia, eram as duas muralhas, *Imgur Bel* e *Nimtti Bel*, que circundavam quase todo o perímetro urbano, cortado pelo rio Eufrates e envolvido por um fosso aquático. Coroadas de ameias e pontuadas, em intervalos regulares por torreões, interrompiam-nas oito grandes portais fortificados que permitiam o acesso a seu interior, dos quais o maior era o Portão de *Ishtar*, a entrada principal, dedicado à deusa mesopotâmica do amor e da guerra, coberto por tijolos esmaltados azul-cobalto (glória da manufatura babilônica) ornamentados com touros e dragões. Através dele chegava-se à Via Sagrada, mais importante avenida, local das procissões mais célebres, ladeada por altíssimos edifícios ladrilhados com peças semelhantes àquelas do portão, que exibiam leões com dentes arreganhados.

De todas as maravilhas, talvez a mais famosa fossem os Jardins Suspensos, que, com seu viço e escala, maravilharam gregos, como Antípatro de Sídon, de forma tal que os elegeram uma das Sete Maravilhas do Mundo. Desde as primeiras escavações os arqueólogos modernos buscam por seus vestígios, e durante muito tempo acreditou-se serem semelhantes a um *zigurate* arborizado e ajardinado; arquitetura sumamente improvável, talvez fossem mais semelhantes a morros repletos de árvores, ou é possível que nem sequer tenham existido, e a narrativa a seu respeito apenas ecoe a memória das grandes capitais assírias, Nínive, em particular, que comprovadamente possuíam grandes e verdejantes áreas elevadas.

Nabucodonosor foi certamente um homem devoto, e por isso mandou restaurar ou construir grande quantidade de santuários, entre os quais o mais importante era o *Etemenanki*, ou "Templo do Alicerce do Céu e da Terra", o zigurate da cidade, elevando-se a 90 metros de altura, no centro de um pátio amuralhado de cerca de 560 metros quadrados, e cuja base media 100 metros de cada lado. Os judeus que viviam na Babilônia transformaram essa joia arquitetônica em mito ao incluírem, em seus escritos sagrados, a história da Torre de Babel, uma metáfora sobre o desvario humano em igualar-se aos deuses utilizando-se de suas artes e ofícios — nada mais apropriado para uma metrópole daquelas proporções.

Ao morrer, Nabucodonosor era um monarca incomparável, mas o império que legou não teve vida longa: uma geração não passara quando, em 539 a.C., Ciro, *xá* da Pérsia, conquistou e incorporou a Babilônia a seus domínios. Conquanto a dinastia caldaica alardeasse uma imagem de poder absoluto, em verdade jamais possuíra um exército realmente poderoso, comparável ao assírio, que o precedera, ou ao persa, que findou por engolfá-lo. O livro de Daniel, escrito por um desterrado judeu, fornece uma excelente narrativa a essa queda: o grande rei convoca o profeta para interpretar um sonho, uma estátua com cabeça de ouro, peito e braços de prata, ventre e quadris de cobre, pernas de ferro e pés de barro, atingida por uma pedra que lhe destroçava os pés e fazia desabar todo o resto. A rocha, segundo Daniel, eram os persas, e o ídolo, de enorme riqueza e base débil, o reino sobre o qual imperava o rei sonhador.

A conquista persa não significou, de maneira alguma, o fim de Babilônia: durante séculos, permaneceu uma referência econômica e cultural para todo Oriente Médio; os *xás* persas mantiveram sua grandeza, e mesmo Xerxes, que lá repeliu violentamente uma rebelião (c. 485 a.C.), teve o cuidado de não a arrasar completamente. Quando Alexandre, o Grande, conquistou-a, século depois (331 a.C.), continuava assombrosa, e embora o Etemenanki estivesse em ruínas, as ruas seguiam fervilhando com uma população que, conquanto distasse do meio milhão de seu apogeu, ainda era enorme. Falava-se amplamente o aramaico, e uma sólida comunidade judaica, vivendo e prosperando dentro das suas muralhas, compunha o *Talmude Babilônico*, obra estruturante de sua fé. A metrópole semita só viria a conhecer o declínio na virada da nossa era, quando constantes guerras entre romanos e persas levaram à decadência toda a Mesopotâmia. E ainda assim sobreviveu, nos escritos gregos e judaicos, na memória coletiva do Oriente Médio, do Cristianismo e do Islã, frequentemente vinculada a grandeza, licenciosidade, luxúria, excessos. Nesse sentido, nenhuma descrição resume melhor seu legado que a do profeta Jeremias: Babilônia era a taça de ouro nas mãos do Senhor.

Curiosidades

Berose (c. 280 a.C.), o historiador babilônico do período helenístico, creditou a Nabucodonosor a construção dos Jardins Suspensos (um presente para sua esposa, Amitis, que sentia saudade de sua terra de origem, a Média) e o Portão de Ishtar, a mais importante das oito portas que levavam ao interior da cidade.

Caesar sum, Non rex

Júlio César

Político romano, 100–44 a.C.

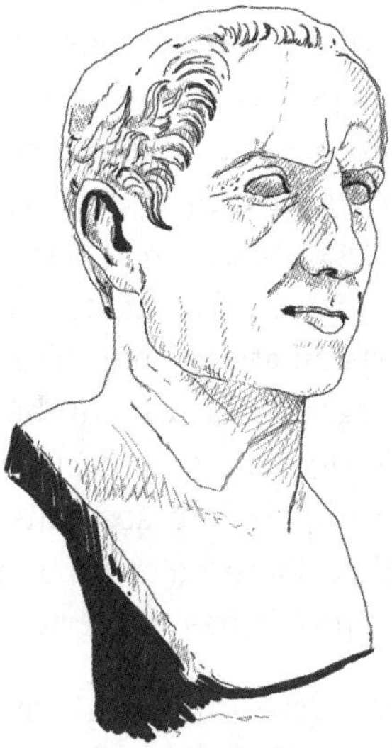

"Não se chega ao Rubicão para pescar", lembrava Tancredo Neves, político brasileiro do século XX, porque quando diante de um momento decisivo, não se pode titubear. Suas palavras recordavam um outro líder, dois milênios anterior àquele, Júlio César, que em 50 a.C, vitorioso na campanha da Gália, era perseguido por seus inimigos no Senado romano, ansiosos por lhe subtrair o comando das legiões e exigindo seu retorno à capital. Desta feita, em 49 a.C., desceu com suas tropas até as margens do riacho Rubicão, fronteira com a Península italiana, mas aos comandantes militares, como ele, era terminantemente proibido conduzir seus exércitos fora das respectivas circunscrições sem prévia autorização. Logo, sabia muito bem que, a partir daquele momento, incorreria em alta traição. Mas ele não fora até ali para pescar: atravessou o riacho e, segundo a tradição, ainda enunciou uma das máximas que o tornariam famoso: "*Alea jacta est*" (A sorte está lançada).

As bem treinadas legiões da Gália e seu comandante, endurecidas por anos de conflito árduo, dirigiram-se a Roma para depor Cneu Pompeu, comandante das tropas itálicas e principal representante do partido *Optimate*, defensor do controle da República pela elite patrícia. César, conquanto tivesse origem igualmente nobre, liderava a facção dos *Populares* e endossava maior participação da plebe nos destinos da República. Fazia quase um século, esses dois grupos se enfrentavam na disputa pelo poder, às vezes dentro da legalidade, mas frequentemente à sua revelia, como era o caso agora. Cidade após cidade, o general conquistador seguia granjeando apoios, tornando-se, cada vez mais, a maior liderança romana. Pompeu tinha consciência de que suas forças não se comparavam àquelas que avançavam, disciplinadas e experimentadas, e optou por não confrontá-las diretamente: esquivou-se, buscou refúgio na Hispânia, onde ainda possuía aliados. A capital estava entregue, mas a lei não permitia que César entrasse nela enquanto estivesse comandando tropas. Entretanto, para rearmar seus homens e perseguir seu adversário, ele precisava dos recursos do tesouro, cujo acesso os políticos *Optimates* lhe negavam sistematicamente. Inconformado, e consciente de que já havia rompido as regras ao cruzar o Rubicão, invadiu a capital, sacou o ouro e, ato contínuo, ordenou a seus destacamentos tomar a Sicília e a Sardenha, confiscar os estoques de grãos e distribuí-los à plebe — com a autoridade de quem conhecia a turba como poucos, apostou que, uma vez alimentada, não causaria problemas. E acertou.

Por dois anos perseguiu seus inimigos, primeiro na Hispânia e posteriormente na região grega da Tessália onde, finalmente, foi vitorioso. Para não ser capturado vivo, Pompeu tomou um navio para um reino neutro, o Egito, mas o país do Nilo, se bem que não fosse província romana, era um protetorado vivendo à sua sombra, e, temendo represálias, mataram-no no momento do desembarque: Júlio César era, de fato, líder inconteste da República Romana. A campanha contra Pompeu ilustra bem seu caráter, suas virtudes (arrojo, inteligência, capacidade de liderança) e seus defeitos — a flagrante inclinação ao desrespeito às leis e aos costumes sempre que estes impediam a concretização de seus objetivos. Foi o ápice do grande século republicano, no qual lideranças titânicas e seus seguidores se digladiaram durante décadas, numa guerra civil aparentemente interminável.

No século que antecedeu ao nascimento de César, a República conhecera sua primeira grande expansão: a cidade de Cartago fora, em 146 a.C., definitivamente derrotada depois de mais de 100 anos de conflito, e seus domínios passaram às mãos dos vitoriosos, desde o norte africano até o litoral da Península Ibérica à Gália. As legiões também controlavam, com pulso firme, vastas porções dos Bálcãs, da Ásia Menor e algumas ilhas mediterrânicas. Tais conquistas levaram a sociedade e o modelo político romanos a seu limite: a riqueza das recém-conquistadas províncias foram canalizadas à capital, via saques e impostos, aumentando os bens dos já muito ricos. A plebe urbana ainda auferia algum proveito desse fluxo, mas os pequenos agricultores não: recrutados como legionários, ao retornar descobriam que suas propriedades haviam sido tomadas, pois com os homens no exército, as famílias não tinham como manter suas terras e acabavam expulsas. Esse êxodo rural inchou Roma e alimentou tensões que, amiúde, resultaram em sublevações populares.

Alguns políticos, como os irmãos Tibério e Caio Graco, acreditavam que era preciso promover mudanças urgentes e, entre 133 e 122 a.C., como Tribunos da Plebe, implementaram reformas agrárias, perdoaram dívidas e tabelaram o preço dos grãos. A aristocracia, contudo, não tolerava tais medidas: ambos foram assassinados e, a partir de então, a cisão entre os defensores e os adversários das reformas sociais, ou seja, *Populares* e *Optimates*, aumentava progressivamente, e em breve degeneraria em violência. Quando César nasceu, em 100 a.C., era cônsul seu tio, Caio Mário (herói de guerra e *Popular* ferrenho, sem origem nobre e várias vezes reeleito para o cargo), e liderava os *Optimates* outra figura igualmente destacada, Lúcio Cornélio Sila, respeitadíssimo militar. Esses dois homens extraordinários e suas respectivas facções lutariam durante mais de uma década pelo poder, e Sila, cabeça de um bem-sucedido golpe de estado, tornou-se ditador e revogou toda a legislação pró-plebe aprovada, desconsiderando até mesmo direitos há muitos concedidos.

Quando da ascensão de Sila, César, que com apenas 15 anos já era chefe de seu clã (*Pater Familias*), por ocasião da morte do pai, correu risco de vida, pois não apenas era parente consanguíneo de Mário, como contraíra matrimônio com a filha de um dos seus mais importantes partidários. Só foi poupado graças à sua pouca idade, muito embora o ditador, que o encontrou uma única vez, percebesse dentro dele "muitos Mários" em potencial. Antes dos 40 anos, César já havia ocupado a maioria das magistraturas romanas (*questor*, *edil*, *pretor*, governador provincial da Hispânia), era membro do corpo de sacerdotes e ocupou o cargo de pontífice máximo — dito de outra forma, embora relativamente jovem, já era um político muitíssimo bem-sucedido.

A morte de Sila, em 78 a.C., significou a retomada da contenda entre *Optimates* e *Populares*, e na tentativa de evitar nova guerra civil, em 60 a.C., o poder foi repartido entre três cônsules, o chamado Primeiro Triunvirato: Licínio Crasso, um dos homens mais ricos de Roma, Cneu Pompeu e Júlio César. Enquanto Pompeu permanecia em Roma, os dois outros triúnviros partiam para aventuras de conquista: Crasso na Pérsia e César na Gália. A campanha oriental foi um desastre, e o triúnviro terminou morto na Mesopotâmia. César, ao contrário, em apenas oito anos apoderou-se de vastas áreas no centro-nordeste da Europa, derrotando diversas tribos, dominando a Gália, boa parte da Hispânia, e chegando a desembarcar do outro lado do Canal da Mancha, na Bretanha, embora não tivessem condições de se estabelecer. Esses sucessos alarmaram os *Optimates*, pois sendo ele claramente um *Popular*, representava sério risco a seu partido. Pompeu tentou diminuir-lhe o número de soldados, mas tal atitude só conseguiu dar início à cadeia de acontecimentos que o levou à morte no Egito, onde César interveio na política local e manteve um relacionamento amoroso com a rainha Cleópatra, com quem teve um filho, Cesarião. Oficialmente, já fora casado três vezes: a primeira esposa, Cornélia, a filha do partidário de Mário; viúvo, contraiu núpcias com Pompeia, de quem se divorciou; e, por último, casou-se com Calpúrnia, de uma família ligada a Pompeu.

Era costume romano oferecer a seus generais vitoriosos um espetacular desfile pelas ruas da cidade, o chamado Triunfo, e César recebeu o maior até então já visto, com lutas entre feras, gladiadores, um simulacro de batalha naval. Na parada em sua honra, todas as suas campanhas foram representadas, animais exóticos das terras conquistadas foram exibidos, e prisioneiros dos quatro cantos do mundo desfilaram acorrentados, entre os quais *Vercingetórix*, último chefe gaulês a se render, mantido vivo apenas para o grande evento.

Uma vez no poder, suas características visceralmente antirrepublicanas se tornaram mais fortes, e mesmo que seguidamente negasse ser um autocrata — dizia "*Caesar sum, non rex*" (sou César, e não rei) —, retirou dos senadores muito de seu poder e prestígio, enfurecendo-os, e implementou uma série de reformas no Estado que iam da proibição à ostentação, determinação claramente antiaristocrática, à aplicação de um novo calendário. A gota d'água veio em 45 a.C., quando conseguiu ser nomeado ditador vitalício, concentrando em suas mãos todos os poderes republicanos. A figura do ditador ocorria no antigo direito romano, mas apenas para momentos gravíssimos, e por um curto período de tempo. A vitaliciedade infringia, uma vez mais, as leis e os costumes tradicionais, dando azo à revolta de seus inimigos, os quais, em 15 de março de 44 a.C., o apunhalaram até a morte em pleno Senado.

Esse assassinato deu impulso a seu nome e à imagem a ele atrelada. Seus partidários, retraídos e desnorteados logo após o fato, cedo se reorganizaram e perseguiram os culpados e seus aliados, um expurgo que durou anos.

Dois herdeiros políticos emergiram: Marco Antônio, um de seus generais, e Otávio, seu sobrinho-neto e filho adotivo, o qual, anos mais tarde e já imperador, transformou-o em divindade, e seu nome em título de realeza para os imperadores romanos, que seriam, a partir de então, conhecidos como césares, honraria mais tarde assimilada por germânicos (kaiser) e russos (czar). Muito depois da queda de Roma, em 476, os basileus bizantinos continuaram a ostentar a mesma titulação, assim como seus sucedâneos, os sultões turcos, que se denominavam *Kaiçar i-Rum*, César de Roma.

Júlio César foi uma liderança popular que, no afã de atingir seus objetivos, não hesitou em subverter a ordem vigente, e terminou por estabelecer o paradigma para revolucionários de eras diversas. Mas foi também um escritor cultuado por séculos, cuja obra, *De Bello Gallico*, ainda é considerada modelo de narrativa elegante e objetiva — seu adversário político, o orador romano Cícero, um refinado cultor do beletrismo, afirmou que ninguém se lhe comparava na excelência da escrita e da oratória. Desde a Idade Média, o Ocidente estuda tanto seus textos quanto suas estratégias militares, e 2 mil anos após a sua morte, ele permanece como o maior símbolo de Roma, de suas virtudes mais louvadas e dos vícios mais torpes.

Curiosidades

Durante sua campanha gaulesa, Júlio César escreveu *Comentários sobre a Guerra Gálica*. Escrito em terceira pessoa, neles estão descritas as batalhas contra as tribos que se opunham ao domínio romano e as intrigas ocorridas. Sua prosa simples, direta e elgante fez dessa obra um dos textos básicos para o aprendizado do latim.

Cleópatra

Rainha egípcia, 69–30 a.C.

Poucas figuras históricas marcaram mais a imaginação do Ocidente quanto Cleópatra VII Filopátor, última governante independente do antigo Egito. Os romanos amaram-na e odiaram-na intensamente, e seus escritores eram fascinados por ela: embora a considerassem uma rameira, artífice de milhares de diferentes formas de lisonja, e capaz de seduzir os homens mais ilustres de seu tempo, não deixaram de lhe conferir ares de grandeza, dizendo-a esplêndida de se ver e ouvir, e cuja mera presença cativava todos os presentes; louvaram, ainda, seu ato final, o suicídio, considerando que a fuga, ou pior, a rendição aos rudes homens do Tibre, seria indigna de sua real pessoa. Os séculos que se seguiram só fizeram crescer seu mito: Dante, considerando-a imodesta e devassa, colocou-a no segundo círculo do inferno, ao lado de Helena de Troia e Aquiles e de seu amante Marco Antônio, eternamente envoltos num ciclone. Shakespeare interpretou-a como uma rainha-monumento, atemporal como as pirâmides, cujos anseios de imortalidade brotavam à flor da pele, enquanto George Bernard Shaw, em 1901, descreveu uma rainha menos amorosa e mais política. Apaixonado pela Antiguidade, Konstantinos Kaváfis, notável poeta de fala grega de inícios do século XX, celebrou a estirpe dos Ptolomeus, "suas Berenices e Cleópatras, todas extraordinárias", e o cinema construiu em torno dela uma tessitura de sexualidade exacerbada, desde as primeiras projeções, como a italiana *Marcantonio e Cleopatra* (1912), passando pelo exotismo de Theda

Bara (1917), até a extravagância em Technicolor de 1963, quando recebeu a pele alva, os seios túrgidos e os olhos felinos de Elizabeth Taylor. Mas para além de todas essas representações, existiu uma estadista notável: bem formada, inteligente, com vasta percepção de mundo, que soube se portar com maestria na arena política de sua época.

Cleópatra veio ao mundo em 69 a.C., filha do rei Ptolomeu XIII, naquela que seria a última dinastia independente do Antigo Egito, os *Lágidas*, herdeira dos aventureiros que, junto a Alexandre Magno, tomaram o país em 332 a.C. e, após a morte do general, passaram a governar o país do Nilo. A aventura militar macedônica legara um imenso espaço cultural, que se estendia das costas mediterrânicas à Ásia central, por onde gregos e não gregos circulavam e difundiam toda sorte de ideias e conceitos, e no extremo ocidental desse universo brilhava a cidade de Alexandria, fundada, como muitas, pelo conquistador e celebrando seu nome. Nenhuma outra, porém, era páreo para a capital egípcia, no centro de rotas comerciais que ligavam o coração africano, a Europa, o Oriente Médio e até a Índia. Grega em sua expressão, dialogava com o antiquíssimo patrimônio cultural de sua terra, atualizando-o. Lá, o sacerdote Mâneton escreveu uma história do Egito em língua e estilo helênicos, e uma influente comunidade judaica traduziu seus principais textos religiosos para o mesmo idioma, incorporando novos elementos filosóficos a seu universo. A cidade abrigava, ainda, um dos centros culturais mais importantes de seu tempo, a Biblioteca, onde pensadores e filósofos de todo o mundo helenístico se encontravam, estudavam e discutiam. Foi nesse ambiente, cultural e etnicamente complexo, que Cleópatra nasceu.

Ptolomeu XIII observava atento o apetite expansionista da potência mediterrânica emergente, Roma, na altura em que três políticos, Crasso, Pompeu e César, dividiram entre si o poder da República, formando o chamado Primeiro Triunvirato (60 a.C.). O Egito, então principal produtor de trigo, era vital para a crescentemente povoada capital romana, e ponderando tais fatos, o rei dirigiu-se a Roma, tomou empréstimos, subornou senadores e o próprio César e conseguiu ser declarado aliado e amigo do povo romano, aliança que garantiu sua independência formal, ao custo da submissão e total obediência. Teve vários filhos, e cada um deles, ao seu tempo, lutou pelo trono. Em seu testamento, estabeleceu Roma como protetora da independência egípcia, na esperança de preservar o pouco de autonomia que ainda restava a seu país, e apontou os irmãos Cleópatra e Ptolomeu para reinarem juntos, como um casal, hábito tradicional na casa real egípcia.

Com sua morte, em 51 a.C., os herdeiros ascenderam ao trono, mas depois de dois anos, os conselheiros do jovem Ptolomeu XIV expulsaram a rainha da corte. Entrementes, em Roma o Triunvirato se esvaía: Crasso morrera após malfadada campanha na Mesopotâmia, e os triúnviros restantes engajaram-se em sangrenta guerra civil. Derrotado em solo europeu, Pompeu requereu abrigo no país do Nilo, apresentando ao monarca e seus mentores um dilema de difícil solução: se negassem asilo, futuramente poderia ser vitorioso e vingar-se dos egípcios; e se o recebessem, enfrentariam a cólera de César. Decidiram, por fim, assassiná-lo e entregar sua cabeça ao rival.

Júlio César desembarcou em Alexandria em 48 a.C., e livre da ameaça de Pompeu, dispôs-se a solucionar o imbróglio político local. Tradicionalmente, afirma-se que a jovem rainha deposta conseguiu ser apresentada ao velho conquistador romano enrolada num tapete levado a seus aposentos privados, e a partir de então nasceu um relacionamento amoroso. Quando Ptolomeu XIV tomou partido de um levante contrário à presença de suas tropas na cidade, foi afastado do trono, e Cleópatra tornou-se rainha. Oficialmente casada com seu inofensivo irmão mais novo, na prática manteve o romance com o romano e gerou descendência, um menino chamado Cesarião. Mãe e filho acompanharam o general em seu retorno triunfal a Roma como líder incontestável da República, e dois anos depois, em 44 a.C., quando César foi assassinado a apunhaladas, Cleópatra percebeu a instabilidade de sua situação e retornou a seu país, enquanto os romanos mergulhavam em nova guerra civil. Em novembro de 43 a.C., os assassinos e seus aliados fugiram para as províncias, e o poder foi repartido entre Marco Emílio Lépido, chefe da cavalaria, e os principais herdeiros do falecido ditador: seu comandante Marco Antônio e Otávio, seu filho adotivo — o chamado Segundo Triunvirato.

Lépido inicialmente recebeu o controle da África, mas foi rapidamente descartado; a Otávio coube o ocidente romano e a capital (centro do poder político); enquanto Antônio comandaria a banda oriental (de economia bem mais pujante). Interessado em ampliar sua esfera de influência, o triúnviro retomou um antigo plano, a conquista da Pérsia, e como lhe faltassem recursos, voltou-se para o abastado reino egípcio. Embora se conhecessem desde os tempos de César, somente agora, em 42 a.C., os dois tiveram a oportunidade de ficar a sós pela primeira vez, e essa ocasião marcou o início de um relacionamento inflamável, no qual doses cavalares de romance e política mesclavam-se intensamente.

As manobras de Antônio eram acompanhadas com desconfiança por Otávio, que, numa tentativa de evitar o rompimento total, ofereceu-lhe sua irmã, Otávia, em casamento, mas a despeito de tal matrimônio, o relacionamento com Cleópatra não foi rompido, e em 40 a.C. nasceram seus filhos, um casal de gêmeos. Admirador da cultura helênica e apaixonado pela rainha egípcia, Antônio se voltava mais e mais para o Oriente e via na almejada conquista da Pérsia a chave para o poder hegemônico. Suas forças, contudo, foram derrotadas, e enquanto desperdiçava tempo, homens e material em campanhas infrutíferas, Otávio fortalecia sua posição como principal liderança romana.

Muito embora o afeto que unia o casal fosse intenso, não era isento de interesses: ele precisava das riquezas egípcias para financiar suas campanhas; ela via nele uma oportunidade de manter seu reino independente e tornar-se rainha do Mediterrâneo unificado. Cleópatra, em muitos sentidos, era a estadista mais completa de sua época, e conquanto não se sobressaísse na esfera militar, uma desvantagem crucial para aqueles tempos, na política poucos lhe faziam sombra. Diferentemente dos monoglotas líderes romanos, era fluente em nada menos que oito línguas, entre elas o grego e o latim, e foi a primeira monarca ptolomaica a aprender o egípcio, e quem melhor compreendeu a herança cultural na qual nascera. Aspirava a um Egito mais poderoso do que jamais fora, e numa polêmica cerimônia religiosa conhecida como as *Doações de Alexandria*, em 34 a.C., arrebatou a Roma metade de seu império, fazendo Antônio reconhecê-la e aos seus filhos como senhores da Líbia, do Chipre, da Síria, da Cilícia, dos ainda não conquistados territórios da Armênia e da Pérsia, e coroá-la "Rainha entre reis".

As notícias da cerimônia chegaram ao senado romano, e Otávio soube capitanear a insatisfação dos pais da pátria, que declararam guerra ao casal em 33 a.C. As vantagens orientais eram notórias (em especial o imenso tesouro egípcio), mas o exército ocidental era mais bem organizado e dispunha de estrategistas mais eficientes. Em 31 a.C., a frota egípcia comandada por Antônio foi derrotada pela romana na batalha de Ácio, nas costas gregas. Os consortes fugiram para Alexandria e por alguns dias entregaram-se à esbórnia. Percebendo a chegada da frota inimiga, Marco Antônio cometeu suicídio com o punhal, morte considerada honrosa para um militar romano. Cleópatra ainda chegou a receber Otávio e negociar termos para sua rendição, mas ao notar que seria humilhada publicamente pelas ruas romanas, tirou a própria vida — desde a Antiguidade fala-se que se fez picar por uma áspide venenosa.

Conquistado, o Egito tornou-se uma província comandada pessoalmente pelo imperador; celeiro de Roma, os carregamentos de trigo que saíam de Alexandria seguiam para o porto de Óstia, mantendo nutrida a plebe da metrópole que chegou a contar com mais de um milhão de habitantes. A condição servil do país do Nilo era relembrada sempre que possível: Otávio cunhou moedas nas quais o crocodilo egípcio aparecia acorrentado e mandou vir um obelisco, alcunhado Agulha de Cleópatra, para servir como gnômon de um imenso relógio de sol que construíra perto de seu Altar da Paz. A rainha se tornou ainda objeto do escárnio popular, e vulgares lamparinas de cerâmica mostravam-na cavalgando um crocodilo, sentada em um grande pênis. Ironicamente, se o Egito estava politicamente submisso aos romanos, culturalmente conquistou seu conquistador: vários surtos de egiptomania atingiram a capital imperial (onde pelo menos duas pirâmides foram construídas, uma das quais ainda existe), e os cultos a Ísis tornaram-se comuns, do patriciado à plebe.

Curiosidades

A lendária beleza de Cleópatra já era discutida na Antiguidade: em sua *Vida de Antônio*, de Plutarco, ela esperava deslumbrar Antônio e trazê-lo a seus pés, consciente de que não era mais a moça relativamente ingênua que César havia arrebatado alguns anos antes.

Um Único Governante para Tudo-Abaixo-do-Céu

Qin Shi Huangdi

Imperador chinês, 259–210 a.C.

Em 213 a.C., *Qin Shi Huangdi*, primeiro imperador chinês, convidou a um banquete 70 dos maiores intelectuais, representantes das diversas correntes de pensamento; dentres eles, *Zhou Jing Xin* foi escolhido porta-voz e, *noblesse oblige*, proferiu um discurso cheio de mesuras e rapapés, celebrando as qualidades e a sabedoria do imperador. Diversamente, outro letrado, o respeitado *Shun Yuyue*, foi menos diplomático e impôs a Sua Alteza Imperial uma desagradável reprimenda por ter posto fim à prática de concessão de terras à família real e nobres eminentes, rompendo uma tradição milenar. "Enquanto o imperador possuía tudo o que havia entre os mares", afirmou, "seus filhos e irmãos pequenos continuavam sendo gente vulgar". Diante de tal descompostura pública, o furioso imperador convocou seu mais importante conselheiro, *Li Si*, arquiteto do governo centralizado, para quem os eruditos só se preocupavam em investigar o passado, desmerecendo o presente e mantendo acesa a fragmentação do período dos Estados Combatentes, sobre a qual a ordem imperial se impusera, e que suas críticas, feitas abertamente nas ruas das cidades, colocavam o imperador em perigo. Assim sendo, Li Si propôs a queima de todos os textos antigos considerados inapropriados ao novo regime, e mais: todo aquele que os escondesse deveria ser marcado com ferro em brasa e enviado para trabalhos forçados. Um ano depois, 460 letrados acusados de violar essas determinações foram presos, sentenciados à morte e enterrados vivos, ao mesmo tempo em que seus preciosos escritos eram jogados em fogueiras. Nem mesmo o próprio filho do imperador foi poupado, punido com o desterro por argumentar em favor dos condenados.

A crônica sobre Qin Shi Huangdi foi produzida bem depois de seu reinado, por intelectuais da dinastia seguinte, *Han*, entre os quais se encontra o fundador da historiografia chinesa, o severo *Sima Qian*, que em sua obra *Shiji* (Registros de Historiador) descreveu um personagem execrável, um poço de maldades, e criticou-o, entre outras coisas, pela destruição dos textos das Cem Escolas Filosóficas, considerando que o fizera para manter o povo na sombra da ignorância. A era de Qin foi, decerto, um tempo de violência, no qual nada poderia se interpor ao objetivo maior, a unificação por ele capitaneada. Para tanto, passou por cima dos eruditos dissidentes, extirpou violentamente vetustos potentados e promoveu um banho de sangue como possivelmente a região jamais testemunhara. Ao fim e ao cabo, em que pese um preço altíssimo, o governo unificado de tudo-abaixo-do-céu se impunha... e nascia a China.

A civilização chinesa surgiu contemporânea ao Antigo Egito, na região entre o rio Amarelo (*Huang He*), onde se concentrava a maior parte da população, e o Azul (*Yangtze*), mais ao sul. Antiquíssimas dinastias, como a *Xia* (c. 2100–1600 a.C.), a *Shang* (1600– 1046 a.C.) e a *Zhou* (1045–256 a.C.), haviam controlado a maior parte do atual norte do país, mas desde 771 a.C. já não mais havia poder centralizado: a concessão de terras, servos e frações do poder militar, costumeiros nessas linhagens, minguaram o governo central e permitiram aos terratenentes amealhar mais e mais poder, e durante 295 anos o antigo território se dividiu entre dezenas de estados, até 475 a.C., quando as unidades políticas reduziram-se a apenas sete, assim permanecendo até 221 a.C: *Yan*, na fronteira com a Manchúria; *Zhao*, mais importante reino do norte; *Qi*, na embocadura do rio Amarelo; *Wei*, dominando as terras férteis da planície central; *Han*, pequeno estado situado no coração do território; *Chu*, o maior e mais meridional; e a oeste de todos, *Qin*, considerado bárbaro e atrasado pelos vizinhos, e lar do povo "do coração do tigre ou do lobo".

Durante o período conhecido pela historiografia sínica como dos Estados Combatentes, esses reinos viviam em permanente conflito, e eventualmente costuravam acordos diplomáticos. Num desses acertos, Qin cedeu, como refém real, o príncipe *Yiren* ao reino de Zhao, para que vivesse em sua capital, Handan, como penhor do pacto firmado. Nesta cidade, em 259 a.C., o príncipe tomou de um mercador chamado *Lü Buwei* uma concubina e com ela teve um filho, chamado *Zheng*, o futuro imperador da China unificada. Yiren ascendeu ao trono de Qin em 250 a.C., sob o nome de *Zhuangxiang*, mas seu reinado foi curto, durou apenas um triênio, sendo sucedido pelo herdeiro, então um menino de apenas 13 anos. O jovem monarca viveu uma infância difícil: sem qualquer referência paterna, viu o antigo patrono de sua mãe assumir a condição de regente, manobrando para assumir em definitivo a coroa e forçando-o a reconhecê-lo como "amantíssimo pai". Comentários maldosos escorriam pela corte, censurando a escandalosa vida amorosa da rainha-mãe e questionando a legitimidade do futuro rei, uma vez que seu finado pai tomara a consorte de um outro homem.

Aos 21 anos, em 246 a.C., Zheng ascendeu ao trono, e os desafios à espreita não eram pequenos: apenas um ano após sua coroação, o amante de sua mãe, *Lao Ai*, montou um exército e tentou um golpe de estado, desbaratado violentamente. Da mesma forma, o velho Lü Buwei não escondia suas aspirações ao poder, mas foi silenciado por meio do exílio nas imensas e longínquas extensões conquistadas pelos antepassados do monarca, sendo substituído por Li Si, que assumiu o cargo de chanceler e se tornou o mais importante colaborador real. Intelectual refinado e calígrafo, era o produto típico do grande debate intelectual conhecido como As Cem Escolas, que florescera no Período dos Estados Combatentes; defendia o Legalismo, filosofia que se opunha ao Humanismo Confuciano e que se baseava em três princípios: a Lei (toda regulamentação deve ser claramente escrita e pública, para que todos a compreendam, punindo-se severamente quem a desobedece e recompensando os obedientes), o Método (apanágio do governante, para evitar que outros lhe arrebatassem o mando) e a Legitimidade (o poder reside no trono, e não no monarca — é o cargo quem torna forte seu ocupante), uma cartilha que seria seguida à risca pelo futuro imperador.

O Legalismo de Li Si conferia imensa importância à produção agrícola como fator de manutenção do poder estatal, e, seguindo essa norma, o rei Zheng deu início a um intenso programa de investimentos, ordenando a construção de canais, ampliando as terras cultiváveis, engajando toda a população do reino em ocupações produtivas predeterminadas pela burocracia, o que incluía deslocamentos forçados. Estabelecendo um padrão que permanece vigente na China até hoje, essas medidas cobraram altíssimo custo humano, mas fortaleceram o reino e o prepararam para a década de conquistas militares, que levaria as tropas de Qin não apenas a unificar os Estados Combatentes, mas a ultrapassar seus limites, incorporando vastas áreas no sul.

Até então, os conflitos seguiam uma rígida etiqueta cavalheiresca, mas Zheng não se preocupava com tais filigranas, e como se percebe por meio da análise do exército de terracota que guarda seu túmulo, a força de sua militaria residia numa forte infantaria encouraçada e munida de alabardas; na artilharia, bem municiada e armada com potentes bestas; e na excelente cavalaria. Os reinos vizinhos não possuíam nada à altura dessa máquina de guerra, e como a lagarta devorando uma folha, um a um Zheng mastigou seus vizinhos: primeiro Wei e Han, e posteriormente, em direção ao mar, Zhao, Yan, Qi e Chu, e em 221 a.C., após ter reunificado todo o antigo território de Zhou, proclamou a si mesmo Qin Shi Huangdi, Primeiro Augusto Imperador de Qin. Suas conquistas, todavia, não cessaram, e até o fim da vida prosseguiu avançando mais e mais em direção ao sul, forçando milhares de cidadãos do norte, os chamados *han*, a se deslocar para os novos territórios até o Mar da China meridional, uma clara limpeza étnica que deu origem ao padrão racial que tem caracterizado o país desde então.

Tendo submetido tão vastas extensões, cada uma delas com histórias e tradições próprias, coube a Qin Shi Huangdi, apoiado por Li Si, impor uma única lei a todo seu império: rompeu com a antiga norma de concessão de terras a nobres e estabeleceu 36 interventorias, cujos governadores eram nomeados e demitidos pessoalmente por ele. No intuito de evitar demasiada concentração de poder nas mãos de poucos funcionários, separou a administração em duas esferas, civil e militar, vigiando a ambas com inspetores e espiões reais. Procedeu-se a uma estandardização geral: pesos, medidas, moeda, escrita e até mesmo os eixos das carroças, pois se todos tivessem o mesmo comprimento, as estradas ficariam mais e mais lisas pela utilização contínua. Uma vez mais, em prol de um objetivo supostamente mais alto, as susceptibilidades locais eram simplesmente desconsideradas, um padrão que novamente não seria de todo estranho para um chinês de hoje.

Qin Shi Huangdi foi o primeiro dos grandes líderes chineses a reconhecer que a força de seu país residia em sua imensa população, e passou a dispor dessa gigantesca mão de obra ao extremo: milhões poderiam trabalhar até a morte, desde que as ordens fossem cumpridas. Coerente com essa política, o primeiro imperador mobilizou cerca de 15% dos seus súditos para trabalhar em projetos monumentais, tais como a Grande Muralha e o Mausoléu Imperial.

A primeira versão do "Longo Muro" (*changcheng*) foi edificada na época de Qin Shi Huangdi, e reunia várias fortificações menores e mais antigas. Em 210 a.C., já se estendia por 4 mil quilômetros, do mar em direção à Ásia Central, e era bem diferente da muralha atual, em pedra, feita durante a dinastia *Ming*, milênio e meio depois. Sua construção seguiu a extremamente resistente técnica chinesa da taipa (*Hāng tǔ*): terra batida reforçada com bambu. Era uma obra essencial, destinada a proteger o norte do país das incursões nômades e se tornou um marco cultural chinês, mas o custo social de sua construção foi altíssimo: ocupou cerca de 1/5 da força de trabalho do império, e embora a contabilidade dos mortos seja impossível de ser feita, os números oscilam entre centenas de milhares até um milhão, conferindo-lhe o justo apelido de "O Longo Cemitério".

O primeiro imperador era obcecado pela ideia da morte. Ao longo da vida, sofreu três atentados, durante décadas pesquisou elixires da imortalidade, e já aos 12 anos planejava o próprio mausoléu, tão amplo quanto uma cidade: sua parte visível era uma pirâmide, grande como as egípcias, que escondia uma câmara subterrânea de 10 metros de altura, em cujo teto brilhavam pérolas engastadas formando as constelações; o chão reproduzia o Império Chinês, com rios de mercúrio, cidades, palácios e pagodes; no centro, um ataúde de bronze, último descanso dos despojos imperiais. Protegendo o túmulo, e simbolizando o poderio do seu finado ocupante, quatro grandes fossos foram construídos, e um exército completo de esculturas em terracota foi enterrado, milhares de figuras em tamanho natural de soldados, besteiros, cavalos e cavaleiros, tão únicos em suas expressões faciais que, imagina-se, devam retratar pessoas verdadeiras.

Para a população chinesa, o preço da unificação e das obras megalomaníacas fora altíssimo. As revoltas fervilharam, e os militares não tinham descanso, de tal forma que, quando o imperador morreu, numa de suas viagens, o fato precisou ser cuidadosamente ocultado. Seu corpo foi levado de volta à capital na carruagem real, seguida por carretas de peixe para disfarçar o mau cheiro, e, lá chegando, Qin Shi Huangdi foi enterrado com seus soldados de terracota. Ato contínuo, o chanceler Li Si e um eunuco, *Zhao Gao*, arquitetaram planos para tomar o poder: levaram o exilado primogênito, *Fu Su*, ao suicídio e puseram no trono outro filho do finado monarca. Mas a aliança dos conspiradores teve vida curta: o ministro foi preso e executado por seu suposto aliado, que se tornou eminência parda para outros soberanos Qin. As conquistas continuaram, chegando, em 206 a.C., às florestas do

Vietnã, mas os levantes camponeses tornaram-se incontroláveis e derrubaram a dinastia. Desse rebuliço adveio, em 202 a.C., a monarquia Han, que unificaria o território pela segunda vez, só que em outras bases, renegando o Legalismo de Qin Shi Huangdi e pondo em seu lugar aquela que seria a filosofia mais importante da China pelos dois milênios que se seguiram: o Confucionismo.

Curiosidades

A biografia de *Qin Shi Huang*, escrita por Hong Shidi (1972), apresenta-o como um líder visionário, que destruiu as forças desagregadoras e estabeleceu a primeira versão do estado chinês unificado e centralizado. Essa mesma abordagem pode ser vista no filme (*wuxia*) *Herói* (*Ying Xiong*), dirigido por Zhang Yimou em 2002.

Teodora

Imperatriz bizantina, c. 500–548

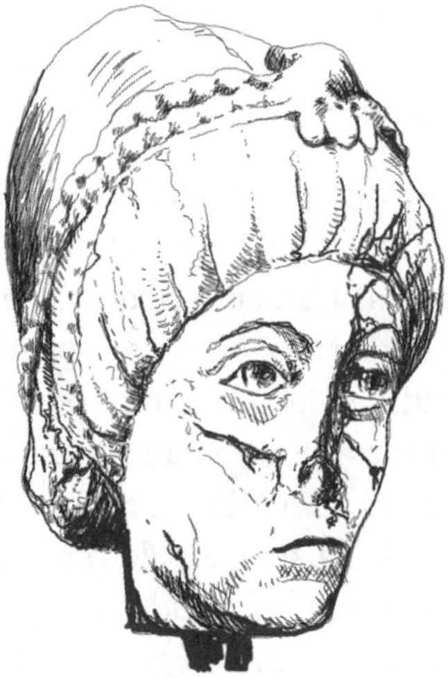

Um mosaico da catedral de Ravena, executado no ano anterior à sua morte, é o retrato mais conhecido da imperatriz Teodora: uma mulher de olhos fundos e rosto encovado (talvez em referência ao câncer que então a consumia), portando pesada coroa com imensas pérolas pendentes e seguida por um numeroso séquito feminino — uma imagem de seus anos finais de vida, tão distante quanto possível de sua origem duvidosa no circo de Constantinopla. Sua personagem histórica é de uma complexidade a toda prova, e o que conhecemos a seu respeito nos chegou por meio de relatos redigidos pelo historiador Procópio: *Guerras de Justiniano* e *Edifícios* mostram uma mulher decidida, corajosa, piedosa, à altura da posição que ocupa; já n'*A História Secreta*, o cronista voltou-se contra os antigos patronos, retratando o *basileu* (imperador) como um demônio e sua consorte como um poço de infinita licenciosidade, capaz, assim afirma o autor, de "usar suas três aberturas" ao mesmo tempo para saciar amantes, e ainda reclamar "da natureza, por não tê-la provido de uma fenda mais larga entre os seios". Da jaula dos ursos à púrpura imperial, ela foi protagonista de uma extravagante biografia, e representa como ninguém a história bizantina.

Nascida na zona rural das províncias orientais do Império (fala-se da Síria ou da Paflagônia), ainda criança acompanhou sua família, que fugia da pobreza agreste para a capital, estabelecendo-se em uma das mais dinâmicas, idolatradas e intensas instituições da cidade, o Hipódromo, onde os *aurigas* (condutores das quadrigas) competiam pelos grandes prêmios e pelos corações da multidão. Nesse ambiente, o pai da futura imperatriz, Acácio, conseguiu trabalho como tratador dos ursos amestrados que se apresentavam nos intervalos das corridas juntamente a palhaços, atores, dançarinas e outros animais selvagens apreciados pela turba.

A cidade se dividia entre torcedores fanáticos de um dos times de aurigas, os Azuis e os Verdes; aqueles patrocinados pela aristocracia e a coroa, estes, pelos comerciantes, segmento poderoso, mas frequentemente pressionado pelos impostos imperiais, e por isso mesmo muito crítico ao ocupante do trono. Empregado da facção Verde, por volta de 503, Acácio morreu deixando viúva e filhas desamparadas. Aflitas, elas foram ao centro do Hipódromo, durante um intervalo, e pediram clemência à audiência, mas foram humilhadas, particularmente pelo próprio partido para o qual trabalhava o falecido tratador. A pouca ajuda que conseguiram veio precisamente dos adversários Azuis, episódio do qual Teodora jamais esqueceu.

Naquele século V, enquanto Roma e a Itália eram assediadas por hordas invasoras, a cidade de Constantinopla resistia incólume no Oriente, cercada de água por dois dos três lados e defendida por altas muralhas que cercavam todo seu perímetro, mesmo o litorâneo, um sistema de defesa inviolado até 1204, quando os cruzados ocidentais tomaram a cidade — até então, todos os invasores, de godos a hunos, de vikings a árabes, haviam dado de cara, impotentes, em suas pedras. Vários milhares de pessoas viviam nessa urbe fortificada, desde sua fundação pelo imperador Constantino em 333. Pobres, comerciantes e nobres amontoavam-se em bairros não planejados, ao largo de magníficos espaços públicos, como o Palácio Imperial (cujos limoeiros se estendiam em declive até perto do mar), as muitas igrejas dedicadas à multitude de santos e mártires cristãos, e a *Mese*, avenida ladeada por arcos onde lojas apinhadas ofereciam de tudo que havia para vender no mundo conhecido: de seda chinesa a verduras e frutas.

Contíguo ao palácio ficava o Hipódromo, onde os baixos instintos dos cidadãos eram estimulados e a família da futura imperatriz ganhava a vida: sua irmã mais velha, Comito, tornou-se atriz em sátiras picantes, e a própria Teodora, ainda menina-moça, logo a seguiu. Nesses entretenimentos, a nudez das artistas era uma regra, não demorando para que a nova aquisição fosse percebida e apreciada: como muitas jovens pobres, ela deve ter se prostituído, mas soube capitalizar seu encanto, e por volta de 515 havia se tornado a cortesã mais cara e exclusiva da capital. Não desejava, porém, permanecer muito mais tempo nessa profissão, e aos 16 anos, quando surgiu a oportunidade de se unir a Hecébolo, um funcionário sírio nomeado para um cargo importante na província da Cirenaica, na Líbia, não titubeou. A viagem, contudo, resultou decepcionante, pois foi abandonada por seu acompanhante. Perdida, sem patrono e em local estranho, resolveu dirigir-se para Alexandria, segunda maior cidade do mundo, imiscuindo-se nas querelas religiosas que fizeram famoso o Império Bizantino.

A movimentada capital egípcia era um dos centros mais importantes da Cristandade, local onde se debatia fervorosamente a natureza de Cristo: a postura ortodoxa defendia uma divindade que se desdobrava, Deus-Pai e Deus-Filho, formando uma unidade, embora se mantivessem como entidades distintas. Tal compreensão, entretanto, não era pacífica, e muitos fiéis propugnavam posições diversas: os seguidores do bispo Ário, por exemplo, negavam a divindade de Jesus, e sua fé, dita ariana, difundiu-se de modo imenso, principalmente no Oriente e entre os germanos. As duas capitais imperiais, Bizâncio e Roma, porta-vozes da ortodoxia, enfatizaram de tal maneira a unidade das pessoas divinas que acabaram fermentando novas heresias: o monofisismo (que acreditava que Cristo, encarnado, era Deus, e não homem) e o nestorianismo, (que compreendia a natureza humana de Jesus de modo tão particular, tão diferente dos demais seres humanos que, na prática, percebia-o como uma divindade).

Essas filigranas dogmáticas degeneravam em intermináveis controvérsias, amiúde expressas violentamente, de tal maneira que se tornaram marcas indeléveis da mentalidade e do cotidiano bizantinos. Ninguém as escapava, e Teodora não foi exceção: monofisita, após sua ascensão ao trono, sempre que pôde buscou elevar essa visão do Cristianismo à condição de crença ortodoxa. Outro simpático à causa era o então basileu Anastácio, reinando desde 491. Quando morreu, em 518, sucedeu-lhe seu mais importante general, Justino, secundado por seu sobrinho e filho adotivo, o zeloso Justiniano, o qual, por volta de 522, conheceu sua futura esposa, e em que pesem suas diferenças sociais, o promissor herdeiro presuntivo e a cortesã recém-chegada do Egito deram início a um romance suficientemente apaixonado para que, dentro de um ano, a antiga prostituta camponesa fosse elevada à condição de patrícia e festejasse suas bodas, uma união que durou até a morte dela, vinte anos depois.

Coroado em 527, o casal imperial compartilhava anseios grandiosos. Para tanto, engordaram o tesouro real avançando sobre as heranças dos nobres e as mercadorias dos plebeus. Último soberano de Constantinopla a tentar restaurar o Império Romano, Justiniano deu início à montagem de um exército poderoso, apto a reconquistar o Ocidente, já então germânico, mas enquanto sonhava com o oeste, a realidade na fronteira leste era bem mais dura. Na Mesopotâmia, avanços persas açoitavam constantemente posições bizantinas, gerando a necessidade de mais soldados e fortalezas. Obviamente, nada disso saía barato: a administração justiniana foi caracterizada pela incúria com as contas públicas e pela sanha arrecadatória, encabeçada por um odiado personagem, o ministro do tesouro João da Capadócia. Nobres e mercadores, antes divididos em facções irreconciliáveis, viram-se igualmente dilapidados, e em 532 transformaram o desagrado em sublevação. O local da revolta não podia ser outro, o Hipódromo. Enquanto o basileu chegava para assistir às corridas em seu camarote real, a multidão, Verdes e Azuis unidos, deu início a uma onda de insultos — o historiador Edward Gibbon chegou a afirmar que o basileu foi xingado de burro (*sgaudari*) pela multidão — que o obrigou, e aos seus soldados, à fuga. Ao ver o inimigo em debandada, a turba gritou "*Nika!*" — vitória, em grego.

A sublevação se espalhou por Constantinopla. Os guardas palacianos foram massacrados, e os ministros mais próximos sugeriram que Justiniano abandonasse a capital — parecia, de fato, a decisão mais sensata, mas uma voz se ergueu contrariamente: Teodora. Consciente de que tal retirada poderia significar a perda definitiva do trono, argumentou que "a púrpura imperial era excelente mortalha", e comandou a repressão. A despeito do custo altíssimo (as ruas da metrópole foram lavadas em sangue), as tropas imperiais saíram vencedoras, e ao final, embora os prédios públicos estivessem aos pedaços, e bairros inteiros, abandonados, o casal imperial permanecia no trono. A Sedição de Nika, como se tornou conhecida em memória ao grito dos revoltosos, marcou o pior momento de seu reinado, e os anos que se seguiram foram bem mais favoráveis. Em Constantinopla, ergueram a magnífica basílica da Sagrada Sabedoria (Santa Sofia), marco cultural do Oriente Bizantino, além de aquedutos e mais de vinte igrejas. Na Mesopotâmia, a fronteira com a Pérsia foi estabilizada; no Ocidente, o general Belisário, competente militar sob comando de Teodora, arrebatou aos vândalos os territórios da antiga África Romana, em 535, e empreendeu a campanha que retomou boa parte da Itália aos germânicos, em 540. Tropas bizantinas conseguiram, inclusive, cruzar Gibraltar e estabelecer uma cabeça de ponte no reino visigótico da Espanha. Jamais o Império Bizantino fora tão grande — tampouco o seria novamente.

As questões religiosas continuavam dividindo a Cristandade: enquanto Teodora protegia os monofisitas, com o beneplácito do marido imperador, os bispos latinos defendiam a ortodoxia, e do século VI em diante os papas de Roma procuraram marcar sua independência frente ao imperador, propugnando pela primazia da Sé de Pedro sobre todas as demais, fato que ampliava significativa e progressivamente o abismo entre as duas alas do Cristianismo — Teodora, bem mais envolvida com disputas de fé que o marido, nunca aceitou se submeter aos ocidentais. A acelerada expansão militar, o pesado investimento nos prédios públicos e o esbanjamento feriram de morte o tesouro bizantino — reduzido, nas palavras de um cronista contemporâneo, ao "último grau de penúria". Em 548 faleceu Teodora, e dezessete anos depois, seguiu-lhe Justiniano; legavam um domínio esgotado, em especial suas principais cidades, como Constantinopla, Alexandria e Antioquia. Progressivamente, as províncias foram sendo perdidas, começando pelas possessões italianas, arrebatadas pelos lombardos. No século VII, os árabes, violentos e fortuitos como o vento do deserto, apoderaram-se de metade do Império: em 635 tomaram Damasco, a chave da Síria, e dois anos depois entraram em Jerusalém; em 641, Alexandria se rendeu sem luta, abrindo as portas para o Egito e todo o norte africano. Durante quatro longos anos, entre 673 e 677, a recém-construída frota árabe cercou Constantinopla, e parecia que o último bastião romano finalmente sucumbiria. Mas suas muralhas e poderosas fortalezas suportaram as estocadas, e nos séculos que se seguiram Bizâncio reinterpretou-se, recriou-se. Desfalcado de seus territórios asiáticos e africanos, tornou-se progressivamente mais grego, com fortes elementos eslavos, búlgaros e sérvios. A influência ocidental minguou, principalmente depois de 1054, quando as duas igrejas católicas se excomungaram mutuamente. Entrincheirado em seus territórios anatolianos e balcânicos, resistiu por mais meio milênio.

Curiosidades

Teodora se envolveu na melhoria da condição das mulheres de sua época. Por sua iniciativa, baixaram-se leis que proibiam a prostituição forçada e fechavam bordéis, expandiam os direitos femininos ao divórcio e à propriedade, instituíam a pena de morte para o estupro, puniam o abandono de recém-nascidas indesejadas e proibiam o marido traído de matar a esposa adúltera.

Carlos Magno

Rei franco, 742/47/48–814

O papa Leão III teve um início de pontificado muito complicado. Homem de origem humilde, em 795 sucedeu a Adriano I, um patrício respeitado pelos habitantes de Roma, e precisou enfrentar a oposição de seus partidários. O ápice dessa rejeição se deu em 799, quando, durante procissão solene, foi capturado, agredido e preso pelo sobrinho de seu predecessor. Somente à custa de muito sacrifício conseguiu fugir com embaixadores francos para Paderborn, capital do rei Carlos, sob cuja proteção passou os meses seguintes e que, a partir de então, tornou-se seu protetor. Um ano depois, restituído ao trono petrino, um fortalecido (e agradecido) pontífice deu boas-vindas a seu benfeitor, e assim também o fizeram os cidadãos romanos, que ainda guardavam na memória sua intervenção, décadas antes, quando da ameaça lombarda à cidade. O idoso monarca — alto, bigodudo, de cabeleira branca, vestindo uma toga — adentrou a Basílica de São Pedro, no natal de 800, para sagrar o filho Luís como seu sucessor, quando, assim dizem as crônicas, foi surpreendido com a coroa imperial que sua santidade lhe oferecia. Uma cerimônia esplêndida, não vista no Ocidente desde a queda da velha capital, e testemunhada por uma audiência heterogênea: nobres francos, desconfiados embaixadores bizantinos, chefes saxões (submetidos após décadas de embates), bávaros, teutões (conquistados no coração da Germânia) e lombardos (vencidos na própria Itália). Não ostentava ainda o cognome "Magno" (o Grande), com o qual se tornou célebre; era simplesmente Carlos, imperador do Ocidente e rei dos francos e da Itália. Mas após sua morte, em 814, seu nome passou a ser sinônimo perfeito de um passado glorioso: Charlemagne, o guerreiro imbatível e indomável, paladino da fé, de fama decantada, com deslumbre, Idade Média adentro.

Karolus Magnus foi figura central da época imediatamente posterior à Antiguidade Tardia, e o período batizado em sua homenagem, a Era Carolíngia, é compreendido como o nascedouro da Civilização Ocidental. O império por ele criado, conquanto tivesse vida breve, foi o centro do reordenamento político, social, econômico e cultural pelo qual passou o norte europeu, um laboratório no qual o desmantelo dos antigos limites territoriais romanos, a incorporação de populações germânicas ainda refratárias, a adoção do Cristianismo em sua forma Católica Romana, a inserção de técnicas e culturas agrícolas específicas para os solos mais frios e úmidos, a contenção do expansionismo islâmico oriundo da Ibéria, o estudo e a redescoberta dos textos clássicos, e o estabelecimento de novos eixos comerciais se fundiram para criar uma realidade bastante diversa da que antes existia — uma obra não pequena.

Durante séculos, o continente europeu voltara-se para a bacia do Mediterrâneo e fora cingido pela antiga fronteira imperial, o limes. As invasões bárbaras esboroaram essa divisa, e o advento dos muçulmanos, arrebatando todo o norte africano e a Hispânia, privou as terras setentrionais do acesso ao mundo mediterrânico. Nesse contexto, do litoral atlântico da França às florestas do norte alemão, velhas rotas comerciais foram abandonadas, e outras, criadas; importações vindas do sul, inacessíveis, foram substituídas por bens localmente produzidos (o pergaminho em lugar do papiro egípcio, por exemplo); e novas culturas foram introduzidas (a aveia, em vez do trigo). Os solos da fronteira agrícola que se abria eram frios e úmidos, exigindo técnicas de manejo específicas, oriundas não da tradição romana, e sim do conhecimento trazido pelos imigrantes germânicos, tais como a charrua e o rodízio trienal da terra.

Politicamente, o reino franco foi capaz de absorver as populações germânicas, reunindo-as, forçosamente, sob sua suserania, adotando um modelo de laços pessoais que unia os nobres a seu chefe por meio de juramento e da concessão de honrarias, germe da malha de obrigações que caracterizaria futuramente o regime feudal, um paradigma eficiente, mas que continha em si o germe do enfraquecimento da administração central: enquanto houve monarcas fortes, os barões os obedeceram, mas, em longo prazo, o poder desses terratenentes cresceu exponencialmente, em detrimento da coroa. Por último, mas não menos importante, a monarquia carolíngia estabeleceu elos fortíssimos com a Igreja de Roma, cujo epítome foi precisamente a cerimônia de sagração imperial.

A história de Carlos teve início algumas décadas antes de seu nascimento, quando um grupo débil de estados germânicos controlava o ocidente europeu. Sua tribo, os francos, dominava o nordeste e o oeste da Gália, da Bélgica aos Pireneus, governada por reis merovíngios (herdeiros de Clóvis, primeiro chefe a ser batizado na fé católica), auxiliados por ministros conhecidos como Mordomos do Paço. No início do oitavo século, a importância desses funcionários aumentava significativamente, e um deles, Carlos Martel, angariou imenso destaque quando, em 732, repeliu uma invasão muçulmana em Poitiers. Menos de vinte anos depois, seu filho, Pepino, depôs o último dos merovíngios e tornou-se rei em 751, dando início àquela que seria conhecida como dinastia Carolíngia. Seguindo os costumes tradicionais de sua gente, dividiu entre seus dois herdeiros, Carlos e Carlomano, suas possessões, e em 771, com a morte do irmão, Carlos assumiu o trono unificado.

Desafios ao novo rei dos francos não tardaram, e já em 772 teve de enfrentar os saxões, germânicos que viviam a nordeste do reino, no litoral norte da Alemanha, um conjunto de embates conhecido como as Guerras Saxônicas, que duraram, de uma forma ou de outra, até 804, quando a última rebelião tribal foi debelada e sua conversão ao Catolicismo, de fato, efetivada. Em paralelo a essas décadas de embate, Carlos e sua cavalaria lutaram em boa parte do continente europeu: no antigo território romano da Gália, impondo-se sobre reinos cristãos independentes, e na Península Ibérica, enfrentando as tropas muçulmanas, derrotando-as depois de meses de desvantagens, e revertendo, pela primeira vez desde a invasão da Espanha, o impulso expansionista islâmico — uma dessas campanhas, nos Pireneus, foi imortalizada em um clássico da literatura medieval, a Canção de Rolando:

> O conde Rolando volta ao campo de batalha; segura Durindana e golpeia como um bravo. Corta em dois Faldron de Pui e vinte e quatro dos mais famosos pagãos. Homem algum jamais terá mais ardor na vingança. Como os cervos diante dos cães, fogem os pagãos diante de Rolando. O arcebispo diz: "Vós combatei muito bem! Assim deve se comportar todo cavaleiro que usa armas e cavalga um bom cavalo! Na batalha deve ser forte e altivo; senão não valeria quatro tostões; melhor que seja

> monge num mosteiro qualquer e que reze o dia todo por nossos pecados". Rolando responde: "Atacai sem trégua!" Ante essas palavras os Franceses voltam a combater e há grande perda de cristãos.[1]

Na Itália, atendendo aos apelos papais e seguindo sua fome de conquistas, ocupou todo o centro-norte da península, derrotando os lombardos e fortalecendo os territórios pontifícios, além de se impor (embora nunca de maneira definitiva) sobre o ducado de Benevento, que englobava quase todo o sul da bota italiana. Ocupou ainda a Bavária e a Caríntia (atual Áustria), estabelecendo a borda oriental de seu império, além da qual lutou contra os bávaros, na Hungria, e contra os tchecos. Como resultante, o território franco tornou-se imenso, das costas do Atlântico à Europa Central, a mais importante entidade política continental.

Para além de suas qualidades militares, Carlos soube exercer, também, as artes da diplomacia: combatia os mouros na Península Ibérica e no Mediterrâneo, mas despachou uma delegação a Bagdá no intuito de estabelecer relações com o califa, o lendário Harun Al-Rashid, que em resposta, no começo do século IX, enviou uma embaixada com presentes, entre os quais um relógio mecânico e um elefante chamado Abul-Abbas, que encantou os primitivos francos. As ligações com o Império Bizantino, contudo, eram bem mais complicadas: sua sagração imperial enfurecera o basileu, que considerava tal título sua prerrogativa exclusiva (Carlos, como de resto todos os outros chefes germânicos, era considerado como um mero rex, rei); além disso, sendo aliado fiel do papa de Roma, o Império Franco tomou partido contra o Movimento Iconoclasta então vigente em Constantinopla, contribuindo para o afastamento das duas principais correntes do Cristianismo e para a desconfiança mútua.

O rei franco estabeleceu a capital num dos pontos mais setentrionais do reino, Aix-la-chapelle, ou Aachen, sua cidade natal, onde mandou erigir os primeiros grandes edifícios públicos desde a época romana e reuniu alguns dos mais importantes intelectuais contemporâneos. Primeiro líder germânico a aprender a ler, embora não escrevesse, alfabetizou não apenas seus filhos, mas também suas filhas. Essa valorização das letras angariou fama à corte carolíngia e gerou um importante legado, pois os monges copistas do império, ansiosos por compreender as regras da língua latina, preservaram muitos dos textos antigos em seus mosteiros, elaboraram uma elegante

---

1 VASSALLO, Lígia (trad.). *A Canção de Rolando*. Rio de Janeiro: Francisco Alves, 1988, p. 65.

caligrafia, a Minúscula Carolíngia, e inseriram a pontuação e a separação entre as palavras, desconhecidas na Antiguidade. De modo igual, o culto católico foi profundamente marcado pelos trabalhos empreendidos na corte franca, pois até então inúmeras liturgias proliferavam em todo o Ocidente, ao sabor dos costumes locais. Coube à burocracia papal, de um lado, e aos religiosos carolíngios, do outro, a formalização da norma que, mutatis mutandis, permanece em vigor. Um desses dedicados monges — Alcuíno, um bretão a serviço do monarca — revisou a Vulgata, a tradução da Bíblia para o latim realizada por São Jerônimo, a qual, passados muitos séculos, foi corrompida por copistas imprecisos. Essa versão foi utilizada por todo o mundo cristão ocidental pelos próximos sete séculos, até que a Reforma Protestante vertesse para as línguas vernáculas as Sagradas Escrituras.

O final do reinado de Carlos foi nada menos que melancólico, marcado pela ameaça viking, navegantes nórdicos que fustigaram as costas de um império carente de marinha e que, portanto, muito pouco pôde fazer para debelar os ataques. Vários de seus filhos e filhas faleceram, inclusive os herdeiros presuntivos, restando apenas um único rapaz, Luís, o mesmo sagrado em Roma e que assumiu o trono após sua morte, em 814. Alcunhado "o Piedoso", seguiu a tradição franca de repartir a herança real, e em 843, pelo tratado de Verdun, dividiu entre seus três filhos as terras que governava. O Império Carolíngio não mais existia, mas suas práticas políticas, culturais e econômicas continuaram vivas, e marcaram profundamente a história europeia. Por essas razões, e muitas outras, foi um momento fundador da História Ocidental, e seu criador, patrono e patriarca do Ocidente.

Curiosidades

No imaginário medieval, Carlos Magno foi reconhecido como um cavaleiro exemplar, um dos Nove Valorosos. Tornou-se o centro de um dos grandes ciclos da literatura medieval, a Matière de France, na qual está à frente da defesa das fronteiras, em especial nos Pireneus, acompanhado por seus Doze Pares, cujo papel é semelhante ao dos Cavaleiros da Távola Redonda do ciclo Arturiano. Essas composições podem ser consideradas as primeiras canções de gesta.

Harun Al-Rashid

Califa islâmico, 763/766–809

"Alteza, algumas aventuras do célebre califa Harun Al-Rashid eu já vos relatei, mas eis que viveu muitas outras, como essa que passo a narrar e que certamente aguçará sua curiosidade." Este pequeno trecho de As Mil e Uma Noites nos dá uma ideia da mística que envolve o soberano dessa narrativa maravilhosa: um dos personagens mais apaixonantes de todo o texto, dotado de irrestrita curiosidade, senhor de uma corte de incomparável luxo, solidamente gravado na memória coletiva islâmica (e mundial, graças ao alcance da literatura) como o paradigma do monarca abastado — um arquétipo, diga-se de passagem, clássico do multimilenar folclore e das letras médio-orientais, herança (talvez?) das recordações longínquas dos faraós egípcios. Milênios de tessitura entrelaçaram fatos e ficções a tal ponto que os distinguir tornou-se tarefa improvável. Salomão, rei bíblico famoso por suas proverbiais riqueza e sabedoria, é excelente exemplo de composição dessa natureza, assim como Al-Rashid. Ostentando a coroa de um dos mais importantes Estados do mundo, a opulência de sua era foi sendo processada e aumentada por gerações de contadores de história, os quais tornaram a ele, a seu vizir Jafar e a sua corte em fonte inesgotável de encantamento:

> "Comendador dos crentes, retrucou o grão-vizir Djafar, foi apenas o dever que me obrigou a vir aqui. Tomo a liberdade de vos lembrar que havíeis proposto observar

pessoalmente o policiamento que desejais mantido na capital e nos arredores. Hoje é o dia mais oportuno que se vos oferece para dissipar as nuvens que ofuscam sua habitual alegria". "Havia-me esquecido, respondeu o califa, e fazes bem em vir lembrar-mo. Troca, pois, as tuas vestes enquanto faço o mesmo". Cada um deles se meteu na veste de mercador forasteiro e sob aquele disfarce saíram por uma porta secreta do jardim do palácio [...] antoulhou-se-lhes na extremidade um cego bastante idoso a pedir esmolas. O califa, voltando-se, pôs-lhe na mão uma moeda de ouro. O cego imediatamente lhe agarrou a mão, segurando-a. "Homem caridoso, quem quer que sejais não me recusei a graça que vos suplico de me aplicar uma bofetada, pois que a mereço, assim como mereço castigo maior".[1]

O mais poderoso monarca do mundo e seu grão-vizir saem disfarçados pelas ruas de Bagdá, e nesse passeio noturno encontram uma figura intrigante como esse velho cego, o qual, além da esmola, pede-lhe um tapa, por razões que só descobriremos no decorrer do conto. Tanto o inusitado da situação quanto a singularidade dos personagens acendem a imaginação do leitor e dão testemunho do porquê d'As Mil e Uma Noites, um dos grandes patrimônios da criatividade humana, ter sido fonte inesgotável de fruição e inspiração ao longo do último milênio. Mas para além dessa figura atraente, houve, de fato, um monarca chamado Harun Al-Rashid, terceiro califa da dinastia abássida, que a partir de sua capital, Bagdá, uma das maiores metrópoles do mundo, governou, entre 786 e 809, o Império Islâmico, presidindo o início de sua Era de Ouro, no qual as artes e as ciências floresceram como nunca.

O império sobre o qual Harun Al-Rashid reinava era uma herança direta das conquistas do profeta do Islã, Maomé; quando de sua morte, em 632, legara um patrimônio espiritual indiscutível, mas politicamente a Umma (a comunidade dos crentes) era ainda frágil. A Península Árabe sequer fora unificada completamente, e não havia regras sucessórias claras, isto é, a quem caberia ocupar o honroso papel de califa (sucessor). Entre 632 e 661, quatro líderes foram escolhidos: Abu Bakr (sogro do profeta), Omar, Othman e Ali (primo e genro do profeta), conhecidos, em conjunto, como os Rashidun, os Bem Guiados, sob quem o Islã galgou sua maior expansão territorial, finalizando a unidade peninsular e conquistando enormes espaços externos: o Império Persa, a Síria e a Palestina e finalmente o Egito, tudo em questão de poucas décadas.

---

[1] DINIZ, Alberto (trad.). *As Mil e Uma Noites*. Rio de Janeiro: Ediouro, s.d, p. 704.

Essa expansão meteórica, contudo, teve um lado mais amargo: a explosão dos conflitos intestinos, provocados pelos choques entre as várias facções árabes (a família do profeta, seus companheiros e os mequenses importantes), inicialmente rusgas tribais, mas que degeneraram em guerra civil aberta — a violência desse momento é bem atestada por um fato singelo: Omar, Othman e Ali foram, todos, assassinados. A obsolescência de tais contendas provincianas, contudo, tornara-se sumamente inconveniente, pois os califas governavam agora um extenso império que se estendia por todo o Oriente Médio até a Ásia central, e cujo impulso ainda não cessara, uma vez que exércitos muçulmanos lutavam do norte da África (tomando as últimas posições bizantinas no Ocidente) até a Índia (território do atual Paquistão), sociedades sofisticadas, complexas, herdeiras de antigas civilizações e que requeriam a liderança de seus novos senhores.

Da guerra civil emergiu a primeira linhagem dinástica de califas, os Omíadas (661–750), formada por árabes mequenses que tiveram o bom senso de se mudar para uma outra capital, pois conquanto Meca e Medina fossem incomparáveis em santidade, estavam muito distantes das principais rotas de comércio. Desta feita, optaram pela velha Damasco, na Síria, uma urbanidade bem maior, mais próxima ao Iraque (o celeiro do império), mais bem estruturada e situada no coração de importantes rotas de comércio. Esses soberanos governavam um Estado multiétnico e multicultural, no qual cristãos, judeus e zoroastrianos, mediante pagamento de imposto, viviam, preservavam suas crenças e até galgavam postos de destaque na administração — de fato, até mesmo alguns politeístas (como os berberes do Marrocos, budistas da Ásia Central, hindus e jains da Índia) foram tolerados em suas crenças.

Não obstante a diversidade étnica e cultural do califado, a elite dominante permanecia majoritariamente árabe, gerando disputas, conflitos, e levando à ascensão de uma nova dinastia, os Abássidas (750–1258), persas orgulhosos de sua cultura, herdeiros dos antigos xás e muçulmanos devotos, que se recusavam a ser tratados como cidadãos de segunda classe pelo simples fato de não serem de pura ascendência peninsular. Edificaram uma nova capital, Bagdá, em pleno Iraque, região farta em terras cultiváveis (algo que a Síria jamais tivera), ligada a rotas comerciais mais ricas e seguras (mais distantes dos conflitos com os arquirrivais bizantinos) e, tão importante quanto, nova, fresca, sem um passado árabe, perfeita, portanto, para uma monarquia a se instituir.

Os abássidas deram continuidade, e até aprofundaram o processo de centralização que marcara a dinastia que os antecedera, desenvolvendo uma verdadeira teocracia, na qual o ocupante do trono era considerado o supremo representante divino, a "sombra de Alá na Terra". Foi nesse ambiente que Harun Al-Rashid nasceu, na cidade de Ray, entre 763 e 766, filho do terceiro califa abássida, Al-Mahdi, e de uma ex-escrava iemenita, Al-Khayzuran bint Atta, mulher de temperamento forte, com enorme influência sobre o marido. Quando o monarca faleceu, em 785, sucedeu-lhe o filho mais velho, Al-Hadi, morto em menos de um ano, abrindo espaço para o irmão caçula.

Embora jovem, no começo de seus 20 anos, as obrigações monárquicas já eram familiares a Harun, pois antes mesmo de assumir o trono, liderara, em 780 e 782, campanhas militares contra os bizantinos, chegando, numa delas, a atingir os subúrbios asiáticos de Constantinopla. O início de seu reinado foi auspicioso: seu filho mais velho, Al-Mamun, nasceu no mesmo dia da ascensão, 15 de setembro de 786, e as crônicas o descrevem como um monarca equilibrado, que manteve as políticas fortes de seus antecessores e se preocupava com o bem-estar de seus súditos. A despeito de tal narrativa, alguns fatos levam a crer que fosse um governante limitado: até sua morte em 789, a influência de sua mãe permaneceu intocada, e, além disso, uma poderosa família de cortesãos, os Barmécidas, formou uma verdadeira dinastia de vizires (primeiros-ministros) e dominou durante décadas os negócios de Estado.

Antigos apoiadores dos abássidas, um de seus membros, Yahya ibn Khalid, iniciou sua vida como governador provincial, sendo posteriormente apontado por Al-Mahdi como tutor de Harun Al-Rashid, o qual, ao assumir o trono, elevou-o à capacidade de vizir. Sua ascendência sobre o jovem califa era tal que vinha à sua presença sem ser anunciado, e logrou que dois de seus filhos o sucedessem, sendo o mais famoso deles Jafar, último dos barmécidas, decapitado em 803 por supostamente ter tido um caso com a irmã do soberano. Noves fora detalhes picantes desse gênero, fala-se, na verdade, que o monarca desejava se livrar da ingerência de tão poderosos funcionários e exercer efetivamente o poder pessoal.

Em que pesem tais fatos, não resta dúvida de que se tratava de um dos soberanos mais poderosos de seu tempo. Suas relações com o Império Bizantino foram marcadas pela instabilidade, e a guerras ferozes sucediam-se tréguas rúpteis. Outras tratativas, entretanto, eram mais amigáveis: os importantes contatos com a corte chinesa dos Tang, iniciados sob a égide de Abul Abbas, fundador da dinastia abássida, foram mantidos, e nas crônicas chinesas o califa é referido como A-Lun; do ocidente, chegaram emissários do rei franco Carlos Magno, os quais foram recebidos na corte, e levaram de volta a seu país presentes valiosos, como tecidos finos, além de um elefante e de um relógio mecânico, cujos efeitos mecânicos e sonoros pareceram feitiçaria à corte de Aachen.

Al-Rashid e seus vizires tornaram a cidade de Bagdá numa das capitais mundiais do conhecimento, dando início a séculos de liderança islâmica nas artes, nas ciências e na filosofia. O velho Yahya, descendente de budistas convertidos, trouxe à corte pensadores, matemáticos e religiosos indianos (muitos dos quais sequer eram muçulmanos), e vastas coleções de textos hindus foram vertidos para o árabe, em especial o Kitab al-Budd, a primeira biografia do Buda nessa língua. Jafar deu continuidade a essa política desassombrada, e fazendo jus à sua reputação de patrono das ciências, fomentou a tradução e a difusão da ciência grega e de textos persas, além de estimular a montagem de oficinas de papel, técnica relativamente recente que chegara ao Iraque por meio de papeleiros chineses capturados na Ásia Central em 751.

Esse ambiente se revelou notavelmente fértil para a especulação científica: enquanto os europeus utilizavam pesados e caros pergaminhos para encadernar seus livros e velhos ábacos para fazer contas, no Império Islâmico o papel barateara as edições, espalhando bibliotecas e livrarias pelas cidades e vilas, e a utilização dos numerais indianos permitia cálculos muito mais rápidos e complexos; não é de se estranhar, portanto, que termos tão comuns à ciência matemática — como álgebra, algoritmo, cifra e zero — sejam, todos, oriundos da língua árabe.

Bagdá tornou-se uma das metrópoles universais, abrigando cerca de um milhão de pessoas (a primeira cidade islâmica a consegui-lo). Atraídos pela legislação tolerante do califado, refugiados cristãos (hereges, em sua maior parte) afluíram à cidade, encontrando-se com muçulmanos, zoroastrianos, judeus e até mesmo visitantes de lugares mais afastados, como a Índia e a China. O debate, a circulação e a produção de conhecimento eram incomparáveis, e no intuito de organizar esse imenso patrimônio, Al-Rashid criou um dos mais importantes centros intelectuais da História humana, a Bayt al-Hikma (Casa da Sabedoria), biblioteca que abrigou, sob os auspícios reais, o Movimento de Tradução, um esforço sobre-humano de especialistas das mais variadas áreas para verter ao árabe a maior quantidade de volumes possível, tornando esse idioma a língua universal da cultura erudita. Esse ímpeto sobreviveu ao califa, e durante séculos a capital abássida agiu como um farol, iluminando e difundindo as letras e as ciências para o mundo inteiro, âmago de uma constelação de importantes sedes de cultura letrada, que incluía cidades como Cairo, Damasco, Timbuktu, Toledo, entre muitas outras. O alcance da Era de Ouro do Islã é incomensurável: não se pode pensar, por exemplo, no Renascimento do século XV em diante sem levar em consideração as leituras dos filósofos de expressão árabe, como Averróis, ou sem o conhecimento das tecnologias oriundas desse universo.

À medida que o ocaso de seu reinado se aproximava, porém, as limitações ao poder de Harun Al-Rashid tornavam-se cada vez mais evidentes: foi o primeiro califa a admitir que o Império Islâmico não era mais um território único, reconhecendo a independência de emirados locais (o caso dos Aglábidas marroquinos em 799), e ao partilhar o califado entre seus herdeiros, na prática alimentou o surgimento de facções de apoio aos príncipes, movimento que impulsionou uma guerra civil que só teria fim em 827, quando Al-Mamun, um dos filhos, subiu ao trono. Tais eventos, contudo, não diminuem a relevância desse monarca persa, sob cujo turbante o espírito humano avançou como nunca, e embora não fosse o monarca onírico retratado n'As Mil e Uma Noites, suas realizações verdadeiras são suficientes para o situar entre os maiores líderes políticos de todos os tempos.

Curiosidades

O cronista Al-Masudi conta que o califa Al-Rashid desafiou os poetas de sua corte a compor uma canção que o agradasse. Todos falharam, menos um, Miskin de Medina, que diante da satisfação do monarca, narrou a história de como fora penoso aprender a composição. Harun teria caído na gargalhada e comentado: "Não sei o que foi mais divertido, se sua canção ou sua história", e o recompensou prodigamente.

Mansa Mussa

Imperador malinês, século XIV

Em 1324, uma caravana com milhares de pessoas e centenas de camelos chegava ao Cairo, transportando uma comitiva real em peregrinação à cidade sagrada do Islã, Meca, na Arábia. Era composta por nobres e servos, cortesãos e concubinas, todos ricamente vestidos e esbanjando ouro, escoltando arcas repletas de tesouros, levadas nas corcovas de camelos. Esse nababesco séquito vinha do Mali, império ao sul do Saara, e conseguiu impressionar mesmo o Cairo, tão cosmopolita, pela pompa, ostentação e riqueza de seu soberano, Mansa Mussa.

Uma vez às portas do Cairo, para se fazer anunciar, o Mansa enviou como presente ao sultão 50 mil dinares, cada um pesando 4 gramas de ouro. Depois adentrou a cidade montado a cavalo, com seu estandarte amarelo tremulando, precedido por quinhentos servos ricamente vestidos e portando cada um uma bengala de ouro. A impressão causada foi tamanha que os cronistas árabes não se cansaram de fazer descrições espalhafatosas da comitiva: disseram que a caravana tinha 60 mil carregadores, e que era tão grande que enquanto o Mansa, que deveria ir ao fim da procissão, ainda estava sentado em seu trono em Niani, a capital, o início do cortejo já havia alcançado a cidade de Timbuktu.

Seja como for, fato ou conto, Mansa Mussa causou uma grande celeuma no Egito, e não deixou de inquietar nem mesmo o sultão, que rapidamente ordenou acomodações dignas para o imperador daquele reino pouco conhecido, mas que, a julgar pela comitiva, era riquíssimo e extremamente poderoso. Os emissários tinham ordens também de rogar ao rei estrangeiro que misturasse negócios a sua jornada religiosa, coisa que parece ter sido seu objetivo desde o começo. Assim foi que a comitiva do Mali permaneceu vários meses na cidade egípcia, tanto na ida quanto na volta de Meca, e inundou os mercados com ouro a ponto de desvalorizar a moeda local. Depois dessa viagem, o nome do Mali se tornaria sinônimo de riqueza no mundo islâmico. Sinônimo de ouro.

Mansa era o título dos reis do Mali, do Gana e de outros reinos aparentados da região, e, em 1334, esse rei era Kankan Mussa, que levara o Mali a ser o maior império da África ao sul do Saara, em sua maior extensão equivalendo a toda a Europa ocidental. Chamado por árabes e europeus de grande senhor da gente preta, Mussa se transformou, graças a sua passagem pelo Egito, em uma figura lendária por sua riqueza e extravagância. Uma fama que também colocou seu reino no mapa do Islame do mundo para além das rotas de caravanas do Saara.

Durante a Idade Média, o oeste da África pululava com uma série de impérios que baseavam sua força no controle das caravanas de ouro e sal que atravessavam o deserto. A região que os viu crescer era a savana sudanesa, uma faixa de 500 quilômetros de largura entre o Saara e a floresta tropical ao sul, e entre a Etiópia a leste e o Atlântico a oeste. A essa vastidão territorial, lar de uma diversidade de povos e culturas, os árabes chamavam genericamente de Beled Essudan, Terra dos Negros. E a área que ficou conhecida como Sudão Ocidental era o lar de inúmeras cidades e reinos, desde o século VIII, vassalos de impérios que controlavam as rotas de caravanas.

Entre os séculos VIII e XV, a região foi sucessivamente dominada pelos reinos de Gana, Mali e Songhai, todos baseados na força de cavalarias e apoiados no controle das rotas de caravanas de ouro e sal que atravessavam a região. Eram Estados do ferro, onde os ferreiros compunham uma importante casta social. O Gana, título do rei do Akuar no rio Níger, baseava seu poder sobre um exército que um cronista árabe afirmou ter 200 mil homens. Foi o primeiro dos grandes impérios sudaneses, mas sua conquista pela dinastia almorávida do Marrocos, no século XII, abriu um vácuo de poder logo preenchido pela disputa entre os reinos e povos até então seus dependentes. Entre esses estavam os malinkê do reino do Mali.

Os malinkê habitavam a região entre o alto rio Songal e o alto rio Níger e eram caçadores e agricultores organizados em clãs que viviam em aldeias governadas por conselhos. Seu reino integrava essas aldeias sob o comando de um rei que controlava impostos e monopolizava o ouro.

No século XII, o clã dominante era o dos Keita, de caçadores-feiticeiros cujo poder estava no domínio de tradições religiosas e militares, mas que já há tempos haviam se convertido ao Islã. Até então, mesmo que nominalmente dependente do Gana, o Mali havia mantido a autonomia de seus conselhos. Mas a queda daquele império dera margem para o início de uma série de conflitos, e nesse processo o reino que saiu na frente da corrida pelo poder foi o dos Sosso, comandado pelo clã Kanté, de ferreiros. Foi Sumaoro Kanté, rei dos Sosso, o grande expansionista de então e o responsável por conquistar os malinkê. Contra seu domínio surgiu aquele que unificaria os malinkê, tornando-os pela primeira vez um império: Sundiata Keita, personagem central do maior épico do Mali. A ele, o Leão do Mali, a tradição atribui feitos heroicos e místicos na derrota dos Sosso. Diz a epopeia que Sundiata, um dos muitos filhos do rei malinkê, teria conseguido sobreviver ao massacre de sua família ordenado por Sumaoro Kanté devido a sua condição de deficiente físico. Mas com a ascensão deste, fugira para um reino aliado, onde se manteve até que seu povo, oprimido pelos desmandos dos Sosso, viesse pedir que os liderasse em revolta. Ele então teria organizado um exército, derrotado Sumaoro e libertado o Mali.

No ano de 1234, Sundiata já estava à frente de uma confederação de povos aliados e de vários clãs malinkê. Seu reinado unificou o Mali, transformando a cidade de Niani em capital e organizando a lei do reino. Respeitou a organização das províncias, mas pôs o exército para assegurar o território, transformando também o Islã em importante força política do Estado. Além disso, ao assumir o controle das fontes de ouro que alimentavam as caravanas, definiu a expansão posterior de seu reino, pois se o Gana havia controlado o comércio entre povos do deserto, com acesso a sal mas sem ouro, e povos da floresta, com ouro mas sem salinas, o Mali o haveria de superar dominando as próprias jazidas de ouro ao sul e minas de sal ao norte.

Dentre os sucessores desse rei unificador, foi Mansa Kankan Mussa, cerca de um século depois, aquele que mais se destacou, principalmente por colocar o Mali em contato com os grandes centros de cultura e comércio do Islã. Sua bem planejada peregrinação à Meca conseguiu o que Sundiata não lograra: tornar o nome do Mali famoso mundo afora e assombrar os soberanos árabes.

Kankan Mussa nasceu na década de 1280, e durante sua estada no Cairo foi retratado pelos cronistas árabes como um jovem soberano negro, belo, agradável, instruído nos ritos islâmicos, que se vestia e montava magnificamente. Além de carregar tanto ouro que, segundo os impressionados cairotas, maravilhava o olhar.

Apesar de responder à obrigação de todo muçulmano devoto, sua peregrinação à Meca teve não apenas o objetivo de firmar novas relações comerciais, mas também o de atrair sábios, artistas e teólogos para seu reino. Mussa queria que o Mali saísse da periferia do Islã, e para isso convidou poetas e arquitetos do Egito, do Marrocos e de outras regiões do mundo islâmico para se fixarem no país, promovendo também o desenvolvimento urbano de suas principais cidades: Niani, a capital, Djené e, principalmente, Timbuktu, que em seu reinado se tornaria um importante centro de cultura islâmica. Nesta última ordenou a fundação de madrasas, escolas nas mesquitas, para propagar a cultura escrita, transformando-a ainda em um entreposto de comércio de livros. Além disso, destinou parte de seu tesouro para sustentar juízes, médicos e letrados e patrocinar a construção de palácios e mesquitas em areia, firmando um estilo arquitetônico único no mundo.

Tanto o Mali quanto o Gana tinham uma organização política bem característica: faltava-lhes unidade e homogeneidade. Em torno do Mansa havia uma grande extensão territorial que pagava tributos à corte, composta por cidades-estado, aldeias governadas por conselhos de anciãos e mesmo reinos menores. Cada reino e cidade-estado tinha sua própria linhagem real, e acima de todos estava o clã dos Keita.

O principal papel do rei, nesse cenário, era o de aplicador de justiça. Em torno dele havia uma complexa ritualização, tornando-o uma figura simbólica e sacralizada. Seu poder estava nessa representação, assim como no controle de um poderoso exército, que combinava cavalaria e arqueiros, e no monopólio do ouro. Durante o governo de Mussa a cultura islâmica se propagou nas cidades. No entanto, as aldeias permaneceram animistas, com sua base agrícola e sua organização em clãs. Além disso, os chefes locais, apesar de lhe deverem obediência, tinham autonomia sobre sua própria região. Mansa Mussa garantiu a estabilidade interna do Mali, respeitando essa autonomia, mas fazendo sentir suas prerrogativas. O ouro levado à Meca e ao Cairo, por exemplo, advinha dos tributos cobrados entre os mercadores e nas cidades comerciais, mas a prosperidade exibida não alcançava toda a população: nas quatrocentas vilas e cidades que constituíam o reino predominava a vida rural e os cultivos tradicionais, e nas aldeias a população vivia em casebres de barro e pequenas roças.

Por outro lado, apesar de a elite comercial ter se convertido ao Islã, mesmo em Niani e Timbuktu os costumes tradicionais se faziam presentes. O cronista árabe Ibn Batuta, por exemplo, descreveu a liberdade sexual que reinava entre a nobreza do Mali, e que não tinha igual no mundo islâmico: tanto homens quanto mulheres tinham amantes, o que era tolerado. Além disso, os costumes diferiam muito da nobreza e dos comerciantes islamizados para os aldeões, e mesmo a diversidade de formas de vestir indicava a diversidade social: nas cidades, os muçulmanos usavam amplas túnicas que cobriam todo o corpo, os chefes, calças largas, enquanto nas aldeias a maioria da população usava pouca indumentária.

A viagem ao Cairo e a peregrinação à Meca trouxeram excelentes resultados do ponto de vista político e comercial, e durante todo o período restante do reinado de Mussa o comércio prosperou, transformando o Mali em uma importante encruzilhada de produtos de regiões tão distantes quanto a Síria. E também prosperou a atividade industrial nas cidades, voltada principalmente para a tecelagem e a tinturaria.

Mansa Kankan Mussa morreu em 1337, deixando o Mali em um apogeu que declinaria aos poucos, até ser finalmente conquistado por um de seus reinos vassalos, o Gao. Deixou como legado uma obra monumental em terra nas cidades, uma arquitetura sem paralelo, além de uma cultura escrita em árabe que se desenvolveria mesmo depois da queda de seu império. E se no Mali Mansa Mussa nunca chegou a ter a estatura histórica de Sundiata Keita, cuja epopeia é hoje referida inclusive no hino nacional daquele país, fora do Mali foi ele quem primeiro propagou o nome de seu povo para além do Saara, pelo vasto mundo islâmico, chegando até a Europa. Tal foi a imagem por ele criada que, no século XIV, o Atlas Catalão de Abraham Cresques incluiu o Mali e representou o Mansa segurando um globo de ouro maciço: ilustração da riqueza sem fim que o mundo europeu e o Islã passaram a associar àquela terra. Mansa Mussa, o rei que tornou o nome do Mali famoso do Cairo a Portugal e da Andaluzia a Khorassan.

Curiosidades

Sob Mansa Mussa, Timbuktu tornou-se um centro de comércio, cultura e teologia. Seus mercados atraíam mercadores hauçás, egípcios, entre outros. Uma Universidade foi criada, e a cidade se tornou um centro do pensamento islâmico.

Pachacutec Inca

Imperador inca, século XV

Em meados do século XV, Cusco, um reino de proporções medianas no coração da Cordilheira dos Andes, se viu ameaçado por um inimigo poderoso, o numeroso e militarista povo cancha. Diante da invasão iminente, o governante cusquenho, Inca Viracocha, hesitou perante o inimigo e se retirou da cidade, deixando-a nas mãos de seu filho, Inca Urco, que, no entanto, não possuía qualidades nem para administrá-la, nem para defendê-la. Desesperados, os nobres e administradores locais se voltaram para outro dos filhos do rei, Cusi Yupanqui, pouco mais que um adolescente. Esse príncipe não apenas aceitou o desafio, como montou uma estratégia que terminou por derrotar os canchas. Sua vitória tornou-se uma das mais importantes da história inca, pois foi a partir dela que a expansão de Cusco começou. Uma vitória que o elevou também ao posto de governante absoluto de Cusco, o de Inca, e lhe permitiu, ao ser coroado, assumir um novo nome, mais afim a suas pretensões: Pachacutec, o transformador do mundo.

O Inca Pachacutec Yupanqui foi um fundador de impérios e um reformador cultural. Reinou sobre uma terra no teto das Américas, um vale rico a 3 mil metros de altitude, encravado nos Andes, atualmente no centro do Peru. Essa região viria a ser, a partir de seu reinado, o coração de um dos maiores impérios que o mundo já conheceu e o maior das Américas, o Império Inca, ou, como seus habitantes o chamavam, Tahuantinsuyo, o reino dos quatro cantos do mundo.

Até o reinado de Pachacutec, seu povo, os quéchua, ou incas, como ficariam mais conhecidos, não possuíam um império. Viviam na cidade-estado de Cusco, situada no fértil vale do rio Urubamba, que viria a ser depois o centro e capital do império. Nas vizinhanças de seu vale, diversos outros povos disputavam poder e tentavam se expandir. Pachacutec conseguiu unificar esses povos sob o comando de Cusco e ampliar seu governo para limites muito além de seu vale.

O Tahuantinsuyo foi, em seu auge, um estado centralizado, militarista e altamente burocratizado, apesar da ausência da escrita. Os incas unificaram tradições andinas e litorâneas, adaptando as mais variadas contribuições culturais, como a metalurgia, a cerâmica e o comércio de caravanas, aprendidas de estados e povos mais antigos dos Andes e do litoral peruano, conseguindo dominar ambientes tão distintos como o seco e frio altiplano andino, a floresta tropical amazônica e o deserto mais seco do mundo, o Atacama.

Segundo a história oficial de seu império, lembrada no início do século XVI por guardiões de memória chamados quipucamayos, Cusco fora fundada por um rei lendário, Manco Capaq, a quem haviam sucedido doze ou treze incas, sendo Pachacutec o nono dessa lista. No entanto, Manco Capaq foi provavelmente um personagem mitológico, símbolo da migração do povo quéchua para o Vale de Cusco, possivelmente oriundo das margens do Lago Titicaca. Na verdade, Pachacutec, se não foi o primeiro Inca governante, foi certamente o primeiro a reinar sobre um império, sendo seus antecessores meramente senhores de um reino de pequena extensão. Assim, a despeito dessa história oficial, que ele próprio mandara compor, havia sido ele mesmo, o próprio Pachacutec, o fundador do Tahuantinsuyo.

Segundo, ou sétimo, dos filhos do Inca Viracocha, o futuro unificador, então ainda chamado de Cusi Yupanqui, havia sido um jovem hábil, porém nunca a primeira opção de seu pai para a sucessão do trono, sempre preterido em favor de seu irmão, Inca Urco. Mas devido à inabilidade deste, conseguira ascender ao trono aproveitando a ocasião da invasão dos canchas. Depois disso reinaria por cerca de trinta anos, nos quais, além das conquistas militares, investiu muito em modificações culturais, como a elaboração da história oficial inca e a reforma da educação em Cusco. Esta última medida em benefício da casta inca, única a ter acesso às instituições de ensino, um grupo descendente dos antigos governantes e que começava a se transformar em nobreza de sangue. Pachacutec também ordenou a reorganização da língua quéchua, distinguindo-a em língua da nobreza e língua popular, em uma atitude que fortalecia a separação entre os grupos sociais e a hegemonia da casta inca sobre os povos conquistados e a maioria da população quéchua.

Além disso, imiscuiu-se também na religião, instituindo o culto ao deus Viracocha, milenar criador imaterial cultuado por muitos povos mais antigos, em conjunto com a divindade máxima dos incas, Inti, o Sol, de quem acreditava que sua linhagem real descendia. Transformou o culto solar no mais importante do nascente império, passando a realizar todas as principais cerimônias, inclusive a de coroação, no Coricancha, o dourado templo do Sol em Cusco, que mais tarde tanto impressionaria os espanhóis. Por outro lado, como Viracocha era uma deidade pré-incaica, cultuada por diversos povos andinos, sua oficialização junto a Inti facilitou a aceitação da religião oficial entre os povos conquistados.

Mas Pachacutec queria que Cusco fosse o centro do Tahuantinsuyo, o centro do mundo conhecido, ao mesmo tempo em que tentava torná-la o centro de uma cultura universal, a quéchua-inca. Para tanto, após reformar o Coricancha, obrigou que este oferecesse espaço também para o culto aos deuses dos povos conquistados, convertendo a capital em uma cidade sagrada para todo o império.

Por outro lado, era necessário fazer com que a estrutura urbana de Cusco dignificasse sua situação de capital dos quatro cantos do mundo. Quando Pachacutec assumiu o poder, ela era uma cidade mediana, mas à medida que o império crescia com as conquistas militares, crescia também sua população. O Inca empreendeu então um plano de reconstrução, começando pelo Coricancha, que foi restaurado em sólidas muralhas de pedra com interior coberto de ornamentos de ouro. A reconstrução incluiu ainda obras de saneamento e fornecimento de água na cidade e em vilarejos da região. Tão prestamente bem projetado e construído que ainda hoje algumas cidades no vale continuam a ser abastecidas com água canalizada pelo sistema incaico. A reestruturação de Cuzco durou cerca de vinte anos e terminou por lhe conferir o traçado urbano de um puma, animal sagrado para os incas.

Pachacutec investiu também na agricultura, mandando construir depósitos e armazéns para guardar excedentes das colheitas e alimentar a crescente população do império. Essas obras não foram feitas apenas em Cusco, mas estendidas a todo o Tahuantinsuyo. Além disso, dedicou-se a organizar a administração, a burocracia e o calendário, garantindo que sob seu governo o Império Inca se tornasse um dos mais bem administrados de todos os tempos, baseando sua economia na agricultura das vilas isoladas, os ayllus, e nos tributos pagos em trabalho, principalmente a mita, com a qual foram construídas as grandes obras monumentais sobre os Andes.

Esse sistema de tributos era a espinha dorsal do Tahuantinsuyo. Nele, o Estado não apenas coletava o imposto de todos os ayllus como reenviava uma percentagem dos gêneros produzidos em terras estatais para cada vila, sustentando também as famílias dos trabalhadores enquanto estes estavam trabalhando nas obras públicas.

Como a agricultura era, muitas vezes, realizada em terraços recortados nas paredes de pedra das encostas das montanhas, ela requeria um considerável esforço de engenharia. E os incas deram muita atenção ao desenvolvimento da tecnologia que lhes permitia adaptação à vida nos Andes: não apenas construíram os sistemas hidráulicos de grande precisão que distribuíam água por todo o vale, como desenvolveram uma engenharia em pedra apropriada para sua região, vítima de terremotos constantes. Também investiram no paisagismo e na arquitetura, provavelmente menos por questões estéticas que religiosas. E em seu governo Pachacutec não deixou de incentivar essas áreas de saber: foi o responsável pela construção dos sistemas hidráulicos e silos de armazenamentos, e pelo embelezamento estético-religioso da Cusco transformada em puma, além de cidades como Machu Picchu e Ollantaytambo, esta sua cidade-palácio de jardins suspensos, cujas edificações encimavam um morro recortado em terraços cultivados com dálias e orquídeas.

Atualmente Pachacutec é cultuado como herói civilizador de Cusco e do império inca. Na cidade que elevou à glória é o herói máximo, com direito a estátua em praça pública. Fora do Peru, todavia, é pouco conhecido, a despeito da fama universal de algumas de suas obras, como Machu Picchu. Seu governo foi o auge da prosperidade de um dos maiores impérios da história da humanidade; um império ainda emerso em uma aura de mistério que nem sempre facilita a compreensão da complexidade e diversidade da América indígena. Conhecer a vida e o governo de Pachacutec é transformar o mistério inca em história.

Curiosidades

Em quéchua, Pachakutiq significa aquele que faz tremer a terra, e Yupanki, honradamente. Pachacutec foi um poeta e autor dos Hinos Sagrados de Situa, entoados na cerimônia de purificação da cidade.

Montezuma II

Imperador asteca, 1466–1520

Em 1519, uma expedição de aventureiros espanhóis chegou à grande capital dos astecas, a cidade de Tenochtitlán, atual Cidade do México, comandada pelo capitão que depois seria conhecido como um dos maiores conquistadores da história, Hernán Cortez. Mas nesse dia, a cidade de Tenochtitlán abriu suas portas para ele e seus soldados, levando o próprio imperador a sair em pessoa às ruas para recebê-lo. Ele era Montezuma II, sem dúvida o mais famoso governante asteca. Uma fama que não se deveu, no entanto, a seus talentos como administrador ou a suas proezas militares, e sim ao fato de ter ele perdido, para sempre, o Império Asteca.

Originalmente os astecas, ou mexicas, povo de língua nahuátl, viviam em tribos nos desertos do que hoje é o norte do México e o sul dos Estados Unidos. Mas a partir do século XII, os nahuátl começaram a migrar para o planalto do México, invadindo um território de cidades-estado já seculares, em levas que foram gradualmente se sedentarizando ao longo de duzentos anos e criando suas próprias cidades-estado. Em uma das últimas levas de invasores, já no século XIV, estavam os mexicas.

Uma de suas lendas mais caras contava que eles, ainda nômades, haviam recebido ordens dos deuses para se fixarem no local em que encontrassem uma águia pousada em um cacto. E tal águia teria sido avistada em uma ilha no meio do grande e insalubre lago Texcoco, no Planalto Mexicano, em cujas margens seriam construídas as maiores cidades-estado nahuátl. Entre elas, Tenochtitlán, a capital dos astecas.

Mitos à parte, após sua migração, e durante os duzentos anos seguintes, os astecas erigiram um império. Militaristas, expandiram seu território conquistando estados e tribos em uma vasta extensão espacial, atingindo quase todo o atual México. Espalharam-se a partir de sua capital, que inicialmente fazia parte de uma confederação de cidades-estado, mas que acabou rapidamente por se sobrepor às demais.

Tudo isso fundado em uma economia cuja base eram os tributos cobrados aos conquistados, e em uma sociedade na qual os guerreiros formavam a casta mais elevada, seguida por um segmento de comerciantes que começava a ganhar cada vez mais espaço no final do século XV. A maioria da população era composta por agricultores que cultivavam as chinampas, terrenos artificiais construídos sobre as águas do lago. Toda a cidade, na verdade, foi construída sobre o lago, sendo suas ruas verdadeiros caminhos fluviais. Ela abrigava escolas de bairros, onde homens e mulheres estudavam, assim como instituições religiosas de ensino superior, os calmecacs, para formar sacerdotes e sacerdotisas.

Sua cultura, em que a música e a poesia eram bastante valorizadas, girava quase sempre em torno da morte, cantada em prosa e versos, e da guerra. Esta era tão apreciada pelos astecas que era promovida sazonalmente: chamada de "guerra florida", era realizada contra outras cidades-estado com o único objetivo de conseguir prisioneiros para os sacrifícios humanos, parte importante da religiosidade nahuátl. Para eles, a morte mais honrosa era em batalha ou no altar sacrificial.

Em começos do século XVI, Tenochtitlán estava em seu apogeu, mas ainda convivia com seus inimigos mais clássicos, os habitantes de Tlaxcala, uma cidade-estado também nahuátl, cujo território se encravava no coração do império e que fornecia os principais adversários dos astecas nas costumeiras "guerras floridas". A rivalidade entre as duas cidades era, inclusive, cultivada. Situação que progredia em 1519, quando pela primeira vez os astecas tiveram notícias dos espanhóis. Era então imperador Montezuma II, que, seguindo o costume, havia sido eleito dentre os herdeiros da família real para assumir o posto de tlatoani, ou imperador. Filho do tlatoani anterior, Auitzotl, Montezuma, que já havia exercido o cargo de conselheiro no reinado de seu pai, era filósofo e religioso, talvez mesmo um membro de uma casta sacerdotal. Devoto e crente de Huitizilpochtli, o deus-sol, acreditava nos adivinhos e em suas predições, que, naquele ano, haviam sido todas, segundo versões posteriores à conquista, de mau agouro. Segundo uma lenda, ao saber da chegada dos estrangeiros no sul do império, o soberano os teria identificado com os presságios e acreditado que Cortez era o semideus civilizador, Quetzalcoatl, a Serpente Emplumada.

Uma das principais divindades do panteão mesoamericano no tempo de Montezuma, a origem de Quetzalcoatl remonta a antes da Era Cristã, então uma divindade das águas fluviais da cidade-estado de Teotihuacán. Sua importância era tamanha que os nahuátl, quando adentraram o Planalto do México, adaptaram-no à sua própria religião. A Serpente Emplumada passou a ser então uma divindade dos ventos, do planeta Vênus, e da criação da cultura. Segundo a mitologia asteca, Quetzalcoatl foi o rei de uma cidade mítica chamada Tula, a qual governara magnificamente, criando uma idade de ouro para a região. No entanto, havia sido deposto pelos sacerdotes do deus Tezcatlipoca, o Espelho Fumegante, seu arqui-inimigo, e obrigado a abandonar o México, tomando uma embarcação rumo ao oeste, mas prometendo retornar para reivindicar seu trono, algum dia.

Depois da conquista espanhola, cresceu o mito de que Montezuma de fato acreditara que Cortez seria Quetzalcoatl que voltava. Muitas lendas, no entanto, foram criadas depois da grande destruição causada pela conquista, e grande parte da história asteca foi totalmente reescrita e reinterpretada. Acreditando ser o conquistador uma nova encarnação da Serpente Emplumada ou não, a verdade é que Montezuma recepcionou Cortez com a civilidade própria dos imperadores mexicas, no que se tornaria um dos mais importantes encontros da história da humanidade.

Foi em setembro de 1519 que os espanhóis e seus aliados tlaxcaltecas chegaram a Tenochtitlán, sendo recebidos com pompa pelo povo, por dignitários e pelo imperador em pessoa. Mas apesar da recepção amistosa, o choque cultural ficou evidente. Os espanhóis interpretaram a suave recepção imperial como um atestado de rendição, enquanto para os astecas a amabilidade era apenas parte da cortesia própria das classes altas. O imperador já recebera muitas notícias dos estrangeiros desde que eles haviam aportado meses antes no sul do México. No entanto, curioso, indiferente ou hesitante, não havia enviado tropas contra eles, esperando que chegassem a suas portas. Depois do encontro, ordenou que os espanhóis fossem acomodados em um palácio especial, mas a entrada de Cortez e seus homens na cidade rapidamente degenerou em conflito, quando os europeus atacaram os templos mexicas, dando início a uma guerra que culminaria, dois anos depois, com a destruição do império.

Talvez, como muitos outros líderes indígenas pelas Américas, Montezuma tenha subestimado os espanhóis. Ou talvez não: na realidade, a tropa espanhola era irrisória, comparada ao exército asteca. E quem realmente terminou por conquistar Tenochtitlán foram os guerreiros de sua rival, a cidade-estado do Tlaxcala. Mas o imperador não veria nada disso, pois foi morto no momento mesmo em que a guerra foi declarada. Talvez assassinado pelos homens de Cortez que o haviam feito de refém, talvez morto na revolta pelos próprios astecas. Deixou, dessa forma, a cargo de seu sucessor a tarefa de combater os invasores. Uma tarefa que o último dos imperadores astecas, Cuatlemoch, tentou cumprir com diligência. No entanto, se os espanhóis eram em pequeno número, seus aliados tlaxcaltecas terminaram por arrasar as tropas do novo imperador. E nos anos que se seguiriam, os europeus conseguiriam se impor também sobre esses seus aliados, graças principalmente à devastação humana causada pelas epidemias que, sem querer, haviam ajudado a propagar nas Américas.

Depois da conquista, veio a colonização, e essa fez crescer, entre os descendentes dos sobreviventes astecas, a imagem de Montezuma como um governante inábil e medroso. Essa reputação, irremediavelmente comprometida, foi propagada em escritos dos espanhóis e de cronistas indígenas que nem mesmo o haviam conhecido. E de seus contemporâneos pouco restou, assim como dele próprio. Mais filósofo que militar, Montezuma demorou a confrontar aqueles estrangeiros, erro que foi fatal a seu império. Religioso, talvez esperasse sinceramente que aqueles tivessem ligações com a venerada Serpente Emplumada, divindade criadora e inspiradora.

Tudo isso é especulação. E hoje o México, criado sobre os escombros do império asteca, ainda cultiva muitos dos mitos da conquista: Cuatlemoch, o último imperador, é retratado como um bravo e jovem guerreiro que combateu os espanhóis até o último momento e que morreu sob tortura; Malinche, a jovem escrava asteca, tradutora de Cortez, é considerada uma traidora, a despeito da dificuldade de agir de forma diferente; e Montezuma ainda é lembrado como o frágil, débil, inepto e hesitante imperador que perdeu o império.

Curiosidades

A pronúncia nahuátl de seu nome, moteksoma, compõe-se de um substantivo (Senhor) e um verbo (franzir o cenho em raiva). Traduz-se essa palavra como aquele que franze o cenho como um senhor ou aquele que se enfurece nobremente.

Jinga, A Rainha do Congo[1]

Nzinga Mbandi

Rainha do ndongo, c. 1582–1663

Em 1622, a cidade de Luanda, então um entreposto comercial ibérico encravado em território banto na costa da África Central, foi palco de uma cerimônia marcante para o Império Português. Nessa ocasião, o governador lusitano recebeu, com todas as pompas e honrarias, com salvas de canhões e desfiles de soldados, uma embaixada do Ngola, rei do Ndongo, o reino continental com o qual o império tentava estabelecer relações comerciais naquele momento. Quem comandava a prestigiosa comitiva era Nzinga Mbandi, irmã do Ngola e soberana do vizinho reino de Matamba; uma rainha que dentro em pouco escorraçaria os portugueses da África Central.

Durante o século XVII, o nome de Nzinga Mbandi inspirou respeito e temor nos europeus que tentaram a expansão na costa de Angola. Um respeito associado à feroz resistência que ela liderou contra o estabelecimento destes no Ndongo, chegando a ameaçar seriamente o projeto expansionista português na África Central e dando origem a uma lenda que não demoraria a chegar à colônia açucareira do outro lado do Atlântico.

Nzinga nasceu entre os Mbundos, povo de língua banto da costa que hoje pertence à Angola, e que, como outros bantos da região, havia constituído

---

[1] Alberto Costa e Silva menciona o mito brasileiro de Ginga, a Rainha do Congo no prefácio de PANTOJA, Selma. *Nzinga Mbandi – mulher, guerra e escravidão*. Brasília: Thesaurus, 2000.

um estado monárquico baseado em linhagens, o Ndongo. Havia séculos a África Central era lar para vários reinos bantos aparentados, com constituição cultural e organização social e política semelhantes, entre os quais, além do Ndongo, estavam os reinos dos Lundas, de Loango e o grande império dos bacongo ao norte, então o mais poderoso reino da África Central, o reino do Congo.

Esses reinos se baseavam mais em linhagens do que em fronteiras fixas, praticavam uma agricultura bem desenvolvida, além de pecuária e metalurgia, e possuíam escravos domésticos. Durante o século XV, a maioria deles entrara em contato com portugueses e holandeses, dando início a uma relação comercial e política complicada, fundamentada no fornecimento de escravos para as colônias americanas, nem sempre feito de forma voluntária pelos monarcas africanos.

Naquele momento, a agricultura da região era desenvolvida principalmente pelas mulheres, que exerciam um papel destacado na sociedade e na economia. Ao mesmo tempo, a pecuária era um importante distintivo de riqueza, e a escravidão, suntuária e de caráter doméstico, não chegava a ser um dos fundamentos da economia, pelo menos até a chegada dos europeus. Enquanto a escravidão ocidental era um sistema de produção sobre o qual toda a economia deveria se basear, e que transformava o escravo em um objeto totalmente dependente do dono e passível de maus-tratos, a escravidão banto, por sua vez, não sujeitava toda a economia e toda a sociedade. Nela, os escravos trabalhavam juntamente às famílias às quais estavam ligados, e não raro eram incorporados a estas por casamento; não tinham o status de propriedade, mas de pessoas subordinadas; não estavam passíveis a sofrerem maus-tratos; e seus filhos nasciam livres. Como a maioria dos escravos eram prisioneiros de guerra, em alguns casos eles eram até mesmo incorporados como guerreiros.

Mas com o contato com os portugueses, essa estrutura sofreu um abalo significativo: o comércio de escravos se tornou uma fonte de lucro para os sobas, chefes locais, e uma arma nas disputas de poder entre os reis da região. Os portugueses, de início, conseguiam os cativos comprando-os dos sobas ambiciosos, mas como exigiam cada vez mais e mais escravos, terminaram por patrocinar o rapto sistemático até mesmo dos vassalos dos reinos aliados.

No século XV, a principal potência da região era o reino do Congo, cujo rei, o Manicongo, era um líder político e religioso de grande poder, representante sagrado do espírito da terra. Primeiro dos reis da África Central a contatar os portugueses, ele não apenas se aliara a eles, mas se convertera ao catolicismo. Nesse período, os bacongos já haviam submetido vários outros estados à vassalagem, inclusive o Ndongo, reino interiorano que aos poucos ia se estendendo para o litoral, por meio do controle das linhagens e dos clãs. Para fortalecer essa expansão, seu rei tentava criar laços de parentesco entre ele e os sobas dominados, mas permaneceu submisso ao Manicongo enquanto o poder deste esteve no auge. Até que, no século XVI, o Ngola finalmente conseguiu ampliar seu poderio graças ao controle sobre os depósitos de ferro do reino, vitais para a metalurgia, e sobre as rotas de comércio para o interior, principalmente de sal. E foi com esse aumento de poder que os mbundos procuraram o apoio dos portugueses para suplantar o Manicongo.

Quando isso ocorreu, no fim do século XVI, o rei do Ndongo era Ngola Mbandi, que tentou atrair os portugueses para uma aliança, permitindo que eles se estabelecessem na ilha de Luanda em troca do apoio para aumentar seu poderio comercial e militar na região. Tal plano esbarrou na dificuldade encontrada para controlar os portugueses, que começaram a tentar conquistar mais territórios, à revelia de qualquer acordo com o rei. Eles já haviam contribuído, inclusive, para levar o reino do Congo à decadência, principalmente por meio de um processo de despovoamento sistemático promovido pelo tráfico de escravos. A pressão que exerciam na região piorou no século seguinte, com as investidas continente adentro, realizadas na busca frenética por novas rotas de fornecimento de escravos que fossem independentes de acordos com qualquer soberano. Projeto que foi logo combatido por Ngola Mbandi.

Naquele momento, a corte do Ngola se dividia entre suas duas prováveis capitais, Kabaça e Angoleme. Esta última, circundada por filas de palmeiras e cercas que enclausuravam em seu interior pelo menos 6 mil casas, era tão grande quanto as maiores cidades portuguesas do período. Nela residiam o rei e sua família. Mbandi teve vários filhos e filhas, das quais a mais velha era Nzinga. Filha de uma escrava, a futura rainha cresceu apegada ao pai, que percebeu na jovem as virtudes de um líder, educou-a e preparou seu caminho para lhe suceder no poder. No entanto, com a morte do rei, o caminho da princesa ao poder foi barrado, e o trono, ocupado por seu irmão, Kia Mbandi, que rapidamente se livrou dos adversários pelo simples mecanismo de mandar assassiná-los. Entre os possíveis candidatos ao trono mortos nessa ocasião estava o filho de Nzinga.

Depois do assassinato de seu filho, ela deixou o Ndongo, indo se refugiar em uma região mais interiorana, o Matamba, onde passou a comandar os mbangalas, um povo extremamente militarista que vivia em povoações fortificadas: os quilombos. Os costumes dos mbangalas em muito se distinguiam dos do povo de Nzinga, mas ela não demorou a se adaptar a eles, inclusive ao canibalismo, no intuito de conquistar sua simpatia e o apoio daqueles guerreiros em seu processo de ascensão política. Coroada rainha, ela permaneceu em Matamba enquanto seu irmão lutava contra os portugueses no Ndongo.

Mas os portugueses estavam em vantagem, e, em 1621, o Ngola Kia Mbandi foi obrigado a aceitar um acordo de paz. Para firmá-lo, convocou Nzinga para liderar a embaixada que deveria tratar com o governador português em Luanda, ocasião na qual os lusitanos tiveram oportunidade de conhecer de perto essa aspirante a rainha que já começava a se tornar famosa.

O acordo de paz, no entanto, não produziu frutos, e a situação no Ndongo se tornaria cada vez mais tensa, graças às facções pró e contra os portugueses que se desenvolviam entre os sobas. Uma tensão que culminou no assassinato de Kia em 1624. Então Nzinga aproveitou a confusão que se seguiu e assumiu o poder, assim como o título de Ngola, apoiada pelas facções contrárias aos portugueses e pelos temíveis guerreiros mbangalas.

A partir de então começou um longo processo de guerra entre o Ndongo e os portugueses de Luanda, com vitórias sucessivas de ambas as partes. Mas a guerra, que se estenderia por quase todo o século XVII, teve um resultado devastador para o reino mbundu: o despovoamento. Aproximadamente 10 mil pessoas eram levadas de seu território todos os anos, vendidas como escravos para as Américas. Nzinga sofreu várias derrotas nesse período, tendo que se retirar do reino de seu pai — que ficou sob o comando de um Ngola imposto pelos portugueses — e se refugiar novamente no Matamba. E enquanto o Ndongo se despovoava e despedaçava, Matamba e outro Estado mbangala, o Kassanje, se desenvolviam no interior sob o governo da rainha Nzinga.

No começo da década de 1640, os holandeses, que já haviam tomado a costa oriental do Brasil, tomaram também Luanda. Nzinga considerou essa uma grande oportunidade de se livrar dos portugueses de uma vez por todas. No entanto, os colonos portugueses oriundos do Brasil conseguiram retomar as possessões na África, expulsaram os holandeses e continuaram a combater Nzinga e o Matamba, então seus mais ferrenhos inimigos. Mas apesar de oferecerem uma guerra sem quartel, foi apenas em fins da década de 1650 (1657) que finalmente conseguiram um acordo com Nzinga, o que só foi possível porque o despovoamento do Ndongo impedia que ela recompusesse seus exércitos, além de ter enfraquecido seu poder com as desavenças entre os sobas da região. Além disso, os portugueses se beneficiaram também do fato de, nesse período, a rainha já estar na casa dos 70 anos.

Nzinga morreu em 1663, deixando o caminho livre para os portugueses, que, desde então, passaram a controlar o comércio de escravos e a aumentá-lo. Mas seu nome chegou ao Brasil na boca dos mbundus escravizados e terminou por se associar a um personagem do folclore, a Rainha Jinga, transformada em rainha do Congo.

Hoje considerada heroína em Angola, Nzinga vem recebendo cada vez mais atenção no Brasil. Com as diretrizes educacionais que instituem o ensino da História da África, a vida da rainha do Ndongo vem ganhando mais espaço em nossa historiografia, apesar de este ainda ser limitado. Seu mito, no entanto, já parece mais visível. Nele, Nzinga é apresentada como uma rainha guerreira que lutou contra a invasão portuguesa em Angola e resistiu à escravização de seu povo. E apesar das incongruências dessa representação, pois Angola ainda não existia no tempo de Nzinga, e dificilmente existia um movimento antiescravidão naquele período, o despertar desse novo mito no Brasil ressalta nosso desconhecimento da História da África; de uma parte da História da África em particular, que é também História do Brasil.

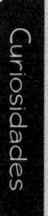

Curiosidades

O modo como a rainha guerreira chamava a si própria sofria variações graças aos vários nomes dos quais se utilizou em sua correspondência com os portugueses. Há registro de mais de 23 nomes diferentes.

Maurício de Nassau

Militar alemão, 1604–1679

NOS IDOS DE 1640, QUEM SE DEBRUÇASSE NAS MARGENS DO CAPIBARIBE, rio que corta o litoral de Pernambuco, veria um espetáculo pouco usual: trezentos homens, manobrando balsas que carregavam cada uma delas uma palmeira adulta, desciam o rio em direção à cidade do Recife. Se esse espectador fictício tivesse paciência para acompanhar todo o processo, ele contaria, por fim, um total de setecentas plantas, árvores septuagenárias, transportadas com sucesso por 4 milhas de rio para compor os jardins do palácio de Vrijburg, casa do governador de Pernambuco, Maurício de Nassau.

Essa extravagância entrou para a história como bem característica do homem que então governava Pernambuco como parte do Brasil holandês.

A colonização holandesa no espaço que hoje é o Nordeste do Brasil começou em 1630, quando uma armada da empresa Companhia das Índias Ocidentais, a WIC, invadiu a vila de Olinda, conquistando a capitania de Pernambuco. Anteriormente, ela já havia tentando essa proeza em Salvador, então capital colonial, mas sem sucesso, pois, após um ano de encarniçados conflitos na Bahia, foi obrigada a se retirar. O projeto, todavia, não foi abandonado.

A WIC era uma empresa privada da província de Holanda, nos Países Baixos. Província que, tendo integrado o Império Espanhol até o século XVI, há pouco se tornara autônoma após uma guerra sangrenta. Sua independência foi motivada principalmente por questões religiosas e políticas, pois enquanto o Império Espanhol, monarquista e absolutista, era defensor ferrenho da Igreja Católica, as Províncias Unidas eram não apenas protestantes, mas republicanas. Além disso, a Holanda e suas vizinhas desenvolviam uma intensa atividade comercial e bancária que desde cedo esteve ligada à colonização da América portuguesa: seus navios eram fretados pelos portugueses para carregar açúcar no Brasil; empréstimos eram recebidos pelos engenhos; investimentos eram feitos na produção.

No entanto, em 1580, o rei espanhol Felipe II ascendeu ao trono português, iniciando o período de união dinástica quando o Império Português e o Espanhol estiveram unidos sob um único governo. E em vista da guerra que então era travada entre Espanha e os Países Baixos, Felipe II proibiu a continuidade das relações comerciais entre Portugal e Holanda, causando imensos prejuízos a ambas as partes. Assim, foi na esteira desses eventos que os investidores holandeses montaram a WIC, justamente para sanar esses prejuízos, pois, impedidos de comerciar com os produtores de açúcar do Brasil, terminaram por se decidir a invadir a área e controlar diretamente a produção: para isso contrataram generais, estrategistas, administradores e exércitos mercenários para essa empreitada, que deu certo em 1630.

Por outro lado, o exército mobilizado pela companhia não era uma força oficial holandesa e muito menos composto por soldados daquela origem. Era, de fato, um exército mercenário contratado, e a despeito dos muitos holandeses que migraram para Recife ao longo dos 24 anos de gestão da Companhia, a maior parte desse exército era mesmo composta por alemães, inclusive seu comandante maior, o aristocrático Nassau.

A partir de 1630, a WIC passou a controlar Pernambuco. Mas foi um processo árduo, pois nos primeiros tempos, seu exército ficara ilhado no istmo do Recife, então uma lingueta de terra insalubre, acossada pelos habitantes locais e pelo escorbuto. Apenas com a derrota do principal foco de resistência, o Arraial Velho do Bom Jesus, em 1635, puderam os holandeses se fixar na terra. E só com o incêndio de Olinda, então sede da capitania, pôde a Companhia finalmente controlar os ariscos senhores de engenho da região.

O Recife, durante o século XVI e início do XVII, não era mais que um arruado de pescadores e um porto que servia à vila de Olinda. Mas com a chegada da WIC, viver em Olinda havia se tornado impraticável. De início, o comandante da invasão, Waerdenburch, recebera ordens para conquistar a cidade e transferir o novo governo para lá. Mas a vila, encarrapitada sobre vários morros e cercada por densa vegetação, prestava-se muito bem para emboscadas, das quais o exército invasor se via vítima. Cansados das emboscadas, e oriundos de uma região plana, como eram as planícies holandesas, os comandantes da WIC decidiram, por fim, desocupar Olinda, queimá-la e transferir sua população para o Recife, construindo assim uma nova cidade.

Foi nessa cena tumultuada que Nassau chegou ao Brasil.

Maurício de Nassau-Siegen era alemão de nascimento, descendente de uma família famosa na Europa por seus feitos militares. Mais tarde, no fim de sua vida, receberia o título de príncipe, mas enquanto esteve no Brasil era conde, e foi a Pernambuco contratado como governador.

Desde o princípio esteve envolvido com o planejamento da expedição, ainda na Holanda, mas foi nomeado governador das possessões brasileiras somente em 1637, quando chegou a Pernambuco. Ao chegar, encontrou no Recife uma cidade superpopulosa e desorganizada, amontoada na pequena língua de terra. Seriam, nos anos seguintes, os projetos urbanísticos de transformação dessa povoação que lhe dariam sua fama maior no Brasil: ele reorganizou o istmo e construiu uma nova cidade, a Cidade Maurícia, como continuação do Recife na ilha próxima. Estabeleceu planos de saneamento e gestão urbana; procurou solucionar problemas de transporte, construindo uma ponte que ligava as duas ilhas; e para si mesmo construiu dois palácios, um dos quais com jardim botânico e observatório, além de se fazer acompanhar por uma verdadeira corte de artistas e cientistas, entre os quais os pintores Frans Post e Albert Ekhoult. Por outro lado, governador antes de tudo, geriu as dívidas dos senhores de engenho, o tráfico de escravos e o comércio de açúcar, razões primeiras de sua estadia em Pernambuco, e enquanto general, comandou a conquista de outras capitanias, chegando até São Luiz, no Maranhão.

Enquanto governador, sua tarefa principal era ampliar e administrar as conquistas. Todo o esforço da WIC, e dele próprio, tinha como objetivo controlar a produção de açúcar, que então alcançava preços altíssimos na

Europa. Cabia a Nassau lidar com os produtores, os senhores de engenho: um grupo esquivo, com aspirações à aristocracia e acostumado a barganhar com a Coroa portuguesa. A situação normal e cotidiana desses senhores era o endividamento: endividavam-se para comprar escravos e para manter a pompa barroca; empenhavam suas safras ainda por nascer como garantia de novos empréstimos, e, em geral, conseguiam o beneplácito da Coroa portuguesa, que conquistava seu apoio fazendo vista grossa para suas dívidas.

Mas a mentalidade política portuguesa, absolutista e mercantil, não era a mesma da WIC, holandesa, protestante e capitalista. Esta acreditava que as dívidas deveriam ser cobradas, e impôs a Nassau essa tarefa. Ele, entretanto, que em sua corte recifense conseguira se cercar também de senhores de engenho, preferiu seguir a lógica administrativa portuguesa de perdoar as dívidas, o que lhe valeu o apoio dos senhores, mas desagradou profundamente a WIC, que terminou por despedi-lo ao fim de sete anos de governo.

Depois que o conde deixou Pernambuco, em 1644, os governadores que lhe seguiram foram inexpressivos, e a cobrança das dívidas apenas conseguiu enfurecer os senhores de engenho, que terminaram por se revoltar, usando exércitos compostos por negros e índios para tentar expulsar a WIC. Feito que foi, por fim, conseguido em 1654, findando o chamado período holandês. Um período que permaneceria, no entanto, associado ao governo de Nassau, e principalmente a sua relação com o urbanismo e as artes.

Se a cidade do Recife, plana e aquática, é herança da atuação holandesa anterior mesmo a Nassau, seria o conde, por outro lado, o primeiro a possibilitar sua expansão urbana e a ocupação de novos espaços. Sua empreitada urbanística mais famosa foi a construção dos palácios, principalmente Vrijburg, e da ponte entre Recife e Cidade Maurícia. Considerada por muitos como a primeira construída na América Latina, a ponte de Nassau visava facilitar a comunicação entre as cidades, levando mais pessoas a habitarem a Cidade Maurícia e desafogando o Recife.

Mas como tudo relativo ao governador, até mesmo a construção dessa ponte esteve envolta em uma aura de magnificência, que era própria de Nassau. Tendo demorado anos para ser terminada, e só inaugurada pouco antes da partida do conde, essa construção teve suas obras dispendiosas interrompidas várias vezes, e devido aos muitos problemas que teve para finalizá-la, Nassau quis que sua inauguração fosse feita em grande estilo, e atraiu a população para o festejo com a promessa de que faria um boi voar. Na hora prometida, o povo se regozijou com a visão de um boi, feito de couro e palha, pairando, em um cabo escondido, sobre a nova ponte. Todo um efeito teatral providenciado pelo governador e que daria origem, muito mais tarde, à lenda do boi voador.

No palácio de Vrijburg, a corte de Nassau contou em seu tempo áureo com 46 artistas e cientistas. O conde patrocinava pintores e estudiosos da natureza e da etnografia da região, considerada exótica na Europa. No entanto, assim como seus jardins e palácios, que eram apenas para seu deleite pessoal, essa arte tinha um público bastante restrito: as obras de Ekhoult sobre o Brasil, hoje clássicas, foram elaboradas em grande parte como presentes para a realeza europeia.

Independentemente disso, e do fato de ser ele também administrador de uma colônia escravista, Nassau se tornou um dos personagens mais célebres da História do Brasil: a ideia de um príncipe holandês em um palácio renascentista em terras tropicais terminou se tornando muito cara aos brasileiros. Mas ele foi um homem de seu tempo e, como tal, não contestou a escravidão ou o latifúndio. Coerente com a mentalidade de sua época, foi um aristocrata que buscava o lucro com a produção escravista do açúcar. Apesar de tudo isso, a grande base de seu mito está no Recife: a cidade que ele ajudou a refundar e organizar ainda o tem na memória e identifica seu governo como a idade de ouro de Pernambuco.

Recife ainda comemora, de tempos em tempos, seu herói. Historiadores e intelectuais trazem à tona, vez por outra, o Brasil holandês e seu príncipe: em 1991, a romancista Luzilá Gonçalves Ferreira escreveu A Garça Mal Ferida, romance histórico sobre Ana Paes, senhora de engenho que frequentou a corte de Nassau e apoiou os holandeses em Pernambuco; em 1992, a artista plástica Teresa Costa Rego expôs sua tela O Boi Voador, tríptico que representa uma imagem bem particular do Recife e que alude, em última instância, a Nassau; em 1997, seminários acadêmicos e mostras artísticas e literárias celebraram os 360 anos da chegada do conde a Recife; em 2003, uma coletânea de trabalhos de intelectuais e escritores foi lançada em comemoração ao mesmo tema. Uma outra foi lançada também em 2012.[1]

---

[1] Tais coletâneas e seminários podem ser vistos em VERRI, Gilda; BRITTO, Jomard (orgs.). Relendo o Recife de Nassau. Recife: Bargaço, 2003; e em VIEIRA, Hugo; GALVÃO, Nara; DANTAS, Leonardo. (orgs.). *Brasil holandês: história, memória e patrimônio compartilhado*. São Paulo: Alameda, 2012.

Sobre a personalidade de Nassau, sustenta-se todo o mito de que a colonização holandesa teria sido melhor que a portuguesa, e que teria gerado, ao final das contas, um Brasil mais ilustrado. Contra esse mito está o fato de que a colonização holandesa se fundamentava nas mesmas coisas que a portuguesa: escravidão, latifúndio e produção para exportação. Considerado um príncipe renascentista nos trópicos, a postura humanista de Nassau foi erroneamente associada à sociedade colonial em que viveu, e sua imagem, transformada na representação mais conhecida de um mito que considera o Brasil holandês um tempo de desenvolvimento, ao contrário da colonização portuguesa.

Curiosidades

A colonização holandesa tornou Recife uma das cidades mais cosmopolitas da época. A população cresceu, e os problemas de gestão de uma grande cidade também. Segundo relatos de época, Recife possuía os bordéis mais vis do mundo, levando a cidade a um surto de sífilis.

Luís XIV

Monarca francês, 1638–1715

Na década de 1660, o rei da França idealizou e ordenou a construção de um palácio nas cercanias de Paris. Desejava abandonar o Louvre, até então residência da realeza, e se afastar da caótica capital onde os descontentamentos sociais pouco antes haviam estourado em revolta. Mas o novo palácio, Versalhes, deveria fazer mais do que simplesmente levar a corte para longe da populaça parisiense, que estava sempre à beira de um motim: ele deveria ser um espelho de seu residente; uma vitrine que mostrasse ao povo francês e a todos os monarcas europeus a glória de Luís XIV, o autointitulado Rei Sol.

Em sua época, Versalhes foi considerado a oitava maravilha do mundo e impressionou enormemente os regentes da Europa ocidental, com suas salas de espelhos em estilo rococó e seus magníficos jardins, obras-primas do paisagismo. Tudo nele fora planejado para impressionar, inclusive sua função principal: residência da realeza e espaço de diversão para uma nobreza que não muito antes havia se revoltado contra a monarquia. Em Versalhes, essa nobreza deveria se render à magnificência do rei e se dedicar apenas ao lazer e ao ócio, não mais à política e às conspirações. E, de fato, o palácio se tornou aquilo que o soberano imaginara: um palco para seu muito ritualizado cotidiano, uma tela para sua imagem pública, cuidadosamente construída como uma versão de Apolo, o deus clássico da luz e das artes. E nesse palácio teatral o Rei Sol mudaria, de uma vez por todas, a forma de os governantes europeus se comportarem publicamente.

Se Versalhes é um espelho de Luís XIV, o próprio Luís XIV, por sua vez, é uma personificação do processo de mudança do Estado feudal europeu em Estado moderno e absoluto. E se estava longe de ser o primeiro ou o único soberano a vivenciar esse processo, foi em seu reinado que a França se transformou na maior potência da Europa. Além disso, sua forma de gerir, suas ideias sobre governo e propaganda influenciaram seu tempo e sua posteridade. E ainda que o poder absoluto nunca tenha realmente existido naquela região, ele soube como poucos sustentar a hegemonia do rei frente às divisões internas, e como ninguém se valer do domínio da imagem para exercer o controle social.

Nele, culminava um processo secular de diminuição do poder da nobreza francesa, processo no qual a monarquia vinha gradativamente domesticando os antigos senhores que viviam da exploração das propriedades feudais e dos camponeses. Senhores já em decadência devido à ênfase que o governo vinha dando ao comércio e à indústria. Nesse contexto, o Rei Sol soube agradar a esses nobres, sem lhes dar mais poder. Trouxe-os para viver na corte, deu-lhes renda, transformou-os em público para seus espetáculos diários, afastando-os, assim, de suas propriedades e sobrepujando sua influência.

Para tanto, construiu o cenário perfeito: o palácio de Versalhes. Para abrigar as famílias de nobres, agora transformados em cortesãos, e para impressioná-los, o palácio foi idealizado como um palco, pois a vida do rei tinha muito de encenação. Com fins políticos, criou uma imagem sacralizada e onipotente do rei, em alegorias do Sol, de Apolo e Hércules; criou seu personagem, o Rei Sol, e para esse personagem elaborou rituais que abarcavam todo o dia, desde o ato de despertar até o de se recostar à noite. Tendo sempre como espectadores a nobreza, que deveria ver em cada um desses atos uma celebração sagrada.

E foi assim que os antes insatisfeitos nobres se transformaram em submissos cortesãos. E na ritualizada vida de Luís XIV eles eram agraciados com a honra de ajudar o rei a se vestir, a comer, a despertar. Tudo era um ritual que visava engrandecer a imagem do Rei Sol.

Luís XIV nasceu em 1638, filho de Luís XIII e da rainha Ana de Áustria. E como seu pai era já idoso por ocasião de seu nascimento, e o reino receava que ele viesse a morrer sem um herdeiro para o trono, seu próprio nascimento foi cercado de grandes expectativas, e ele foi chamado Louis le Dieudonné, o dado por Deus. E nasceu sob o signo das mudanças nos ventos políticos da Europa, oriundos principalmente dos resultados da Guerra dos Trinta Anos, em que a França havia se oposto ao decadente Sacro Império Romano-Germânico e à Espanha dos Habsburgo.

Uma guerra travada no reinado de Luís XIII, cujo governo dera andamento ao processo de centralização do poder nas mãos da monarquia, graças principalmente às ações do primeiro-ministro, o Cardeal Richelieu, um dos principais articuladores do absolutismo francês. E quando esse rei morreu, em 1643, deixou seu herdeiro com apenas 5 anos. Richelieu também havia falecido anos antes, mas deixara no posto de primeiro-ministro seu discípulo, o Cardeal Mazarin, continuador de sua política. Um ministro que não poupou esforços para aumentar o poder da monarquia e transformar a França na maior potência da Europa.

Enquanto a maioridade do rei, aos 13 anos, não chegava, Ana da Áustria atuou como regente, mas, pouco interessada na política, passou para Mazarin o governo de fato. Influenciado pela religiosidade da mãe, descendente da casa Habsburgo, que então dominava a Espanha, e pelas lições de política do cardeal, Luís XIV foi formando sua personalidade e muito cedo teve de enfrentar seu primeiro grande desafio, ainda antes de atingir a maioridade, quando a nobreza e a alta burguesia, representadas no Parlamento, descontentes com as sanções econômicas causadas pela Guerra dos Trinta Anos e pelas tentativas de centralização de Richelieu e Mazarin, organizaram uma revolta conhecida como a Fronda, provocando a explosão de vários motins que chegaram a pôr em fuga a rainha e o jovem rei e a exilar o cardeal, mas que terminaram quando Luís se proclamou maior, em 1651.

Todavia, o novo rei aprendera uma lição com a Fronda, e nem bem subiu ao trono passou a diminuir ainda mais o poder do Parlamento. Nisso seguia os ensinamentos de seu mestre, que continuou como seu primeiro-ministro por muitos anos depois da coroação. Mas a tradição de primeiros-ministros com poderes régios estava por terminar, pois com a morte de Mazarin em 1661, Luís se proclamou rei absoluto, o que significava que, em teoria, governaria sozinho sobre todos.

E não demorou a colocar em prática a bem aprendida arte de governar: cercou-se de funcionários e ministros eficientes, advindos da burguesia, e não da nobreza, mas não deu a nenhum deles poderes que independessem de sua vontade. E logo após a morte do cardeal, quando todos acreditavam que escolheria o rico e poderoso ministro das finanças, Fouquet, como novo primeiro-ministro, não apenas não o fez como mandou prender esse prestigiado candidato. A partir daí, em seu longo reinado de 54 anos, teria muitos ministros, alguns de grande influência, como Colbert, mas nunca deixaria de controlar as decisões fundamentais do Estado; razão pela qual se tornou o principal representante do Estado moderno absoluto.

Além de seu talento na administração, a identificação de Luís XIV com o Estado absoluto vem principalmente da intensa propaganda que fez de si mesmo. Seu interesse nas artes e na política levou-o a mesclar ambos, determinando a fiscalização, pelo Estado, de todas as imagens do rei que eram divulgadas. Logo depois de desbaratada a Fronda, em 1652, ele passou a investir na difusão de imagens alegóricas de si próprio, ordenando que desenhos, estátuas e panegíricos com o Rei Sol passassem a ser produzidos em larga escala. Além disso, sua coroação em 1654 foi uma prévia da ritualização do cotidiano que construiria para se glorificar diante de seus súditos, reforçando o poder da abalada monarquia francesa.

Determinou ainda que Colbert controlasse a burocratização das artes e saberes. O patrocínio das artes se transformou em uma prerrogativa real: financiavam-se poetas, dramaturgos, balés, pintores e escultores. Entre eles alguns nomes ainda cultuados, como os dramaturgos Molière e Racine. Luís XIV criou modas na Europa e, além de grande mecenas, tinha pretensões a artista: não raras vezes se apresentou junto aos balés que patrocinava.

Em 1660, casou-se com a princesa espanhola Maria Teresa, esperando aumentar sua influência sobre a rival Espanha, o que efetivamente ocorreria no final de seu reinado. Por essas alturas, já baseava sua política na doutrina do Direito Divino dos Reis, mais bem expressa pelos escritos de Jacques Bossuet. Essa teoria pensava a figura da realeza como sagrada, escolhida por Deus e acima das leis nacionais. Mas se tal direito justificava o absolutismo, este, a despeito do nome, sempre foi limitado: o soberano não detinha poderes de vida e morte sobre seus súditos, também não estava acima da lei divina ou da legislação internacional que regia as nações. Ao se apresentar como monarca de poder absoluto, expressão que de início era pejorativa, Luís pretendia apenas estar acima do Parlamento e das leis do reino, por este guardadas, as chamadas Leis Fundamentais. E, assim, estar acima da nobreza.

Mas esse processo de sobreposição do Parlamento pelo rei não apenas não começou com ele como não se deu só na França, sendo comum à Europa ocidental da Idade Moderna. Na Inglaterra, por exemplo, levou à revolta do parlamento e à instituição de uma monarquia constitucional na chamada Revolução Inglesa. Por outro lado, a gradual consolidação dos Estados nacionais aumentava a rivalidade entre as nações que buscavam se tornar potências por meio da expansão territorial. Por isso, somente no reinado de Luís XIV e de seu pai a França se confrontara com o Sacro Império, a Inglaterra, a Espanha e Flandres. Em algumas ocasiões, inclusive, com vários desses rivais ao mesmo tempo.

Era também para impressionar esses contendores, além de controlar a nobreza cortesã, que Luís investia tanto tempo e esforço na promoção da imagem do Rei Sol. O poderio monárquico deveria transparecer pela Europa, intimidando seus inimigos. Ao mesmo tempo, Colbert criava medidas protecionistas para promover o crescimento da indústria francesa e fomentar seu comércio. Reformaram também o exército, e, em 1667, Luís ordenou a invasão a Flandres, conseguindo uma capitulação após seis anos de manobras militares e políticas.

Nesse momento, a França estava no auge de seu poderio, mas sua hegemonia seria abalada: quando o monarca espanhol morreu sem deixar herdeiros, a sucessão coube legalmente ao neto de Luís, que foi coroado Felipe V, rei da Espanha, em 1700. Esse fato, que finalmente colocava a ainda poderosa Espanha sob o controle da Coroa francesa, despertou a sanha dos inimigos da França em um conflito que mobilizou várias nações e resultou na perda de territórios franceses, a Guerra da Sucessão Espanhola, que, encerrada pelo Tratado de Ultrech, beneficiou principalmente a Inglaterra, a grande vitoriosa.

A guerra espanhola durou de 1688 a 1697 e encontrou Luís doente de gota, quase paralítico, já considerado um velho por seus contemporâneos aos 50 anos. A perda territorial levou a que muitos pregassem o ocaso do Rei Sol. Além disso, essa alegoria perdia força diante das mudanças intelectuais do século XVII, pois a Revolução Científica de Descartes e Newton, defensora do pensamento racional, depreciava o simbolismo que sustentara os anos de apogeu de Luís. Mas essa crise não o derrotou imediatamente, e ele ainda reinaria por quase vinte anos. Quando completou 70 anos, ainda estava no trono, a despeito de ter perdido todos os filhos e netos, com exceção de um bisneto de 4 anos e de Felipe V da Espanha, que não poderia mais assumir o trono francês.

Luís XIV foi um rei conquistador. Como todas as nações que pretendiam ser potências na Europa do século XVII, a França era territorialista, e por isso ele combateu a Espanha e o Sacro Império, decadentes, na Guerra dos Trinta Anos; empreendeu ataque aos Países Baixos, vencendo depois de árduas penas; guerreou a Inglaterra, a Espanha, a Suécia, a Baviera e a Holanda na chamada Guerra da Liga Habsburgo, na qual perdeu territórios, e na Guerra da Sucessão Espanhola.

Internamente, além da proteção à indústria e do fomento ao comércio, característicos de Colbert, revogou o edito de Nantes, suspendendo as liberdades religiosas em um ato de intolerância para com os protestantes franceses. A despeito de tudo isso, passou para a história principalmente associado à glorificação do poder da monarquia absoluta. Uma glória espelhada no barroco Versalhes, mas também em suas famosas frases de efeito, tenham ou não sido ditas por ele, como "É legal porque eu quero" e "O Estado sou eu".[1]

Luís XIV morreu aos 76 anos, em 1715, de causas naturais, deixando como seu sucessor ao trono da França seu bisneto, o futuro Luís XV. Anos depois de sua morte sua imagem ainda estava vívida a ponto de inspirar um dos maiores filósofos do século XVIII, Voltaire, a afirmar que ele fizera mais pela França que vinte de seus antecessores. E se o Rei Sol transformara a propaganda em uma extensão da política, como a guerra, seu apreço pelas artes não diminuíra seu lado belicoso. Tanto que mandara gravar em seus canhões uma máxima em que propaganda, arte e política se mesclavam: "O argumento final dos reis".

Curiosidades

As extravagâncias na vida de Luís XIV e sua corte deram origem ao conceito de luxo como conhecemos hoje. Foi no decorrer de seu reinado que surgiram a refinada gastronomia francesa, assim como a alta-costura, butiques e grifes, que passaram a simbolizar a sofisticação, que foi durante muito tempo identificada como tipicamente francesa.

[1] As conhecidas máximas de Luis XIV podem ser encontradas em HORN, Pierre L. Luis XIV. São Paulo: Nova Cultural. 1987.

Catarina, a Grande

Monarca russa, 1729–1796

Em sete de agosto de 1782, em São Petersburgo, Catarina, autocrata de todas as Rússias, assistiu à inauguração de um monumento, encomendado por ela havia dezesseis anos, comemorativo ao centenário da coroação de um eminente antecessor: o czar Pedro, o Grande. Um titânico bloco de granito, trazido de barco desde a Finlândia, servia de base, e sobre ele se erguia uma escultura de bronze do czar, montado num cavalo rampante esmagando, com patas traseiras, uma serpente, representação dos inimigos do Estado. Engastada na rocha dura, a inscrição "A Pedro I de Catarina II 1782" situava a monarca como herdeira legítima do grande líder e continuadora do processo de modernização que impusera à Rússia desde finais do século XVII. Oportunamente, na mesma ocasião, ela celebrou, também, o vigésimo aniversário de sua ascensão ao trono, e embora essas duas décadas tivessem solidificado sua posição, sempre considerava importante relembrar sua legitimidade, principalmente por não ser russa de nascença e ter iniciado seu reinado pela via torta de um golpe de Estado, dado na noite de 27 de junho de 1762 contra o lídimo ocupante do trono, ninguém menos que seu marido, o czar Pedro III, homem fraco, estrangeiro como a esposa, mas sem a disposição dela para abraçar os costumes e tradições do novo país: luterano, insultara a poderosa Igreja Ortodoxa Russa ao banir os ícones dos templos e confiscar-lhes terras e patrimônio; filo-germânico, instilara o ódio nas forças armadas ao impor execrados comandantes prussianos, atrasar meses de soldos e iniciar uma guerra contra a Dinamarca, sem qualquer apoio ou interesse nacional. Irados, todos se voltaram para a imperatriz, que recebeu a adesão dos militares aquartelados em São Petersburgo, dos comandantes da marinha e do arcebispo metropolitano. Ungida pela igreja, avalizada pelas armas e querida pelo povo, tornou-se a nova líder da Rússia, obrigando o monarca deposto a assinar uma carta de renúncia. No mês seguinte, o ex-czar estaria morto, oficialmente vítima de um ferimento numa briga, e Catarina, já então chamada de "mãezinha" pela população, reinava incontestável.

Sua meteórica ascensão foi incomum em vários sentidos: jamais uma mulher capitaneara um golpe de estado na Rússia — imperatrizes viúvas e regentes houvera muitas, mas uma soberana assumindo o poder por méritos próprios não; tampouco possuía qualquer laço sanguíneo com os Romanov, a dinastia reinante desde 1613 — seu infausto marido, ao menos, era neto de Pedro, o Grande, mas ela mesma não dispunha de nenhum parentesco. E apesar de tudo isso, seus 36 longos anos de reinado marcaram a história daquele país: expandiu seu território, incorporando regiões-chave da Europa central e setentrional, das costas do Mar Negro e da América do Norte; sedimentou a condição russa de potência dentro do concerto europeu e, influenciada pelos filósofos iluministas, tentou implementar reformas educacionais e políticas que lhe valeram o epíteto de "Déspota Esclarecida". Desta forma, do golpe de Estado que a catapultou ao trono até a inauguração da estátua de Pedro I, Catarina sintetizou um século de esforços russos no caminho da modernização.

Esse processo começou em finais do século XVII com o czar Pedro I, igualmente cognominado o Grande, um homem prático e enérgico que logo após sua coroação seguiu à Europa ocidental, trabalhando incógnito em estaleiros ingleses e holandeses. Ao retornar, empreendeu reformas militares, armando a Rússia com sua primeira marinha e seu primeiro exército modernos. Suas conquistas territoriais, conquanto modestas, foram significativas: nos territórios bálticos tomados à Suécia fundou, em 1703, uma nova capital, São Petersburgo, a qual, situada num pântano, tornou-se conhecida como a cidade erguida sobre ossos, pois sua edificação custou a vida de dezenas de milhares de trabalhadores. Seis décadas depois, quando Catarina ascendeu ao trono, transformou-a em vitrine de sua corte moderna, financiando magníficos edifícios, como o Palácio de Inverno. Morto em 1725, Pedro não indicou herdeiro, e durante quinze anos o trono russo oscilou, sendo ocupado por sua viúva, por sua sobrinha e finalmente por sua filha mais velha, Elizabeth, que reinou de 1741 a 1761 e representou um importante papel na vida da futura imperatriz.

Nascida Sofia Augusta Frederica, no principado alemão de Anhalt-Zerbst, foi educada como uma nobre setecentista, e aos 10 anos viu pela primeira vez seu primo e futuro marido, Pedro Ulrich, um ano mais velho e herdeiro do trono russo. Apontado como sucessor pela czarina em 1741, o garoto de 13 anos dirigiu-se à Rússia, onde recebeu o batismo na Igreja Ortodoxa e mudou seu nome para Pedro Fyodorovich. Três anos depois, Sofia e sua mãe fizeram o mesmo caminho, pois a garota fora escolhida pela imperatriz Elizabeth para se casar com o herdeiro do trono. Tal e qual Pedro, a jovem alemã teve de se converter à Igreja Ortodoxa, mas diferentemente do marido, ela parecia de fato apreciar seu novo país e sua nova religião. Batizada Yekaterina Alekseievna em 1744, aprendeu russo fluente, embora jamais viesse a dominar perfeitamente a gramática, e durante os primeiros anos no país adotivo, dedicou-se a refinar sua cultura, lendo Plutarco, Cícero, e os principais filósofos iluministas, em especial Montesquieu. Havia muito tempo disponível para tais leituras, posto que seu marido não se interessava por ela, sexual ou intelectualmente, e era estéril, um sério problema para uma casa real. Teve então início um hábito que a futura imperatriz cultivou por toda vida: ter amantes. Ao longo de três décadas, manteve pelo menos quinze deles, três dos quais produziram descendência: um desses filhos, nascido em 1754, foi reconhecido como legítimo por Pedro Fyodorovich e veio a suceder à mãe como czar Paulo I. Entre seus casos mais famosos contaram-se o conde Stanislaw Poniatowski, futuro rei da Polônia, e vários militares, com destaque para Grigori Orlov, comandante do golpe de Estado que a levou ao trono. Quando o ímpeto por uma dessas paixões arrefecia, ela pragmaticamente concedia-lhe terras e uma pensão, costume que provocou comentários sarcásticos do embaixador francês e ruborizou o pudico emissário britânico.

Catarina possuía um senso de oportunidade e discernimento político insuperáveis. Embora as agruras de seu casamento fossem conhecidas publicamente, soube tirar partido delas, e fazia ser vista frequentemente orando nas igrejas ou trabalhando nos jardins ao lado de damas de companhia, granjeando assim uma popularidade a que seu marido sequer podia aspirar. Em rota de colisão com súditos importantes, quando Pedro destratava abertamente a mulher, aumentava a simpatia geral por ela, e tendo em vista tais fatos, o golpe de 1762 não foi exatamente uma surpresa.

O trabalho era uma obsessão para a nova imperatriz: acordava de madrugada, sorvia grandes doses de café forte o dia inteiro, enquanto mergulhava na papelada administrativa; de perfil centralizador, fazia questão de estar a par de todos os ocorridos, e, para tanto, estabeleceu a primeira burocracia eficiente na Rússia. Admiradora dos Iluministas desde a juventude, correspondeu-se com Voltaire até a morte deste, e quando o coeditor da Enciclopédia, Denis Diderot, envolto em dificuldades financeiras, viu-se obrigado a vender sua biblioteca, ela comprou a coleção e contratou-o para ser bibliotecário de seus próprios livros. Entusiasta do conhecimento científico, convidou o médico britânico Thomas Dinsdale para ministrar vacinas antivaríola na Rússia, sendo ela mesma imunizada para estabelecer o exemplo. Em 1767, substituiu as leis moscovitas, que datavam do século XVII, por um novo código legal inspirado pelas ideias modernas, proclamando a igualdade de todos perante a lei — muito do texto era declaradamente um plágio da obra de Montesquieu, e Catarina escreveu ao pensador um charmoso pedido de desculpas, reconhecendo "um roubo literário feito em benefício de 20 milhões de pessoas". Mas esse enlevo conhecia limites: como o título de autocrata indicava, o absolutismo, como regime político, foi mantido, e a situação dos servos não se modificou — ainda que declarasse o desejo íntimo de os libertar, percebeu que se assim o fizesse, entraria em conflito com os poderosos terratenentes, uma batalha que dificilmente venceria. Acostumou-se então ao fato consumado, chegando, inclusive, a doar cerca de 800 mil camponeses a senhores de terras leais. Tais idiossincrasias geravam críticas dos mais atentos, e quando Diderot a visitou em São Petersburgo e censurou a condição servil, a resposta real foi taxativa: os princípios filosóficos são maravilhosos no papel, liso e flexível, mas ela, pobre imperatriz que era, trabalhava com pele humana, mais sensível e delicada.

No começo da década de 1770, Catarina conheceu o homem mais importante de sua vida: Grigori Potemkin. De início foram apenas amantes, mas há indícios de que se casaram secretamente. Estadista e militar habilidoso, figura proeminente mesmo depois que o relacionamento amoroso arrefeceu, sua política externa agressiva expandiu em quase um terço o território russo: entre 1772 e 1795, ao lado de outros ditos déspotas esclarecidos Frederico II da Prússia, e Maria Teresa e José II d'Áustria, Catarina retalhou a Polônia, tomando para si a maior parte do antigo país. Potemkin também foi responsável por conquistar o último território tártaro na Rússia, a Crimeia, em 1783, abrindo ao Império uma saída para o Mar Negro, o qual, diferentemente das águas nórdicas, não congela no inverno. Além de aquisições na Ásia central, o Alasca foi oficialmente ocupado. O Império Russo estendia-se, pois, por três continentes, e atingia sua maior extensão histórica.

Perto dos 70 anos, Catarina se mantinha lúcida, mas sofria de obesidade, e, em 1788, a morte de Potemkin, vítima da malária, privou-a de um conselheiro íntimo e amigo fiel. A Revolução Francesa e o modo como ideias iluministas que tanto amava alimentaram revolta popular de tal envergadura escandalizaram-na, e por causa disso, seus últimos anos foram marcadamente reacionários, atitude comum a todas as cabeças coroadas da Europa naqueles dias. Em 1796, sofreu uma trombose, passou alguns dias em coma e finalmente veio a falecer. Era uma personalidade plena de contradições: simpática às ideias modernas emanadas da França, nunca abandonou a condição de autocrata, mas também não deixou de implementar reformas na educação e na saúde, e chegou a indicar uma mulher, a princesa Dashkova, para a direção da Academia de Ciências. Geralmente tolerante, quando enfrentou, entre 1773 e 1774, uma grande rebelião camponesa, não hesitou em ser tirânica na repressão, pouco fazendo, antes ou depois, para melhorar a vida dos milhões de servos de seu país. Ainda assim, à altura de sua morte, a Rússia era uma potência mundial.

Curiosidades

Catarina abriu espaço no império para outras religiões. Por meio do édito Tolerância para Todas as Crenças, em 1773, permitiu, por exemplo, aos muçumanos que viviam em solo russo a construção de mesquitas e a praticar todas as suas tradições religiosas.

Vitória

Monarca inglesa, 1819–1901

Em 1897, o Império Britânico comemorava o Jubileu de Diamante de sua rainha, Alexandrina Vitória, há sessenta anos no trono e que, utilizando o recém-desenvolvido telégrafo, enviou uma breve mensagem de agradecimento a todo seu domínio, atingindo súditos nos quatro cantos do mundo: das vastidões gélidas do Canadá aos desertos escaldantes da Austrália; das cidades egípcias às ilhas do Pacífico; de Hong Kong, no Mar da China, a Georgetown, no litoral da Guiana. Não havia um único continente habitado onde o Union Jack não tremulasse — nem mesmo o europeu, onde Gibraltar, no extremo sul da Península Ibérica, fora conquistada no século XVIII —, e acima de todas as colônias reluzia a Índia, joia da coroa vitoriana, cujo título de Imperatriz a monarca recebera em 1877. Seu longevo reinado marcou a história mundial de várias maneiras: na Europa, as principais casas reais se ligaram à coroa inglesa por casamento, e quando a soberana morreu em 1901, aos 81 anos de idade, era a matrona do continente e acreditava que tais laços seriam o penhor da estabilidade política. Para suas muitas colônias, era a encarnação suprema do opróbrio da dominação estrangeira. Na própria Grã-Bretanha, seu governo foi marcante a ponto de dar nome a todo o período, a Era Vitoriana, caracterizado por moralismo rigoroso e escandalosa hipocrisia, descritos, um como a outra, em personagens literários aparentemente nobres, mas que ocultavam monstros interiores; figuras como o cordato Dr. Jekyll, que dissimulava o tenebroso Mr. Hyde;

o belo Dorian Gray, que vendera sua alma ao demônio em troca de eterna juventude; ou ainda o charmoso Conde Drácula, disfarce de um predador sanguinário... todos facínoras ficcionais, mas que espelhavam a realidade das ruas de Londres, onde prostitutas eram brutalmente assassinadas por um criminoso verdadeiro que se tornou, ele também, um ícone daquele tempo: Jack, o estripador.

No decorrer do século XIX, os britânicos forjaram para si a crença em uma superioridade inata, uma primazia não tanto voltada à raça (embora amiúde se traduzisse nesses termos, especialmente em relação às populações sujeitadas), mas principalmente às instituições: acreditavam ser o povo mais civilizado que já existira, cuja obrigação era aperfeiçoar o mundo, como se vê nos versos paternalistas de um poeta contemporâneo, Rudyard Kipling:

> Carrega o fardo do homem branco,
> envia os melhores de tua estirpe
> Condena ao exílio teus filhos,
> para servirem às necessidades
> dos cativos;
> Para que aguardem, em pesados arreios,
> em meio aos selvagens e
> alvoroçados —
> Seus novos súditos, metade diabo, metade criança.

A despeito de tais arroubos supremacistas, muito do que se via na aurora da industrialização era pura encarnação da barbárie. Entre 1756 e 1763, a Grã-Bretanha enfrentara um verdadeiro conflito mundial contra a França, a Guerra dos Sete Anos, combatida em território europeu, no sul da África, na América do Norte e na Índia. Ao final, a economia francesa estava arrasada, mas a britânica apenas começava sua expansão, e enquanto num lado do Canal da Mancha estourava a sangrenta Revolução, no outro, sem competidores, a indústria produzia e vendia como nunca, com o advento das máquinas aumentando a produção a níveis jamais vistos. Carentes de mão de obra, as fábricas traziam milhares de pessoas dos campos para cidades sem nenhuma condição de comportá-las. Amontoadas em moradias precárias, porões úmidos, famílias inteiras labutavam, inclusive mulheres e crianças, estas recebendo apenas fração do já miserável salário pago aos homens. Não havia qualquer segurança trabalhista, e uma vez desempregados, velhos ou incapacitados, tornavam-se pedintes nas esquinas. Essa era a Grã-Bretanha, pátria da economia mais industrializada do mundo, mas incapaz de alimentar seus próprios trabalhadores.

Quando Vitória foi coroada, em 1837, tinha 19 anos, jovem para o futuro encargo que assumiria. Não obstante, a monarquia não gozava de grande popularidade: as memórias das revoluções do século XVII — a deposição de dois reis e a decapitação de um deles — persistiam, assim como as loucuras do rei George III, poucas décadas atrás. Logo, para muitos a casa real era, na melhor das hipóteses, um fardo a ser carregado. Seu longo e relativamente estável reinado mudaria essa percepção, desenvolvendo o cerimonial que sacralizou a realeza perante a opinião pública e que hoje parece quintessencialmente britânico tanto dentro quanto fora do país. Casou-se, em 1840, com o príncipe alemão Albert de Saxe-Coburgo-Gotha, mas contrariando a costumeira frieza que acompanha os matrimônios arranjados da nobreza, permaneceram um casal dedicado e apaixonado por toda a vida, e quando Albert faleceu, em 1861, de febre tifoide, levou Vitória a um luto que durou mais de uma década: raramente era vista em público e, quando o fazia, apenas reafirmava sua viuvez. Mesmo suas obrigações como soberana foram secundadas, e frequentemente enviava seus filhos para cumprir as formalidades. Durante anos, seu único confidente foi um criado escocês, John Brown, relação que, suspeitava-se, ultrapassou os limites da amizade.

Entre 1868 e 1903, dois políticos dominaram a cena britânica: o liberal William Gladstone e o conservador Benjamin Disraeli. Não cabia à rainha escolher com quem despacharia, haja vista as limitações que a monarquia institucional lhe impunha, mas sua preferência pelo segundo era claramente conhecida: político com dotes literários, Disraeli conseguiu, aos poucos, tirar Vitória de seu luto e estimulá-la a reassumir suas funções — foi dele, inclusive, a proposta de um dos pontos altos do reinado, a coroa imperial da Índia. Reis existiam muitos, a Europa era repleta deles, mas imperadores eram bem mais raros. No Oriente havia os da China e do Japão; nas Américas, o brasileiro; na África, o negus da Abissínia; e na Europa, o sultão turco, o czar russo e os kaisers da Alemanha e da Áustria-Hungria. Vitória era tão somente uma rainha, embora suas possessões fossem mais amplas que as da vasta maioria desses monarcas, mas a chave para a mudança seria a Índia, onde os britânicos estavam presentes desde o século XVII: inicialmente subalternos aos nativos, durante a Guerra dos Sete Anos, expulsaram as demais potências europeias e tornaram o imperador mogol seu refém. Esse domínio, contudo, não era exercido pelo Estado, e sim pela Companhia

Inglesa das Índias Orientais, e boa parte da administração era formada por indianos, inclusive os soldados, chamados sepoys (sipaios), os quais, em 1857, revoltaram-se violentamente, após o que o governo real assumiu formalmente o controle do subcontinente.

O imenso território indiano (que incluía além da atual República da Índia, Paquistão, Bangladesh, Sri Lanka e Myanmar, além de exercer influência sobre áreas contíguas, como os estados dos Himalaias) era uma peça-chave do mundo imperial britânico, centro equidistante da maioria das províncias (a maior exceção era o Canadá) e encruzilhada para as rotas mais importantes — os domínios na África, Austrália, Nova Zelândia, China. Possuía, ainda, uma imensa população, um enorme mercado para os produtos metropolitanos, e na perspectiva preconceituosa que ganhara corpo, civilizar aquele país era um mote sagrado das mentes imperialistas, usualmente desconsiderando sua longa história e tratando os nativos, na melhor das hipóteses, como crianças carentes de proteção e educação. Em 1877, o governo de sua majestade convocou um congresso para o qual todos os potentados e nababos locais foram chamados, um espetáculo de extravagância, cuidadosamente calculado para impressionar os observadores, e afirmou-se que com o imperador deposto durante a Revolta dos Sipaios, o trono imperial indiano estava vago e seria assumido por Vitória. Um linguista inglês, inclusive, conjurou um título, Kaiser-i-Hindi, ou "César(ina) da Índia", afirmando que tal nomenclatura era "já bem familiar aos orientais".

Da década de 1870 em diante, o Império Britânico cresceu fortemente na África: seguindo as trilhas abertas pelos primeiros exploradores, militares e aventureiros ingleses esquadrinharam o continente, e o mais famoso deles, Cecil Rhodes, tomou para a Grã-Bretanha um enorme território no sul da África, a chamada Rodésia. Pretendia realizar o sonho de ir "do Cabo ao Cairo" sem sair dos territórios de sua majestade — um devaneio, sem dúvida, mas que foi efetivamente alcançado após a Primeira Guerra Mundial, quando colônias alemãs foram expropriadas e anexadas à coroa britânica, deixando atrás de si um rastro de morte e destruição das sociedades nativas.

Vitória nasceu em 1819, num ambiente hostil à monarquia, e quando de sua morte, mais de oitenta anos depois, entregou uma instituição em invejável solidez. É um período que desafia a compreensão: em 1837, o país era a "oficina do Mundo", líder da industrialização, mas na virada para o século XX havia decaído para a terceira posição, superado pelos Estados Unidos e pela Alemanha. Essa debacle relativa, porém, não se traduziu em termos políticos, e nem norte-americanos nem alemães se ombreavam aos britânicos em influência mundial. Durante as últimas décadas do século XIX, os trabalhadores das fábricas haviam se organizado e melhorado suas condições de vida consideravelmente, e em menos de trinta anos o Partido Trabalhista seria uma força a ser reconhecida. Na cultura, na política, nos costumes, a Grã-Bretanha era um modelo, e Vitória foi parte indissociável de todo esse universo, imperatriz ícone do imperialismo — para quase 25% do planeta, o título daquela canção patriótica, Rule, Britannia! (Comanda, Britânia!) era de uma verdade tristemente inegável.

Curiosidades

A Era Vitoriana durou 63 anos, o reinado mais longo de um monarca britânico e o mais longo de qualquer rainha ou imperatriz em toda a história. Esses recordes estão prestes a serem batidos por sua tataraneta, a rainha Elizabeth II, da Grã-Bretanha, em 9 de setembro de 2015.

Lênin

Revolucionário russo, 1870–1924

O ano de 1917 foi de grandes transformações na Rússia. O regime czarista estava seriamente abalado pela miséria dos camponeses, pela crise provocada pela guerra contra o Japão, pela Primeira Guerra Mundial e pela repressão sangrenta a manifestações pacíficas. Tudo isso resultando na abdicação do czar Nicolau II em março daquele ano. Mas sua renúncia seria apenas o início do processo revolucionário que em menos de um ano levaria à formação da Rússia Soviética. Um processo fulminante comandado pelo maior ideólogo do socialismo soviético e da Revolução Russa, um dos intelectuais que tentaram compreender a lógica do imperialismo, Vladimir Ilich Lênin.

Até 1861, a Rússia fora um reino feudal, um império que se estendia do Japão à Alemanha e do Ártico à Ásia Central, governado pelos czares da dinastia Romanov. Mas nesse ano o czar Alexandre II dera início a um processo acelerado de industrialização e modernização, abolindo a servidão, obrigando os camponeses a adquirir terras e vender sua força de trabalho e abrindo as portas para investimentos da Europa ocidental. O final do século viu surgir uma incipiente indústria, mas concentrada nos centros urbanos da Rússia europeia, o que deixava a parte asiática totalmente camponesa. Os camponeses enchiam as cidades e os operários trabalhavam em jornadas de quatorze horas. Por outro lado, foi a época de ouro dos grandes artistas e autores russos: os escritores Dostoiévski e Tolstói, além do compositor Tchaikóviski, viveram e produziram nesse período. Foi nele também que nasceu Lênin.

Nasceu em Simbirsk, na Rússia, em 1870, batizado Vladimir Ilich Uliánov, filho de um funcionário czarista que chegou ao posto de conselheiro de Estado. Foi sempre um aluno aplicado, dado a desvarios intelectuais, que mais tarde escolheria o nome Lênin como pseudônimo, sem nunca ter explicado o significado ou o porquê. Ainda jovem se interessou pela contestação política, influenciado por seu irmão mais velho, Aleksandr Uliánov, um revolucionário anarquista. Se a presença de Aleksandr e sua militância exerceram papel definitivo na vida do jovem Vladimir, mais definitivo foi seu fuzilamento em 1887, por atentar contra a vida do czar. Foi a execução desse irmão, brilhante e corajoso, a quem o jovem Lênin dificilmente poderia se igualar, que o levou a seguir a via revolucionária.

Depois da morte de Aleksandr, Vladimir ingressou no curso de Direito da Universidade do Kazan, de onde foi expulso por se envolver com grupos marxistas. Exilado para uma vila distante, somente depois de muitas petições conseguiu ser readmitido, voltando a se dedicar à obra de Marx. Até 1892, quando finalmente se formou, passou por nova expulsão e detenção, só conseguindo concluir após ter cursado disciplinas na Universidade de São Petersburgo, onde foi proibido de se misturar com os outros alunos e obrigado a estudar só. Uma vez diplomado, traduziu para o russo o Manifesto Comunista de Marx e Engels, trabalhou em várias cidades, como São Petersburgo e Moscou, continuando a militância marxista e escrevendo artigos críticos ao regime. Contestava os populistas que pregavam a revolução camponesa e defendia o operariado como a verdadeira classe revolucionária. Aproveitou a oportunidade de viajar pela Europa para estudar os processos revolucionários do continente, até ser preso, em 1896, por sua participação em greves. Foi exilado na Sibéria por três anos. Estava casado com Nadezhda Krupskaya, discreta intelectual que por toda a vida seria seu principal apoio. Sobre sua experiência siberiana, Lênin escreveu mais tarde que foi um período tranquilo, que lhe deu oportunidade de desenvolver suas teorias políticas. Saiu-se tão bem lá, na verdade, que ao tomar conhecimento da prisão de Krupskaya por militância política, conseguiu a transferência dela para a Sibéria, para se juntar a ele. E foi bem estabelecido, com a esposa, nesse exílio frio que concluiu a primeira de suas obras principais, O Desenvolvimento do Capitalismo na Rússia, na qual apresentava o capitalismo como um degrau para a revolução socialista, um mal necessário sem o qual não haveria classe operária.

Naquele momento, sua militância se dava no âmbito do Partido Social-Democrata Russo. Livre da prisão, ele se pôs a trabalhar no jornal do partido, A Centelha, o que o levou a se mudar, nos primeiros anos do século XX, para a Europa ocidental em busca de um ambiente mais livre para escrever. Foi então que dissidências entre diferentes tendências marxistas no partido levaram ao surgimento de uma divisão interna entre a maioria, bolcheviques, e a minoria, mencheviques.

Enquanto isso, o czarismo falido e derrotado na guerra russo-japonesa entre 1904 e 1905 convivia com o crescimento do descontentamento. Sem trabalho e comida, 200 mil manifestantes organizaram uma marcha em São Petersburgo, em janeiro de 1905, reivindicando melhores condições de vida, mas em frente ao palácio do czar encontraram o exército com ordens de abrir fogo. Centenas de homens, mulheres e crianças morreram nesse dia, que ficou conhecido como Domingo Sangrento, o que apenas motivou novas manifestações contra o regime. O czar foi obrigado a fazer concessões, como a criação de uma assembleia consultiva, com poucos resultados.

Enquanto as greves paralisavam a Rússia, o Partido Social-Democrata criava os soviets, conselhos populares que funcionavam como assembleias, então liderados pelos mencheviques. A revolução de 1905 (conhecida como ensaio geral) só terminou após a criação da monarquia constitucional e de mais um banho de sangue, dessa vez num levante instigado por Lênin, que tentara criar um novo governo a partir dos soviets.

Após esses acontecimentos, Lênin optou por se exilar, partindo primeiro para a Suíça, depois para a Finlândia e voltando por fim à Suíça, onde a revolução de 1917 o encontraria anos mais tarde. Lá se dedicou a estudos teóricos enquanto os bolcheviques se tornavam gradativamente mais hegemônicos dentro do partido russo. Em 1914 começou a Primeira Guerra Mundial, dividindo mais uma vez as opiniões entre os social-democratas. Lênin pregava que a guerra poderia ser um mecanismo para a explosão da revolução socialista, enquanto lideranças como Leon Trotsky defendiam seu fim imediato. Enquanto isso, a obra de Lênin influenciava cada vez mais os círculos revolucionários, repercutindo na separação dos partidos bolcheviques e mencheviques. Para ele, a revolução tinha suas bases principais na luta de classes e na influência deletéria da guerra imperialista travada na Europa. E essas ideias eram tanto mais aceitas quanto mais desfavorável se tornava a situação da Rússia na guerra. O czar, no entanto, apoiava a participação do país no conflito e reprimia de forma violenta todos os levantes em contrário, o que só aumentava a oposição contra ele. Os descontentamentos generalizados cresciam a cada dia e levaram, primeiro, à dissolução da assembleia consultiva, em março de 1917, e pouco depois à abdicação de Nicolau II, pondo um fim ao czarismo.

Mas sem o Antigo Regime como adversário, as diferentes facções que antes se opunham a ele entraram em rota de colisão. Liberais e socialistas viam o caminho para o poder livre, a não ser uns pelos outros. Foi nesse momento que Lênin voltou à Rússia para encontrar um governo provisório moderado e liberal e que, segundo ele, vivia de fazer acordos com a velha oligarquia feudal e os interesses estrangeiros. Contra isso propôs mais uma vez o governo dos soviets como resposta contra o imperialismo. E assumindo o papel de principal liderança do partido bolchevique, elaborou as chamadas Teses de Abril, em que afirmava que a revolução passara apenas por sua primeira etapa, a tomada de poder pelos burgueses, e que deveria progredir para o governo socialista. Propunha a reforma agrária, uma república parlamentar com o poder focado nos soviets e a oposição imediata ao governo provisório burguês, que considerava incapaz que concluir a participação russa na guerra.

Suas teses, todavia, não foram imediatamente aceitas pelos revolucionários. Taxado por alguns de tentar incitar uma guerra civil, Lênin terminou por se exilar, mais uma vez, na Finlândia, onde se dedicou a escrever O Estado e a Revolução, apresentando o estado burguês como uma etapa necessária para a instalação do estado socialista, que deveria, por sua vez, ser gradualmente extinto para dar lugar a uma sociedade comunista:

> O primeiro ponto solidamente estabelecido pela teoria da evolução e, mais geralmente, pela ciência — ponto esquecido pelos utopistas e, em nossos dias, pelos oportunistas que a revolução social amedronta — é que, entre o capitalismo e o comunismo, deverá intercalar-se, necessariamente, um período de transição histórica.[1]

---

[1] LENIN, V. I. *O Estado e a Revolução*. 1917, p. 49. Disponível em: <http://pcb.org.br/portal/docs/oestadoearevolucao.pdf>. Acesso em: 8 jan. 2015.

Lênin retornou à Rússia com os acontecimentos de outubro de 1917: a tomada do Palácio de Inverno pelos bolcheviques e o estabelecimento do governo soviético. O novo governo bolchevique aboliu a propriedade privada, nacionalizou bancos e elegeu Lênin como premier do Congresso dos Soviets, que retirou a Rússia da Primeira Guerra Mundial com a assinatura do Tratado de Brest-Litovski com a Alemanha. Do ponto de vista interno, o vitorioso Partido Bolchevique se transformou no Partido Comunista Russo, hegemônico. No entanto, a conturbada situação política motivou os outros partidos a tramarem a derrubada do regime, terminando em um atentado contra a vida de Lênin, feito por um militante do Partido Socialista Revolucionário em 1918. Apesar de ter sobrevivido, ele sentiria para o resto da vida os efeitos do ataque.

Em 1919, os bolcheviques organizaram a Terceira Internacional Comunista, uma tentativa de exportar sua ideologia que teria grandes repercussões no mundo no decorrer do século XX. A Internacional rebatizou os bolcheviques como comunistas, mas enquanto estes se dedicavam aos planos grandiosos de internacionalizar a revolução, a Rússia vivia uma guerra civil entre os partidários do Antigo Regime, organizados no Exército Branco — que apesar de minoritários, contavam com o apoio de potências como a França e a Inglaterra — e o Exército Vermelho, força bolchevique comandada por Leon Trotsky. Os comunistas venceram em 1920, mas sua vitória só foi considerada completa quando o Exército Vermelho fuzilou, como garantia de que a revolução não teria volta, toda a família Romanov.

A guerra civil não impediu que Lênin planejasse a invasão da Polônia como primeiro movimento na expansão da Rússia Soviética para o Ocidente, mas sendo derrotado na empreitada. Internamente o novo regime perseguia implacavelmente opositores como os anarquistas, enquanto a economia se desestabilizava com a prolongada guerra. Somente após debelar uma revolta em 1921, o governo implementou uma nova política econômica em que incentivava agricultura e indústria e mesmo restabelecia, de forma limitada, a propriedade privada, só então conseguindo soerguer a economia do país. E enquanto a Rússia socialista era acossada pelas potências estrangeiras, que temiam uma repetição da revolução no Ocidente, o regime antes democrático dos soviets cada dia mais substituía a democracia pela burocracia.

Em 1922, Lênin sofreu o primeiro de vários derrames que o deixariam sem falar e andar. Mas por alguns anos ainda continuaria, apoiado por Trotsky, a comandar o governo, esforçando-se por combater a gradual burocratização da Rússia. Essa aliança, todavia, não parece ter tido raízes profundas, pois seu testamento político contestava as ideias de Trotsky, assim como de outro dos gestores do governo soviético, Josef Stálin, que terminaria por assumir o governo após sua morte.

Lênin faleceu em 1924, oficialmente devido a uma hemorragia cerebral. Mas a causa de sua morte gerou polêmica, com explicações que iam desde a sífilis até o assassinato político.

A Rússia revolucionária sobreviveu e, governada pela burocracia dos soviets e pelo despótico Stalin, tornou-se um império, a União Soviética (URSS), que depois da Segunda Guerra Mundial passou a disputar com os Estados Unidos o posto de maior potência mundial no conflito que ficou conhecido como Guerra Fria. Além disso, inspirou socialistas, revoluções e movimentos de independência de colônias por todo o mundo, e durante quase todo o século XX pareceu inabalável. Até que caiu por suas próprias contradições internas, entrelaçadas com o contexto internacional, levando com ela as esperanças das esquerdas em todo o mundo.

Enquanto existiu, o regime soviético idolatrou seu fundador, elevando-o à condição de mártir, mumificando seu corpo e expondo-o à visitação pública na Praça Vermelha, em Moscou. Seu cérebro recebeu tratamento especial, estudado por cientistas do regime que procuravam a causa de sua genialidade. A cidade de Petrogrado passou a se chamar Leningrado, mas voltaria a ser São Petersburgo depois da queda do Império, reavendo seu nome mais antigo. Os soviéticos espalharam estátuas de bronze de Lênin pelas praças de suas grandes cidades e por toda a Europa oriental. Estátuas que, ao serem arrancadas de seus pedestais depois da queda do muro de Berlim, marcaram o fim do século XX e o início do XXI.

Curiosidades

Após a morte de Lênin, a cidade de São Petersburgo foi renomeada para Leningrado em sua homenagem. Apenas com o fim da URSS a cidade voltaria a usar o nome de fundação.

Adolf Hitler

Ditador alemão, 1889–1945

Em 1992, o jornal britânico *The Times* selecionou mil personagens marcantes do século XX em áreas diversas, e, na esfera política, nenhum outro teria tido maior relevância que Adolf Hitler. Seu nome vinculava-se a fatos tão diversos quanto a destruição da democracia alemã, o massacre e quase extermínio dos judeus europeus e a provocação da Segunda Guerra Mundial, que terminaria com um saldo de mais de 70 milhões de mortos e levaria à queda dos impérios colonialistas e da hegemonia europeia, abrindo espaço para duas novas superpotências, a URSS e os EUA. Poucos anos depois, a revista norte-americana Life selecionou cem personalidades, desta vez representando o Milênio encerrado em 2000, e, mais uma vez, o ditador alemão estava presente: em ambos os casos, listas publicadas em veículos de ampla circulação indicam que a memória do Führer permanece viva, e sua relevância histórica não pode ser subestimada. A suástica, que escolheu como símbolo de seu movimento, se devela sobre as manifestações da extrema-direita que tomaram conta das ruas da Europa no último decênio e levaram ao poder grupos extremistas cujas lideranças sequer se preocupam em esconder suas inspirações — em 2014, Nikolaos Michaloliakos, do partido grego Aurora Dourada, declarou, a plenos pulmões, num comício, "Nós até podemos fazer a saudação hitlerista, mas ao menos nossas mãos estão limpas". Numa outra perspectiva, execrados, seu nome e o de seu partido se tornaram adjetivos usados para caracterizar o que há de pior em termos de política ao redor do mundo e para desqualificar adversários tanto à direita quanto à esquerda. A experiência nazista ainda fere as consciências: o cultivo do ódio sem pejo, resultando em 10 milhões de pessoas mortas nos campos de concentração, a virtual extinção das comunidades judaica e cigana da Europa, além do assassinato em massa de comunistas, social-democratas, católicos, homossexuais e testemunhas de Jeová, que resistiam a integrar qualquer tipo de exército. Adolf Hitler foi não apenas o mentor desse processo, mas um participante ativo, ainda que contasse com fanáticos auxiliares trabalhando para o Führer, igualmente fiéis às suas ideias degeneradas. Do ponto de vista teórico, foi o grande ideólogo, junto com Julius Streicher e Otto Dietrich, da cultura da morte que floresceu na primeira metade do século XX, e seu livro, Mein Kampf (Minha Luta), sistematizou várias vertentes do ódio, conferindo-lhes feição de um projeto político. Seu projeto político era baseado numa guerra de raças em que a parte mais fundamental e profunda da propaganda residia na escolha do judeu como outro conveniente. Segundo Hitler:

> Se os judeus fossem habitantes exclusivos do Mundo não só morreriam sufocados em sujeira e porcaria como tentariam vencer-se e exterminar-se mutuamente, contanto que a indiscutível falta de espírito de sacrifício, expresso em sua covardia, fizesse, aqui também, da luta uma comédia.[1]

Na prática, Hitler foi diretamente responsável pela montagem da máquina burocrático-industrial que ceifou a vida de mais de 10 milhões de pessoas em campos de concentração, responsabilidade bem documentada, por exemplo, no diário de Joseph Goebbels, um de seus mais próximos assessores.

Hitler não era alemão, mas austríaco da cidade de Braunau, onde nasceu, em 1889. Em sua juventude, alimentou sonhos de ser pintor, e aos 19 anos seguiu para Viena, mas foi rejeitado pela Academia de Belas Artes, e passou a viver da venda de desenhos dos edifícios vienenses. Em 1914, quando teve início a Primeira Grande Guerra, serviu no exército alemão, naquele que foi o grande momento da sua vida: ferido em combate, asfixiado por gases venenosos, o artista frustrado passou a ver na guerra a manifestação máxima da cultura, a arte por excelência, e entregou-se ao culto à violência que marcava intensamente largas faixas do modernismo europeu, sem receio de destruir o que quer que fosse para alcançar seus objetivos. Derrotada, a Alemanha foi destroçada pelo Tratado de Versalhes, obrigada a assumir toda a culpa pelo início do conflito, e sofreu severas restrições militares e econômicas como

1 HITLER, Adolf. *Mein Kampf. Minha Luta*. São Paulo: Centauro, 2001, p. 196.

punição. Tais atitudes alimentaram crescente insatisfação, e, em 1919, Hitler se uniu ao Partido dos Trabalhadores Alemães, posteriormente modificando-lhe o nome para Nacional-Socialista dos Trabalhadores Alemães, Nazista. Dono de uma notável oratória, sua capacidade em empolgar sua audiência (trabalhadores pobres, oprimidos e desiludidos) era reconhecida, e a força da retórica tornou-se um dos pontos fortes da ascensão nazista.

Em 1922, na Itália, outro partido extremista — o Fascista, de Benito Mussolini — liderou um golpe de Estado e chegou ao poder, estabelecendo um exemplo para os nazistas, os quais, ano depois, montaram um ensaio de tomada de poder em Munique, capital da Baviera. O Putsch, ou Golpe da Cervejaria, foi mal organizado, e seus mentores acabaram presos, mas essa temporada na cadeia seria essencial para o desenvolvimento do nazismo, pois quando seus líderes foram libertados, o movimento tornara-se nacionalmente conhecido, e Hitler, condenado a cinco anos, cumpriu apenas nove meses numa prisão de segurança mínima, e despendeu esse tempo escrevendo Mein Kampf. De todos os elementos que compunham o credo nazista, o mais importante era o racismo: os melhores frutos da cultura humana, afirmava, teriam sido produzidos pela raça ariana (branca e germânica), e as gentes ditas inferiores, como negros, eslavos (poloneses e russos, por exemplo), ciganos e judeus, colocavam-nos em risco. Portanto, esses grupos, e tudo aquilo a eles relacionado, deveriam ser erradicados do convívio social, juntamente a supostos desvios sociais, como o comunismo e a homossexualidade.

Após o crash da Bolsa de Nova Iorque, em 1929, a grave crise econômica sangrou a Alemanha, que teve 44% da força de trabalho desempregada e a inflação atingindo níveis jamais vistos — era, então, literalmente mais barato queimar dinheiro que comprar lenha. Esse calvário, contudo, não era exclusivo dos alemães, pois no começo dos anos 1930 toda a Europa capitalista padecia, e para muitos europeus parecia que a democracia liberal os guiara à vereda do sofrimento. Tinha início a década dourada para os nazistas, na qual tornaram-se o principal partido alemão e alastraram-se por todo o tecido social. Em 1933, Hitler assumiu o cargo de chanceler, e um ano depois, com a morte do presidente Hindenburg, acumulou também a presidência, passando a usar o título de Führer, líder, e para atingir a mente e o coração de seus concidadãos, utilizou eficientemente os recursos técnicos então disponíveis (gigantescos e meticulosamente planejados comícios, transmissões radiofônicas, filmes de propaganda, distribuição gratuita de cópias de seu livro), transformando a política num espetáculo histriônico e muitas vezes histérico. Não poderia existir grupo social livre da presença nazista: os rapazes eram estimulados a ingressar na Juventude Hitlerista, e as jovens, na Liga das Moças Alemãs. Somente um único sindicato, a Frente Trabalhista, era permitido; igrejas, escolas e associações eram infiltradas e vigiadas por dentro. Entrementes, partidos simpatizantes se difundiram por todo o mundo ocidental, inclusive na América do Sul, onde no Brasil e, principalmente, na Argentina, importantes agremiações surgiram.

A despeito do Tratado de Versalhes e suas restrições, Hitler passou toda a segunda metade da década de 1930 preparando-se para a guerra, aumentando efetivos militares além dos limites permitidos, ordenando o treinamento de pilotos no Clube de Esportes Aéreos e ocupando a região da Renânia, fronteira com a França e que, pela letra do tratado, deveria permanecer desmilitarizada. Em 1938, incorporou a Áustria (o Anschluss), e pouco depois passou a exigir da Tchecoslováquia a entrega de algumas regiões, os Sudetos, etnicamente germânicas. As democracias ocidentais reagiam com apatia às iniciativas alemãs, cedendo às chantagens para evitar um mal maior, política que recebeu, na Grã-Bretanha, o nome de apaziguamento (appeasement), mas o Führer exigia sempre mais, e dias antes do início da Segunda Guerra, assinou um tratado de não agressão com um de seus maiores inimigos, a União Soviética, uma aliança de mentira, na qual os alemães buscavam evitar um conflito em duas frentes (como ocorrera na Grande Guerra), os soviéticos precisavam de mais tempo para preparar suas defesas, e ambos esperavam apenas o momento propício para a traição. Entrementes, acertava com a Itália uma coalizão conhecida como Eixo Roma-Berlim, ao qual posteriormente juntou-se o Japão: os países totalitários reuniam-se num único bloco.

Na Ásia, a guerra já começara havia tempo, em 1931, com a ocupação da província chinesa da Manchúria pelos japoneses, quando, em 1º de setembro de 1939, Hitler invadiu a Polônia, enterrando em definitivo a política do apaziguamento e levando ao combate os países liberais. O Führer projetara investidas fulminantes, as famosas Blitzkrieg (Guerra Relâmpago), as quais, teoricamente, resolveriam rapidamente o conflito a seu favor, e ele parecia estar certo, pois entre 12 de março e 22 de junho de 1940, os exércitos nazistas ocuparam Holanda, Bélgica, Luxemburgo, Dinamarca, Noruega, França, e preparavam-se para abordar a Grã-Bretanha, já atacada pela Luftwaffe, a força aérea germânica. Considerando a guerra liquidada no oeste, a Alemanha rompeu o pacto de não agressão e incorreu em território soviético em 1941, ansiosa pelo acesso aos enormes recursos naturais daquele país, principalmente o petróleo — nesse exato momento, parecia que o Eixo dominaria toda a Europa.

O mesmo ocorria no Extremo Oriente, onde o Japão ganhava batalhas importantes, ocupava imensas porções do território chinês e as colônias europeias, como Hong Kong, a Indonésia e Singapura, e proclamava o nascimento da Esfera de Coprosperidade da Grande Ásia Oriental, um belo nome para a sujeição imperialista de populações asiáticas ao domínio nipônico. Tais movimentos eram acompanhados a lupa pelos Estados Unidos, cujos interesses no Pacífico a expansão japonesa ameaçava, e embora oficialmente neutros, os aliados norte-americanos estavam bem estabelecidos: o presidente Franklin Roosevelt e Winston Churchill, primeiro-ministro britânico, assinaram, em 1941, a Carta do Atlântico, reafirmando os fortes laços entre as duas nações, e quando a base havaiana de Pearl Harbor foi atacada, de surpresa, pela aviação japonesa, em dezembro de 1941, entraram oficialmente no conflito.

O ano de 1942 marcou o início do fim do Eixo: a invasão da União Soviética fora um erro, o General Inverno cobrara a vida de mais de 250 mil soldados, e o avanço germânico transformara-se em retirada, numa marcha que, com o tempo, levaria os soviéticos às ruas de Berlim. Nesse ínterim, os aliados abriam novo front no norte da África, e a Resistência empreendia um combate sem quartel na França ocupada. Em 1943, tropas aliadas desembarcaram nas praias da Normandia, no chamado Dia D, e no Pacífico a expansão nipônica também foi detida, à medida que os norte-americanos retomavam, penosamente, as ilhas conquistadas, em grandes batalhas, como Iwo Jima e Guadalcanal. Nesse contexto, em 1942 foi colocada em prática a Operação Barbarossa (Unternehmen Barbarossa), que colocou em ação as decisões da Conferência de Wannsee, efetivando a Solução Final que culminou no Holocausto (Shoah), em que milhões de judeus e outros inimigos do Reich, identificados como asoziale (associais), foram brutalmente assassinados.

Em 1944, três frentes estavam abertas contra os alemães: russos a leste e aliados a sul e oeste... o fim se aproximava. Em 1945, Mussolini foi assassinado, a Itália, libertada, e os russos entraram em Berlim, pondo termo à guerra na Europa. No Oriente, muito embora o Japão estivesse perto da exaustão, os Estados Unidos optaram por lançar os primeiros ataques atômicos da história, em Hiroshima e Nagasaki. Encerrava-se a maior guerra de toda a história.

Hitler prometera aos alemães um Reich de mil anos, um milênio de felicidade, mas o que se seguiu foi bem diferente: a Alemanha, que arrastara o mundo todo à guerra, teve seu território repartido pelas quatro potências vencedoras, os EUA, a URSS, a Grã-Bretanha e a França; populações germânicas de toda a Europa foram deportadas, as mais sortudas para a própria Alemanha, enquanto outras, menos afortunadas, foram parar na Sibéria e na Ásia Central. As cidades alemãs foram feitas em ruínas, incendiadas pelos bombardeios incessantes dos aviões norte-americanos, reduzidas à fome e ao desespero. Como profeta e como líder, o Führer fora um redundante fracasso. Esse período, marcado pela ascensão de um movimento político que se transformou em regime, deixou muito claro que não é possível um Estado nazista sem antes termos uma sociedade nazista.

Curiosidades

Hitler elaborou um segundo livro depois de publicar a Mein Kampf. A obra, hoje intitulada de The Second Book, foi escrita durante o ano de 1928 e não foi publicada com o ditador em vida. O livro foi descoberto em 1958 e hoje se encontra disponível em alemão e inglês para estudiosos do regime nazista e do antissemitismo.

Mao Zedong

Líder chinês, 1893–1976

No início da década de 1960, Mao Zedong encontrava-se sobre o fio da navalha: seus planos para o Grande Salto Adiante, projeto megalomaníaco que pretensamente guindaria a China ao rol das nações industrializadas em dois anos, falharam miseravelmente, e milhões morriam, inanes, graças a colheitas fracassadas. Diante de tal cenário, o risco de ser apeado do poder pelos próprios camaradas era palpável, e ao sentir-se encurralado, deu início a uma revolução dentro da revolução, radicalizando o regime que comandava: oficialmente, expurgava o país de todos os elementos não comunistas, tais como a cultura clássica chinesa e as influências ocidentais, mas sub-repticiamente (ou nem tanto), incluiu na limpa os dissidentes do partido e todas as lideranças que pudessem lhe oferecer perigo.

Mao afirmava que os jovens eram a força mais ativa da sociedade, e foram precisamente esses jovens que se tornaram a vanguarda da metarrevolução: organizados em violentas Guardas Vermelhas, abandonaram as salas de aula nas faculdades e colégios e atacaram professores, artistas, escritores, dirigentes educacionais; humilhavam, agrediam, torturavam, e frequentemente matavam, sempre sob o beneplácito de seu mentor, que em sua obra As Citações do Presidente Mao Zedong (mais comumente chamado Livrinho Vermelho), a bíblia de seus seguidores, escreveu:

> Os nossos trabalhadores da literatura e da arte [...] têm que mudar de posição, passar gradualmente para o lado dos operários, camponeses e soldados [...] lançando-se no coração da luta prática e estudando o marxismo e a sociedade [...] [O nosso objetivo] é garantir que a literatura e a arte se integrem como parte componente no conjunto da máquina da revolução.[1]

Seguindo essa lógica, se não produziam, de livre e espontânea vontade, uma arte ideologicamente engajada, deveriam ser punidos e convertidos à força. Invadiam-se residências em busca de cultura supostamente degenerada, destruíam-se livros e instrumentos musicais (tradicionais ou ocidentais), fechavam-se universidades, destruíam-se inestimáveis tesouros artísticos. Os artistas da tradicional Ópera de Pequim (Beijing) foram publicamente execrados, e seu vestuário cênico, queimado em imensas fogueiras.

Adstrito à tormenta que fustigava o país, o culto à personalidade do Grande Timoneiro atingia a estratosfera: mais de um bilhão de fotos suas foram impressas, mais do que a população total de então. Embora oficialmente caçassem intelectuais corrompidos, as Guardas Vermelhas perseguiam todos aqueles que haviam apontado os erros do velho líder na condução do Estado — não obstante sua firmeza ideológica ou credenciais revolucionárias —, e durante três anos, entre 1966 e 1969, a Revolução Cultural e sua juventude fanatizada violentaram a nação. Ao fim do processo, o país estava culturalmente exaurido, e o Partido Comunista, totalmente nas mãos de Mao. Esse turbilhão revolucionário foi uma notável síntese da Era Maoista: de 1911, então um jovem integrante das forças republicanas de Sun Yat-Sen, até a morte, em 1976, ele foi o símbolo da China no século XX, participando de seus mais importantes movimentos políticos. Da mesma forma, os excessos, a violência e a desconsideração para com a vida humana tornaram-se características de seu regime: milhões pereceram na execução de seus planos; outros tantos tombaram, famintos, durante o Grande Salto para a Frente, ou esquecidos nos campos de prisioneiros.

Nascido na província de Hunan em 1893, era filho de um camponês que adquirira terras e tirara a família da indigência que marcava sua classe. Anos mais tarde, Mao descreveu suas relações familiares comparando-as com a de dois partidos: o pai, "o poder dirigente", e "a oposição", ele, sua mãe e irmão, e às vezes os empregados. Nesse contexto, não demorou a abando-

---

1 MAO Tsé-Tung. *O Livro Vermelho: citações do Comandante Mao*. São Paulo: Martin Claret, 2002, p. 210.

nar a casa paterna, seguindo para a capital da província, onde continuou os estudos — sua primeira revolução. Viviam-se as primeiras décadas do século XX, marcadas por agitações políticas na China, pois havia mais de meio século que as potências ocidentais ocupavam o país, e a dinastia Qing, reinante desde o século XVII, emitia seus últimos suspiros, sendo finalmente defenestrada em 1911. Estabeleceu-se uma situação de caos: o fim do regime imperial fragmentou a nação, permitindo que os barões locais, os Senhores da Guerra, exercessem o poder de fato. Testemunha desses confrontos, Mao se uniu ao exército revolucionário de Sun Yat-Sen, algoz dos imperadores e presidente da república em 1912.

Entre 1913 e 1918, Mao cursou Humanidades na Escola Normal de Hunan, estudando História, Literatura e Filosofia chinesas (matérias que cultivaria ao longo da vida), além de filosofia ocidental. Em 1919, mudou-se para Pequim, onde travou conhecimento com a ideologia marxista e participou ativamente da fundação do PCC, o Partido Comunista Chinês, em 1921. Durante essa década, estruturou um dos aspectos mais importantes de seu pensamento político: a valorização da participação camponesa na revolução. Divergindo da tradição leninista — que depositava sua fé na classe operária, desprezando os camponeses —, o líder chinês imaginava o campesinato como uma formidável força revolucionária, desde que fosse apropriadamente instruída. Confrontados com a anarquia provocada pelos Senhores da Guerra, os comunistas optaram, em 1923, pela coalizão com o Guomintang, partido nacionalista e liberal, herdeiro do finado Sun Yat-Sen e liderado pelo general Jiang Jieshi (Chiang Kai-shek). Era, contudo, uma aliança duvidosa, que, em 1927, degenerou em guerra civil.

Em 1927, Mao fundou a primeira república comunista chinesa na região rural de Xinjiang, mas sete anos depois, cercadas pelas tropas nacionalistas, as forças vermelhas iniciaram a épica Longa Marcha, uma retirada pelas passagens montanhosas do interior da China, do sudeste ao norte do país, que durou mais de um ano. Dos cerca de 80 mil homens que a iniciaram, apenas 10 mil chegariam ao fim, vitimados pelo rigor climático, os erros estratégicos e o açoite das tropas oficiais. Essas baixas, porém, longe de diminuir a mística dos guerrilheiros comunistas, fizeram da Longa Marcha um instrumento de propaganda, o mito fundador do regime — não por acaso, foi precisamente durante esse esforço que a liderança de Mao Zedong firmou-se inconteste.

A situação política na Ásia Oriental era extremamente volátil, e além dos confrontos entre nacionalistas e comunistas, a China enfrentava a ofensiva expansionista nipônica, iniciada em 1931 com a ocupação da província da Manchúria e o estabelecimento do estado-fantoche de Manchukuo, governado pelo último imperador Qing deposto, Puyi. Em 1937, os japoneses cruzaram a Grande Muralha e seguiram conquistando importantes porções do território chinês, no conflito conhecido como a Segunda Guerra Sino-japonesa (1937–1945). Na ânsia de quebrantar a resistência nativa, e envoltos pela autoproclamada crença em sua superioridade étnica, os invasores agiram com extrema violência contra a população civil. Diante de tal agressão, os dois partidos voltaram a se unir, e assim permaneceram ao longo do conflito, que terminou por ser incorporado à Segunda Guerra Mundial. Em 1945, com a derrota japonesa, as potências vencedoras estimularam a cooperação entre as duas agremiações e patrocinaram um governo conjunto, mas logo a guerra civil foi retomada. Desta vez, porém, os comunistas saíram-se melhor, e, em 1949, as tropas lideradas por Jiang Jieshi fugiram para a ilha de Taiwan.

A China comunista buscou, de pronto, sua aliada ideológica, a União Soviética, então comandada por Josef Stálin. Segundo a lógica stalinista, o comunismo deveria primeiro se estabilizar em casa para só depois ser exportado para outros países, e por isso os russos tinham, até então, oferecido pouca ajuda a seus camaradas sínicos. Mas uma vez que a revolução já sucedera, técnicos soviéticos acorreram aos montes, e Mao subordinou-se à liderança soviética, situação que se manteve até a morte do ditador, em 1953, quando então o novo premiê, Nikita Kruschev, deu início à campanha de desestalinização, denunciando os crimes e o culto à personalidade de Stálin. Mao não aceitou a nova política e rompeu com os antigos aliados, liderando a China em uma outra longa e solitária marcha.

Em 1950, as tropas comunistas invadiram o Tibete, região encarapitada na cordilheira dos Himalaias, conquistada pela dinastia Qing no século XVII, mas cuja suserania enfraquecera durante a dominação da China pelos ocidentais: o território tornou-se zona de influência britânica, e os dalai-lamas, líderes espirituais budistas, assumiram o Estado. Embora os agressores chamassem sua conquista de libertação (embora os tibetanos jamais soubessem de que ou de quem), durante pouco menos de uma década, as comunidades locais foram aterrorizadas, principalmente os monges, e guerrilhas explodiram nos desfiladeiros, a chamada Revolta Tibetana de 1959. Com sua vida em risco, Tenzin Gyatso, XIV Dalai-Lama, fugiu por entre as montanhas e encontrou refúgio na Índia, enquanto que para os que ficaram restou a implacável repressão vermelha, que ceifou a vida de cerca de 10% da população.

Os anos 1950 foram marcados principalmente pelo desastroso Grande Salto para a Frente. Entre 1957 e 1961, sob o cativante slogan "Três anos de sacrifício, mil anos de felicidade", o governo maoista engajou os camponeses no maior esforço humano da história, lançando-os em desafios hercúleos para o suposto bem da nação: montaram forjas de fundo de quintal para aumentar a produção de metal e assim lançar o país entre as nações industrializadas; aplainaram morros inteiros com as próprias mãos e ferramentas toscas; abandonaram o campo em tal proporção que, em apenas três anos, a população urbana deu um salto de 15% para 20% da população — tal escassez de mão de obra rural, afirmava o timoneiro, seria suprida pelas novas e modernas técnicas socialistas de produção de alimentos. Não foi, porém, o que se viu: o aço das siderúrgicas improvisadas, oriundo principalmente de implementos de cozinha, como talheres e panelas derretidos, era de baixíssima qualidade, e não impulsionou a industrialização; as colheitas minguavam ano após ano, lançando 30 milhões de pessoas à morte por inanição (na província de Anhui, por exemplo, não apenas a taxa de mortalidade cresceu 68% em 1960 como a natalidade caiu 11% no mesmo período). O grande líder, contudo, não podia conceber seus planos como falíveis, e promoveu as mais bizarras atitudes, desde assustar passarinhos (responsabilizados por comerem muitos grãos) até acusar os camponeses de traidores, por esconderem os alimentos para revender — muitos pagaram com a vida o crime que não cometeram.

Em tudo, o Grande Salto para a Frente foi um fracasso, e os resultados desastrosos fragilizaram a posição de Mao dentro do partido comunista. Mas a Revolução Cultural, poucos anos depois, eliminaria quaisquer oposições internas deixando-o, uma vez mais, como o único líder da China até sua morte, em 1976, não sem antes, porém, dar sua última reviravolta política. Após décadas de isolamento político, iniciou conversações de paz com os Estados Unidos, nação que até então satanizava, e recebeu a visita, já bastante envelhecido, do presidente Richard Nixon, em 1972.

O legado de Mao Zedong é complexo e multifacetado: por um lado, segue reverenciado como o pai sagrado da Revolução Chinesa, artífice da independência após um século de subserviência; por outro, cada vez mais seus terríveis absurdos e crimes vêm à tona e fazem dele um dos piores tiranos do século XX, não menor que Hitler ou Stálin. Seu retrato permanece na Praça da Paz Celestial, onde, em 1989, a repressão comunista destruiu o clamor dos estudantes pela democracia — quatorze anos após a sua morte, Mao parece continuar presidindo, simbolicamente, o emprego da violência contra os cidadãos do seu país.

Curiosidades

O líder da República Popular da China incentivou a liberdade de expressão durante um curto espaço de tempo. Esse fato foi conhecido como Campanha das Cem Flores, assim denominado por causa de um discurso proferido por Mao. Alguns historiadores acreditam que essa foi uma estratégia lançada pelo líder chinês para detectar opositores do regime e reprimi-los.

PARTE III

PONTES COM O DIVINO

Krishna

Divindade humanizada indiana

Num tempo de improvável determinação, oculto no mais recôndito passado, dois grandes exércitos árias aprontaram-se para o combate na planície de Kurukshetra, norte da Índia. Primos entre si, kauravas e pandavas disputavam o trono da cidade de Hastinapura, e à cabeça das forças pandavas estava Arjuna, herói de indiscutível nobreza. Todavia, pouco antes do início do confronto, o campeão titubeou: iniciado nas verdades eternas que comandavam a existência de todos os seres, não desejava ser responsável pelas mortes de tantos homens, muitos dos quais seus amigos e parentes. Nesse momento, Krishna, seu mentor, companheiro de armas e condutor de seu carro de combate, interveio e instruiu-o: lamentar a morte era desnecessário, e aqueles verdadeiramente iluminados jamais o faziam, pois tinham consciência de que as etapas de nascimento, crescimento, degradação, morte e renascimento eram compartilhadas por todos, e o corpo, matéria perceptível, se assemelhava a uma roupa, usada enquanto servia e depois descartada, diferentemente da alma, inatingível, que permanecia incorrupta a despeito das feridas e dores. Perante a inexorabilidade da existência, cabia a cada um cumprir, da melhor maneira possível, o que o destino ditasse, e no caso de Arjuna, oriundo da casta guerreira dos Xátrias, era mister ser um exímio soldado e comandante — para isso estava no mundo e, portanto, deveria suportar as agruras do campo de batalha com a mesma fleuma com que desfrutava das doçuras da vida cortesã. Se assim o fizesse, cumpriria bem seu karma e poderia ter a esperança de, numa nova encarnação, nascer em forma melhor e mais elevada.

Esse extenso e fundamental diálogo está registrado no Bhagavad-Gita, (o Canto do Sublime Senhor), um dos textos mais relevantes de todos os tempos, central à cultura religiosa hindu e parte integrante do maior poema épico jamais concebido (90 mil versos, oito vezes a Ilíada e a Odisseia juntas): o Mahabharata, cuja composição original é atribuída, tradicionalmente, ao sábio Vyasa, e a redação ao deus Ganesha. Embora arqueólogos e historiadores indianos dediquem suas carreiras a analisar a obra e vasculhar o norte indiano atrás de vestígios materiais dos eventos narrados, tal intento é de dificílima consecução por diversos motivos, em especial por causa do complexo sistema de datação desenvolvido pelos antigos indianos. Baseado em milênios de observação astronômica, reparte a história do universo em quatro épocas chamadas Yugas: à primeira, Satya Yuga, anterior aos Vedas e com cerca de 5 milhões de anos, seguem-se duas idades contemporâneas aos textos védicos, Treta Yuga e Dwapara Yuga (ao fim da qual a batalha de Kurukshetra teria ocorrido); por último, Kali Yuga, começada em 3102 a.C. (data em que Krishna teria deixado este mundo) e ainda em vigência. Esses quatro ciclos compõem uma crônica descendente, da Era de Ouro ao derradeiro e degenerado final, e conquanto o cálculo matemático utilizado seja sofisticado, confere pouco substrato à cronologia histórica como nós a concebemos; logo, a periodização, uma das funções basilares do estudo histórico, apresenta-se praticamente inviável, e a data mais recuada do subcontinente indiano sobre a qual existe alguma certeza é a do nascimento de Sidarta Gautama, o Buda, e ainda assim com uma enorme imprecisão (563 ou 480 a.C.) — tudo o que ocorreu antes, e muito do que houve depois, permanece passível de dúvida.

Uma divindade humanizada, figurando num poema épico sem datação precisa, de uma época indeterminada e com pouco ou nenhum vestígio material que o corrobore... para os padrões ocidentais, Krishna dificilmente pode ser considerado um personagem histórico, visto que não há, fora da literatura, qualquer referência à sua existência — mas o mesmo ocorre com outras figuras menos questionáveis, como Moisés, por exemplo. O fato é que, para os hindus, não paira dúvida sobre sua presença. Embora não o caracterizem como uma pessoa (mesmo que extraordinária), compreendem que nos momentos turbulentos que marcaram o início de sua civilização, Krishna fez-se humano e falou aos mortais sobre as verdades eternas:

> O avatara, ou encarnação de Deus, descende do reino de Deus para manifestar-se no mundo material. E a forma particular da Personalidade de Deus que assim descende chama-se uma encarnação, ou avatara.[1]

Assim sendo, pelas ideias que legou e pela importância que lhe é conferida há milênios, configura-se em uma das figuras históricas mais relevantes da Índia.

Ao lado do Egito e da Mesopotâmia, a civilização do Vale do Indo alinha-se entre os três primeiros complexos civilizacionais do velho mundo, deitando suas raízes no quarto milênio antes da nossa era, e conheceu, como nenhuma outra, a mais ampla extensão espacial: dos contrafortes do Himalaia ao litoral do Oceano Índico, do Afeganistão à fronteira iraniana, desenvolveu-se uma cultura de sofisticado padrão, mantida pelas colheitas de trigo e cevada e pontilhada por vilas e pequenas cidades. A partir do terceiro milênio a.C., emergiram impressionantes metrópoles, como Harappa (no extremo norte) e Mohenjo Daro (ao sul, perto do Mar da Arábia), urbanidades planejadas, lares de milhares de habitantes (a maior chegou a comportar 40 mil almas) e dotadas de sistema de esgotamento sanitário incomparável em qualquer outra parte do mundo, e por seus portos e estradas circulavam produtos como o lápis-lazúli afegão, pedra semipreciosa exportada para o Oriente Médio. Desta forma, o Vale do Indo era uma das regiões de economia mais desenvolvida daquela época.

No começo do século XIX a.C., essas grandes cidades apresentaram os primeiros sinais de declínio, e por volta de 1700 a.C. estavam já abandonadas. Essa crise coincidiu com o advento de cavaleiros de fala indo-europeia, que migraram para a região, seguindo o caudal das grandes migrações desse período. Chamavam a si mesmos árias, "os de pura estirpe", e em suas epopeias descreveram, com violência, a conquista do norte da Índia, exaltando o perfil guerreiro de sua raça. Em conformidade com tais narrativas, desde o século XIX a historiografia vinculava o fim das metrópoles harappenses à chegada dos bárbaros invasores do norte, mas essa explicação não mais se sustenta, pois embora os grandes centros fossem, de fato, abandonados, sólidas comunidades agrícolas permaneceram e floresceram na região, e onde a vida urbana desaparecia, o mundo rural resistia. Provavelmente as antigas metrópoles sofreram com mudanças naturais nos cursos fluviais,

---

[1] *O Bhagavad-Gita como ele é*. São Paulo: Bhaktivedanta, 1986, p. 175.

algumas sendo invadidas pelas águas, enquanto outras perdiam acesso a ela, provocando seu abandono.

Nesse cenário de crise civilizacional, os árias emergiram, menos como conquistadores implacáveis e mais como migrantes montados, usando suas montarias para se impor às comunidades rurais e gradualmente integrando-se a elas, aprendendo técnicas agrícolas e se sedentarizando, e ensinando aos descendentes dos antigos harappenses a domesticação do cavalo e a fundição do ferro. Nesse processo, as crenças religiosas migravam de lado a lado, e o culto ariano, que compartilhava com seus primos gregos as divindades majoritariamente masculinas, incorporou a Grande Deusa nativa, multiplicando-a em consortes e mães de suas principais divindades; prova desse movimento sincrético, imagens e conceitos que permanecem presentes na cultura religiosa hindu (o elefante sagrado, a ioga, o próprio conceito de reencarnação) podem ser identificados já entre as populações do Vale do Indo. Dessa fusão brotou a filosofia védica (base religiosa e moral da Índia), os grandes poemas épicos e, claro, a figura de Krishna.

Enquanto personagem védico, Krishna teve sua existência cantada nos épicos imemoriais e em textos posteriores, cujas descrições podem ter incorporado vicissitudes e desventuras de vários outros heróis do norte da Índia, centro de seu culto. Como tudo em sua vida, seu nascimento foi envolto em milagres: *avatar* (encarnação) do Deus *Vishnu* (divindade preservadora, conservadora de tudo) vindo à Terra para a salvar, diz-se ter sido concebido sem a intervenção de um homem enquanto sua mãe fugia para não ser morta pelo próprio irmão, o rei Kansa. Após dar à luz, ela permaneceu com o filho por alguns anos, e posteriormente deixou-o com pastores no sopé do sagrado Monte Meru, onde viveria uma infância cercada de fatos extraordinários. Certa vez, o jovem Krishna subiu o monte e encontrou um velho anacoreta, o qual lhe ordenou lutar contra o mal, e juntamente a alguns colegas saiu pelo mundo destruindo serpentes e tigres, e posteriormente viveu um dos momentos mais envolventes de sua trajetória: o encontro com as gopis (pastoras). Uma noite, debaixo de uma árvore, começou a tocar sua flauta e despertou as mulheres que dormiam em suas casas. Elas seguiram em direção à música e se puseram a dançar... Krishna sumiu, e ao reaparecer, pregou para elas e recomeçou a soprar seu instrumento. As mulheres retomaram suas danças, e para as acompanhar individualmente, Krishna multiplicou-se, dando a entender que, como uma parte do deus encontra-se dentro de cada ser vivo, também ele podia se fazer sentir em cada uma delas.

Tais informações, contudo, dizem respeito somente à encarnação, representando a ponta do iceberg da pessoa divina. Como o próprio Krishna deixou claro,

> Aquele que Me conhece como o não nascido, como o que não tem começo e como o Senhor Supremo de todos os planetas, neste mundo onde todos estão destinados a morrer, este está livre de todas as dúvidas e se libera de todos os pecados.[2]

Ele permaneceu sete anos no Monte Meru, em retiro, depois dos quais chamou seus discípulos e comunicou-lhes verdades até então inacessíveis aos mortais. Falou-lhes sobre a alma indestrutível e de como o corpo era um mero casulo; de como, à medida que uma alma pende para a inteligência, aproxima-se do princípio universal que reúne toda a existência; divide-se entre a compreensão e a paixão, recai no ciclo de renascimentos até aprender; ou se deixa os instintos materiais tomarem conta, é levada à loucura e à morte. O nascimento, pois, não era um fato positivo, mas um fardo que se repetiria de novo e de novo, e do qual só seria possível se libertar com o abandono das paixões, com a percepção de que a divindade está presente em todos os seres, e que todas as ações são um sacrifício. Só então alma pode romper o ciclo infindável que aflige as criaturas e unir-se, finalmente, ao ente supremo. Anos depois, esses mesmos ensinamentos seriam repetidos a Arjuna em Kurukshetra.

Seguindo essa perspectiva de cumprimento dos deveres atávicos, Krishna explicou, no Bhagavad-Gita, o regime de castas: as pessoas eram divididas, desde o nascimento, em quatro estamentos a partir dos trabalhos designados a cada um deles (ou, de acordo com a exegese moderna, dos talentos e da disposição pessoal de cada um ao aprendizado e à disciplina). Acima de todos os brâmanes (religiosos, filósofos, teólogos), seguidos dos xátrias, como Arjuna, dos vaixás (comerciantes, artesãos, agricultores) e, finalmente, os sudras, que deveriam servir a todos os demais. Cada um deveria permanecer na situação na qual nasceu, por mais impura que fosse, e cumprir seu sacrifício da melhor forma possível. Em assim procedendo, seria não apenas um membro útil da sociedade, como evoluiria em suas vidas futuras.

---

2 *O Bhagavad-Gita como ele é*. São Paulo: Bhaktivedanta, 1986, p. 412.

Dificilmente a presença de Krishna poderá um dia ser historicamente comprovada, mas do conhecimento a ele creditado brotaram as crenças de mais de um bilhão de pessoas: a *Sanatana Dharma*, ou religião eterna, nome indiano para o conjunto de cultos e práticas conhecidas no Ocidente como Hinduísmo, o Budismo, o Jainismo, entre muitas outras, todas fruto de uma mesma frondosa árvore, nascida da pregação do Senhor Krishna.

Curiosidades

O culto a Krishna integra o Vishnuísmo, ramo do Hinduísmo que considera Vishnu como suprema divindade venera seus avatares, consortes, além de homens santos e mestres relacionados, e Krishna é particularmente conceituado por ser a mais perfeita manifestação de Vishnu (ou como o próprio deus).

Moisés

Profeta hebreu

Todas as crenças monoteístas são herdeiras, direta ou indiretamente, do Antigo Testamento e de sua figura maior, Moisés, um líder que, depois de ser surpreendido no Monte Sinai e convocado a liderar seu povo na saída do Egito, teria mantido diálogos de uma franqueza assustadora com Jeová, nos quais barganhou, questionou, teimou e fez pedidos como quem se dirigisse a um amigo — e Deus o respondia em retorno. É a personificação da lei, tradicionalmente considerado o redator inspirado dos cinco primeiros livros da Bíblia, Gênesis, Êxodo, Levítico, Números e Deuteronômio, conhecidos em conjunto como a Torá (pelos judeus) e Pentateuco (pelos cristãos), os quais incluem o mais importante código legal da Bíblia, os Dez Mandamentos, conjunto de leis que findou por assumir seu nome, o Código Mosaico. Tudo isso, porém, teve um custo: graças à sua relação pessoal com Jeová, Moisés teria vivido solitário, rigoroso, inflexível.

Para os judeus, ninguém a ele se compara, e entre os talmudistas é conhecido como *Moshe Rabbenu*, "Moisés nosso mestre"; para os cristãos, ele prenuncia o Salvador, papel que fica bem patente na narrativa da Transfiguração (encontrada em várias passagens do Novo Testamento: Mateus 17:1–9, Marcos 9:2–8, Lucas 9:28–36); quanto ao Islã, o tem em tão grande estima que lhe conferiu o título honroso de *Kalimullah*, "aquele que falou com Alá". Sua história, além da Bíblia, foi bem referida por vários autores judeus do período Helenístico em diante, em especial pelo historiador do primeiro século da Era Cristã, *Yosef ben Matityahu*, mais conhecido por seu nome romano, Tito Flávio Josefo. Todavia, apesar dessas muitas fontes, como muitos outros profetas, místicos e religiosos, sua vida foi completamente envolvida em mitos e milagres, e não há sequer certeza sobre sua existência.

Sua história teria começado no Egito, onde os hebreus residiam havia quatrocentos anos. A narrativa de seu nascimento é bem conhecida: o faraó ordenara a morte de todos os bebês hebreus do sexo masculino, razão pela qual os pais do futuro profeta o puseram em um cesto no Nilo, com a irmã, Míriam, a acompanhá-lo. A filha do rei teria visto a cesta, reconhecido a origem hebreia, adotado a criança e, graças à intervenção da menina, tomado a própria mãe da criança como ama de leite, a qual recebeu o nome egípcio de *Meshi tihu*, tirado das águas (*Mosheh*, em hebraico). Esse roteiro, porém, está longe de ser exclusivo desse personagem: a mitologia que envolveu Sargão (primeiro imperador da Mesopotâmia e pai de Enheduanna) relata eventos semelhantes, do bebê jogado às águas num balaio betumado e sendo encontrado posteriormente, e precede o conto bíblico em, pelo menos, dois milênios.

Crescendo na corte, tornou-se um belo rapaz que atraía a inveja dos cortesãos. Quando os núbios invadiram o Egito, levando pânico à coroa, foi escolhido para liderar as tropas na resistência, e seguindo pelo deserto, surpreendeu os invasores, empurrando-os de volta à sua terra e cercando sua capital, Meroé, onde sua beleza encantou a filha do monarca local. Apaixonada, intercedeu junto ao pai e possibilitou a celebração de um acordo de paz e submissão, selado por meio de seu casamento com Moisés (a Torá faz menção a essa esposa africana). O êxito militar e diplomático era incontestável, mas ouriçou seus inimigos. Os boatos e falsidades que espalharam foram tantos que o faraó foi convencido a executá-lo, e com a cabeça a prêmio, Moisés fugiu para o deserto. Essa narrativa diverge substantivamente daquilo que nos conta a Bíblia: o livro sagrado não descreve quaisquer atividades do futuro profeta no Estado egípcio, apenas mencionando que ao ver um capataz açoitando um hebreu, Moisés o teria golpeado na cabeça, matando-o, e buscado o exílio por medo de ser descoberto.

Após longa jornada, chegou a um poço em que moças de Madiã davam de beber a seu rebanho. Recebido por Jetro, chefe e sacerdote da tribo, casou com sua filha, Séfora, e teve dois filhos. Anos depois, em busca de uma ovelha desgarrada, subiu até o Monte Sinai onde teve seu primeiro encontro com Deus: viu um arbusto de sarça ardendo sem se consumir, e ao chegar mais perto ouviu a voz se apresentando como o Deus de Abraão, Isaac e Jacó, e que Ele o tinha escolhido para libertar seu povo da servidão. O pastor, apavorado, tentou seguidas vezes demover o Todo-Poderoso de seu intento:

> Mas quem sou eu para ir ao faraó e tirar os filhos de Israel do Egito? [...] eles não acreditarão em mim nem ouvirão minha voz pois dirão: o Eterno não apareceu a ti. [...] Rogo, Senhor! Eu não sou homem eloquente nem de ontem de anteontem, nem desde que falaste a teu servo, pois tenho fala lenta e língua trêmula.[1]

E conseguiu! Jeová acabou apontando o irmão mais velho dele, Arão, como seu porta-voz, e segundo a exegese rabínica Moisés teria perdido a chance de ser o primeiro sumo sacerdote precisamente por causa dessa reticência.

Apresentando-se ao faraó, disse: "*Shelah et ami!*" (Deixa meu povo partir!), demanda feita em nome do deus de Israel que recebeu resposta negativa. Seguidamente esse pedido foi reapresentado, e continuamente foi recusado, e a cada recusa, narra a Bíblia, uma praga era atirada sobre o Egito: o Nilo tingido de sangue, as rãs, os piolhos e maruins, as moscas, a peste, as úlceras, o granizo, as nuvens de gafanhoto, os dias de escuridão. Com a desgraça assolando o país, o monarca libertava os cativos, somente para logo em seguida voltar atrás, atraindo nova calamidade, até que, na última delas, todos os primogênitos do Egito foram vitimados, à exceção dos israelitas. Perante tal tragédia, o rei egípcio não teve outra opção que não os deixar partir.

Como não podiam seguir até Canaã pelo caminho mais curto, o litoral mediterrânico, extremamente vigiado, optaram pelo deserto, e, às margens do Mar Vermelho, Moisés teria feito um de seus maiores milagres, uma oração que abriu as águas e permitiu ao povo passar a pé, afogando as hostes faraônicas que vinham em seu encalço, e, no dia seguinte, as armas dos egípcios mortos teriam aparecido flutuando no mar, armando assim os hebreus.

---

[1] Êxodo, 3:11, 4:1–10. *Bíblia Hebraica*. São Paulo: Sêfer, 2006, p. 62–63.

O percurso pelo deserto foi, para Moisés, um longo calvário de queixas, e Josefo menciona que os hebreus chegaram perto de o apedrejar. A cada etapa os ex-escravos choravam a vida que tinham deixado para trás, tinham saudade das cebolas, dos alhos e das panelas de carne egípcias; reclamaram da água amarga em Mara, e da falta de carne em Elim... e a cada reclamação, seu angustiado líder invocava a seu Senhor, e obtinha resposta: águas tornadas frescas, codornizes e maná caídos do céu para lhes saciar a fome. Por fim, após três meses de marcha, chegaram aos pés do Monte Sinai, onde o profeta teria recebido os Dez Mandamentos, o mais conhecido código de leis do mundo ocidental: não ter outros deuses; não fazer imagem esculpida; não tomar o nome de Jeová em vão; guardar o dia de sábado; honrar pai e mãe; não assassinar; não cometer adultério; não furtar; não testificar uma falsidade; não cobiçar os pertences do próximo. Ao descer do monte, contudo, descobre Moisés que o povo, em sua ausência, fraquejara na fé e adorava um bezerro feito de ouro derretido dos espólios faraônicos. Indignado, jogou as Tábuas da Lei no chão, pulverizou a imagem de ouro, fazendo os idólatras a beberem com água, e ordenou à tribo de Levi que executasse nada menos que 3 mil pessoas. Ao mesmo tempo, exigiu que Jeová que desse por encerrado o assunto, caso contrário não mais aceitaria ser o líder dos hebreus, obtendo, uma vez mais, resposta favorável.

Dois anos haviam se passado, e o profeta estava exausto. Não aguentava mais liderar sozinho aquele povo queixoso, e organizou um conselho composto por setenta homens. No oásis de Kadesh Barnea, teriam as primeiras notícias de Canaã: uma terra rica, mas habitada por homens grandes e ferozes. Temendo confrontá-los, os israelitas não aceitaram seguir adiante, e como paga à sua covardia, Jeová condenou-os a permanecer mais quarenta anos no deserto, até que toda a geração dos ex-escravos perecesse — nesse momento, Moisés percebeu que essa maldição também o atingiria, pois também ele pertencia à geração de ex-escravos, logo não poderia pôr os pés na Terra Prometida. Perto dos 120 anos, e sentindo a morte aproximar-se, em três grandes discursos falou a seu povo — "Shemá Israel" (Ouve, ó Israel) —, nos quais lembrou o passado, estabeleceu novas diretrizes legais e fez previsões para o futuro.

A trajetória mosaica é das mais conhecidas histórias do Antigo Testamento, mas situa-se quase que exclusivamente no campo da mitologia. A Bíblia, como hoje a conhecemos, é produto de uma multissecular edição, e reúne elementos da memória coletiva do Oriente Médio (a narrativa do bebê Moisés no cesto, semelhante a do rei acadiano Sargão, é um bom exemplo) a outros mais pertinentes às populações residentes em Canaã, uma redação cujo início encontra-se, provavelmente, por volta do século VII a.C., e continuou séculos adentro, atendendo a anseios diversos da população judaica. Fosse verídica, a narrativa do êxodo deveria ter sua contrapartida na documentação egípcia, nas quais há registro de fomes, revoltas e até mesmo greves, no percurso de sua longa história. Não obstante, nelas não há qualquer referência, por exemplo, às dez pragas, eventos tão espetaculares que, sem dúvida, teriam sido preservados pelos dedicados escribas. Da mesma forma, o Livro Sagrado afirma que 600 mil israelitas em idade militar teriam deixado o Egito; se a esses homens adultos somarmos suas mães, pais, filhos e filhas, velhos e velhas, tal multidão poderia atingir a cifra de 2 milhões de pessoas, numa época em que todo o país do Nilo comportava cerca de 4 milhões de almas. Uma evasão dessas proporções deixaria, certamente, não apenas vestígios perceptíveis, mas também o caos econômico e populacional atrás de si, algo sobre o qual as fontes nada falam.

A cronologia mais tradicional situa o Êxodo em pleno Novo Império, apresentando Ramsés II como o faraó adversário de Moisés. Trata-se de uma das épocas mais bem documentadas da história egípcia, e mesmo assim nada falou sobre os israelitas, e a única referência conhecida encontra-se numa estela do faraó Merneptá, filho de Ramsés, datada por volta de 1220 a.C., e traz uma descrição bem diferente:

> [...] Tehenu está devastado; o Hatti está em paz. Canaã está privada de toda sua maldade; Ascalonestá deportada; Gazer foi tomada; Yaonam está como se não mais existisse; Israel está aniquilado e não tem mais descendência [...].[2]

Segundo esse documento, (o povo de) Israel não apenas já estava na Terra Prometida no século XIII a.C., e a cronologia bíblica está incorreta, como fora vencido (junto com várias outras cidades e pequenos Estados) pelas tropas egípcias, as quais, obviamente, não foram tragadas pelo mar.

A própria figura de Moisés é controversa: é possível que tenha havido um personagem real, líder militar e religioso de uma população cananeia, cuja história foi aumentada ao longo dos séculos; mas há também a possibilidade de nada mais ser que uma personagem fictícia, fundida nas fornalhas da

---

[2] *Israel e Judá: textos antigos do Oriente Médio*. São Paulo: Paulinas, 1985, p. 37.

memória e da mitologia para dar coesão ao conjunto disperso de historietas que compunham a tradição tribal — tome-se, por exemplo, a entrada dos israelitas em Canaã: a Bíblia fornece rotas algumas diferentes, logo, pelo menos dois grupos distintos realizaram a migração, sem contar que, pelo texto, fica claro que existiam israelitas vivendo na Terra Prometida antes mesmo do Êxodo.

Tais questionamentos não impedem, porém, que Moisés continue a ocupar um lugar muito particular na história: líder máximo dos israelitas, guia político e espiritual durante sua origem mítica e na formação de sua identidade cultural, extrapolou os limites de sua própria gente e inspirou fiéis de diversas crenças. Suas palavras e oratória mantêm-se vivas, e sua voz potente ainda pode ser ouvida: *Shelah et ami!*

Curiosidades

As mais antigas referências a Moisés, na literatura grega, encontravam-se na História do Egito, de Hecateu de Abdera (quarto século a.C.). Essa obra se perdeu, e o que sabemos a respeito de sua descrição são suas referências feitas por Diodoro da Sicília: um líder sábio e corajoso, que deixou o Egito e colonizou a Judeia, fundou cidades, estabeleceu o culto e promoveu as leis.

Sidarta Gautama, o Buda

Religioso indiano, c. 560–480 a.c.

A Índia no fim do século V antes de Cristo era uma região populosa, dividida em uma miríade de reinos e repúblicas, desde que fora, em séculos anteriores, invadida pelos povos árias. Nesse processo, sua sociedade se tornara extremamente hierarquizada, organizada em castas imóveis de brâmanes, xátrias, vaixás, sudras e párias: ou seja, respectivamente os sacerdotes, os guerreiros, os mercadores, os operários e os intocáveis. Essas castas não deveriam se misturar jamais e deveriam reproduzir os princípios da ordem do Universo. Então o Hinduísmo, *Sanatana Dharma*, a religião eterna, era hegemônico com seus milhões de divindades e seus homens santos, os *iogues*, que, por meio da meditação e da privação, podiam ver a verdadeira natureza do universo e escapar de suas armadilhas sensoriais. Mas naquele fim de século essa religião tradicional estava sendo contestada, e muitos buscavam novas respostas espirituais. Foi nesse contexto que nasceu Sidarta Gautama, o príncipe que se tornou iogue, um homem santo e um inspirado, e cujos ensinamentos fundaram uma das maiores religiões do mundo, o Budismo.

A palavra *Buda* significa "iluminado" em sânscrito e é usada para designar aqueles poucos que através das eras alcançaram o nível máximo de autoconhecimento e comunhão com o universo. E se para os seguidores do budismo Gautama foi o 28º Buda, a história ocidental, por sua vez, reconhece-o como o único.

Sidarta nasceu na república clânica de Shakya, no sopé do Himalaia, por volta de 560 a.C. (de acordo com algumas linhagens historiográficas, enquanto outras optam pela data bem mais avançada de 480 a.C.). Há menos de um século a região estava politicamente organizada nos *Mahājanapadas*, dezesseis estados entre monarquias e repúblicas clânicas. Era filho de Suduodana, um dos mais importantes aristocratas daquela oligarquia, e de uma de suas esposas, Maya. Shakya, assim como outras repúblicas clânicas do vale do rio Ganges, pouco havia sido influenciada pelas invasões árias e não possuía até então um sistema de castas. Mas os tempos mudavam, a turbulência política ameaçava a região, e na esteira dessas transformações crescia o desencanto com a religião ritualística védica.

Muitas e variadas são as lendas em torno da concepção e do nascimento de Gautama: em uma, ele teria sido engendrado por um elefante branco, animal sagrado; em outra, ao nascer teria sido visto sobre um lótus, símbolo de sabedoria; outra ainda afirma que um asceta previra que ele se tornaria um grande sábio ou homem santo, razão pela qual seu pai, que o queria na política, o havia enclausurado, acreditando que se o protegesse da realidade sua índole espiritual nunca desabrocharia. Entretanto, qualquer que tenha sido o contexto de seu nascimento, o jovem Sidarta teve tudo o que a nababesca corte às margens do rio Ganges podia oferecer.

Jovem, muito cedo se casou com uma princesa e não demorou a se tornar pai. No entanto, a cada dia sua inquietação espiritual crescia, levando-o a pedir permissão do pai para deixar o palácio e entrar na cidade. Suduodana terminou por concordar, mas sabia que a riqueza das castas superiores indianas, com seu luxo excessivo, só se comparava à miséria extrema das castas inferiores, que mantinham os ricos em sua opulência. Por isso, ordenou que as ruas fossem limpas de qualquer imagem que pudesse chocar seu filho. Uma ordem vã. Assim foi que, ao andar pelas ruas de sua própria cidade, até então desconhecida, o belo príncipe Sidarta teria travado contato pela primeira vez com o horror da doença, da pobreza, da dor e da morte, um conhecimento da miséria da existência humana que teria despertado sua consciência, instigando-o a abandonar o palácio e a riqueza. Essa decisão, todavia, ele prorrogou o quanto pode, por causa do nascimento de seu filho. Mas já então sua infelicidade era tamanha que chamou seu bebê de Rahula: obstáculo, grilhão.

De fato, a vida no palácio se tornara insuportável para Gautama, e fonte de uma inquietação constante. Disso surgiria uma das bases de sua filosofia: ele começou a se perguntar como buscar a felicidade não nascida, imune à tristeza da existência, a felicidade que podia acabar com a servidão humana. A essa felicidade chamou nirvana, a extinção. Toda essa aflição o levou, aos 29 anos, a vestir o manto dos mendicantes e abandonar sua família. Fugiu sem olhar para trás e sem levar nada, iniciando aí a trilha tortuosa e difícil que o levaria a ser o Iluminado.

Na estrada, sozinho, teria se deparado primeiro com os iogues, aqueles homens santos hindus que acreditavam que o caminho para a perfeição e a felicidade era o da mortificação do corpo, do abandono do mundo sensorial. A esse caminho Sidarta se dedicou com afinco, não comendo e padecendo de inanição. Chegou mesmo a ser considerado morto e abandonado, mas sobreviveu e, apesar de todo seu esforço, não alcançou a felicidade. Depois disso, começou a duvidar do caminho dos iogues.

Gautama tinha uma mente inquisitiva e desconfiava muito dos ensinamentos de segunda mão. E a experiência com os iogues apenas aguçou essa desconfiança. Passou então a se perguntar se qualquer caminho ensinado, e não aprendido por experiência própria, tinha valor. Nesses primeiros tempos de mendicante conheceu e conviveu com vários mestres, aprendendo a filosofia védica que incorporaria a seus ensinamentos, principalmente que o indivíduo deve buscar sempre a união com o absoluto, única forma de alcançar a felicidade e a libertação das dores terrenas.

Um dia, mortificado pelas penitências e já duvidando de sua eficácia, ouviu um professor de música conversando com sua aluna. Enquanto a menina tocava uma cítara, o professor explicava que se as cordas estivessem muito frouxas, o instrumento não produziria música, mas se estivessem muito apertadas se romperiam. E nesse momento o ex-príncipe soube que nenhum dos extremos, mortificação ou abandono aos prazeres, levaria à libertação e à iluminação.

Continuando a vagar, chegou ao reino de Bihar, onde, em um lugar chamado Bodhgaya, se sentou debaixo de uma figueira. Ali se entregou à meditação, decidido a encontrar finalmente a resposta. E lá teria ficado até entender que, na verdade, já sabia o que procurava, ou seja, as quatro nobres verdades: o sofrimento é parte da vida; a origem do sofrimento é o desejo; o sofrimento pode ser extinto no nirvana; o caminho para a extinção do sofrimento é o caminho óctuplo. Compreendeu então que finalmente transcendera o falso ego e que não renasceria novamente, pois conseguira ultrapassar a roda do *samsara*, a sequência de dor, morte e renascimento a que todos estão sujeitos. Ele adentrara o nirvana e acordara, embaixo da figueira, como o Iluminado, o Buda.

O caminho óctuplo é a base de seus ensinamentos para alcançar o nirvana. Ou seja: a compreensão correta do *dharma*, a ordem universal, e das nobres verdades; o pensamento correto, que é não aquiescer ao desejo ou ódio; a ação correta, que é não fazer o mal; a ocupação correta, que é ganhar a vida sem fazer danos; o esforço correto; a atenção correta, a concentração correta. O nirvana, por sua vez, não é um lugar, mas uma ausência. Todos os seres estão fadados à roda do *samsara*, o eterno ciclo de nascimento, vida, morte e renascimento, e só podem se livrar dele se encontrarem a iluminação e alcançarem o estado do nirvana, que é a extinção do desejo e do sofrimento. Então cessa o *samsara*.

Durante os mais de quarenta anos que se seguiram, Buda caminhou pelos campos e cidades da Índia transmitindo sua filosofia a qualquer um que a quisesse ouvir. Seus preceitos logo atraíram muitos discípulos, que se esmeraram em segui-lo e deixaram registros de sua vida e sua filosofia. Ele, entretanto, sempre ensinou que nenhum aprendizado espiritual deve vir da obediência cega, nem mesmo seus ensinamentos, e pregou sempre que os discípulos procurassem suas próprias verdades, seus próprios caminhos.

Apesar dos textos sagrados sugerirem que Gautama alcançou o nirvana em uma noite, na verdade o processo de descoberta que o levou a se tornar Buda durou anos, anos de construção de uma filosofia que aspirava à extinção do Eu, à vida harmônica, elaborando uma ioga que substituía a mortificação e a penitência pela meditação. A seu conjunto prático de exercícios de meditações chamou "imensuráveis", cujo objetivo é extinguir o ego, o egoísmo e o desejo pessoal e tentar se aproximar e simpatizar com outros seres e suas dores. Sua filosofia trocou, assim, a penitência corporal pelo amor ao próximo, afirmando que a compaixão levava à libertação da mente e ao nirvana.

No entanto, seu pensamento se baseava na máxima de que a vida é sofrimento. Se somos obrigados a nos aproximar do que odiamos, sofremos. Se somos obrigados a nos separar do que amamos, sofremos. Não obter o que queremos, isso nos leva a sofrer. E se obtemos o que queremos, então desejamos outra coisa. Desejamos sempre ir a outro lugar, estar onde não estamos e conseguir o que não temos. Isso é normal, pois a natureza do mundo é a mudança: o mundo está sempre determinado a se tornar outra coisa. O indivíduo também só é feliz durante a mudança, mas essa está carregada de sofrimento. Então todos estão fadados a padecer.

A solução para fugir dessa realidade é eliminar o ódio e o desejo da mente e se entregar ao amor direcionado a tudo e todos. Sua filosofia não é exatamente uma teologia: Buda não se preocupava com questões como a criação do mundo e não acreditava em divindades. Um traço de caráter provavelmente devedor do contexto de sua terra natal, onde os brâmanes tinham pouca influência. Além disso, pregava que a descoberta do caminho para o nirvana deveria partir do interior de cada um e, na estrada para a felicidade, o ego e os desejos mundanos deveriam ser extintos. Mas ele sabia que a maioria das pessoas não quer se desligar de seu ego, por isso sempre foi tolerante com todos, mesmo com aqueles que preferiam se colocar diante dos outros.

O Buda vivia em meditação e peregrinação, de acordo com sua filosofia da compaixão e do amor ao próximo, e isso fez com que estabelecesse uma aura de paz que atraia pessoas de todos os tipos, oriundas de uma sociedade desigual, de reinos em conflitos. E se principalmente os mais pobres se convertiam a seus ensinamentos, não poucos reis o procuraram ao longo de sua vida.

Sua doutrina correu o mundo, adentrando o continente asiático em direção à Tailândia, ao Vietnã, à China, à Coreia, ao Japão, fazendo milhões de discípulos nos séculos que se seguiram a sua morte e se adaptando a contextos culturais diferentes, gerando variações do budismo. As mais importantes são a Mahayana, a Hinayana e o budismo tibetano. Um fenômeno fundamental na divisão de sua religião foi a crença em *Bodhisattvas*, considerados reencarnações do próprio Buda. A crença tibetana, por exemplo, considera seus líderes espirituais, os Dalai Lamas, como Boddhisattvas, avatares da sabedoria e compaixão. Já o Budismo chan, mais conhecido por seu nome japonês zen, enfatiza a meditação.

Sidarta Gautama morreu aproximadamente aos 80 anos de intoxicação alimentar. Morreu como Buda, não como o príncipe que fora ao nascer. Sua tolerância só se comparava à sua compaixão. E apesar de ensinar a todos indistintamente, buscou sempre que seus discípulos encontrassem a verdade por si próprios. Não confiem em mestre nenhum, afirmava. Se souberem,

Sidarta Gautama é a figura central para o Budismo. Relatos de sua vida, sermões e regras monásticas, para os crentes dessa religião, foram reunidos após sua morte e memorizados por seus seguidores. Várias coleções de ensinamentos a ele atribuídos foram repassados oralmente e só foram fixadas pela escrita cerca de quatro séculos mais tarde.

Curiosidades

por si próprios, que algumas coisas são úteis e outras inúteis, devem praticar essa ética, não importa o que outra pessoa vos diga.

Lao Zi

Místico chinês, século vi a.C.

Em algum dia do século VI a.C., em um bosque chinês, dois grandes mestres se encontraram, um já idoso, o outro moço, no vigor de sua maturidade. Aquele era chamado Lao Zi, "Velho Mestre", este, Confúcio, cujas preocupações cingiam primordialmente sobre coisas humanas, isto é, a formação de homens corretos, a elaboração de um código moral, bússola das boas atitudes. Esses temas, porém, não atraíam o pensamento do ancião, um misantropo que não se atinha a rituais e levava uma existência livre de obrigações, definindo a si mesmo como a água que beneficia todas as coisas, mas que mora nos lugares mais humildes e desdenhados. Abdicara das aparências, acreditando que quem se ufana com honrarias semeia a própria queda, e como o comerciante abastado, que oculta sua riqueza para não atrair olhares cobiçosos, ele, o sábio, escondia seu brilhantismo para se livrar do orgulho e da ambição, e pregava a união completa com o *Tao*, o ordenamento cósmico, equilíbrio universal, que deveria ser refletido nas sociedades humanas. Ambos buscavam a harmonia e a ordem, mas o faziam por caminhos tão diversos que suas ideias eram, amiúde, mutuamente incompreensíveis: enquanto Lao Zi dizia que um grande país deveria ser governado como quem dá liberdade a um peixinho, e que se nada fosse feito ainda assim os povos se reformariam a si próprios, seu interlocutor defendia uma sociedade rigorosamente cronometrada por rituais precisos, ao que o respondia: mesmo que ninguém se preocupasse, ainda assim os povos continuariam simples e honestos como sempre, reafirmando, desta feita, um dos mais importantes conceitos da filosofia taoista tradicional, o *Wu Wei* (inação), segundo o qual as ações devem ser espontâneas, seguir o fluxo da vida, e assim, pela intuição, o Tao se manifesta.

Tudo isso era demais para Confúcio, incapaz de conceber como o abandono poderia produzir gente melhor. Para ele, as pessoas tinham que ser educadas, formadas, estimuladas a altos padrões éticos e morais — a tais ações, porém, Lao Zi chamava simplesmente *wei*, artifícios, desimportantes quimeras humanas, e disse:

> Não exaltes o mínimo, legislador,
> pois só assim o povo não conspirará nem se amotinará;
> não louves preciosidades raras,
> pois assim somente o povo não as desejará roubar; [...]
> Portanto, o sábio para governar:
> mantém esvaziados de orgulho os corações;
> mas cheios os estômagos,
> desencorajando suas ambições,
> mas revigorando suas disposições;
> somente assim o povo é purificado em seus pensamentos e desejos.[1]

Confrontado com ideias dessa natureza, ao fim do encontro Confúcio declarou: "Sou incapaz de saber como um dragão voa sobre as nuvens, e estar diante de Lao Zi era estar diante de um dragão".

Essa tertúlia foi, em verdade, lendária, criada pela tradição (e, em larga medida, pela hagiografia) para situar o diálogo entre duas das mais importantes mentes chinesas. Tal como ocorreu a diversos homens santos da Antiguidade, a existência de Lao Zi é envolta em incertezas, a começar pelo tempo em que supostamente viveu, a transição do sétimo para o sexto século a.C. O mito envolve toda sua vida, e, antes de nascer, diz-se ter permanecido oitenta anos no ventre da mãe, em clara referência ao número oito (perfeição, conclusão, na numerologia sínica), e que, ao nascer, já exibia fartas cabeleira e barba brancas, além de orelhas com imensos lóbulos, um distintivo de sabedoria (outra metáfora de claro significado: um recém-nascido ancião era uma manifestação da divindade).

---

[1] "Laotse, o Livro de Tao". In: LIN Yutang. *A sabedoria da China e da Índia*. Rio de Janeiro: Irmãos Pongetti, 1945, p. 323-324.

Lao Zi não é sequer seu nome de nascença, mas um título (o venerável). Pertencia à família Li, primeiro nome Er, e, quando adulto, casou-se, teve um filho, Zong, um soldado famoso, e foi guardião dos arquivos de Zhou, um dos muitos estados que existiam na chamada época das Primaveras e Outonos (c. 771–c. 403 a.C.). Ainda segundo as lendas, aos 160 anos, desencantado com a balbúrdia e a desordem que o cercava, decidiu se retirar do mundo, e, montado num búfalo — animal cheio de simbolismos, cujos imensos chifres curvos lembram a Lua e seus crescentes, e sua cara forte, o Sol —, deixava a cidade onde residia rumo às montanhas, mas quando chegou a um dos portões, uma sentinela o reconheceu e, ao saber de seu destino, pediu que registrasse em livro seu conhecimento: esta obra seria o *Tao Te Ching* (ou *Daodejing*), mais importante texto místico de toda a civilização chinesa. Composto de pouco mais de 5 mil palavras, seus versos e aforismos desafiam as traduções, e devem servir como temas para meditação, sem possuir, a rigor, um sentido próprio, do tipo "Aquele que segue Tao se identifica com Tao, da mesma forma que aquele que segue a Virtude se identifica com a Virtude. E quem com Tao se identifica, por este é bem-vindo".

Por volta de 1046 a.C. o rei Wu dos *Zhou* venceu a épica batalha de *Muye*, pondo fim à antiga dinastia Shang e levando o país a séculos de boa governança. No século VIII, porém, o poder imperial estava fragilizado, e em 771 a.C. os *Quanrong*, tribo do noroeste, invadiram a capital Hao e expulsaram o monarca. Os terratenentes, já então relativamente irreverentes, desconheceram completamente a autoridade central e controlaram a política, relegando aos representantes da casa imperial funções meramente cerimoniais. Doze pequenos reinos lutaram ferozmente entre si nessa fase conturbada conhecida como período das Primaveras e Outonos, seguida por outros séculos de guerra, o dos Estados Combatentes, que durou até 221 a.C.

O sofrimento dessas guerras constantes levou muitos intelectuais a se entregarem a intensas especulações, em busca de saídas para o caos, um momento bem resumido num aforismo da época: que todas as flores desabrochem, que todos sejam ouvidos. Várias disciplinas, entre as quais o Taoismo e o Confucionismo, nasceram da angústia dessa época, e embora abordassem dilemas semelhantes e até compartilhassem alguns elementos, em geral seus resultados foram significativamente diferentes. Se Confúcio buscou na humanidade, na história, e no advento de um grande líder a solução para a crise, Lao Zi via nessa expectativa pelo homem excepcional uma espera vã, pois muito embora haja pessoas interessadas em conquistar o mundo e moldá-lo segundo seus caprichos, o mundo não lhes quer obedecer, e aqueles que insistem terminam, invariavelmente, derrotados. Habitante de um tempo belicista, desprezava o militarismo, acreditava que não havia beleza nas armas, nem mesmo nas vitoriosas, e só quem se deliciava com a carnificina podia se encantar com o conflito. A harmonia, acreditava, não era propriamente uma questão de convivência em sociedade, mas algo mais amplo, uma sintonia com a criação e o cosmos.

Como outros mestres do Tao, Lao Zi se esforçou para não deixar vestígios de si mesmo, pois a vida apagada, discreta, era elemento fulcral à sua filosofia. Uns optavam pelo retiro em meio à natureza, outros viviam nas cidades, mas todos buscavam a santidade por meio da ascese mística, sem penitências ou sofrimento, fazendo de seu testemunho pregação silenciosa, pois segundo o Tao Te Ching, pessoas prudentes deveriam ser capazes de professar a doutrina sem palavras, uma tradução prática do conceito do *Wu Wei*. Como o Tao envolve a tudo e a tudo resolve, não adianta intervir na sociedade, ainda que buscando sua melhoria; a atitude correta seria simplesmente deixar as coisas seguirem seu fluxo.

O conceito de Tao pregado por esses místicos se apropriava de um conceito antiquíssimo, elemento místico, impessoal, indescritível, que fluía por toda parte e de onde todas as coisas derivavam. Era o princípio original que animava os seres, mas que não se envolvia em suas querelas, dominava todas as realidades sem jamais se submeter a qualquer ordenamento. Dessa ideia original haviam surgido os dois princípios básicos de todo op conhecimento chinês, o *Yin* e o *Yang*: o primeiro, feminino, negativo, ativo, úmido, escuro, vinculado à subtração e à multiplicação; o segundo, masculino, positivo, passivo, seco, claro, ligado à adição e à divisão... duas concepções contrárias e complementares que se conjugavam, cada um possuindo dentro de si a semente de seu oposto, num movimento dialético surgido na criação original e que se prolongava em sua manutenção.

O Taoismo tomou forma como uma doutrina mística, devotada à anulação da vontade e à total indiferença como caminhos para a perfeição moral. Seu discípulo atingia a renúncia dia a dia, e por meio da contínua inação conseguia que tudo corresse por si. Em seus textos, os primeiros autores taoistas descreveram seus transes místicos, sua vida alegre e pura liberdade, exercício de santidade pelo qual buscavam alcançar a imortalidade; logo, não espanta que Lao Zi tenha sido retratado com inacreditáveis 160 anos — simplesmente se esqueceu de contar o tempo a passar. Esse quietismo, marca do pensamento Taoista clássico, e sua indiferença em relação à vida se estendiam também às relações sociais, compreendidas como engrenagens de um sistema coercitivo e mentiroso, cujo conserto residia não na criatividade (toda invenção humana era uma ferida), e sim na meditação, na via do autoconhecimento, única forma real de sabedoria, salvação e purificação, de libertação da matéria. Era, em essência, uma busca solitária, e uma vez liberto de quaisquer compromissos, o eu estaria salvo e redimido, igualado ao universo, reintegrado ao Tao. Sem nada fazer, tudo acabava por se fazer.

Curiosidades

Lao Zi permanece uma figura central na cultura chinesa, e tanto os imperadores da dinastia Tang quanto os atuais portadores do sobrenome Li consideram-no fundador de sua linhagem.

Jesus de Nazaré

Religioso judeu, c. 4 a.C.–c. 30/33 d.C

Há poucas figuras tão marcantes quanto Jesus. Se muitos personagens, após a morte, têm suas vidas elevadas ao mito, poucos foram aqueles que, como ele, foram recriados como divindades. Divisor de águas da história ocidental e inspiração de uma religião que hoje conta com mais de um bilhão de fiéis, sua vida e ministério só foram registrados muito depois de sua morte: os Evangelhos Canônicos, os livros de Mateus, Marcos e Lucas (o livro de João é bastante tardio), aprovados pelas Igrejas e principal fonte de informação, só foram escritos passados quase cem anos de sua execução. A esses documentos somam-se alguns evangelhos apócrifos de autores romanos como Tito Lívio e Flávio Josefo, e tais documentos nos fazem crer que foi, sem dúvida, um personagem histórico.

Judeu, foi educado em um ambiente marcado pela multiplicidade de correntes religiosas que caracterizava seu tempo: no século VI a.C., o rei Nabucodonosor levou à Babilônia a elite do reino de Judá, deixando na Palestina apenas as populações rurais e mais pobres. Esse período, conhecido como Cativeiro da Babilônia, durou setenta anos e foi essencial ao surgimento do Judaísmo, pois os remanescentes continuaram com suas crenças tradicionais e se misturaram aos colonos enviados pelos caldeus, enquanto aqueles residindo na capital imperial, confrontados com o exílio e com filosofias e fés de todo o mundo antigo, desenvolveram um elaborado conjunto de crenças e rituais, base da moderna religião judaica. Juntos novamente, esses grupos tiveram uma convivência difícil, e a partir do século IV a.C., na esteira da conquista helênica, foram apresentados à cultura grega.

O Helenismo influenciou principalmente as camadas mais urbanas da população, mas a fé popular, uma espiritualidade fértil e telúrica, continuou a florescer na Palestina, irredutível, independente da grande teologia e rica em diversidade. No deserto, a comunidade dos essênios abandonava a vida mundana em busca da purificação, e homens santos, representantes de uma multimilenar tradição médio-oriental, pregavam nos ermos, e ao menos um deles exerceria fundamental influência sobre Jesus: João Batista, místico odiado pelas forças políticas de então que purificava pessoas a partir da imersão ritual em águas e que batizou o próprio pregador nazareno.

Frequentemente, em oposição a tais manifestações populares, havia dois importantes movimentos teológicos: os fariseus e os saduceus. Os primeiros eram um grupo majoritariamente urbano, lidando constantemente com não judeus, e estudavam as escrituras sob a luz da tradição — uma fé para as massas, não para um pequeno grupo de escolhidos. Os segundos, por sua vez, formavam um partido sacerdotal aristocrático, suporte hierático da monarquia judeia, à qual continuaram a apoiar depois da conquista romana. No século I de nossa era, com a destruição de Jerusalém em 70 d.C., os saduceus desapareceram enquanto grupo distinto, enquanto os fariseus perseveraram, dando origem ao Judaísmo rabínico.

Na virada para nossa era, todo o litoral mediterrânico asiático estava dominado pelos romanos, e na Judeia, conquistada em 86 a.C., proliferavam fortíssimos sentimentos místico-religiosos, e profetas e líderes carismáticos não eram incomuns. Jesus de Nazaré (ou "nazir", "o sábio") foi mais um deles. Originário da Galileia, região pobre, excêntrica, vinha de uma tradição religiosa fortemente marcada pelas crenças populares e pouco afeita à especulação teológica. Durante as primeiras décadas de vida, houve pouco que o distinguisse de qualquer outro jovem: filho de pai carpinteiro, cresceu num meio de artesãos e praticava os ritos judaicos com afinco, como demonstra a sua ida ao templo no início da adolescência. Não era analfabeto, conhecia os textos sagrados, bem como a piedade popular de sua terra, eco de tradições já então velhíssimas do Oriente Médio, fruto das múltiplas civilizações que vicejaram naquelas paragens. Por volta dos 30 anos, porém, tomado pela inquietação espiritual, abandonou sua família e dirigiu-se ao deserto, local onde, como Moisés antes dele e Maomé depois, experimentou a revelação mística, mas foi somente após o encontro com João Batista que iniciou, de fato, sua pregação, convertendo seus primeiros discípulos entre os pescadores das margens do Mar da Galileia, onde exerceria quase todo seu ministério percorrendo as cidades da região.

À medida que os relatos de suas curas, algo não raro no mundo antigo, difundiam-se, galileus piedosos começaram a seguir o jovem mestre, que em suas pregações mesclava elementos de variadas tradições, judaicas ou não: compartilhava com os fariseus a crença, de origem persa, nos anjos e demônios; como os essênios, negava a riqueza material e sentia-se desconfortável com a sociedade tradicional que o cercava, prevendo sua destruição. A própria noção de amor ao próximo, tão característica da crença cristã, tem sólidas bases judaicas, muito embora ele tenha dado um passo além, pregando o amor incondicional, direcionado até mesmo aos inimigos. Falava em parábolas, historietas que traduziam para a linguagem do povo conceitos teológicos, e era precisamente para essa gente simples que dirigia suas palavras mais doces, como se vê no Sermão da Montanha:

> Bem-aventurados os pobres de espírito, porque deles é o reino dos céus. Bem-aventurados os mansos, porque eles possuirão a terra. Bem-aventurados os que choram, porque eles serão consolados. Bem-aventurados os que têm fome e sede de justiça, porque eles serão fartos. Bem-aventurados os misericordiosos, porque eles alcançarão a misericórdia. Bem-aventurados os limpos de coração, porque eles verão a Deus. Bem-aventurados, porque eles serão chamados filhos de Deus.[1]

Durante o ano em que permaneceu na Galileia, entre seus conterrâneos e longe das vistas dos poderosos, conseguiu evitar, ou se desviar de perseguições, mas isso mudou quando resolveu seguir para Jerusalém em plena Páscoa, uma festa na qual se encontravam judeus de todo o mundo mediterrânico, além dos diversos grupos políticos e religiosos — logo, os atritos eram virtualmente inevitáveis. Observando esse cadinho de insatisfações, protegidos na Fortaleza Antônia, forte contíguo ao grande Templo, vigiando a cidade, estavam os romanos, comandados pelo prefeito da Província da Judeia, Pôncio Pilatos.

Certamente alguns habitantes de Jerusalém ouviram as pregações do recém-chegado nas cercanias da cidade e o consideraram profeta. Para a casta sacerdotal, contudo, não era nada mais que um interiorano presunçoso, que

---

[1] Evangelho de S. Mateus, 5:3–9. *Bíblia Sagrada*. Rio de Janeiro: Barsa, 1967.

depois revelou ser também um arruaceiro. O pátio do Templo era ocupado pelos mais diversos comerciantes, como cambistas e vendedores de animais para o sacrifício, ofícios mundanos, mas necessários; para espíritos mais sensíveis, como Jesus, tais negócios eram uma ofensa à santidade do local:

> E entrou Jesus no Templo de Deus, e lançava fora todos os que vendiam e compravam no Templo; e pôs por terra as mesas dos banqueiros, e as cadeiras dos que vendiam pombas: e lhes disse: "Escrito está: a minha casa será chamada casa de oração, mas vós a tendes feito covil de ladrões".[2]

O ataque aos comerciantes era também um ataque aos sacerdotes que permitiam sua presença e lucravam com suas transações. E a resposta não tardou: prenderam o místico galileu e o levaram à casa do sumo sacerdote Caifás, o qual, reunido com outros líderes em assembleia, o Sinédrio, entregou-o à lei imperial, sob a acusação de profanação, além de sublinhar um possível componente antirromano em suas ações, cabendo a Pilatos a incumbência de sua condenação à morte. Essa pena interessava a um único grupo, os sacerdotes saduceus, mas a entrega de um compatriota em mãos romanas nem de longe foi bem acolhida por todos. Os fariseus, por exemplo, romperam politicamente com seus antigos aliados graças a esse fato. Ainda assim, durante séculos, cristãos acusaram a todos os judeus de deicídio e perseguiram-nos por tal crime, chamando-os de "assassinos de Cristo". Somente no Concílio Vaticano II, no século XX, essa injustiça foi oficialmente negada, e o termo "pérfidos judeus", retirado das orações católicas romanas.

Após a condenação, seguiu-se o martírio de Jesus. As multidões apreciavam espetáculos sangrentos, e Jerusalém não era exceção. O calvário do profeta galileu falava aos mais baixos e sanguinolentos apetites da massa reunida, mas não foi, de modo algum, um exemplo de ódio de toda uma gente contra um indivíduo em particular. Pelo contrário, muitos se apiedaram de seu sofrimento, gente como Simão de Cirene, um judeu vindo do norte da África, que ajudou o sofredor a carregar o madeiro no qual seria crucificado.

Após sua morte, seus seguidores começaram a considerá-lo o Messias, *Christos* em grego, e graças ao trabalho missionário de Paulo de Tarso, um ex-perseguidor de cristãos convertido, a nova religião rapidamente se difundiu por todo o mundo romano, em particular no Oriente. Paulo era um judeu helenizado, fruto da mistura do Helenismo com as culturas médio-orientais.

---

[2] Evangelho de S. Mateus, 21:12–13. *Bíblia Sagrada*. Rio de Janeiro: Barsa, 1967.

Com ele essas crenças gradualmente se afastaram de suas origens, tendendo mais e mais à filosofia e cultura gregas, de modo que o Cristianismo, como expressão religiosa, tornou-se progressivamente muito mais helênico que judaico. Paulo se ocupou em estabelecer comunidades cristãs ao longo do Mediterrâneo, explorando as vias de comércio e transporte criadas pelo Império Romano. Fundadas entre pagãos, práticas tradicionais, como a circuncisão e as restrições dietéticas, foram abolidas, deixando perceptível o perfil diverso que a nova crença assumia. Outras possibilidades existiram (o próprio Pedro, um dos primeiros seguidores de Jesus, defendia a continuidade com o Judaísmo), mas foi o modelo paulino, mais organizado, que prosperou e se espalhou por todo o Império Romano e mais além (Etiópia, Índia, Armênia), eclipsando diversos cultos antigos e tornando-se a mais importante religião do Mediterrâneo até a invasão muçulmana.

A pessoa de Jesus Cristo marcou de tal maneira seus seguidores que passaram a considerá-lo divino, e para conciliar esse sentimento com as restrições do monoteísmo, ao longo de alguns séculos o Cristianismo desenvolveu o conceito da Trindade, segundo o qual o Deus Pai e o Deus Filho são uma única pessoa, junto com o Espírito Santo. Muito particularmente nos séculos III e IV, esse mistério, a Controvérsia Cristológica, dividiu os fiéis em lutas sangrentas: debatiam se seria ele apenas homem, apenas deus ou um deus homem, além de sua origem e substância, e qual o papel de sua mãe, Maria, se mãe de homem ou mãe de Deus. Progressivamente, foi fixado o dogma segundo o qual Jesus de Nazaré aparece como encarnação terrena de Deus, inteiro em divindade e em humanidade, visão majoritária das igrejas hoje existentes.

Curiosidades

Para os cristãos, a figura de Jesus é incomparável em toda história humana, e a doutrina cristã estabelece que ele foi engendrado numa mulher virgem, Maria, pelo Espírito Santo, operou milagres, fundou a Igreja, morreu para resgatar os pecados de todos os seres humanos, ressuscitou e ascendeu aos céus, de onde retornará oportunamente.

Maomé

Profeta árabe, 570–632

Até 610, um cameleiro árabe chamado Muhammad, então com cerca de 40 anos, bem-casado e pai de quatro filhas, levara uma vida confortável, sem grandes dificuldades, quando foi acometido por um profundo sentimento de desconforto, eco do desassossego espiritual que afligia homens e mulheres em todo o Oriente Médio. Insatisfeito com a religiosidade tradicional que o cercava, retirou-se para as montanhas e se dedicou a exercícios espirituais e meditação, e durante uma dessas estadias no deserto, teria recebido a visita do anjo Gabriel, que lhe ordenou: "Recita!", ao que respondera que não sabia recitar. Então o anjo o teria abraçado, arrancando dele uma prece e novamente ordenando que recitasse o nome de Deus, clemente e misericordioso. Após essa experiência única, voltou para casa, apavorado, e encontrou sua esposa, Khadija, que o confortou e explicou a importância do que tinha acontecido: ele havia sido abençoado, e naquela noite, que na tradição muçulmana ficaria registrada como "A Noite do Poder", nasceu o Islã. Após essa data, partindo das cidades da costa árabe ocidental, a religião se espalhou dos contrafortes do Himalaia aos Pireneus em pouco mais de duzentos anos, e segue crescendo, até contar, no início do século XXI, com mais de um bilhão de fiéis, os quais evocam diariamente o nome do único Deus, Alá, e de seu profeta, Maomé (Muhammad, em árabe).

O período anterior à revelação de Maomé é conhecido como *Janiliyah*, ou "Idade da Ignorância". Enquanto os judeus continuavam esperando pelo Messias, os cristãos se dividiam em discussões cada vez mais estéreis sobre a natureza divina, fragmentando-se em uma miríade de seitas, disputas que haviam atingido os desertos da Península Arábica. O Oriente Médio era então disputado por duas potências, o Império Bizantino e a Pérsia Sassânida, e em 570 a Abissínia, reino africano cristão aliado de Constantinopla, invadiu e conquistou a Arábia do Sul, provocando a ira do xá persa, o qual enviou seu exército, expulsou-os e tomou para si o território. A ocidente da península, do litoral às montanhas, e ao longo das rotas comerciais, existiam algumas cidades, e nos desertos viviam os nômades beduínos, povo das tendas, ou sarracenos (*sarakenoi,* em grego), conduzindo suas cáfilas desde as costas do Oceano Índico até o Mediterrâneo e o Iraque.

Essa sociedade era fortemente marcada por laços de parentesco, com os indivíduos fazendo parte de tribos organizadas em clãs e submetidos a um rigoroso código de conduta, a *Muruwa*, que preconizava lealdade absoluta aos parentes, autoproteção mútua, resistência à dor e aos desafios e, em caso de ataque, vingança. A mais importante das cidades era Meca, no cruzamento das principais rotas comerciais, em cujo centro estava a *Kaaba*, edificação dedicada ao deus Hubal que abrigava estátuas de 360 deuses, além da Pedra Negra, um meteorito considerado sagrado. Nômades e sedentários, todos iam até lá em peregrinação, o chamado *Hajj*, e como a violência nesses períodos era proibida, aproveitavam a trégua para fechar negócios, transformando o local em rico entreposto comercial, atraindo os olhares cobiçosos dos reinos vizinhos. Em 560, pouco antes do nascimento de Maomé, um exército abissínio montado em elefantes tentou destruir a Kaaba, mas, abatido por doenças, não conseguiu cumprir o intento, e o "Ano do Elefante" passou a ser lembrado pelos árabes como um marco da boa vontade divina, uma memória preservada na surata 105 do sagrado Alcorão:

> Em nome de Deus, o Clemente e Misericordioso.
> Não viste como teu Senhor tratou os proprietários do elefante?
> Não lhes desbaratou os ardis?
> Não soltou contra eles bandos de pássaros
> Que os agrediram com tijolos endurecidos?
> Depois, deixou-os como restalhos após a ceifa.[1]

---

[1] CHALITTA, Mansour (trad.). *O Alcorão*. Rio de Janeiro: ACIGI, p. 352.

Dentre as várias tribos mequenses destacavam-se os coraixitas, os guardiães da Kaaba, e foi precisamente nesse grupo que nasceu, por volta de 570, Muhammad: órfão de pai ainda no ventre, aos 6 anos perdeu sua mãe e passou a viver com o tio, Abu Talib, uma experiência de tal forma marcante que a preocupação com o bem-estar de viúvas e órfãos tornou-se uma marca da piedade islâmica. Em 595, conheceu Khadija, viúva por volta dos 40 anos, mulher de fibra e senhora de caravanas que, encantada pelo jovem, pediu-o em casamento e rapidamente se tornou uma figura central em sua vida e na religião: primeira a aceitar a revelação e primeira muçulmana, desde o princípio forneceu conforto e paz necessários para que seu angustiado marido pudesse interpretar as mensagens divinas. Maomé compôs o Alcorão durante 23 anos, nas mais diversas e adversas condições, a partir de mensagens, algumas das quais vinham na forma de palavras, mas outras chegavam em sonhos ou pressentimentos e precisavam ser verbalizadas. Embora esse livro seja uma obra poética (a mais perfeita em seu idioma), Maomé era iletrado, fato que a hagiografia islâmica enfatiza para realçar o milagre de sua criação. A fé que revelou não se apresentava como algo novo, e sim como o reavivamento da sempre existente religião de Deus, enviada aos homens pelos profetas e frequentemente esquecida pelo mundo. Assim sendo, as manifestações anteriores não foram canceladas, e sim incorporadas à nova crença, e muitos personagens anteriores, entre os quais Noé, Abraão, Moisés, Davi, Salomão, Cristo e João Batista, permaneceram profundamente reverenciados, e Maomé, o último e mais perfeito deles, era o Selo dos Profetas.

A fé islâmica tem seus fundamentos em cinco elementos essenciais, chamados pilares: a profissão de fé (a crença em um Deus único, nos Livros Sagrados, nos profetas, nos anjos, nos demônios, no Juízo Final, na ressurreição dos mortos, no Céu e no Inferno), as cinco orações diárias, a *Zaqat* (doação para os necessitados), o jejum no mês de Ramadã e o *Hajj*, a peregrinação a Meca.

O início de pregação de Maomé em Meca não foi fácil: os tradicionalmente politeístas mequenses não toleraram a nova fé num deus único, e as famílias se dividiam, com jovens se convertendo ao Islã a contragosto dos pais, mulheres contra a vontade dos maridos, escravos à revelia dos senhores. Essa situação provocou reações, e durante um biênio os coraixitas impuseram um boicote aos muçulmanos, e até o envio de alimentos era negado, situação desesperadora que durou até 619, coincidindo com o falecimento de Khadija. Um ano depois, o profeta vivenciou outra de suas grandes experiências espirituais, o "voo noturno", quando teria sido acordado pelo anjo Gabriel e levado à Jerusalém, ao encontro de outros profetas — nessa visão mística, teria conhecido os sete círculos do Céu e avistado, sem visitar, o Inferno. Finalmente, em 622, uma porta se abriu para a pequena comunidade: um grupo de beduínos em peregrinação aceitou o Islã, e convidou o profeta e os irmãos de fé para morar em *Yathrib*, um oásis ao norte colonizado por judeus havia trezentos anos e onde tribos árabes e judias, em guerra aberta, careciam de um árbitro imparcial. Em poucos meses, setenta famílias seguiram para o local, que passou a se chamar Medina, A Cidade. Essa mudança foi fundamental para a mentalidade islâmica que se instituía: significava o rompimento com a Muruwa, suas obrigações de sangue e ligações tribais, e o alvorecer de uma nova entidade, a *Umma*, a comunidade dos fiéis, superior a qualquer agremiação e chefiada por Alá. A importância desse recomeço, a Hégira, é tamanha que se tornou o marco zero do calendário islâmico, início de sua história.

Em Medina, a Umma se organizou pela primeira vez, edificou a primeira mesquita, e puderam desenvolver as regras que futuramente regeriam a vida de bilhões de devotos. Viúvo, Maomé tomou novas esposas, algumas meramente por questões políticas, outras para proteger mulheres viúvas ou órfãs. Nem tudo, porém, era tão simples: os Islã fizera vários movimentos de aproximação em direção à fé judaica, adotando, inclusive, algumas de suas práticas, tais como a interdição à carne de porco, o jejum das sextas-feiras e as preces orientadas para Jerusalém (posteriormente, essa orientação, chamada *qibla*, foi mudada para Meca). Os judeus, contudo, não reconheceram Maomé como seu profeta, tampouco perceberam o Islã como continuação de sua própria religião, e ambas as comunidades iniciaram um afastamento que descambou em guerra civil. Uma a uma, os muçulmanos expulsaram as tribos hebraicas, até que em 627 massacraram a última remanescente — em apenas cinco anos, toda a comunidade judaica medinense fora erradicada.

Um dos conceitos mais controversos do Islã é a *Jihad*. A rigor, refere-se ao esforço para derrotar as forças do mal (em especial dentro dos próprios corações), mas muito cedo se converteu em uma teologia da Guerra Justa, e relativizando o preceito de que todo conflito era abominável, tornou a luta para a preservação de valores corretos algo aceitável. O primeiro embate jihadista se deu entre 622 e 629, quando tropas muçulmanas atacaram as caravanas de Meca, e os mequenses, em retorno, pegaram em armas para defender seus interesses. Seguiram-se anos de batalhas sangrentas, até que as forças monoteístas foram mais eficientes e impuseram um bloqueio a seus adversários, os quais, vendo sua riqueza se esvair, decidiram capitular. Em 629, pela primeira vez depois da Hégira, Maomé voltou a Meca, o primeiro Hajj muçulmano, e no ano seguinte os coraixitas entregaram-lhe a cidade. O profeta entrou na Kaaba e destruiu os ídolos tribais, deixando somente a Pedra Negra. Seguiram-se outras campanhas militares, em especial contra as cidades de Nakhlah, Hudayl e Taif, sedes de importantes santuários pagãos, e contra o oásis de Khaybar, habitado por uma tribo judia fugida de Medina. Em poucos anos, mais da metade da Arábia estava unificada, e em junho de 632 o profeta faleceu.

Para o Islã, não existe personagem mais relevante que Maomé. Milênio e meio se passou, e sua conduta e exemplos permanecem como forte inspiração para muçulmanos piedosos ordenarem sua vida e prática religiosa. Fora do universo islâmico, entretanto, principalmente para o mundo cristão, ele tem sido retratado como o outro perverso. A Cristandade o satanizou, relacionando-o às lendas do Anticristo e do fim do mundo e apresentando-o como um apóstata devasso. A cultura popular europeia preservou essa imagem negativa nas figuras de dois personagens cruéis: Mahound, nos países nórdicos, e Mafoma, na Península Ibérica.

Curiosidades

Cada uma das revelações que Maomé afirmou receber (*Ayah*, em árabe) formou versos do Alcorão. Logo, esse livro é considerado pelos muçulmanos como a Palavra de Deus e centro de sua religião. Para além dele, os sunitas utilizam-se dos Hadiths, narrativas tradicionais que relatam os ensinamentos e as práticas do profeta.

PARTE IV

OS DEMIURGOS

Homero

Poeta grego, século VIII a.C.

> Canta-me a Cólera – ó deusa! – funesta de Aquiles Pélida,
> causa que foi de os Aquivos sofrerem trabalhos sem conta
> e de baixarem para o Hades as almas de heróis numerosos
> e esclarecidos, ficando eles próprios aos cães atirados
> e como pasto das aves.[1]

Esses versos, primeiros da Ilíada, há mais de dois milênios reverberam a dor desse herói pelas injustiças de que foi vítima e pela morte de um companheiro querido, guerreiro vitimado numa guerra, que já durava uma década, contra a cidade de Troia (Ílion, em grego). Ferido em seu amor, Aquiles retorna ao conflito que abandonara, e a simples visão de sua presença faz tremer os inimigos. A *Ilíada*, como também a *Odisseia*, são duas composições maiúsculas da literatura mundial, e os milênios que nos separam parecem não lhes ter causado dano: continuamos sensíveis às desventuras do esperto Odisseu (Ulisses) e à dignidade serena da fiel Penélope, à nobreza de Heitor e à beleza incomparável de Helena. E, sim, é fato que continuamos sensíveis a esses personagens, pois amiúde eles retornam via modernos meios de entretenimento: filmes, videojogos, séries de televisão, romances..., todos testemunhos da excelência do autor original, o grego Homero.

---

[1] HOMERO. *A Ilíada*, 1:1–5. São Paulo: Ediouro, 2009, p. 57.

Difícil pensar em outro artista, de qualquer arte ou tempo, mais influente para seu próprio povo quanto esse poeta lírico. No percurso de sua longa história, os gregos consideraram-no a autoridade máxima de sua civilização, ápice do talento poético, oráculo da compreensão religiosa, leitura histórica essencial. As obras homéricas reuniam funções hoje compartilhadas pela Bíblia e por livros de História e Português, e conhecê-las possuía uma função pedagógica inquestionável. Logo, não é de se estranhar que boa parte da alta cultura produzida a partir da Era Clássica, das peças teatrais aos discursos filosóficos, carregue suas digitais, e é ainda mais expressivo que parte significativa dessa produção literária, redigida em frágeis papiros, tenha se perdido ainda na Antiguidade, enquanto as obras de Homero foram preservadas desse fim inglório, resultado do multissecular e contínuo esforço dos copistas, para quem o mundo sem esses poemas fundamentais seria inimaginável.

O poeta não deixou nada escrito sobre si, e especulou-se ser seu nome o equivalente a "anônimo" no grego antigo, um disparate: Homero é substantivo próprio, e os antigos criam em sua existência, mas não sabiam a seu respeito muito mais do que nós, preenchendo as lacunas com narrativas hagiográficas. Creditavam sua origem às franjas orientais da Hélade, nos arquipélagos do Egeu ou nas *poleis* das costas asiáticas, atual Turquia, informação confirmada pelas modernas análises do dialeto empregado em sua escrita. Na Antiguidade, nada menos que dezenove cidades dessa região afirmavam ser seu torrão natal, destacando-se Quios, ilha que abrigava uma sociedade dos homéridas, seus autoproclamados descendentes e cultores de sua memória e composições.

As fontes antigas representam-no como um poeta errante, cego, um mendicante vagando de corte em corte, trocando sua arte pelas benesses reais, mas a realidade desses artistas era bem mais complexa. Numa sociedade que valorizava ao máximo o talento da música e da récita, aqueles que compunham a cantavam poemas, chamados *aedos*, situavam-se no mais alto grau de excelência; era necessário convidá-los a se apresentar, presenteá-los fartamente, e só então, se satisfeitos, considerariam regalar a audiência com suas odes. Homero teria sido, sem dúvida, um desses supremos artistas, tratado a pão de ló pelas elites guerreiras que comandavam as comunidades daquela época, ansiosas por ouvir relatos de antigas e heroicas batalhas, entremeadas por genealogias que as vinculassem aos grandes nomes do passado mítico — noutras palavras, uma arte cortesã destinada a enlevar chefes armados e seu séquito.

Essa gente feroz descendia dos povos de língua indo-europeia (tradicionalmente chamados Aqueus) que desde o século XXI a.C. se infiltravam nas costas do Mar Egeu, extremo sudeste da Europa. A primeira entidade estatal da região fora o Império Minoico, sediado em Creta, cujo poder lastreava-se no controle das rotas marítimas de comércio, e os protogregos chegaram a esse reino talassocrata como imigrantes, miscigenando-se com as populações locais e aprendendo suas técnicas e práticas religiosas. No século XIV a.C., na esteira do colapso cretense, assumiram a liderança, engendrando uma cultura mista, fruto desses muitos séculos de misturas. Chamada Micênica em memória a um dos seus principais centros políticos, Micenas, floresceu até o século XII a.C., quando a grande crise provocada pelos Povos do Mar abalou as principais civilizações do Mediterrâneo oriental e destruiu, entre outros, o Império Hitita e as cidades-estado micenianas.

As cidades micênicas deram seguimento aos contatos econômicos com as costas asiáticas e africanas do Mediterrâneo, possuíam escrita e burocracia bem estruturada, e embora jamais tenham desenvolvido unidade política, os monarcas das cidades comandavam com mão de ferro os territórios circunvizinhos. A realidade que emergiu após a debacle, contudo, era bastante diversa: as rotas comerciais foram abandonadas e, como consequência, o acesso aos metais precisos minguou; em vez de grandes cidades amuralhadas, vivia-se em vilas e campos, da pequena agricultura e da pecuária, e os vínculos comerciais eram limitados. A tecnologia da escritura foi perdida, e sabiam muito pouco sobre os antigos que os haviam precedido — em verdade, olhavam com espanto para os monumentos e os chamavam de "ciclópicos", pois acreditavam que apenas os gigantes de um só olho poderiam mover pedras daquele tamanho.

Essa gente era, em essência, grega, de fala grega, uma amálgama de refugiados e deslocados pelos Povos do Mar com gente nativa que lograra se esconder do turbilhão e que, em sua memória coletiva, preservara o retrato de uma época dourada, de grandes reis e heróis, deuses e entidades variadas, e é sobre essa Antiguidade que os poemas homéricos versam, um riquíssimo patrimônio espiritual elaborado e reelaborado oralmente ao longo dos séculos, mitos em constante transformação, fatos reordenados e reorganizados dentro da poesia, ao sabor do talento poético de seus compositores e da emergência de novas elites dirigentes, que demandavam nova genealogia para as ligar à Era de Ouro dos antepassados.

Homero, supremo aedo, deve ter sido um excepcional contador de histórias, apresentando-se diante dos chefes militares, compondo de repente e cantando essas eras passadas. Diferentemente deles, porém, fez uso de uma recém-reinserida tecnologia para fixar esses cantos: a escrita. Minoicos e micênicos possuíam sistemas de escrita ideográfica, perdidos quando da crise do século XII a.C. Quatrocentos anos depois, navegadores fenícios trouxeram às costas egeias um outro tipo de escrita, a alfabética, bem mais simples, derivada dos hieróglifos egípcios, e, com base nesse sistema, as populações de fala grega desenvolveram seu próprio alfabeto, com o qual fixaram seu patrimônio mitológico ordenando o cipoal de histórias em um todo coerente. Não é tarefa banal: a constante transcriação do mito o mantém vivo e reagindo às demandas que surgiram, um processo que a redação encerra. Logo, essa fase requer do artista extenso domínio tanto das histórias orais quanto da redação, e, não por acaso, os descendentes culturais de Homero, os gregos, consideraram-no a voz indiscutível da autoridade: ele fez o impossível.

Muitas das estruturas que os rapsodos e aedos utilizavam em seus recitais foram mantidas na obra literária: iletrados, compunham oral e improvisadamente, suas lembranças eram o único substrato a suportar os versos, e para facilitar sua memorização, faziam uso da reincidência, repetindo frases, epítetos e às vezes versos inteiros, de modo que Atena sempre possui "olhos glaucos", enquanto Hera é a dos "alvos braços", e a Aurora, "dedirrósea". Não obstante, esse intenso trabalho de edição não foi perfeito, e as costuras ainda estão bem perceptíveis. N'A *Odisseia*, várias histórias quase independentes são reunidas entre si, tais como o retorno de Ulisses a Ítaca (uma aventura marítima, tão comum à mentalidade médio-oriental), as desventuras de Telêmaco, filho do herói, o embate entre os pretendentes à mão de Penélope, e a própria guerra de Troia. Destarte, na *Ilíada* frequentemente a ação é interrompida por descrições (o escudo de Ulisses ou a lista de barcos), claras interpolações de poemas menores dentro de um maior.

Até aqui, abstivemo-nos de abordar uma questão essencial à compreensão de Homero: ele existiu realmente? Os gregos do período Clássico não tinham dúvida, e lhe conferiram a autoria de uma biblioteca inteira, desde as duas obras maiores, passando por hinos religiosos, até a *Batracomiomaquia*, divertida paródia da *Ilíada* na qual ratos e rãs se digladiavam. O questionamento acerca dessas autorias teve início nas últimas décadas da era pré-cristã, em grandes cidades do mundo helenístico, como Alexandria e Pérgamo, em cujos centros de saber e pesquisa teve início o que chamamos hoje de crítica literária, e exegetas rigorosos como Zenódoto de Éfeso, Aristófanes de Bizâncio e Aristarco de Samotrácia excluíram do *corpus* homérico boa parte das obras, sem, porém, pôr em questão o prestígio do aedo — que dirá lhe questionar a existência.

Somente a partir do século XVIII essa dúvida ganhou corpo científico: analisando elementos intrínsecos às obras, como a maneira em que foram compostas, os temas abordados, o contexto circundante, percebeu-se que as duas epopeias haviam sido redigidas com uma diferença de no mínimo cinquenta anos de uma para outra, e por, pelo menos, dois escritores diferentes, sendo a *Ilíada* a mais velha. Logo, a existência de um gênio único, que teria vivido por volta do século VIII a.C. e fora responsável por duas das maiores obras literárias da humanidade, foi pesadamente posta em questão.

A chamada Questão Homérica é interminável, uma discussão que frequentemente tende à esterilidade e está longe de conhecer um consenso. Há aqueles que acreditam na figura tradicional de um poeta escritor, outros imaginam o aedo recitando seus versos para o copista, e há, ainda, defensores de várias formas de organização tardia, bem posterior à transição dos séculos VIII–VII a.C. Noves fora tais discussões, é certo ter se tratado de trabalho não pequeno de canonização, fixação de milênios de vívida imaginação mitopoética das populações de fala grega estabelecidas na região do Mar Egeu.

Apesar da dúvida levantada, as obras homéricas (e seu autor) permaneceram uma fonte riquíssima para a compreensão da história grega, mas também esse seu papel tem se transformado ao longo dos últimos séculos. Para os caçadores de tesouros do século XIX, a *Ilíada* e a *Odisseia* representavam relatos fidedignos de fatos ocorridos, e, em 1873, um aventureiro alemão de nome Heinrich Schliemann, aficionado pelas duas epopeias, armou-se dos dois livros e conseguiu encontrar os sítios arqueológicos de Troia e Micenas, fatos que aparentemente confirmavam de forma insofismável a veracidade histórica das narrativas homéricas. Todavia, mais de século de pesquisas transformaram também essa certeza: escavações no litoral da Turquia descobriram não uma Troia, mas onze, uma após outra construída, abandonada e posteriormente reconstruída — algumas vezes por pessoas que não tinham nenhuma relação com a população anterior. O sítio fora, portanto, ocupado por séculos a fio, e a cidade contemporânea à *Ilíada* nem de longe mostrava a riqueza e a ostentação descritas no poema. Por outro lado, embora retratem a era dourada da Civilização Micênica, os épicos falam, efetivamente, de um mundo muito anterior à sua própria existência e sobre o qual sabiam muito pouco — quando descrevem os carros de batalha, por exemplo, falam de simples veículos que carregam os heróis até a ação, pois a guerra em seu próprio tempo era majoritariamente combatida pela infantaria, e os poetas não tinham como imaginar que, noutros tempos, guerreiros em bigas lançavam-se contra adversários armados de forma semelhante. Desse modo, os poemas homéricos constituem, sim, rica documentação histórica, mas para os Séculos Obscuros que separam o fim da Civilização Micênica do início da Grécia Arcaica, o período formativo da cultura helênica.

Mas, acima de tudo, a *Ilíada* e a *Odisseia* são chaves para a compreensão dos seres humanos, seus sentimentos, temores, frustrações, desejos, de como se relacionam entre si e com o transcendente. Tanto para os gregos na Antiguidade quanto para os intelectuais do Ocidente, a maior viagem que os personagens de Homero realizaram foi para dentro de si mesmos.

Curiosidades

A importância de Homero para os gregos está bem registrada n'*A República* de Platão. O autor o chama de protos *didaskalos*, o primeiro professor, dos tragediógrafos, *hegemon paideias*, líder da formação helênica, e *Hellada pepaideukon*, mestre de toda a Grécia.

Confúcio

Pensador chinês, 551–479 a.C.

Por quase oito séculos (1045–256 a.C.), soberanos *Zhou*, primeiros a adotar o título de Filho do Céu, controlaram firmemente um território que se estendia do Mar Amarelo até as regiões centrais do norte chinês, uma história longa, mas que começou a ser encerrada em 771 a.C., quando os nômades *Quanrong* invadiram e tomaram *Hao*, a capital. A partir de então, os terratenentes, nominalmente vassalos imperiais, assumiram o controle, passaram a ostentar o título de rei e mantiveram a figura do imperador com fins meramente simbólicos. Mais longo eclipse do poder central de toda a história chinesa, superior a meio milênio, é dividido em duas fases, e a primeira delas, o Período das Primaveras e Outonos (c. 771–c. 403 a.C.), foi marcada pela pulverização do poder político, pela emergência de grande número de cidades-estado relativamente autônomas e pelo desabrochar de doze reinos, controlados por antigos súditos imperiais em constante luta política.

Confúcio, um dos mais importantes pensadores de toda a humanidade, nasceu nessa época desordenada, e seu intento, como o de muitos outros intelectuais que viveram naqueles tempos, era buscar uma saída para restaurar a harmonia da sociedade. Foi uma época particularmente instigante para o pensamento chinês, durante a qual ideias e conceitos viajavam por meio dos reinos, atraíam seguidores e geravam debates de altíssimo nível, e produziram as Cem Escolas, as mais relevantes correntes filosóficas chinesas. A maior parte dessa produção literária se perdeu, consumida, séculos depois, nas fogueiras do imperador Qin Shi Huangdi, mas felizmente muito conseguiu ser salvo, incluindo os trabalhos de Mozi (primeiro filósofo de destaque na China), Ziqian (um destacado político), do próprio Confúcio e de seu mais importante intérprete, Mêncio.

Confúcio é a transliteração latina, bastante tardia (século XVI de nossa era), do termo Kong Fuzi, ou Mestre Kong. Nascido Kong Qiu em 551, no estado de Lu, leste da China, era fruto de uma relação, considerada imprópria, de seu pai com uma concubina secundária, e como tal teve uma infância humilde e passou a juventude aprendendo ofícios, caçando e pescando. Algo, porém, o diferenciava: o entusiasmo pelo saber, que, como podemos perceber em um trecho de sua obra mais conhecida, os *Analectos*, acompanhou-o durante toda a vida:

> Aos 15 anos, orientei minha mente para aprender. Aos trinta, plantei meus pés firmemente no chão. Aos quarenta, não tinha mais dúvidas. Aos cinquenta, conhecia a vontade do Céu. Aos sessenta, meu ouvido estava sintonizado. Aos setenta, sigo todos os desejos de meu coração sem transgredir nenhuma regra.[1]

Estudante aos pés dos anciãos, aprendeu os rituais da cidade e a etiqueta, e finda essa etapa, interessou-se pelos clássicos, principalmente o *Shijing* (O Livro da Poesia) e o *Shujing* (O Livro dos Documentos), recolheu e comentou tradições ainda vivas, remanescentes da época Zhou, e estudou o cerimonial da capital de Lu. Presente às festas dos antepassados, observou as formalidades e ritos apropriados à correta ordem das cerimônias, e como não havia, então, textos a respeito, questionava os funcionários encarregados do protocolo.

Aos 30 anos, reuniu suficiente autoconfiança para abandonar as aulas com os anciãos, cujo conteúdo não acrescentava em mais nada, e partiu para seu próprio ministério. Admirava os Ministros Sábios, um grupo de políticos reformistas de uma geração anterior, em especial Ziqian, chanceler do Estado de Cheng e um dos mais destacados juristas de seu tempo, cujo exemplo de funcionário sábio e digno marcou Confúcio de tal forma que, mais tarde, usaria suas qualidades para ilustrar um de seus conceitos mais importantes, o "cavalheiro" ou "homem principesco", *Junzi*, aquele que

---

1 CONFÚCIO. *Os Analectos* 2:4. São Paulo: Martins Fontes, 2005, p. 7.

deveria ter humildade, respeito a si mesmo, consideração dos superiores e bondade para com o povo. Em contraste com o homem inferior, ou grosseiro, essa personalidade ideal comia sem exagero, vivia sem exigir conforto, era diligente no trabalho e prudente na fala. Ninguém, contudo, nascia dessa forma (embora tais características fossem frequentemente vinculadas a determinados grupos sociais), e somente por meio do *Li*, o cultivo do eu, das virtudes morais e do estudo intenso da literatura esse *status* poderia ser alcançado.

Claro está que a educação era parte essencial nesse projeto. Uma característica bem particular ao pensamento chinês é sua propensão à escolástica: quando um pensador destacado estabelecia um modelo, os pósteros se contentavam em seguir sua cartilha, sem buscar algo novo. Confúcio encaixava a si mesmo nesse horizonte, não considerava a si mesmo um criador, antes um repetidor de ideias eternas, e compreendia que sua tarefa não era erigir um saber original, mas ensinar as boas doutrinas que o tinham precedido. Por temperamento, confiava no passado, amava-o pelas qualidades de beleza e excelência que guardava e podiam ser transmitidas ao mundo conflitado no qual vivia, mas soube, sim, ser revolucionário: confrontou o conceito convencional de erudição e aprendizado, baseado na memorização de versos e datas, fórmulas, odes e fatos históricos, e propôs uma nova abordagem, analítica, segundo a qual tudo o que fosse duvidoso nos textos antigos deveria ser extirpado, preservando-se apenas os melhores e inquestionáveis exemplos. O saber deveria ser um ato de reflexão e aproveitamento das boas tradições, compreensão e exercício dos rituais, pois estudar sem pensar era fútil, e pensar sem estudar, perigoso.

Gêmeo de Junzi, o conceito de *Ren* (humanidade) pregava reciprocidade e lealdade como valores indispensáveis, manifestos por meio do afeto pelo outro, avaliando a todos conforme o metro utilizado para si, sem fazer a ninguém aquilo que não gostaria de sentir. Bem se vê que tais normas precisam ser estimuladas em todo tecido social, e não havia local melhor para iniciar essa prática que a família nuclear, de onde seguiria se ampliando, incluindo a parentela mais distante, até atingir a cidade e a nação como um todo. Não há princípio mais valioso ao pensamento confucionista que a Virtude, a bússola moral cultivada por cada indivíduo, guia de suas ações. Ao defendê-la, confrontou os seguidores de uma escola filosófica, os Legalistas, defensora da redação precisa dos códigos legais, e a rechaçou ferozmente: as pessoas possuem o livre-arbítrio, e a letra fria da lei era insuficiente para restaurar a harmonia na sociedade. Rituais e aprendizado, esses sim estimulariam a moralidade, moldariam o caráter e provocariam ações corretas, um vórtice no qual a ética individual se refletia na moralidade pública e abarcava a nação.

Aos 40 anos, não possuía mais dúvidas sobre as grandes questões de seu tempo. Décadas de exercício intelectual e uma viagem ao exterior (na verdade fuga de perseguição política) haviam produzido um pensador de respeito. Diferentemente dos seus contemporâneos, autodeclarados sabedores de todas as respostas, e cujos alunos eram simples repetidores, Mestre Kong estimulava a reflexão em seus discípulos, "esclarecendo os entusiastas e orientando os fervorosos", sem jamais negar a ninguém a orientação, mesmo que não tivesse recursos para pagá-lo. Valores como a moral e a ética eram questões comuns em suas palestras, no entanto, não se tratava de abstrações teóricas, mas, antes, de ações práticas e quotidianas.

Entrado na casa dos 50 anos, conhecendo "a vontade do Céu", ingressou na categoria dos *Ai*, funcionários veteranos aptos a exercer postos elevados na administração, e por volta de 501 a.C. exerceu seu primeiro cargo público, servindo a Yang Hu, líder golpista que havia destituído a oligarquia de Lu. Em que pese esse início duvidoso, Confúcio o apoiou, pois considerava a dominação dos clãs algo tão nefasto que, percebendo a oportunidade de restauração da grandeza Zhou, sentia-se na obrigação de oferecer seus serviços. Em 500 a.C., participou da conferência de paz entre Lu e Qi e, posteriormente, como ministro da Criminalidade, convenceu alguns clãs a desmontar suas fortalezas privadas.

Em 497 a.C., já fora do serviço público, partiu para uma volta pelos estados chineses, viagem que durou treze anos. Enfrentou contratempos e perigos, comuns aos viajantes, mas sua fama o precedia, e, acompanhado por seus discípulos, foi recebido cortesmente pelos chefes dos estados que visitava. Falhou, porém, em sua missão maior: encontrar um líder forte, capaz de restaurar a monarquia centralizada auxiliada por eruditos ilustrados. Regressando a Lu em 484 a.C., passou o resto de seus dias ensinando, compilando e comentando clássicos da literatura chinesa, até que a morte o encontrou, aos 74 anos.

Duas obras lhe podem ser atribuídas sem dúvida: *Os Anais das Primaveras e Outonos*, uma crônica histórica, e *Os Analectos* (*Lunyü*), grupo de historietas, ditados e pequenos diálogos (cuja conexão complexa nos escapa a compreensão atualmente), compilado por gerações de discípulos ao longo de mais de setenta anos após sua morte. Um dos livros mais importantes de toda a história, sua extensa e longeva influência inspirou durante séculos todo o leste da Ásia, cuja bacia oriental, da Coreia a Singapura, do Japão a Taiwan, além da própria China, é por muitos considerada o arco da Civilização Confuciana.

Sua doutrina foi continuada por seus discípulos, em especial Mêncio (372–289 a.C.), e ganhou tal proeminência que durante o período Han (206 a.C.–220 d.C.) o culto em sua honra se tornou doutrina oficial do Estado, situação que perdurou por séculos, até a chegada do Budismo e a ascensão do Taoismo, em especial durante a dinastia Tang (618–907), quando perdeu muito de sua influência. Embora jamais recobrasse esse *status* hegemônico, recuperou muito de seu prestígio a partir do século X, permanecendo assim até o ocaso da ordem imperial, em 1911. Era, então, uma filosofia emasculada, da qual foram retirados inconvenientes princípios de justiça social e moralidade e mantivera-se a submissão à ordem vigente e, por causa disso, foi identificada como porta-voz do atraso, e os muitos movimentos revolucionários chineses o execraram. Hoje, porém, a China situa-se novamente entre as potências mundiais, e as aventuras subversivas, ao que tudo indica, ficaram para trás. Nesse contexto, o Confucionismo vem, silenciosamente, retornando ao palco central da política sínica, e os ditos do velho Mestre Kong são, mais uma vez, usados como bússola ética para essa grande nação oriental.

Curiosidades

Os princípios defendidos por Confúcio deitavam raízes no senso comum chinês, suas tradições e crenças: lealdade familiar, reverência aos ancestrais e respeito aos idosos. A família era a base do governo ideal, e nela o marido era o imperador em escala micro e merecia o respeito da esposa e dos filhos.

Sófocles

Teatrólogo ateniense, 496–404 a.C.

"A comédia procura apresentar os homens inferiores ao que realmente são, enquanto a tragédia os retrata superiores ao que realmente são", ensinou o filósofo grego Aristóteles, por volta de 335 a.C., ao distinguir os dois gêneros na mais conhecida de suas obras, *A Poética*, no qual discorreu sobre as qualidades de uma tragédia superior, quais elementos deveria conter para marcar sua excelência, e nenhuma outra cumpria tão bem tais parâmetros quanto *Édipo Rei*, composta por Sófocles em cerca de 429 a.C.

Conforme exigia o pensador natural de Estagira, ela continha "peripécias", ou seja, reviravoltas inesperadas que surgiam e surpreendiam a plateia, e de fato já foi apontado que essa obra de Sófocles foi o primeiro suspense de que se tem notícia, pois seu enredo se desenrola em torno de uma interrogação: quem matou Laio, rei de Tebas? O assassino ainda vivia entre os muros da cidade, e por tal acinte, os deuses fustigaram-na com o flagelo da peste. Confrontado com tal calamidade, o novo monarca, Édipo, jovem e sábio, que sucedera ao defunto no trono e desposara sua viúva, não mediu esforços para descobrir o homicida, mas tanto empenho resultou nefasto, pois quem tanto se empenhara na perseguição ao assassino descobre ser, ele mesmo, o responsável pelo ato — anos antes, sem conhecer a identidade da vítima, na beira de uma estrada. E à medida que a teia de mistério se dissipa, emerge outra terrível e inesperada verdade: Édipo era filho do homem a quem matara, e desposara, mais uma vez sem o saber, a própria mãe, com quem tivera quatro filhos.

Outro elemento importante à grande tragédia seria, segundo Aristóteles, sua capacidade de despertar sentimentos de "horror e piedade", algo particularmente presente no terço final: a esposa/mãe Jocasta tenta dissuadir seu marido/filho da busca, pois pressente as desgraças que tal descoberta pode acarretar, e quando vê o terrível segredo de seu casamento posto a descoberto, tomada por um acesso de loucura, atenta contra a própria vida:

> [...] lançou-se como louca ao leito nupcial;
> com as duas mãos ela arrancava seus cabelos [...]
> Pudemos ver, pendente de uma corda, a esposa;
> O laço retorcido ainda a estrangulava.[1]

Ao encontrar o corpo inerte, também Édipo perde a razão: desprega os broches que adornavam a roupa da defunta e fura os próprios olhos, fazendo jorrar sanguinolenta torrente, que lhe ensopa a face e a barba. Apesar (ou talvez por causa) disso tudo, a história desse desgraçado rei também evocava sentimentos de piedade, e o tragediógrafo dialoga com sua audiência:

> Vede bem, habitantes de Tebas, meus concidadãos!
> Este é Édipo, decifrador de enigmas famosos;
> ele foi um senhor poderoso e por certo o invejastes
> em seus dias passados de prosperidade invulgar.
> Em que abismos de imensa desdita ele agora caiu![2]

Antes sábio e poderoso, agora destruído, cego e duplamente maldito, por parricida e incestuoso. Não se tratava, porém, de um vilão, mas simplesmente de alguém destroçado pelo destino, cujo único amparo são suas duas filhas pequenas. Por tudo isso, bem como pela excelência da narrativa, ritmo e estrutura, e por sua duradoura capacidade de provocar emoções, em que pesem os milênios passados, *Édipo Rei* pode ser considerada a mais perfeita tragédia já escrita, e seu autor, o ateniense Sófocles, o dramaturgo perfeito, preocupado com a qualidade literária de sua obra e cidadão politicamente atuante, atento às questões éticas e morais.

---

[1] SÓFOCLES. "Édipo Rei, 1469–1470; 1497–1499". In: *A Trilogia Tebana (Édipo Rei, Édipo em Colono, Antígona).* Rio de Janeiro: Jorge Zahar Ed., 2002, p. 85–86.

[2] SÓFOCLES. "Édipo Rei, 1802–1806". In: *A Trilogia Tebana (Édipo Rei, Édipo em Colono, Antígona).* Rio de Janeiro: Jorge Zahar Ed., 2002, p. 97.

Foi um dos três grandes tragediógrafos do Teatro Grego, ao lado de Ésquilo e Eurípides, e o mais bem-sucedido dentre eles: vencedor nos concursos teatrais pela primeira vez aos 28 anos, teve nada menos que 76 de suas criações laureadas, feito jamais igualado, sem jamais receber menos que o segundo lugar nessas competições. O gênero no qual se destacou, uma das grandes criações artísticas humanas, se espalhou de sua Atenas natal para o Ocidente, por todo o Império Romano, e Oriente, pela Pérsia até a Índia, onde influenciou o nascimento do drama sânscrito. Base para o moderno teatro ocidental, hoje, como há séculos, não há um único dia em que um desses veículos de horror e comiseração não seja representado em alguma parte do mundo, fonte viva de terror e piedade, mas também de fascínio. E ainda assim, em que pese tamanha relevância, a maior parte das peças se perdeu: sobreviveram aos séculos apenas 32 textos completos, todos escritos pela tríade: sete de Ésquilo, sete de Sófocles e dezoito de Eurípides, uma pequeníssima amostra — o trio, sozinho, deve ter composto mais de trezentos, e somente Sófocles escreveu 123. Além deles, houve numerosos outros, poetas e escritores, rivais, continuadores, imitadores, sem contar os autores de comédias e sátiras: reunida, sua produção chegou tranquilamente aos milhares. A perda teve início já na Antiguidade, e nem mesmo numa instituição como a Biblioteca de Alexandria, referência para a cultura mediterrânica, era possível encontrar a coleção completa, passado apenas século e meio da sua Era de Ouro. Salvaram-se apenas aquelas obras tidas como realmente magníficas (menos sob o ângulo da cena e bem mais do ponto de vista literário), um pequeno lote que permite vislumbrar a densidade da tragédia ateniense: seus personagens, frequentemente colocados em situações-limite, refletem as relações dos homens entre si e com o Estado, a justiça e os deuses; inquirem sobre o destino, sobre se há espaço para construir as próprias vidas ou se são meramente joguetes da fatalidade. "Ninguém", afirmou o Édipo de Sófocles, "detém poder para constranger os deuses a mudar seus desígnios", certeza que ecoa o sentimento de impotência comum a toda raça humana.

Tragédia significa "o canto do bode", e seu significado não nos é claro. Pode remeter aos sátiros, seres míticos meio homens, meio caprinos, que acompanhavam Dionísio, mas há outras possibilidades: talvez o vencedor recebesse um exemplar daquele animal para o sacrificar na orquestra do teatro, ou fosse honrado com o direito de doar um cabrão em holocausto. Seja como for, a divindade do vinho era a padroeira da celebração, e durante as festas em sua honra, as Dionisíacas, além das processões e sacrifícios, coros, entoavam ditirambos, hinos à divindade, e neles dormia a semente da tragédia. Aristóteles reporta que no século VI a.C., um poeta chamado Téspis destacou-se de um desses grupos e recitou falas, um estilo novo que se tornou popular, e na década de 530 a.C. tiveram início os concursos para a escolha da melhor peça, e o primeiro vencedor foi precisamente o inventor do gênero.

O teatro ateniense não era um espetáculo de entretenimento diário. Duas vezes por ano ocorriam as festas sagradas das Dionisíacas e das Leneias, que duravam três dias, e em cada um deles, três peças de um autor escolhido eram representadas, dentre as quais uma era sagrada à vencedora. O Estado ocupava um papel central nessa atividade, elegendo os magistrados que selecionavam os poetas, apontando os cidadãos ricos que bancariam as despesas, construindo as estruturas físicas para as apresentações e financiando os mais pobres para que pudessem comparecer — um ponto de convergência cultural e social, em que sentimentos religiosos se uniam à prática política, servindo de catalisador da identidade e da cidadania da *pólis*. Esses laços entre política e religião estiveram, sempre, muito presentes na experiência teatral antiga, e a primeira peça produzida por Téspis, entre 536 e 533, foi feita sob encomenda de Pisístrato, tirano (líder de forte apelo popular que se colocava contra a aristocracia e frequentemente chegava ao poder por meio de um golpe de Estado) ateniense, e, dessa forma, as representações constituíam uma maneira de cativar a população e favorecer a tirania, prática que a democracia, posteriormente, soube preservar. Essa década de 530 a.C. é, portanto, o ponto de partida para um período de pouco mais de dez décadas, no qual as composições trágicas floresceram, com obras apresentadas ano a ano e diversas gerações de escritores convivendo e rivalizando entre si.

Sófocles nasceu entre 497 e 496 a.C. numa comunidade rural ateniense chamada Colono, local que descreveu como "o paradeiro mais belo que existe na terra". Provinha de uma família abastada (seu pai era fabricante de armas, um negócio extremamente rentável naqueles tempos turbulentos) e, quando jovem, saiu-se vitorioso em disputas atléticas. Como todos os cidadãos, teve sua vida e liberdade ameaçadas pela Segunda Invasão Persa (480–479 a.C.): comandada pessoalmente por Xerxes, xá da Pérsia, infligiu severos sofrimentos aos atenienses, incluindo a destruição de sua capital, mas, em 480 a.C., a frota invasora foi derrotada na batalha naval de Salamina, e o risco da sujeição foi afastado.

A tríade de grandes tragediógrafos esteve, de uma forma ou de outra, vinculada a esse momento emblemático para a *pólis*. Ésquilo, o mais velho, foi soldado na guerra; Sófocles, então um adolescente, dançou nos festejos e entoou a peã da vitória; quanto ao caçula, Eurípides, nasceu nesse ano. Coincidentemente, a mais antiga das tragédias que chegou às nossas mãos celebra essa vitória naval: apresentada em 472 a.C. *Os Persas*, de Ésquilo, preservou o *zeitgeist* no qual o teatro desabrochou:

> A Pérsia geme pela mocidade
> mandada à Hélade para morrer
> por ser sempre obediente a Xerxes
> que encheu o Hades com seus
> filhos mortos!
> Eles desceram à mansão da morte
> soldados incontáveis, nosso orgulho
> archeiros nunca antes derrotados.[3]

Os persas eram reconhecidos, pelos próprios gregos, como dominadores benevolentes, mas Xerxes fugira à norma e, intolerante com sublevações, destruía qualquer cidade que ousasse se levantar contra si, sem se importar com tamanho, santidade ou antiguidade. Tebas, no Egito, e Babilônia foram arrasadas, e Atenas compartilhou desse destino, mas, diferentemente delas, não sucumbiu ao poderio imperial. Seus cidadãos retornaram a uma *pólis* incendiada, com os templos profanados, mas livre; cuidadosamente, enterraram as estátuas votivas que antes ornamentavam os espaços públicos e, cônscios que seu pequeno país detivera o maior império do mundo, deram início à reconstrução. O espírito dessa geração foi definido pela ufania e alçou seus valores, em especial sua liberdade, à condição de padrão universal. A cidade reconstruída atraiu mentes brilhantes de toda Hélade — pensadores, artistas, cientistas, legisladores —, os quais, junto aos nativos, insuflaram vida nova à cultura local.

Como bom cidadão ateniense, Sófocles participou ativamente da vida política da cidade. Em 443–442 exerceu o cargo de Tesoureiro Público (*Hellenotamiai*), coincidindo com a ascensão política de Péricles, a quem se aliou, e um ano depois se elegeu como Estratego (Comandante Militar). Homem bem-humorado, cheio de tiradas satíricas, um *bon-vivant* das ruas

---

[3] ÉSQUILO. "Os Persas, 1210–1217". In: ÉSQUILO; SÓFOCLES; EURÍPIDES. *Os Persas, Electra, Hécuba*. Rio de Janeiro: Jorge Zahar Ed., 2004, p. 62.

atenienses, sua predileção por jovens rapazes era conhecida, e pelo menos uma vez lhe custou uma admoestação: durante a expedição naval contra Samos, elogiou a beleza de um marinheiro, e Péricles, seu superior, o repreendeu dizendo: "Um soldado não deveria ter apenas as mãos limpas, mas também os olhos". Desempenhou também um importante papel na introdução do culto a Esculápio em Atenas: em 420, montou um altar para a divindade, e por essa ação recebeu dos cidadãos o epíteto de *Dexion* (o destinatário).

Seu nome foi alçado à categoria de grande tragediógrafo pela quantidade e pela qualidade de suas criações. Sua primeira vitória ocorreu em 468 a.C., com *Triptolemo*, e sobre ninguém menos que Ésquilo, despertando uma rivalidade que seguiria ambos até o fim da vida. Em 441 a.C., apresentou uma de suas obras mais famosas, *Antígona*, início daquilo que conhecemos hoje por Trilogia Tebana, peças nas quais se debruçou sobre os mitos do rei daquela cidade e sua descendência. Quase todas as tragédias (*Os Persas* são exceção) tiravam sua inspiração do rico fundo mitopoético da cultura grega, histórias conhecidas desde sempre, ouvidas desde a infância e lidas nas poesias mais antigas. O teatro, porém, instilou vida nova nesse patrimônio, buscando ângulos de visão pouco (ou nada) explorados, salientando o elemento humano (sentimentos, dores, dilemas, indecisões) em seus personagens e trazendo-os à materialidade por meio da carne, pele, ossos e vozes de seus intérpretes — como bem colocou Jacqueline de Romilly, o que a poesia cantara, o teatro mostrou.

Em seus 90 anos de vida, testemunhou o século de ouro de Atenas (a reconstrução da cidade-Estado, o embelezamento da Acrópole e a edificação do Pártenon, a formação do império marítimo), mas também viveu o bastante para experimentar as décadas de misérias da Guerra do Peloponeso (431–404). Entre 415 e 413 a.C., os atenienses montaram uma imensa frota de mais de cem navios e cerca de 5 mil homens para submeter a *pólis* siciliana de Siracusa, aliada de Esparta. Essa expedição resultou num desastre, a armada invasora foi destroçada, e perante tal calamidade, os atenienses escolheram entre anciãos respeitados, magistrados (*probouloi*) aptos a julgar responsabilidades, e Sófocles foi um deles. Mas à medida que envelhecia, certo desalinho vis-à-vis o presente gradativamente tomava conta de si. Membro da elite, um *kalos agathos* (literalmente "bem-nascido"), agarrava-se aos ideais de um passado que já se fora e criticava as práticas mais recentes.

Em 405, quando seu rival, Eurípides, faleceu, em sua honra Sófocles vestiu de preto o coro de uma de suas peças. Sua própria morte não tardou, ocorrendo quatro anos depois, e ao saber que o féretro saía de Atenas, as tropas inimigas que sitiavam a cidade abriram passagem, uma última homenagem a um poeta que toda Hélade reconhecia como grandioso. Nesse mesmo ano, sua derradeira peça, *Édipo em Colono*, foi apresentada postumamente e mais uma vez recebeu o primeiro lugar na competição. Parte final da Trilogia Tebana, nela percebemos o lamento pelo mundo que envelhecia: "Decai a força da terra, decai o corpo; a lealdade finda e floresce a perfídia".[4] Os tempos áureos eram passados, o império, perdido, e tal-qualmente a pátria onde nascera, também a tragédia decaía. Enquanto Atenas foi grande, as peças eram escritas e apresentadas ininterruptamente, mesmo durante os piores anos da Guerra do Peloponeso, mas a partir de 404, as composições originais foram rareando, até que, em 386, nada mais havia que repetições.

Curiosidades

Durante quase cinco décadas, Sófocles foi o mais festejado tragediógrafo ateniense. Suas peças participaram de cerca de trinta competições, vencendo (provavelmente) 24 delas. Como base de comparação, Ésquilo, seu grande rival, venceu quatorze desses prêmios, enquanto Eurípides venceu apenas quatro competições.

[4] SÓFOCLES. Édipo em Colono, 676-677. In A Trilogia Tebana (Édipo Rei, Édipo em Colono, Antígona). Rio de Janeiro: Jorge Zahar Ed., 2002, p. 139.

Sócrates

Pensador helênico, 469–399 a.C.

As décadas a partir de 450 a.C. foram um período de instigantes contradições para os atenienses. Trinta anos antes, a invasão persa deixara um rastro de destruição atrás de si, e a ninguém era dado esquecer que templos antiquíssimos, relíquias veneradas e solenes edifícios públicos tinham sido reduzidos a pó e cinzas. Ainda assim, um sentimento de legítima euforia tomava conta dos cidadãos. Sim, as cicatrizes da guerra eram vivas e profundas, mas eles eram vencedores, e sua *pólis* renascia a olhos vistos, vitaminada pelos recursos financeiros que fluíam das cidades da Liga de Delos, associação pan-helênica de defesa que logo se tornou um império ateniense, menos no nome. Seu líder, Péricles, estava decidido a torná-la bela como jamais fora, em especial a cidade alta, a Acrópole, situada no topo de um monumental afloramento rochoso, cujo templo principal, dedicado à deusa *Atena Partenos*, demorou mais de uma década para ser erigido, de 447 a 432 a.C. Para executar essa titânica tarefa, os melhores artistas foram convocados em toda Hélade, e junto com eles vieram escritores, artesãos, pensadores. Como resultado, o teatro floresceu, as escolas filosóficas se multiplicaram e a alfabetização se expandiu. Se a raça helênica possuísse um farol, ele seria Atenas.

Pelas ruas dessa cidade dinâmica, flanando entre atenienses e *metecos* (gregos estrangeiros) estava um cidadão que considerava a si mesmo nada mais que um loquaz vagabundo, Sócrates, cujo maior interesse era conversar com quem quer que cruzasse seu caminho. Ocupava-se disso o dia todo: abordava autoridades, questionava-lhes algo, e para cada resposta que recebia, emendava uma pergunta ainda mais desconcertante, atitude iconoclasta que provocava a ira dos poderosos e a delícia da juventude, para quem aquele velho falastrão era um herói. Dizia ser guiado por uma voz interior (o *daimon*) que o acompanhava desde criança e o instruía em suas atitudes, e sempre que essa consciência apontava alguém aberto ao aprendizado, iniciava um diálogo, seu método pedagógico que, para quem estivesse preparado, tornava-se um verdadeiro processo de reconstrução. Questões financeiras ou *status* social pareciam pouco lhe interessar — chegou mesmo a ensinar um escravo, verdadeira heresia na sufocante sociedade escravocrata ateniense. O fundamental era, sem dúvida, a disposição ao questionamento. Mais do que um ímpeto racionalista, movia-lhe uma experiência religiosa. Anos antes, um amigo dirigira-se ao venerado Oráculo de Delfos e perguntara quem era o mais sábio de todos: "Sócrates", respondera a pitonisa, responsável pela interpretação dos verbos divinos. Dessa forma, ungido pela transcendência e guiado pelo *daimon*, encarava seu ministério como obrigação divina, e se era o mais sábio, era precisamente porque reconhecia as próprias limitações de seu saber — consciência que buscava instilar em todos quantos o ouviam.

Talvez ironicamente, não se dizia professor, tampouco filósofo, no máximo um médico de almas, e seu método de raciocínio visava purificar o conhecimento de todo engodo e superstição. Seu principal instrumento era a ironia, e à medida que o interlocutor expunha suas opiniões, questionava-o progressivamente, até que suas incongruências estivessem claramente expostas e o levassem a um beco sem saída, expondo, assim, sua ignorância. Essa etapa, conquanto constrangedora, era fundamental, e nela residia a força do argumento socrático: a retirada dos véus da hipocrisia e da autoglorificação, por meio do autorreconhecimento da ignorância — como um paciente que experimenta as dores de uma cirurgia para se curar, o aluno de Sócrates passava pelo trauma de afirmar "sei que nada sei". Uma vez alcançado esse estágio de iluminação racional, passava-se à fase seguinte, conhecida como *Maiêutica*, o parto das novas ideias, questionamento de todos os conceitos e certezas, noções, tradições, costumes e leis, que produziria consciências autônomas e robustecidas. Como bem definiu seu mais devotado pupilo, Platão, era um moscardo: ferroava os atenienses, incomodava-os, mas, ao fazê-lo, tornava-os melhores.

Como muitos sábios e homens santos da Antiguidade, nada escreveu — em verdade, considerava que a escrita engessava a eclosão das reflexões. Seus debates realizavam-se na *Ágora* (a praça central), nos ginásios e nas ruas. Logo, quase tudo o que se sabe a seu respeito sobreviveu nos escritos de seus discípulos, tais como Xenofonte e, principalmente, Platão, que tornou o mestre em figura principal da maioria de seus *Diálogos*. Nascido entre 470 e 469 a.C., no fim das sangrentas Guerras Médicas entre gregos e persas, Sócrates era filho de um escultor com uma parteira, e a tradição conferiu um importante significado a essa relação parental, dizendo-o destinado, desde antes de nascer, a dar à luz o novo homem, talhado pela razão. Iniciou sua vida profissional seguindo o ofício paterno, dedicando-se, depois, à investigação da natureza, estudando com filósofos como Anaxágoras de Clazômena. Mais tarde, abandonou essa abordagem e voltou sua investigação à compreensão do ser humano, desvio que deu início à Filosofia como hoje se conhece — é significativo que os pensadores cosmogônicos (Pitágoras, Heráclito, Parmênides etc.), investigadores do mundo que os cercava e das origens primeiras das coisas e dos seres, tenham sido, em finais do século XIX, englobados todos na categoria generalista de pré-socráticos, a despeito das muitas diferenças entre si e do fato de alguns serem, inclusive, posteriores a Sócrates.

Na década de 430 a.C., como bom cidadão ateniense, pegou em armas para defender seu país. Lutou nos dez primeiros anos da Guerra do Peloponeso, e os diálogos platônicos recordam sua valentia. Em 404 a.C., o conflito chegou ao fim, e a derrotada Atenas viu ruir o regime democrático e ascender os chamados Trinta Tiranos, grupo de oligarcas que exerceu o poder durante um ano. Sócrates não os poupou de suas críticas e comparou-os a maus pastores, que perdiam as melhores reses do rebanho e deixavam as restantes emagrecer. Suas ferroadas eram incômodas: homem de meia idade, não se interessava pelas vaidades mundanas; frugal, sem extravagâncias no trajar, no comer e no beber, e esses comportamentos o tornavam um crítico perigoso.

Amplamente considerado como sábio pelos concidadãos, sua pregação era particularmente atraente para os jovens, desencantados com a política que custara a vida de gerações de seus parentes e amigos, influência considerada perniciosa a tal ponto que os tiranos o proibiram de se dirigir aos moços. Confrontado, Sócrates levou-os ao ridículo:

> — Para evitar [...] que por equívoco não observe o que me é proibido, dizei-me até que idade deve ter-se os homens por jovens.
> — Enquanto não tiverem acesso ao Senado [...] menos de trinta anos. [...]
> — Então, se quiser comprar algo de homem com menos de trinta anos, não poderei perguntar-lhe: quanto custa isso?
> — Sim, isso te é permitido – assentiu Cáricles. Mas tens a mania, Sócrates, de viver fazendo perguntas sobre coisas que sabes, e é isso que te proibimos.
> — Quer dizer que não poderei responder a um jovem que me perguntar: onde mora Cáricles? Onde está Crítias?[1]

Tal irreverência perante o poder fez dele uma figura famosa, mas também infame. Controverso e folclórico, reunia em sua personalidade os aspectos mais contraditórios: herói de guerra e cidadão exemplar, mas também vagabundo das ruas dado a ridicularizar os grandes, fossem eles políticos, poetas ou artífices. E nutria particular desprezo pelos sofistas, mestres de oratória, e rejeitou até mesmo o título que eles ostentavam: professor. Claro está que tal atrevimento lhe granjeou inimizades, à espreita da primeira oportunidade para se manifestar, e a acidez com que usualmente tratava seus contendores também foi usada contra si. Aristófanes, autor do mais despudorado e mordaz gênero literário ateniense, a comédia, transformou-o em personagem de uma de suas peças, *As Nuvens*, por ironia, o único texto sobre Sócrates redigido durante seu tempo de vida (423 a.C.) que chegou até nós — e não é nada lisonjeiro: representa-o como uma caricatura, o "pontífice dos palavrórios mais sutis"[2] com as grosserias e escatologias comuns à comédia grega; era o flatulento e desvairado chefe do Pensatório, autointitulado residência de sábios, mas que, em verdade, reunia toda sorte de lunáticos e sabichões, e onde lutavam dois tipos de Raciocínio, o Justo e o Injusto, e invariavelmente este derrotava aquele, distorcendo todas as causas com a mera utilização dos jogos de palavras.

---

[1] XENOFONTE. *Ditos e feitos memoráveis de Sócrates*, livro I. In: PLATÃO; XENOFONTE. *Apologia de Sócrates; ditos e feitos memoráveis de Sócrates; Apologia de Sócrates*. São Paulo: Nova Cultural, 2004, p. 91–92.

[2] ARISTÓFANES. *As nuvens. In: As nuvens; só para mulheres; um deus chamado dinheiro*. Rio de Janeiro: Jorge Zahar, 2003 p. 31.

O clímax da peça se dá quando o personagem Sócrates, em sua loucura, afirma serem as Nuvens, e não os sacrossantos habitantes do Olimpo, os verdadeiros deuses, as "grandes deusas dos ociosos [...] nos oferecem o saber, a dialética, o entendimento, a linguagem elevada e verbosa, a arte de comover e de enganar"[3]. Dito dessa forma, esse postulado certamente levou a plateia às gargalhadas, mas trazia em seu bojo uma perigosa arma: a acusação de impiedade, desprezo pelos deuses, alto crime que o perseguiu em seu julgamento final. Aristófanes encarnou o ateniense conservador, tradicional, opositor do novo método filosófico (um modismo, escreveu) que ganhava fôlego entre a juventude ateniense. Quando, em 399 a.C., Sócrates foi levado ao Tribunal dos Heliastas, representantes das dez tribos de Atenas, uma das acusações era precisamente a impiedade, e a comédia esteve entre as provas circunstanciais apresentadas — Platão e Xenofonte, inclusive, colocam na conta do comediógrafo parcela de culpa pelo julgamento.

Além do ateísmo, foi acusado de corromper a mocidade — os constantes questionamentos de sua pedagogia, afirmaram, levariam seus ouvintes e discípulos a duvidar de tudo, até mesmo das divindades. Se nada era sagrado (nem as leis, nem os costumes e nem mesmo a religião), como os moços aprenderiam a ser bons cidadãos? E como exemplo dessa influência perniciosa, a acusação trouxe à baila duas figuras conhecidas, e execradas, em Atenas, Alcibíades e Crítias, ex-pupilos de Sócrates, cujas atitudes imodestas e corruptas seriam fruto direto da convivência com seu antigo mestre, assegurava.

A defesa de Sócrates foi simples: refutou as acusações por meio de sua própria lógica, desenvolvida durante seu ministério, desqualificando não apenas as acusações levantadas contra ele, mas também os próprios acusadores, levando-os frequentemente à mofa por meio da exposição das inconsistências de suas afirmações e das falhas de caráter que os marcavam. Contudo, embora sua defesa tenha sido bem urdida, o tribunal terminou por condená-lo. Não apelou, como então era comum, para bajulações ou sentimentalismos, tampouco aceitou penas paliativas, como multa pecuniária, ou mesmo a fuga, como fora sugerido. Se fora condenado à morte, como bom cidadão cumpriria a sentença em sua integridade — se não o fizesse, iria contra tudo o que defendeu a vida inteira; viver ou morrer

---

3 ARISTÓFANES. As nuvens. In: *As nuvens; só para mulheres; um deus chamado dinheiro*. Rio de Janeiro: Jorge Zahar, 2003 p. 31.

não era o fundamental, e sim o respeito à própria consciência, ao próprio senso de honra e dever.

Por razões religiosas, a execução foi adiada por trinta dias, um tempo de notório mal-estar para Atenas. Durante o mês aprisionado, recebeu discípulos, amigos, sua esposa, Xantipa, e seus três filhos. Quando enfim chegou o dia, cercado de admiradores, empunhou calmamente um cálice cheio de cicuta e sorveu seu conteúdo fatal.

Curiosidades

Como Sócrates não deixou escritos de próprio punho, pergunta-se até que ponto a imagem que temos dele não é a de um personagem prioritariamente composto por Platão. Esse filósofo apresentou à posteridade uma figura quase santa, marcada por profunda simplicidade e humildade, mas há que se questionar se tais características são mais próprias do personagem que da personalidade — por exemplo, o *só sei que nada sei* pode ser um artifício irônico de alguém que se reconhecia como a maior mente de seu tempo.

Vatsyayana

Filósofo indiano, início da era cristã

Conquistadores dificilmente são tolerantes com os costumes das terras assediadas, ainda mais quando, como os muçulmanos, são dinamizados pela crença num deus único. Seus exércitos destruíam, normalmente, casas de devoção de outras fés, por considerá-las meros antros de idolatria, mas quando, por volta do século X, invadiram profundamente o subcontinente indiano, o que viram os chocou como nunca antes, pois nos templos nativos, imensas pedras fálicas ocupavam espaço central na adoração, pinturas provocantes adornavam as paredes e, nas faces exteriores, entalhadas, mulheres seminuas, calipígias, de seios fartos e cabelos caprichosamente penteados; de suas cinturas voluptuosas cingiam faixas, e camadas e camadas de colares cobriam-lhes o colo. Algumas se entregavam a funções triviais, admirando-se num espelho, escrevendo cartas, enfeitando os pés com hena, enquanto outras se envolviam em atividades menos solitárias, e desfrutavam de companhia masculina em jogos de sedução, contorcionismo sexual e voyeurismo. Os islâmicos vitoriosos repudiaram tamanha exibição de impudicícia e interpretaram essa vivacidade amorosa como prova da devassidão dos nativos, reação semelhante a que tiveram os cristãos, alguns séculos depois, quando chegaram ao sul da Índia: para ambos, nenhum edifício, ainda mais religioso, deveria exibir ou apresentar tal demonstração de sem-vergonhice. Desta feita, no caudal da invasão muslímica, muitas dessas construções foram arrasadas, e suas pedras, utilizadas para outros fins.

Essa atitude, além de explicitar o chauvinismo dos conquistadores, fala de sua ignorância em relação à terra sobre a qual se impunham: aquelas esculturas, longe de exaltar luxúria ou corrupção dos costumes, celebravam um dos aspectos mais importantes da crença hindu, o sublime ato de união entre o homem e a mulher, encarado não como imoral, mas antes como símbolo máximo da criação, quando dois se tornavam um. Claro que o ato carnal poderia ser marcado pela devassidão e/ou pela banalidade, mas jamais naquele contexto sagrado, e mesmo em ambientes laicos mais elitistas as relações (na acepção mais ampla possível) entre duas pessoas eram merecedoras de atenção ímpar, e foi precisamente para exaltar tais atos e orientá-los em sua execução que um autor do início da era cristã, Vatsyayana, se propôs a redigir um livro de aforismos, ou sutras, sobre a satisfação dos sentidos. O resultado, o *Kama Sutra*, um manual de etiqueta para cultivo apropriado da intimidade, tornou-se referência para a literatura indiana posterior, influenciou escritores, que levaram às suas peças teatrais poemas e textos alguns de seus ensinamentos e ordenamentos e extrapolaram os limites do próprio idioma, o sânscrito.

Infelizmente, sabemos pouquíssimo a respeito de Vatsyayana. Era um filósofo hindu, da tradição védica, e, além do *Kama Sutra*, é considerado autor do *Nyaya Sutra Bhashya*, comentário ao trabalho de um outro pensador, Aksapada Gotama, e há referências a seguidores seus agindo na fronteira norte da Índia, aproximando-se de tribos irredutíveis. Seus escritos permaneceram fragmentados em diversas bibliotecas, sendo reconstruídos apenas em tempos modernos. Um grande desafio à compreensão desse personagem é situá-lo historicamente: como ocorre amiúde com figuras indianas, a datação precisa de sua existência é virtualmente impossível, e somente com a utilização de meios indiretos (certas pessoas citadas em seu texto, mas cuja própria cronologia é questionável) foi estabelecido um intervalo de quinhentos anos, entre os séculos I e VI da nossa era, dentro do qual o escritor teria vivido.

Seja como for, a intricada filosofia de sedução e carnalidade por ele criada encontrou eco numa sofisticada sociedade: a Índia sob a dinastia Gupta. O subcontinente conhecera seu primeiro império unificado entre 322 e 185 a.C., com a dinastia Maurya, cujo expoente, o imperador Açoka, unificou quase todo o território. Século e meio depois, ocorreu a fragmentação, e durante séculos o poder central se esvaiu de tal maneira que, a partir do século II d.C., não havia senão pequenos rajás. Desse vácuo emergiu a nova linhagem, e do seu reino original, na bacia do Ganges, o rei *Chandragupta* I, em 320, deu início à expansão de seus domínios, esforço continuado por seus sucessores, até que o império controlou todo o centro-norte indiano, mantendo-se hegemônico até o início do século VI, quando caiu sob pressão dos potentados locais e a invasão dos hunos brancos (550).

Enquanto existiu, porém, o Império Gupta foi um dos mais importantes Estados do mundo. Suas grandes cidades setentrionais abrigavam requintadas comunidades urbanas, em especial a capital, Pataliputra, de onde a corte imperial exsudava refinamento e arte para toda a Índia. Os matemáticos indianos estavam entre os melhores do mundo, e os numerais que desenvolveram se tornaram o padrão para todo o planeta, uma das raríssimas unanimidades do gênero humano. Auge da cultura clássica hindu, sua atmosfera sensual ficou bem preservada nas pinturas das cavernas de Ajanta, mosteiro budista escavado na rocha. O sânscrito atingiu a culminância literária: entre muitas obras, foram compiladas as versões definitivas dos épicos da Antiguidade, o *Mahabharata* e *Ramayana*, e pequenos contos nos quais animais vivenciavam situações humanas foram reunidos num único volume, o *Panchatantra*, que rompeu as fronteiras do Indo e foi traduzido para várias línguas e culturas, em especial no mundo islâmico, onde o tradutor persa *Ibn al-Muqaffa* publicou-o sob o título de *Calila e Dimna*, um clássico da literatura de expressão árabe.

Patrocinado pelos marajás Guptas, entre os séculos IV e V viveu *Kalidasa*, um brâmane (cujo nome significa "servidor da deusa Kali") largamente reconhecido como o mais relevante teatrólogo de sua civilização e cuja obra estabeleceu paradigmas para a produção que o sucedeu. Sua peça mais conhecida, *O Reconhecimento de Sakuntala,* narra a história de um casal, um rei e a filha de um brâmane, que se apaixona, mas é forçado à separação pelas desventuras do destino:

> A mangueira floresceu, mas não lançou o pólen,
> O amaranto brotou, mas não floresceu.
> Já se foi o inverno, mas o canto do cuco permanece congelado.
> E o amor, em sua própria estação, estagna
> em medo súbito, e deixa cair
> sua flecha.[1]

1 KALIDASA. *The Recognition of Sakuntala*. Oxford: University Press, 2001, p. 74.

Peça de estrutura complexa e linguagem rebuscada, sua plateia principal eram os cortesãos frequentadores dos palácios imperiais, os quais patrocinavam apresentações públicas como ato de piedade religiosa, permitindo, assim, aos cidadãos urbanos apreciar a beleza do drama sânscrito.

Restam poucos vestígios arqueológicos dessas grandes metrópoles, mas sua aparência foi preservada pela arte da era Gupta: cidades amuralhadas, circundadas por fossos e arvoredos, por cujos portões monumentais entravam e saíam cavalos, camelos e carros de boi abarrotados de mercadorias, veículos do intenso comércio que ligava a região aos mais distantes mercados do mundo. Intramuros, seus milhares de habitantes espremiam-se em moradias de vários andares, de cujas janelas podiam contemplar, nas ruas logo abaixo, ascetas esquálidos (homens santos que haviam renunciado aos bens materiais em busca de elevação espiritual), e elefantes, plataformas de exibição cerimonial e tanques de combate militar. Esse era o cenário para os personagens de Vatsyayana.

O *Kama Sutra* é centrado em uma figura, o *nagarika*, citadino desses grandes centros urbanos do norte hindu, que deveria guiar sua vida segundo quatro parâmetros da correção: em tenra idade, estudaria a lei sagrada e a seguiria (*Dharma*); adulto, deveria cumular bens materiais e administrá-los prudentemente (*Artha*); diferentemente dos animais, pautaria a satisfação de seus sentidos de maneira honrada e elegante (*Kama*); finalmente, ao chegar à velhice, buscaria a elevação espiritual, pondo um fim ao fardo do regime de nascimento, morte e ressurreição, a libertação da existência (*Moksha*). O filósofo Vatsyayana refletiu sobre o terceiro desses paradigmas, o Kama, e ao redigir sua obra ofereceu um patamar ético às relações sentimentais, e embora o Ocidente tenha pespegado ao texto a pecha de compêndio picante, recheado de posições sensuais extravagantes, boa parte dele se refere à educação das maneiras, e de como homens e mulheres deveriam se portar.

Inicialmente, o autor se refere às *ganikas,* as damas da sociedade, de quem exigia o conhecimento de nada menos que 64 artes: canto, domínio de um instrumento musical, dança, escrita, desenho... um longo catálogo, que ia da decoração ao ensino da fala a papagaios. Essas mulheres ideais eram espirituosas e compunham versos; suas conversas, agradáveis e inteligentes, e sabiam divertir-se com jogos de palavras. Solteiras, deveriam mostrar-se nos passeios públicos, ser estimuladas pelos pais a sair com amigas, e manter amizades com homens jovens; separadas, poderiam se sustentar honestamente como cortesãs de fino trato. Quanto às casadas, deveriam se manter nos aposentos internos do lar, e exercer todas as habilidades aprendidas.

Do homem urbano, o *nagarika*, exigia-se que se apresentasse sempre perfumado e bem-vestido, que oferecesse festas, nas quais pessoas de ambos os sexos pudessem socializar; sua casa deveria ser finamente decorada, mobiliada com esmero, e como as mulheres, era imperativo que fosse versado em artes diversas, tivesse uma ótima conversa e soubesse elaborar suas ideias elegantemente; deveria gerir seus negócios com parcimônia, ter amigos e divertir-se com jogos variados.

Esse meticuloso manual de etiqueta cortesã não estaria completo sem o correto desempenho do ato sexual. Não o coito banal, no qual quaisquer mortais se engatam, mas antes o engajamento coreografado e preciso. A análise começa pela anatomia dos amantes:

> Os homens dividem-se em três classes, ou seja, o homem lebre, o homem touro, e o homem cavalo — segundo o tamanho de seu linga[2]. Também as mulheres, dependendo da profundidade de seu iôni[3], são corça, égua e elefanta. Há, portanto, seis uniões iguais entre pessoas de dimensões correspondentes, e há seis uniões desiguais, quando as dimensões não correspondem [...].[4]

Seguem-se indicações sobre locais apropriados ao beijo ("a testa, os olhos, as faces, o pescoço, o peito, os seios, os lábios e o interior da boca"[5]), mordidas e tapas eróticos (o ato sexual "pode ser comparado a uma contenda, tendo em vista as contrariedades do amor e a sua tendência à disputa"[6]), *auparishtaka* (sexo oral), dentre outros estilos e performances... tudo para que as relações entre mulheres e homens (e, eventualmente, homossexuais) ocorressem prazerosa e condignamente.

À margem da etiqueta donairosa do *Kama Sutra*, do refinamento cênico de Kalidasa, e do protocolo formal das altas classes, vivia e trabalhava a maior parte da população hindu: habitantes de choupanas, com posses modestíssimas, produziam o trigo e o arroz que compunham as mesas fartas

---

2 Pênis.

3 Vagina.

4 VATSYAYANA, Mallanaga. *Kama Sutra*. Rio de Janeiro: Jorge Zahar, 1998, p. 90.

5 VATSYAYANA, Mallanaga. *Kama Sutra*. Rio de Janeiro: Jorge Zahar, 1998, p. 98.

6 VATSYAYANA, Mallanaga. *Kama Sutra*. Rio de Janeiro: Jorge Zahar, 1998, p. 110.

das classes altas e criavam gado miúdo, como galinhas e porcos. Para essa gente, as filigranas e salamaleques das letras sânscritas nada significavam — e sobre ela pouco (ou nada) fala essa literatura.

Muitas elites civilizadas produziram livros eróticos: os romanos conheceram *A Arte de Amar*, de Ovídio, no início da Era Cristã; em finais da Idade Média, muçulmanos desfrutavam d'*O Jardim Perfumado*, do xeque al-Nafzawi; e o Ocidente europeu, do *Tratado do Amor Cortês*, de André Capelão; na China, talvez o mais importante título seja o *Rouputuan*, do autor seiscentista Li Yu. Poucas obras, contudo, tiveram tamanha repercussão, dentro e fora das fronteiras de sua própria cultura quanto o clássico indiano *Kama Sutra*, de Vatsyayana, que, segundo suas próprias palavras, redigiu seu texto "em benefício do mundo".

Curiosidades

Sabemos quase nada sobre o autor do *Kama Sutra*. Seu nome é frequentemente confundido com o de outra pessoa, Mallanaga, um religioso e profeta, a quem se atribui a origem da ciência erótica. Alguns textos atribuem a autoria do *Kama Sutra* a Mallanaga Vatsyayana.

O Santo Pecador da Filosofia Cristã

Agostinho de Hipona

Religioso e pensador romano, 354–430

Em 386, Aurélio Agostinho estava em Milão, e aos 32 anos era um jovem intelectual de prestígio, docente em uma das mais prestigiadas escolas do Ocidente. Apesar disso, a angústia lhe consumia: não havia encontrado um rumo para sua vida, embora dedicasse sua grande inteligência às mais diversas doutrinas, do maniqueísmo ao neoplatonismo; adorava a retórica, era um cultor da língua latina e ardoroso admirador de Cícero, mas isso tampouco lhe satisfazia. Certo dia, num jardim, enquanto lia, emocionado, as Epístolas de São Paulo, teve uma epifania: ouviu uma voz de criança dizer-lhe "*tolle, legere*" (toma, lê) e recomendar que cuidasse de sua alma imortal e esquecesse as paixões carnais a que se entregava com tanto vigor. Momento definidor para esse filósofo da África Romana, que daí em diante empregaria sua vasta cultura clássica e seu talento como escritor e orador à glorificação da fé que abraçou, o Cristianismo, seu trabalho fortaleceria a relativamente simplória religião com as discussões filosóficas que se tornariam características suas pelos quase dois milênios que se seguiram, e abriu as portas para o nascimento da razão ocidental.

Como escritor, Agostinho foi um revolucionário. Trouxe à luz um novo gênero literário, as confissões, no qual o autor questiona seu íntimo, vasculha seu próprio eu e relata as reflexões resultantes. Foi igualmente notável cronista, que narrou a cambiante contemporaneidade na qual se inseria. Sucessivamente pagão, maniqueu e cristão, apaixonou-se pelos clássicos latinos e depois os rejeitou, trocando-os pelos textos bíblicos; almejou um emprego estável, conseguiu-o e o abandonou; líder eclesiástico em sua terra natal, enfrentou, já perto da morte, as vagas germânicas que devastaram o Ocidente Romano.

Aurelius Agustinus nasceu em 354, em Tagaste, província da África Romana, em uma família remediada e culturalmente heterogênea, pai pagão e mãe cristã, exemplo do intricado panorama religioso do século IV. Havia somente poucas décadas, o Cristianismo deixara de ser uma religião proibida (as perseguições se encerraram em 313, sob ordens do imperador Constantino), e durante o próprio tempo de vida de Agostinho, na década de 380, outro monarca, Teodósio, fê-lo religião oficial e exclusiva no Império, banindo todas as demais. Embora preservasse robustas tradições pagãs, a crença monoteísta fora recebida temporamente na província africana, reunindo uma grande e crescente comunidade. Era, contudo, uma coletividade fraturada, e o encerramento da persecução estatal pôs a nu suas profundas divisões — os seguidores do bispo Donato, por exemplo, chamados donatistas, acreditavam que nenhum sacerdote que houvesse abjurado a fé, mesmo sob tortura, era legítimo, e os sacramentos que celebravam, nulos, num confronto direto com a posição oficial da Igreja, que previa o perdão para tais casos mediante declaração de arrependimento e rituais de purificação.

Dentro de sua própria casa, Agostinho presenciava rivalidade de outra natureza: a que opunha cristãos a pagãos, personificada nas pessoas de sua mãe e seu pai. Diferenças à parte, ambos concordavam que o rapaz deveria receber boa educação, para que futuramente ocupasse um cargo público. Conhecemos sua infância por meio das recordações que preservou nas *Confissões*: as peras roubadas do vizinho (e o prazer simples que tal ato provocava), a descoberta do amor e os *plagosus* (bofetadas) que recebeu dos professores por sua indisciplina. Era um aluno irregular, pois recusou terminantemente o aprendizado da língua grega, e embora a tenha estudado (a pulso), jamais atingiu a fluência, optando por desenvolver seu pensamento em seu idioma nativo, o latim, opção que lhe fechou as portas para os mais relevantes centros intelectuais de sua época, como Alexandria e Antioquia, mas fez dele um pensador eminentemente ocidental — primeiro dentre os grandes, e o maior durante muito tempo.

Após a morte de seu pai, passou a ganhar a vida como professor. Tinha uma companheira, mas jamais se casaram, pois ela pertencia a uma classe social inferior à sua. Ainda assim, foi-lhe absolutamente fiel, e juntos tiveram Adeodato, uma das alegrias de sua vida. Acompanhava-os Mônica, sua mãe, sempre próxima à família e dedicada a converter o filho à fé cristã. Em sua juventude, buscou intensamente a elevação intelectual e espiritual, encontrando-a primeiramente no estudo da retórica ciceroniana; posteriormente aproximou-se dos maniqueus, devotos da crença persa que dividia o mundo entre forças equivalentes e opostas, mas os rumos filosóficos desse movimento o desencantaram, e tornou-se seu opositor ferrenho, particularmente depois da conversão. Um pouco mais tarde, enquanto ensinava na Itália, conheceu o neoplatonismo com os discípulos do filósofo Plotino, estágio fundamental para a constituição do pensamento agostiniano; finalmente, teve sua epifania e se converteu. Sua estada em terras italianas foi marcada por grandes transformações. Estudou com o bispo Ambrósio de Milão, dos mais reconhecidos sábios cristãos; aprendeu a estudar a Bíblia e apreciá-la, depois de anos considerando-a um livro vulgar. Batizado, permaneceu em Roma até 388, quando retornou à África e fundou uma comunidade religiosa, seguindo o modelo dos eremitérios, espaço onde esperava passar o resto de seus dias em reflexão. O destino, contudo lhe reservara outro caminho. Era, então, amplamente reconhecido como douto e, em conformidade com o costume vigente, foi aclamado bispo pelo povo Hipona, segunda maior cidade no norte da África. Precisou ser ordenado padre, só então pôde assumir a diocese, em 391, e aproveitou sua nova condição para produzir intensamente: escreveu muito, organizou o catálogo de suas obras, proferiu grandes sermões, correspondeu-se com notáveis personalidades do mundo cristão, viajou por toda sua diocese e redigiu várias diatribes, nas quais atacava donatistas, judeus e os antigos colegas maniqueus.

Em 429, os vândalos, depois de cruzar o Ocidente Romano — transformado a Gália "em uma pira funerária", nas palavras de um cronista contemporâneo — chegaram às costas africanas, devastando suas principais cidades. A igreja local, já enfraquecida pelas querelas intestinas, enfrentou um inimigo ainda mais forte, uma vez que os conquistadores germânicos seguiam a heresia ariana e tinham particular satisfação em arrasar as sedes tradicionais. Refugiados das localidades destruídas lotaram Hipona, e Agostinho fez todo o possível para os confortar, mas a doença e a velhice o haviam debilitado, e faleceu pouco antes de a cidade ser invadida, em 430. Sua biblioteca foi enviada a Roma, preservando sua maior herança: uma vasta coleção de escritos diversos, dentre os quais se destacam *As Confissões* e *A Cidade de Deus*.

Escritas entre 397 e 400, *As Confissões* eram o registro de seu louvor pessoal a Deus, uma reinterpretação de sua existência à luz da nova fé. As vidas dos santos eram um gênero muito difundido no princípio do Cristianismo: falavam dos mártires, de sua desassombrada coragem, de suas mortes gloriosas e de como essas beatas criaturas sempre haviam sido destemidas e devotas — nessas biografias, o passado não interessava, apenas a experiência cristã era relevante. Agostinho, porém, construiu seu texto de maneira inteiramente nova: não pretendeu ser virtuoso desde o berço, expôs seus pecados, relembrou-os como parte intrínseca de quem era e como evidência mais palpável da misericórdia divina, pois embora não o merecesse (era um pecador como outro qualquer), Deus o havia encontrado e perdoado. Desta feita, se se referiu ao roubo das frutas, o fez para afirmar que também as crianças são pecantes (a mácula de Adão vinha com o nascimento), e que não se errava apenas com a genitália; quando descreveu sua experiência com a carnalidade, e salientou o quanto apreciava o toque e o sexo femininos, estabeleceu um padrão comparativo, para mostrar como o amor ao Criador superava qualquer outra coisa que tivesse vivido.

Se *As Confissões* são uma jornada ao universo interior de Agostinho, *A Cidade de Deus* é uma análise do exterior que o circundava — era um romano, por mais que renegasse suas origens após a conversão, e em 410 o símbolo maior de sua civilização, a Cidade Eterna, foi saqueado pelos godos, comandados por Alarico, e parecia que aquilo que os deuses pagãos haviam protegido por tanto tempo Cristo não tinha poderes para salvar. Agostinho rejeitava frontalmente essa explicação, e para a refutar, redigiu uma obra complexa: o olhar de um homem velho sobre um mundo envelhecido, ponderando acerca da transitoriedade das estruturas humanas. Pessimista em relação a tudo que via, utilizou sua vastíssima cultura letrada e elaborou uma refinada análise histórica, na qual expunha como mesmo os impérios mais poderosos eram fugazes, e as cidades criadas pela mão do homem eram invariavelmente devoradas pelo tempo. A única esperança residia na Cidade de Deus, inexpugnável, atemporal, perfeita como seu Criador, onde finalmente "descansaremos e veremos; veremos e amaremos; amaremos e louvaremos. Eis a essência do fim sem fim".[1]

Curiosidades

No Ocidente Cristão, poucos pensadores fazem sombra a Agostinho. As Igrejas Católica Romana e a Anglicana consideram-no santo e doutor da Igreja, enquanto muitos protestantes (em especial os Calvinistas) o têm na conta de precursor da Reforma Protestante (o próprio Lutero era agostiniano).

[1] AGOSTINHO, Santo. *A Cidade de Deus*, XXX: 5. Bragança Paulista: Editora Universitária São Francisco, 2006, p. 588–589.

Li Bai

Poeta chinês, 701–762

A China possui uma tradição poética das mais antigas e prolíficas do mundo: somente a Antologia Completa da poesia da Dinastia Tang, feita no século XVIII, reúne 48.900 poemas compostos por 2.200 escritores. Gênero bem popular, mesmo entre camadas mais pobres, entre seus autores constavam desde imperadores até trabalhadores braçais, comerciantes, barqueiros, lenhadores, passando por nobres, funcionários e intelectuais. A mais antiga coletânea conhecida é o Shijing, O Livro das Odes, usado por Confúcio e seus discípulos em suas palestras e que percorria mais de um milênio de poesia, da era Xia (c. 2100–1600 a.C.) até 600 a.C. — de fato, Sima Qian, primeiro grande historiador sínico, afirmou que o compêndio possuía originalmente 3.500 composições, das quais o Mestre Kung selecionara 350, o primeiro e mais importante cânone lírico chinês.

Depois de quase quatro séculos de desunião política, a China voltou a se unificar, graças à breve, porém essencial, dinastia Sui (581–618), à qual se seguiram os Tang (618–970), que elevaram o país à condição de maior potência asiática. Durante o reinado do imperador Taizong (626–649) foi iniciada, em 628, uma série de campanhas militares que resultaram no controle sobre a porção central da Rota da Seda, mais importante via comercial terrestre do Velho Mundo, enchendo de riquezas os cofres imperiais. Na esteira desses acontecimentos, teve lugar a Idade de Ouro da poesia: cuidadosa e meticulosa, inicialmente um renascimento da estética canônica, retomando modelos antigos inspirados no Shijing, os quais foram posteriormente criativamente reinterpretados. A partir do reinado da imperatriz Wu Zetian (690–705), única mulher a governar o país, a composição poética foi incluída como requisito obrigatório nas seleções oficiais para o serviço imperial, e, para tanto, elaboraram-se paradigmas precisos para a avaliação rigorosa das composições. Embalada pelo crescimento econômico e a paz social trazida pelos primeiros tempos dos Tang, a China compunha versos: aos amigos que partiam e que chegavam, aos generais em batalhas, à natureza melancólica das montanhas, à aspereza das fronteiras. E em meio a este horizonte, Li Bai destacou-se como uma das figuras mais significativas, aclamado Imortal da Poesia, em referência à influência taoista que marcava sua escrita, e Príncipe dos Poetas — além desses epítetos, denominou a si mesmo "Eremita do Verde Lótus".

Chamava-se Bai, ou Taibai, e sua família, Li, mudou-se para a Ásia Central, aproveitando as oportunidades abertas pela expansão imperial, pois em sendo comerciantes bem estabelecidos, não havia lugar melhor para suas atividades que as ricas cidades da Rota da Seda, e foi nessa região, provavelmente no atual Quirguistão, que o futuro poeta nasceu, e aos cinco anos mudaram-se novamente, seguindo para a província de Sechuan, onde ele cresceu. Desde muito cedo se dedicou à leitura dos clássicos, e com apenas 11 anos de idade escreveu seu primeiro poema, o elogiado "A Caçada Imperial". O menino tornou-se um homem alto, forte, atlético, exímio espadachim, e em seus poemas chegou a se perguntar: "fechado até a velhice atrás de cortinas, como pode o letrado competir com o cavaleiro?".[1] Das várias influências marcantes para sua vida e poesia, duas destacam-se, o Confucionismo e o Taoismo, aquele, apreendido nas leituras confucionistas feitas durante a juventude, e perceptível em seu declarado acento na prosperidade do país e na melhoria da vida do povo; este registrado em sua união com a natureza. Aos 20 anos viveu, por algum tempo, entre os místicos nas montanhas, escrevendo com admiração sobre os mestres que lá conheceu, envoltos pelos verdes picos, em plena liberdade e esquecidos dos anos.

Mas Li Bai foi sempre um bon-vivant e, em 725, então com pouco mais de 20 anos, navegou pelo rio Yangzi até a cidade de Nanquim, gastando nisso boa parte da herança que recebera. Não raro, ficava tão bêbado que

---

1 Todos os trechos de poema de Li Bai foram retirados de GUOJIAN Chen (ed.). *Poesía clásica china*. Madrid: Cátedra, 2002.

tinha de ser carregado para casa, e em suas próprias palavras, "já que a vida é ilusória como um sonho/ por que nos atormentamos?/ prefiro beber até cair". Desfrutando dessa boemia, viajou muito, conhecendo as paisagens de seu país, e vários de seus poemas registram o deslumbre com os monumentos naturais que descobria. Embora fosse um intelectual renomado, jamais participou dos exames oficiais para ingressar no serviço público, pois esperava ser descoberto por um patrono que valorizasse seus dotes e o apresentasse ao imperador em pessoa, que então o indicaria para um cargo no qual pudesse ser útil ao país. Em 742, chegou à capital, Chang'An (Xian), uma cidade planejada, lar de 2 milhões de habitantes, distribuídos por 109 bairros, cortada por uma larga avenida que conduzia ao Palácio Imperial, com seus elegantes telhados curvos e balcões imponentes. Maior metrópole do mundo, atraía gente de todos os quadrantes, algo refletido em sua diversidade religiosa: havia comunidades budistas, taoistas e confucionistas, além de cristãos nestorianos, refugiados zoroastrianos, muçulmanos, e até mesmo alguns judeus. Nessa imensa cidade, finalmente encontrou seu esperado patrono na pessoa de He Zhizhang, funcionário imperial e célebre poeta, a quem extasiou com sua arte: considerando que os versos de Li Bai possuíam a "força de um furacão" e podiam "comover até mesmo os deuses", chamou-o "Transcendente demitido pelo Céu". Apresentado ao imperador Xuangzong, foi nomeado membro da academia e assessor imperial, mas essas novas funções não lhe trouxeram a proeminência esperada, pois em vez de consultá-lo sobre as grandes questões de Estado, sua majestade preferia dar ouvidos aos bajuladores, favoritos, eunucos e às concubinas que o cercavam. Eventualmente, convocavam-no a compor poemas de ocasião, como se fora um animal de estimação em uma almofada, uma situação que mais e mais o desagradava. Além disso, a corte era um ambiente perigoso, e o poeta boêmio logo se viu envolvido em suas intrigas. Assim, amplamente recompensado com ouro e prata, foi despedido apenas dois anos depois de sua chegada. Retomou então suas viagens, e em 744 conheceu outra figura maiúscula da lírica Tang, o jovem poeta Du Fu, seu admirador confesso, e ainda que só tenham se encontrado pessoalmente duas vezes, mantiveram duradoura amizade via correspondência.

A década de 750 não foi boa para a China Tang: em 751 suas tropas ao longo do rio Talas foram derrotadas pelos exércitos islâmicos do califado abássida, encerrando mais de século de sua presença na região; quatro anos mais tarde, um general sublevado, An Lushan, declarou-se imperador, dando início a uma guerra civil, conhecida pela historiografia chinesa como os Distúrbios de An-Shi, que durou até 763 e da qual a dinastia jamais se recuperou completamente. Xuangzong fugiu de Chang'An para a província de Sichuan, onde abdicou. Seguiu-se um período confuso, no qual dois de seus herdeiros disputavam o trono, enquanto um usurpador ocupava a capital. Li Bai envolveu-se diretamente nessa agitação, tornando-se conselheiro de um dos postulantes, o príncipe Yong, derrotado na disputa pela sucessão. O poeta tentou a fuga, mas foi preso, acusado de traição e condenado à pena capital, e só escapou da execução graças a seus admiradores, que intervieram junto ao imperador e conseguiram que a punição fosse comutada para o desterro na distante Ghizhou. Poucos exílios, contudo, conseguiram ser tão agradáveis quanto o seu: o comboio que o conduzia seguia sem pressa, parando de cidade em cidade, onde o prisioneiro revia velhos amigos e participava de festas e bebedeiras... um longo passeio, tão demorado que antes de atingir seu destino final, recebeu a anistia, em 759. Ainda fez algumas pequenas viagens e permaneceu desfrutando dos prazeres da boa mesa e da bebida até se estabelecer no condado de Dangtu, em casa de um parente que havia assumido uma magistratura, e lá faleceu, em 762. Esse seu derradeiro benfeitor reuniu, após sua morte, toda sua obra numa coleção de dez volumes — de seus milhares de poemas, apenas cerca de mil chegaram até nós.

A poetisa brasileira Cecília Meireles, admiradora confessa dos poemas de Li Bai, dizia que eles eram feitos de quase nada, falavam de pequenos e sublimes momentos, do abandono à fruição da existência — temas bem retratados numa suas composições mais conhecidas, Bebendo Sozinho ao Luar (月下獨酌):

(Uma taça de vinho, sob árvores floridas

bebo só, nenhum amigo por perto
levanto minha taça, convido a lua
com ela e minha sombra seremos três.
A lua não aprecia o vinho
a sombra se arrasta ao meu lado
ainda assim, tendo a lua como amiga
e a sombra como escrava
terei alegria até o fim da primavera.
Para as canções que canto brilha a lua
na dança, a sombra me acompanha

sóbrios, nós três apreciamos a mútua companhia
bêbados, agora cada um segue seu caminho
talvez nunca mais nos reunamos em nossa estranha festa
e nos encontremos, por fim, no nebuloso rio do céu.[2]

Existem duas versões para a morte de Li Bai: em uma, esvaiu-se doente, vítima de uma vida de excessos, na casa onde morava; na outra, estava num lago, ébrio como sempre, quando viu sua amada lua refletida nas águas e, no impulso de abraçá-la, caiu e acabou se afogando — obviamente, a primeira opção é a mais provável, mas o autor dessa pequena biografia prefere seguir acreditando na segunda.

Curiosidades

Também conhecido como Li Po, Li Bai foi aclamado, ainda em vida, como um gênio, uma figura romântica que levou as tradicionais formas poéticas chinesas a patamares até então desconhecidos, e junto com seu amigo Du Fu é reconhecido como maior representante da poesia Tang.

[2] SOUZA NETO, José Maria Gomes de. "Introdução: Homens do passado, homens de hoje – torrente que flui". In: BUENO, André; NETO, José Maria (orgs.). *Antigas leituras: visões da China antiga*. União da Vitória: Unespar, 2014, p. 19.

A Criadora do Desejo[1]

Murasaki Shikibu

Escritora japonesa, c. 970–c. 1010

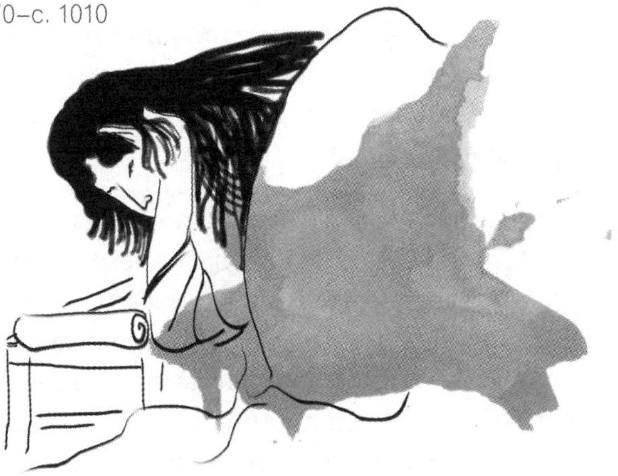

Em 1933, um erudito inglês traduziu do japonês uma obra até então desconhecida no Ocidente: *Genji Monogatari*, ou a *História de Genji*, de autoria de Murasaki Shikibu. Uma obra que, originalmente escrita no século X (por volta de 1021), tornou-se um dos textos mais relevantes da literatura japonesa, mais tarde passado a ser considerado, no oeste, como o primeiro romance da história.[1]

Trabalho monumental, que nas traduções para as línguas ocidentais não pode ser composto em menos de mil páginas, o livro de Murasaki não se encaixa nos gêneros literários tradicionalmente reconhecidos no Ocidente: crônica de costumes, aventura e romance, a obra possui tudo. Com cerca de quatrocentos personagens em um enredo intricado que se desenrola no decorrer de cinquenta anos, *Genji*, publicado aos capítulos em sua época, hoje é apreciado como a *bíblia* estética pelos japoneses eruditos, considerado precursor do romance psicológico mundo afora, e um dos marcos fundadores da própria história do pensamento. Além disso, compõe um retrato histórico de uma época em que refinamento e erudição constituíam a base da cultura aceita como civilizada: o período Heian.

---

[1] É Harold Bloom quem intitula Murasaki de criadora do desejo. BLOOM, Harold. *Gênio: os 100 autores mais criativos da história da literatura*. São Paulo: Objetiva, 2003.

Entre os anos de 800 e 1200 do calendário ocidental, o Japão viveu um momento definidor. Até então as influências vindas do continente asiático, principalmente da China, haviam dado pouco espaço para a constituição de um governo e uma estrutura social autônomos. Mas a partir da transferência da capital para Heian-Kyo, a atual Kyoto, em 784, o governo imperial japonês foi gradualmente ganhando autonomia, isolando-se de seus vizinhos continentais e promovendo o desenvolvimento de uma cultura de corte particular, apesar de ainda consideravelmente influenciada pelas letras e pensamento chinês.

O período Heian é assim denominado graças à capital imperial. A cidade do imperador se tornara o lar de uma nobreza cortesã que vivia sob um código de conduta em que o refinamento e a artificialidade eram considerados virtudes capitais. Em uma sociedade hierarquizada, em que os camponeses subsistiam sob as condições mais precárias, o abismo entre os grupos sociais era profundo e permitia à nobreza ociosa passar seus dias dedicando-se apenas ao cultivo da etiqueta e de práticas de refinamento. Nesse mundo, mesmo os pensadores mais esclarecidos desprezavam os pobres, pouco os distinguindo dos animais. Por sua vez, havia séculos o budismo era uma força política significativa e, pregando o desprendimento do mundo material, passara a influenciar o código de comportamento dos nobres, principalmente das mulheres, de quem se esperava uma total rejeição aos desejos. A condição feminina era, além disso, condicionada pelo fato de os nobres Heian, seguindo o exemplo do imperador, serem polígamos: consideravam que o número elevado de esposas e concubinas indicava seu prestígio social. Essa conjunção de elementos terminava por destinar às mulheres nobres um papel inferior, no qual deveriam ser discretas, obedecer inteiramente aos esposos, não ter desejos e permanecer fora da visão pública. Apesar disso, a literatura desse período foi marcada pela presença feminina.

Com o poder centralizado na figura do imperador, os nobres deveriam gravitar em torno da corte, mas sem disputar poder com o monarca. Assim a etiqueta cortesã se tornava cada dia mais intrincada, e o cerimonialismo ocupava a mente e o cotidiano da aristocracia. A nobreza vivia em busca da perfeição estética, e a elegância era sua principal virtude. Cultuava a poesia acima de tudo, a ponto de tornar a arte de fazer versos obrigatória para todos os homens e mulheres que quisessem ser considerados civilizados. Por meio de versos postos em bilhetes, amantes e parentes se comunicavam, em um comportamento extremamente formal que constituía seu dia a dia.

Então a língua culta era o chinês, e seu aprendizado estava restrito aos homens. A situação de ter sua educação limitada, entretanto, impulsionou as mulheres nobres a criarem todo um código de comunicação novo, pois, sendo proibidas de escrever em ideogramas chineses, aperfeiçoaram a escrita fonética japonesa conhecida como *hiragana*, uma escrita mais ágil e de mais fácil manuseio. E foi a partir desse domínio que surgiram as grandes escritoras que distinguiram o período Heian, entre as quais Murasaki.

Murasaki Shikibu nasceu entre 970 e 978, já no ocaso Heian. Seu pai, um cortesão que chegou a governador de província, pertencia a uma nobreza intermediária, um ramo secundário da poderosa família Fujiwara, o primeiro clã a dividir o poder imperial quando a centralização esmorecia gradualmente perante as poderosas famílias nobres. A jovem Murasaki era bonita, mas tímida, e desde cedo demonstrou paixão pela escrita, chegando mesmo a aprender chinês, atitude pouco apropriada para uma dama. Posteriormente, em escritos autobiográficos, ela viria a se ressentir de ser proscrita e considerada desdenhosa apenas por cultivar atitudes como aquela. Mas se foi considerada peculiar, fora dos padrões, isso não a impediu de se adaptar bem à vida cortesã.

Em 999, ela se casou com um parente distante, com quem teve uma filha, mas ficou viúva cedo, e entre 1006 e 1007, se tornou dama de companhia de uma das esposas do imperador. Era uma posição das mais cobiçadas e que certamente só lhe foi concedida porque, por essa época, seus talentos literários já eram conhecidos e bastante admirados. Então Murasaki já havia começado a escrever a história de Genji.

Havia sido o sucesso de sua obra que, lançada capítulo a capítulo, havia se transformado em uma verdadeira mania entre os nobres e que lhe permitira travar conhecimento com a imperatriz Akiko. O culto às letras pelas mulheres nobres chegava às imperatrizes, cada uma criando um círculo literário feminino próprio em sua própria corte. Se Akiko convidou Murasaki para ser o centro de seu círculo de leitoras e escritoras ávidas, sua coconsorte, a segunda imperatriz Sadako, não ficou para trás e atraiu para si outra das grandes escritoras do período: Sei Shonagon, autora do ousado *Livro de Travesseiro*, e grande rival de Murasaki em sua época. O que esta teve de tímida, aquela teve de atrevida. A despeito do código de conduta nobre, que impunha submissão e discrição às mulheres, Shonagon e sua obra são exemplos de que elas não se deixavam limitar por isso: o *Livro de Travesseiro* é uma coleção de memórias, poemas e descrições de costumes na qual transpira a dedicação da autora e de suas contemporâneas às artes da sedução.

De fato, os livros de travesseiro compunham um gênero literário japonês em que homens e mulheres se dedicavam a escrever, à noite, antes de dormir, suas impressões diárias. E construída nesse gênero popular, a obra de Sei Shonagon é considerada uma pequena obra-prima, graças ao talento de sua autora e por estar eivada por descrições poéticas de cenários, costumes e pessoas, além de retratar o cotidiano feminino com uma boa dose de erotismo.

Assim, mesmo que as mulheres estivessem afastadas da vida política, não o estavam da vida intelectual, e Shonagon e Murasaki foram apenas os maiores expoentes dessa cultura a qual as damas de alta classe dominavam como nenhum homem — obrigados a escrever em chinês —, a escrita fonética japonesa. Por outro lado, se Murasaki e Shonagon foram contemporâneas e ambas bem-sucedidas, o reconhecimento obtido pela primeira foi infinitamente maior. *O Livro de Travesseiro* ainda é lido dentro e fora do Japão, mas não chega a ser cultuado como a *História de Genji*, prezada não apenas pelo enredo e por sua beleza formal, como também pela incursão psicológica em que mergulha.

Genji Monogatari tem por enredo principal as aventuras amorosas de um príncipe exilado, Hikaru Genji, o príncipe brilhante, que encarna a mais perfeita representação do desejo humano, sempre em busca de objetivos que nunca são saciados. Tão profunda é sua representação da veleidade amorosa e sexual que alguns críticos consideram Murasaki a criadora do desejo na literatura.

E isso talvez explique o porquê de seu protagonista ser um homem: Murasaki criou um personagem masculino que encarnava o ideal feminino de perfeição no período Heian. Genji é o homem desejado pelas mulheres nobres, um modelo de todas as virtudes masculinas mais apreciadas. Um homem que possui gosto refinado, que é poeta e músico, e um amante dedicado à busca da mulher ideal. Mas se sua vida é repleta de aventura e romance, ela também é uma jornada por meio das angústias humanas, pois ele vive para satisfazer seus desejos e só encontra suas respostas em mulheres impossíveis.

Apesar de repleto de descrições bucólicas de cenários de palácios e jardins e de aventuras e peripécias românticas, o *Monogatari* é essencialmente uma novela psicológica. E se seus trechos mais famosos são os capítulos que relatam as aventuras e desventuras amorosas de Genji, ele guarda uma obra-prima dentro da obra-prima: a terceira parte do livro, que tem como protagonista não mais o Príncipe Brilhante, mas seu falso filho, Kaoro. Se a jornada do primeiro é voltada para a satisfação dos desejos, a trajetória do segundo é o relato do fracasso dessa busca.

Assim como Sei Shonagon, Murasaki representa o ápice de um período prolífico em escritoras, mas pouco deixou sobre sua vida. Depois de viver anos na corte, nos quais adquiriu um agudo e perspicaz conhecimento do cotidiano dos nobres, usado para compor seus personagens, com a morte de sua patrona, a imperatriz Akiko, retirou-se da corte, morrendo pouco tempo depois, com cerca de 40 anos. Mas ela deixou para trás seu *Genji Monogatari*: um fino tecido de tramas intrincadas, de descrições poéticas e melancólicas, romantismo e idealismo, trançado em torno do sombrio aspecto humano de eterna insatisfação. Irônica e romântica, a obra retrata desejo e beleza sempre em companhia da melancolia, componente importante da estética Heian. Acurado retrato de um período histórico hoje distante do Ocidente, é uma obra-prima que prova que a genialidade transcende as fronteiras do tempo e espaço. E não são poucos aqueles que o consideram um texto de gênio: a escritora francesa Marguerite Yourcenar, no século XX, chegou mesmo a afirmar sobre Genji que nunca, em nenhuma língua, se escreveu nada melhor.

Curiosidades

Junto às outras autoras do período Heian, seu trabalho contribuiu fundamentalmente para tornar a língua japonesa em literatura, libertando-a das formas e escrita importadas da China — notavelmente, embora as mulheres fossem excluídas do aprendizado do idioma chinês, Murasaki, criada numa casa de intelectuais, dominou a língua.

Averróis

Filósofo andaluz, 1126–1198

No século XII, a cidade de Córdova, na Espanha, era uma das cidades mais ilustradas do Ocidente, herdeira de um califado que levara seu nome e que, apesar de ter existido por pouco mais de cem anos, criara uma sociedade em que muçulmanos, cristãos e judeus geralmente conviviam em paz. Com a queda do califado, *Al Andaluz*, a Espanha islâmica havia se dividido em uma miríade de pequenos reinos, as *taifas* (1009–1106), ou reinos da divisão, baseados em uma rede de urbes como Sevilha, Toledo, Granada e a própria Córdova, lar, todas elas, de uma cultura dedicada às letras e ao saber, em que médicos, astrônomos e poetas recebiam incentivos e eram disputados pelos governantes. Até que, no século XI, foram todas conquistadas pela dinastia almorávida do Marrocos. E seria sob esse governo marroquino na Espanha que a filosofia islâmica-ocidental vivenciaria um de seus pontos altos, principalmente devido ao sábio jurista cordovês cuja obra influenciaria por muitos séculos o pensamento medieval: Ibn Rusd, ou Averróis.

Averróis é o nome latinizado de Abu al-Walid Muhammad Ibn Ahmad Ibn Rusd. Nascido em Córdova no ano de 1126, segundo o calendário cristão, filho e neto de importantes juristas, em sua juventude ele estudara para seguir essa carreira, mas também aprendera Medicina, Botânica, Astronomia e Filosofia, em uma formação multifacetada que caracterizava todos os grandes filósofos do medievo. E se em sua vida adulta ele se destacaria em mais de uma dessas áreas, seria mesmo sua obra filosófica que o tornaria tão importante para a história contemporânea.

Então ainda fortemente vinculada ao pensamento grego clássico, a filosofia medieval islâmica era conhecida como *falsafa*. E Averróis viveu seu período clássico, entre os séculos VIII e XIII do calendário cristão, ou II e VII da Hégira, um período que terminaria justamente com sua morte.

A *Falsafa* surgiu no século IX a partir de contatos do califado abássida em Bagdá com o Império Bizantino, inicialmente constituída por traduções e comentários dos pensadores clássicos, tecidos por comentadores que, entretanto, aos poucos foram se tornando também inovadores do pensamento islâmico, além de grandes influenciadores do Ocidente cristão. Foi nessa tradição de comentadores que Averróis se inseriu, vivenciando, por sua vez, um contexto bastante turbulento de guerras expansionistas e disputas religiosas que sacudiu o norte da África e a Península Ibérica.

Assim foi que, quando o futuro filósofo tinha cerca de 20 anos, e em um momento em que se dedicava basicamente à poesia e ao Direito, *Al Andaluz* enfrentou o rei cristão Afonso VII de Castela, cujo poderio se expandia cada vez mais para o sul. Uma expansão que só foi barrada pela segunda dinastia marroquina a conquistar os territórios andaluzes, a dinastia almóada, produzindo uma mudança política que teria repercussões nas próprias definições de saber na região, pois se até então a tradição andaluza não prestigiara a filosofia, considerando-a uma forma menos nobre de saber, esse fato começaria a mudar.

Mas o desprestígio que a filosofia ainda sofria levou o jovem Averróis a cultivar a tradição familiar e se tornar jurista, apesar de suas propensões filosóficas. Além disso, passara também a se dedicar à Medicina, transformando-a em uma das bases de seu saber especulativo. Mas foi mesmo como jurista que chegou a ser bastante conhecido em sua terra. Uma fama que lhe rendeu o reconhecimento dos príncipes almóadas e lhe abriu o caminho para altos cargos no império.

Tal caminho foi facilitado ainda pela amizade que travara com um médico, o qual tinha livre trânsito na corte, Ibn Tufayil, e que o recomendou ao próprio emir Yussuf, garantido-lhe, assim, importantes nomeações. A amizade com Tufayil não apenas o introduziu no convívio íntimo dos soberanos, mas também o inspirou a escrever a obra que o tornaria famoso nos séculos seguintes: os *Comentários de Aristóteles*.

Durante os muitos anos em que Averróis ocupou sucessivamente uma série de prestigiados cargos, o interesse na obra de Aristóteles, considerado então o maior dos pensadores, começava a despertar na Andaluzia, o que o estimulou a se dedicar abertamente a seu amor pelo filósofo clássico. Assim foi que, entre 1165 e 1175, ele se dedicou à redação dos *Médios Comentários*, o que lhe tomaria dez anos. Uma década que despendeu, além disso, atuando como juiz em Sevilha, viajando pelo império almóada, e logo passando a atuar também como juiz em Córdova e médico real em Marrakesh. Então já era um homem renomado, famoso não só por seu talento e conhecimento, mas por sua honestidade e senso de justiça, sempre dividindo seu tempo entre a Medicina, a jurisprudência, os comentários, e a elaboração de interpretações de obras médicas e poéticas de diferentes autores islâmicos.

Ao completar 34 anos, seu protetor, o emir Yussuf, foi substituído no trono por Al Mansur, emir que seria responsáve[1] por muitas vitórias contra a expansão dos cristãos de Castela e com quem Averróis cultivaria uma relação das mais complicadas, pois apesar de serem amigos por muitos anos, isso não impediria Al Mansur de ceder aos clamores de teólogos fanáticos e perseguir o filósofo em anos seguintes.

Nada disso, entretanto, o afastaria de seus estudos aristotélicos.

Os séculos que separavam Aristóteles de Averróis puseram a perder parte da obra do pensador grego, mas o que foi preservado — textos sobre retórica, política, arte — seria analisado pelo cordovês em uma série de interpretações que ele organizaria e dividira em grandes comentários, médios comentários, pequenos comentários e paráfrases. E apesar de trabalhar sobre traduções preexistentes para o árabe, porque desconhecia a língua grega, seriam essas interpretações que o transformariam na última grande referência da *falsafa* clássica e que exerceriam uma grande influência também sobre o pensamento europeu posterior, graças principalmente a uma de suas conclusões basilares: aquela que defendia que o saber não deveria ser baseado nas revelações divinas, como até então era pregado pelos teólogos no Islã, mas deveria ser fundamentado na demonstração e na observação. Pretendia, assim, separar fé e conhecimento. Uma proposição que atraiu

---

[1] Paráfrase da expressão de Rosa Menocal para Al-Andaluz. MENOCAL, Maria Rosa. *O ornamento do mundo*. Rio de Janeiro: Record. 2004.

a sanha vingativa dos teólogos andaluzes e marroquinos que viam toda a filosofia com maus olhos, e com piores olhos os escritos de Averróis.

Mas, a despeito das críticas, ele continuou o trabalho, e, em 1183, então com 57 anos, deu início à outra empreitada aristotélica: a elaboração dos *Grandes Comentários*, que lhe tomaram outra década de vida. Entretanto, a situação política havia mudado, e com os almóadas impondo nova derrota às forças dos cristãos do norte, a influência dos místicos e teólogos havia crescido em *Al Andaluz*. Assim foi que, em 1197, esses personagens exigiram que o emir expulsasse Averróis de Córdova, e Al Mansur, seu amigo, não apenas o baniu, mas ordenou que seus livros fossem queimados, e seus ensinamentos, proibidos. Depois disso, o filósofo cordovês não viveria muito, mas apenas o suficiente para ver o soberano mudar de ideia no ano seguinte, anular o edito que o banira e convidá-lo a integrar sua corte no Marrocos. Um convite que ele, cansado, aceitou, somente para falecer em Marrakesh naquele mesmo ano.

Em vida, sua fama já havia se espalhado pelo Islã, mas sempre muito associada a seu trabalho como jurisconsulto e a sua proximidade com o poder. E apesar de apelidado de *Comentador* por causa de sua dedicação à obra aristotélica, esse papel nunca lhe rendeu muito prestígio na Andaluzia. O respeito e a autoridade que conseguira vinham principalmente da Medicina e do Direito. Isso não o impediu, todavia, de se aproveitar dessa autoridade para pregar, baseado em seus estudos aristotélicos, que o Alcorão deveria ser um guia para a vida, e não um texto literal, e defender que aqueles teólogos que buscavam respostas literais no texto sagrado não passavam de obscurantistas. Posicionou-se sempre contra o fanatismo de todos os tipos, e por isso foi reconhecido como ameaça pelos místicos e religiosos fanáticos de sua terra.

No Ocidente, sua obra se tornou conhecida já na Idade Média, constituindo inclusive a principal fonte de acesso dos europeus a Aristóteles. E se sua vasta obra, com 92 títulos entre tratados de Medicina, Filosofia, Direito, Astronomia e Gramática, não fez discípulos no Islã medieval, por outro lado ela exerceria uma considerável influência sobre judeus e cristãos, de Maimônides a Tomás de Aquino, a ponto de, sobre a contestação de sua tese, que separava o conhecimento da Revelação, se basear grande parte da filosofia da Igreja Católica medieval, elaborada por Tomás de Aquino, no que seria o corpo principal da escolástica.

E sua tese principal defendia que o saber deveria advir sempre da demonstração, e não da retórica, como pregada pelos teólogos muçulmanos até então. Por ela, ele seria aclamado, no século XIX, como racionalista, tornando-se símbolo da luta contra o obscurantismo.

Mas Averróis, como homem de seu tempo, não esteve sozinho na defesa de um pensamento mais tolerante. Sua Andaluzia natal era lar de poetas como Ibn Arabi e filósofos como Maimômides, que também criticavam os fanáticos. Nos séculos que se seguiram, *Al Andaluz,* com seus letrados, escolas, tradutores e obras literárias que inspiraram textos como *Robison Crusoé* e a *Divina Comédia*, passaria a ser vista como uma *Idade de Ouro* de saber e tolerância; o ornamento do Mundo para gente como o enciclopedista Diderot, que, no século XVIII, elogiaria as árvores que floresciam em Córdova e ornamentavam o único país do Ocidente que, segundo ele, cultivara desde a Geometria à Medicina e que levara até os reis cristãos a buscarem seus sábios.

Curiosidades

Averróis foi um defensor ferrenho da filosofia aristotélica como instrumento de compreensão teológica, uma postura frequentemente considerada, no mínimo, herética. Seu trabalho foi fundamental para aquilo que já foi chamado de "a Segunda Vida de Aristóteles", período no qual os escritos do estagirita foram utilizados por pensadores em todo o Mediterrâneo.

Averróis teria sido a luz mais intensa — e uma das últimas — dessa terra que continua, ainda hoje, a inspirar as mais altas aspirações humanistas do Ocidente.

Maimônides

Filósofo andaluz, 1135–1204

De Moisés a Moisés, não há outro como Moisés, diz um tradicional dito judaico.

O primeiro Moisés seria o fundador do judaísmo, o legislador dos Dez Mandamentos. O segundo, *Mussa bin Maimum ibn Abdallah al-Kurtubi al-Israili*, conhecido como Moisés Maimônides, o filósofo, médico e rabino andaluz que foi um dos principais pensadores do medievo islâmico, judaico e cristão.

Assim como seu contemporâneo, Ibm Rushd, ou Averróis, Maimônides foi um dos mais influentes filósofos da Idade Média. Escrevendo em árabe e em hebraico, foi um precursor do pensamento racional. Talmudista, ou seja, intérprete do *Talmude* — a tradicional compilação de comentários acerca dos livros sagrados do judaísmo, a *Torá* —, Maimônides dedicou sua vida e sua ampla erudição a essa tarefa, compondo uma coleção de comentários filosóficos e religiosos que lhe renderam perante a comunidade judaica de sua época um amplo respeito, mas também uma grande censura.

Nasceu em Córdoba, na Espanha islâmica, em 1135, quando governavam as dinastias marroquinas sob as quais os judeus passaram a sofrer perseguições após séculos de convivência pacífica com cristãos e muçulmanos. Do século VIII, quando o general Tariq invadiu o reino visigodo a mando do Califa, ao século XV, quando o último reino muçulmano, Granada, caiu sob os exércitos dos reis cristãos, a Espanha foi o lar de múltiplas identidades: *Al Andaluz*, chamaram-na os muçulmanos; os judeus a chamaram sempre de *ha-Sefarad*, a segunda pátria.

Naquela península viviam comunidades judaicas desde tempos romanos, quando após a destruição de Jerusalém, em 70 d.C., milhares foram exilados por todo o império no fenômeno que ficou conhecido como Diáspora. Séculos depois, os visigodos fundaram seu reino na Espanha, após a queda de Roma, e os judeus que lá viviam passaram a ser sistematicamente marginalizados. Mas a chegada das tropas de Tariq lhes pareceu um evento promissor, por isso acolheram bem os novos invasores. E, uma vez dentro do império islâmico, encontraram uma tolerância que haviam desconhecido até então entre os cristãos.

Na medida em que a cultura de *Al Andaluz* se desenvolvia, a comunidade judaica sefardita também ampliava seu campo de atuação. Isso porque, multiculturais e bilíngues, os judeus passaram a atuar como intermediários entre os diferentes reinos. Eram tradutores, mensageiros, conselheiros. Além disso, a Andaluzia islâmica era uma terra de letrados, e os sefarditas há muito eram um povo de livros, e não demoraram a conquistar uma vasta influência naquele recanto do Islã, mais que em qualquer outra região do medievo ocidental. Dos negócios públicos às finanças, das profissões liberais às artes, dominando o árabe e o hebraico, entre outros idiomas, os judeus sefarditas expandiram os estudos filosóficos, produziram médicos, poetas e juristas cuja obra circulou por todo o Mediterrâneo.

A Córdova onde Maimônides nasceu era a capital das letras andaluzes, lar de uma linhagem de poetas sefarditas que haviam resgatado o hebraico — até então idioma litúrgico restrito à leitura das Escrituras —, transformando-o em língua viva. Antes desse resgate, os letrados judeus escreviam principalmente em árabe. Maimônides cultivaria sempre o hebraico, afirmando mesmo que Deus não queria que se dirigissem a Ele em uma língua morta. Mas seu período foi o ocaso dessas letras, pois no século XII as dinastias marroquinas, sucessivamente os almorávidas e os almóadas, estavam tornando a vida da comunidade sefardita muito mais difícil: os almóadas em particular exigiram a conversão ao Islã ou o exílio.

Filho de um rabino, líder de sua comunidade, também jurista e médico famoso, Maimônides desde cedo seguiu os passos do pai. Em 1148, com o decreto almóada que determinava a conversão ou o exílio, sua família emigrou. Depois de vagar pela Espanha e sul da França, foram parar em Fez, no Marrocos, importante centro cultural do Islã, capital da dinastia que os perseguia. Uma mudança que deve ter exigido a conversão ao Islã. Mas se a conversão houve, foi apenas nominal, pois esses sefarditas exilados continuaram sempre a praticar o judaísmo.

Entre as mudanças e a estada de um ano em Fez, o jovem Moisés continuou a se dedicar aos estudos rabínicos, sua grande paixão, completando também estudos de Medicina. Ajudou seu pai em alguns escritos antes de começar a escrever suas próprias obras, e antes dos 25 anos publicou dois textos que o deixaram famoso: o *Tratado acerca do calendário*, devido a seu interesse pela Astronomia, e o *Tratado de lógica*, tributo ao seu amor pela Filosofia.

De Fez, a família de Maimônides peregrinou até a Palestina, então conturbada pela Segunda Cruzada, onde seu pai veio a falecer. Mas não se estabeleceram lá, mudando-se para o Cairo, onde foram muito bem recebidos pela comunidade judaica. Essa seria a última de suas viagens, e desde então o sábio passou a residir no Egito do sultão Saladino. Já uma autoridade entre seu povo, o jovem sábio vivia totalmente dedicado a seus estudos filosóficos e talmúdicos, patrocinado por seu irmão Davi, um comerciante de prestígio.

Mas depois de alguns anos, Davi faleceu subitamente em um naufrágio. A morte desse irmão devotado abalou seriamente Maimônides, levando-o a uma depressão da qual nunca se recuperou integralmente. Sem Davi, além do desânimo e da tristeza, o filósofo foi obrigado também a deixar de lado seus estudos talmúdicos e trabalhar, pois não tinha mais patrocínio. Tornou-se então médico. E apesar de já ter escrito importantes tratados sobre venenos e sobre asma, a Medicina não era sua primeira opção, mas se dedicou a ela como pôde. E nessa profissão não desejada atingiu tal prestígio que foi chamado a trabalhar na corte de Saladino, aproveitando a posição para interceder pela comunidade judaica.

Maimônides possuía uma natureza contemplativa que foi obrigado a obliterar. Teve de levar uma vida ativa, primeiro por causa do exílio, depois devido a sua consciência que o obrigava a atuar pelos menos favorecidos. Nunca recuou de sua ética ferrenha: quando foi nomeado rabino no Cairo, se recusou a receber qualquer pagamento por isso, defendendo a interpretação do Talmude que proibia retirar a subsistência da *Torá*.

E foi essa ética que o pôs em colisão com algumas tendências do judaísmo com as quais não concordava. Em especial com os exilarcas, rabinos radicados em Bagdá considerados dirigentes espirituais do povo judeu, com grande influência na capital egípcia. Maimônides criticava severamente esses religiosos pelo que considerava sua excessiva ambição.

Ao mesmo tempo em que se tornava líder da comunidade egípcia, sua obra levantava polêmica entre os talmudistas por toda parte. Por um lado, seus textos rapidamente passaram a ser considerados os mais importantes produzidos por um pensador judeu depois do Talmude. Por outro, suscitaram tal ódio entre polemistas, que a comunidade judaica da Provença chegou mesmo a solicitar à Inquisição que os queimasse em praça pública. No que foi atendida.

Foi ainda na Provença que, entre 1230 e 1233, já após sua morte, sua obra foi excomungada pelas lideranças judaicas. Na Espanha, por sua vez, seus seguidores entraram em choque com os defensores da Cabala, tendência mística do Judaísmo à qual Maimônides se opunha fortemente. Enquanto a Cabala era dominada pelo pensamento mágico, o rabino cordovês defendia a razão aliada à fé, apoiada no estudo do Talmude. Mas apesar de seus intensos protestos contra todo o misticismo pregado pela Cabala, esta conheceu um grande desenvolvimento na comunidade sefardita.

A obra de Maimônides está permeada pela preocupação em conciliar o judaísmo e a cultura clássica, o Talmude com Aristóteles. O principal de seus trabalhos, nesse sentido, é *Moreh Nevukhim*, o *Guia dos Perplexos* (c. 1190). Nele, a partir da tradição greco-romana somada às árabe e judaica, Maimônides se propõe a guiar os *perplexos*, ou seja, os indecisos, em uma busca pelas grandes questões filosóficas da vida: qual a origem, o destino e a ordem do mundo e qual a posição de cada um nele. Ele se preocupava com aqueles que não conseguiam conciliar conclusões racionalistas com as Escrituras. Uma união que acreditava perfeitamente possível, pois, a seu ver, quando uma verdade é estabelecida pela ciência, é inútil tentar opor a ela o sentido literal das Escrituras, e o melhor é buscar o sentido alegórico dos textos sagrados.

O *Guia dos Perplexos* procura integrar o Talmude e a lógica aristotélica, a razão e a religião, inovando a visão judaica que até então separava ambas. Essa vontade de conciliação entre religiosidade e filosofia clássica influenciou toda a obra da Escolástica cristã, principalmente a partir de Tomás de

Aquino, seguidor de Maimônides. E foi, por sua vez, grandemente devedora de racionalistas islâmicos como Alfarabi e Ibn Sina.

Mas o trabalho que viria a ser considerado sua obra-prima é o *Mishneh Torah* (1170–1180), a *Segunda Lei*, obra que lhe tomou dez anos. Um código que apresenta uma abordagem racionalista do direito rabínico, oferecendo uma exegese talmúdica de forma clara para os leitores, e que agregava a conscienciosa reflexão pessoal do autor à tradição talmudística. Uma obra que serve de base para todos os compêndios posteriores e um verdadeiro guia para o Talmude.

Apesar de ser um inovador, as polêmicas em torno de sua obra foram geradas muito mais por questões políticas que filosóficas. Contra ele se levantou o exilarca de Bagdá, ao qual Maimônides havia feito severas críticas, e que detratou o *Mishná Tora* por seu ordenamento no modelo grego, impedindo que a obra fosse oficialmente aceita por todo o povo judeu. Por sua vez, a oposição do filósofo à Cabala contribuiu para que os defensores desta promovessem uma ampla perseguição na Espanha e na Provença.

Maimônides morreu em 1204, e seu túmulo permanece desconhecido, em parte talvez por sua própria iniciativa, visto que ele não incentivava o culto a santos. Mas, ao morrer, foi alçado a esse *status*, apesar de a polêmica em torno de sua obra ter continuado.

Considerado a maior autoridade do judaísmo, também é celebrado por leigos, dentro e fora dessa cultura, que desde o Iluminismo o veem como um pensador que não apenas defendeu a aliança entre fé e razão, mas que também procurou integrar a tradição judaica com o que mais tarde viriam a ser as bases da cultura ocidental, a cultura greco-romana. Moisés Maimônides, ao morrer, foi posto logo abaixo de Moisés, o Legislador, graças a sua interpretação da lei judaica. Em 1985 a Unesco celebrou os 850 anos de seu nascimento: Maimônides, o judeu universal.

Curiosidades

Personagem central da tradição judaica, Maimônides se destaca, também, na história da Ciência Islâmica e árabe — seus estudos são amplamente mencionados, e entre as suas influências, contam-se mentes privilegiadas de expressão arábica, tais como o médico Avicena (Ibn Sin) e os filósofos Averróis (Ibn Rushd) e Al-Farabi.

Dante Alighieri

Poeta italiano, 1265–1321

Dante Alighieri, o maior poeta da língua italiana e um dos fundadores da narrativa ocidental, nasceu na cidade de Florença, em 1265, quando o ocidente europeu vivenciava um movimento populacional como já não era visto havia séculos, com cidades que se reconstruíam em benefício de seus cidadãos burgueses, artesãos e mercadores e cujo comércio e manufaturas dinamizavam a economia. Algumas dessas urbanidades chegavam às dezenas de milhares de habitantes, mas apenas quatro atingiram 100 mil e, destas, três eram italianas: Veneza, Milão e Florença.

No século XII, os burgos do norte italiano tinham aberto rotas comerciais bastante amplas: genoveses e pisanos navegavam no Mediterrâneo; venezianos estabeleceram um bairro exclusivo em Constantinopla; e um intenso comércio de lã ligava os florentinos a mercados tão distantes quanto o norte muçulmano da África, a Inglaterra e Portugal. E essa prosperidade atraiu os poderes regionais. Teoricamente, duas metades harmônicas, na prática, o Papado e o Sacro Império se engalfinhavam em disputas políticas e militares, apoiados por duas casas dinásticas alemãs: os Welf apoiando o sumo pontífice, e os Waiblingen ostentando as cores imperiais. Na Itália, essas famílias se transformaram em partidos, chamados de guelfos e gibelinos, que carregariam a desavença séculos adentro.

As cidades italianas, apesar de ricas, eram politicamente insignificantes e divididas por intermináveis rivalidades, que, não raro, degeneravam em guerras civis. A Florença onde Dante nasceu, por exemplo, não apenas guerreava contra as vizinhas como se dividia ferozmente entre guelfos e gibelinos, situação que só seria resolvida na década de 1280, quanto estes últimos foram derrotados e expulsos.

A despeito de tais conflitos, Florença desabrochou no século XII. Isso significava, por um lado, que sua população, como de resto acontecia por toda a Europa, vivia na imundície, cercada de ratos, em uma situação que cobrou um preço alto quando a Peste Negra devastou a cidade a partir de 1348. A maior parte das moradias era precária, e as ruas estreitas eram entulhadas pelos artesãos, que recebiam e beneficiavam os fardos de lã crua. Por outro lado, eram esses mesmos artesãos que fiavam, teciam e tingiam tecidos de lã famosos e desejados em toda a Europa. Com sólidas ligações econômicas, têxteis valiosos e lucro alto, Florença era um dos locais mais prósperos de toda a Cristandade, tanto que em 1252 deu início à cunhagem de sua própria moeda de ouro, o florim. Seus cambistas seriam, a partir de então, banqueiros de nobres, monarcas e papas.

A época do nascimento de Dante assistiu à consolidação das guildas, surgidas inicialmente para o estabelecimento de padrões de qualidade para a produção e defesa dos interesses de classe. As corporações de ofício mais importantes eram as dos cambistas, dos produtores de lã e de seda, mas outras proliferavam, desde juízes e tabeliães a padeiros e ferreiros. E acabaram abocanhando o governo, elegendo priores e conselheiros.

A família Alighieri, chefiada por Alighiero II, vivia confortavelmente da renda advinda de propriedades dentro e fora das muralhas. A mãe faleceu quando Dante tinha 7 anos. O pai contraiu um segundo matrimônio, e quando de sua morte, na década de 1280, coube ao poeta assumir os negócios familiares.

Em maio de 1274, então com 9 anos, Dante seguiu com o pai para uma festa na casa de uma família amiga, os Portinari, onde conheceu Beatriz, filha da casa e musa de toda sua vida. Seguidas vezes o poeta a procurou, sem sucesso. Em 1277, graças a um arranjo familiar, casou-se com Gemma Donati. Apesar disso, sua paixão por Beatriz continuou por dezesseis anos, até a morte dela, em 1289.

Na década de 1290, o poeta iniciou estudos de filosofia, latim clássico e teologia, inclusive da obra de São Tomás de Aquino, então o mais importante pensador da Cristandade e marcante influência na composição de sua *Comédia*. Esse período de aprendizado conferiu a solidez cultural que marcou sua obra. Por volta de 1295, inscreveu-se na guilda dos boticários — embora não exercesse o ofício, sabia que essa corporação era aberta a literatos — e como tal, pôde requerer participação no governo. Em 1300 foi eleito prior, e no ano seguinte tornou-se responsável pela manutenção e construção de estradas.

Guelfos e gibelinos não mais dividiam Florença, e parecia, então, que a cidade entraria numa fase pacífica, mas isso não durou, e em 1301 uma rixa familiar degenerou em guerra civil, com os guelfos rachando em dois partidos rivais: os pretos, ligados aos Cerchi, e os brancos, aos Donatti. Dante foi pego pela rivalidade, e em viagem a Roma foi acusado de peculato e aceitação de suborno, delitos apenados com a morte. Com o machado do carrasco pendendo sobre a cabeça, não pôde retornar à cidade natal. E jamais o faria. Viveu o resto da vida no exílio, principalmente em Verona, como protegido do vice-rei imperial, e em Ravena, onde viria a falecer em 1321.

"No meio do caminho de nossa vida, encontrei-me numa selva escura": assim começa *A Comédia* de Dante Alighieri — de fato, aos 36 anos, numa época em que a vida média não passava dos 70, ele estava na metade da existência, mas tal frase ecoa, também, o sentimento de desarraigamento que sentiu ao ser expulso de sua amada Florença.

Para escrever sua obra, Dante optou pelo italiano, em sua forma toscana. Até então, duas línguas literárias dominavam o ocidente europeu: o latim e o francês. Na primeira, eram escritos os tratados de ciência, religião, filosofia, enquanto a maioria dos romances era redigida na segunda. Os finais do século XIII testemunharam o desabrochar das línguas vernáculas, e o poeta florentino foi figura-chave nesse processo. Ainda que tenha composto vários textos em latim, ele teorizou sobre a língua comum, catalogando os falares em três grupos: a língua do Oui do norte francês, a língua do Oc da Provença, e a língua do Sí, italiana. Relacionou quatorze variações locais desta última, criticando-as e estabelecendo padrões estilísticos para uso na literatura. E optou por utilizá-la em sua obra-prima.

Ele foi herdeiro também de uma tradição poética multicentenária da Europa ocidental, que teve início no século XII com os trovadores provençais, continuou com ele e Guido Cavalcanti e seguiu com Bocaccio e Petrarca, seus admiradores, um século depois. A poesia dos trovadores provençais, escrita na língua do Oc, foi um momento da literatura ocidental que organizou caracteres literários básicos, como estrofes, formas, rimas e ritmos. Franceses, italianos, catalães, galego-portugueses seriam todos influenciados pela poética occitânica.

Dante reverenciava o mais importante dos trovadores da Provença, Arnaut Daniel, chamando-o de melhor artesão da língua materna. Na *Comédia*, situou-o no Purgatório, para expiar o pecado da soberba artística. Mas recebendo a influência occitânica, ele a elevou. Produziu o que foi chamado "falar moderno", mais claro e menos rebuscado que a poesia tradicional, elaborando-o em um novo estilo, livre, irônico, decantando com intensidade a musa amada.

Sua obra mais importante, uma das três mais relevantes da tradição ocidental, ao lado do *Hamlet,* de Shakespeare, e do *Quixote,* de Cervantes, recebeu de seu autor o título de *Comédia.* "Divina" foi um acréscimo tardio, um reconhecimento dos pósteros. Sua escrita simples, característica do "falar moderno", esconde camadas e texturas complexas. O percurso seguido, do Inferno ao Paraíso, expõe as fraquezas e esperanças da alma humana, por meio da jornada de alguém em busca da felicidade após ter sido enxotado de seu local de origem; é também um imenso panorama de tradições clássica, bíblica, cristãs e medievais urdidas no mesmo texto.

A *Comédia* tem início com o poeta perdido em uma selva escura e perseguido por três feras. Encontrando o poeta romano Virgílio, é guiado por ele em uma viagem sem retorno, e depois de cruzar um pútrido rio, depara-se com uma caverna encimada por uma apavorante frase: "Perdei a esperança todos vós que entrardes". É o inferno.

A jornada pelo inferno consiste em atravessar sete círculos. Em cada um, um grupo de pecadores é punido, e quanto mais fundo o círculo, pior o pecado cometido. O primeiro é o limbo, habitado pelos bons pagãos, cuja única falta é não possuírem o batismo: César, um pensativo Saladino, os quatro grandes poetas da Antiguidade — Homero, Horácio, Ovídio, Lucano —, que, junto a Virgílio, recebem Dante como o sexto grande. No segundo, açoitados por "turbilhão infernal" estão os que pecaram pelo sexo, inclusive Cleópatra e Helena. O terceiro círculo guarda os glutões, envoltos na imundície, enquanto o quarto mostra os avarentos, fadados eternamente a mover pedras e trocar bofetões. No quinto círculo ficam os furiosos, no sexto, os hereges, e no sétimo, circundado por um rio de sangue, os violentos: assassinos, suicidas, homossexuais — que o período considerava como terem atentado contra a natureza humana — e usurários.

O oitavo círculo, o pior de todos, é o *Malebolge* ("Bolsão do Mal"), onde penam aliciadores, alcoviteiros, simoníacos, corruptos (acusação enfrentada pelo próprio Dante), traidores e cismáticos. Uma figura particularmente chocante é a de Maomé "estropiado", aberto do pescoço ao ânus e com as vísceras pendentes, precedido por seu genro, Ali, que chora a desgraça de ambos.

O tom do Inferno é sempre de desolação, desesperança. No Purgatório há ligeira mudança, pois embora cinzento e triste, guarda uma nota de esperança. Desde o Antepurgatório, onde as almas esperam ansiosas até poderem começar a limpar seus pecados, depois de patamar em patamar, livrando-se das culpas. Da soberba, da inveja, da ira, da preguiça, da avareza, da ganância, da gula e, finalmente, da luxúria.

Durante toda a caminhada, Virgílio acompanha Dante. Mas após cruzar os umbrais do Paraíso, o romano já não pode seguir adiante. Todo o conhecimento clássico, nele representado, nada significa diante da revelação do Cristo. Será Beatriz, sua eterna musa, que o conduzirá pelo paraíso. Será ela o símbolo da sabedoria divina.

No Paraíso a escalada não é necessária: dá-se uma veloz ascensão por meio dos astros, passando pelas Estrelas Fixas e pelo *Primum Mobile* (Primeiro Móvel, em que os conceitos de espaço e tempo são criados), até finalmente alcançarem o Empíreo, o Firmamento.

O primeiro trecho da *Comédia*, o Inferno, estava pronto em finais de 1310, mas Dante somente concluiu sua obra perto de morrer. Em seu próprio tempo de vida experimentou o reconhecimento de sua gente, a qual já em 1315 o considerava seu melhor poeta. Tal fama não foi suficiente para que voltasse a ver sua amada Florença, mas lhe garantiu um local de honra em Ravena, cidade de descanso final. Séculos se passam e a admiração por Alighieri aumenta: "Onorate l'Altissimo Poeta", diz uma inscrição em seu túmulo, e o Ocidente, em coro, repete a mesma frase: Honra ao grande poeta!

Curiosidades

Na Itália, Dante é chamado *Il Sommo Poeta* (O Sumo Poeta), ou simplesmente *Il Poeta* (O Poeta). Com Petrarca e Boccacio, forma "as Três Fontes" ou as "Três Coroas", mas somente ele é considerado o "Pai da Língua Italiana".

Ibn Khaldun

Historiador magrebino, 1332–1406

No século XIV, o Islã passava por uma séria crise política, principalmente em suas possessões mediterrâneas. Há muito que seu império se fragmentara em vários califados e sultanatos: na Espanha, os reinos cristãos dominavam, deixando apenas o pequeno e opulento reino de Granada como resquício do Islã. E mesmo fora do Mediterrâneo, a grande Bagdá, capital do califado abássida, sofria com invasões dos mongóis e de Tamerlão. Mas essa decadência política não havia diminuído a importância comercial e cultural de muitos de seus reinos e cidades. Civilização que cultuava as letras, o Islã medieval exportava pensadores e era responsável por importantes circuitos comerciais, como a rota do ouro entre os impérios subsaarianos e a Europa ocidental e as rotas orientais pela Ásia Central até a China, e por meio da Índia até a Indonésia. No Ocidente, os principais responsáveis por esse comércio eram os reinos berberes do Magreb, no norte da África.

Mas o Magreb estava dividido em reinos que se digladiavam, o Marrocos, a Ifríquia e o Tlemcen, com ricas cidades comerciais como Fez e Túnis. E desde a queda do império almóada, no século XIII, que nenhum poder político fora capaz de unificar a região por muito tempo e ela vivia sob a pressão das tribos berberes, de querelas dinásticas, de tomadas de poder por parte de ministros e príncipes, sem falar em invasões dos reinos vizinhos. Mas, apesar dessa conturbada situação política, nas cidades pululava uma vida intelectual efervescente. Esse foi o lar de Ibn Khaldun, o primeiro pensador a criar um método racionalista para a história.

A vida de Ibn Khaldun exemplifica bem o tumulto que era sua terra natal no século XIV: nasceu em família rica, teve uma juventude privilegiada e ingressou naturalmente na política. Não demorou a participar ativamente das intrigas das cortes magrebinas e por isso foi cumulado de presentes e privilégios, mas também atirado na prisão e exilado. Nascido em Túnis, viveu também em Fez, em Granada, em Bugia, passou uma temporada em Sevilha, morou com a tribo dos duauída, até que finalmente se fixou no Cairo em 1383. Foi filósofo e pensador inspirado, político intriguento e conspirador. Até que no fim de sua vida resolveu ser historiador.

Foi chamado Abd-ar-Rahman Ibn Muhammad Ibn Khaldun em Túnis, capital da Ifríquia, onde nasceu, em 1332, em uma poderosa família originária de Sevilha, que exercia intensa participação na vida intelectual, religiosa e política do império almóada, última das dinastias magrebinas a dominar o norte da África e a Espanha. Os Khaldun haviam deixado a Andaluzia por ocasião da conquista cristã em meados do século XIII. Seu pai era filólogo e místico de prestígio, e desde muito cedo ele teve acesso a melhor educação disponível, apesar de bastante tradicional: estudou teologia, filosofia, lógica, matemática, astronomia e medicina, disciplinas então associadas ao conhecimento filosófico. Os Khaldun atraíam muitos sábios que gravitavam a seu redor, alguns de tendências menos rígidas, o que permitiu que o jovem entrasse em contato com diferentes pensadores. Entre esses estava Abelli, um filósofo de Fez que o apresentou à obra dos racionalistas do Islã, como Averróis e Avicena.

Sua família mantivera o poder adquirido em Sevilha, mas poder era algo efêmero no Magreb: quando Túnis foi conquistada pela dinastia merínida do Marrocos, os Khaldun apoiaram os invasores, mas quando estes foram expulsos, a sorte virou contra os prestigiados andaluzes. Quase ao mesmo tempo, a Peste Negra que assolava a Europa chegou ao norte da África. Túnis foi atingida com tamanha força que o jovem Khaldun se viu órfão de pai e mãe, vitimados pela peste, que também matou a maioria de seus amigos e professores. Depois disso, ele quis ir para Fez em busca de seu mestre Abelli, mas ficou na cidade a pedido de seu irmão, que lhe conseguira uma nomeação no novo governo. O ano era 1352, Ibn Khaldun tinha 20 anos e esse seria o primeiro dos muitos cargos políticos que ocuparia durante sua vida.

Não demorou e Túnis estava novamente em guerra, dessa vez com Constantina. Então Khaldun decidiu ser hora de procurar seu mestre e abandonou sua cidade natal e seus empregadores sem maiores preocupações. Mas, naquele momento, o sultão marroquino estava envolvido na conquista do Tlemcen, o terceiro dos grandes reinos do Magreb. Por isso, em vez de ir diretamente para Fez, o tunisino achou melhor se dirigir para a frente de batalha, na cidade de Bugia, onde travou relações com importantes oficiais marroquinos, que o apresentaram ao sultão. Assim, sua chegada à Fez não se deu anonimamente, e ele foi logo convidado para os certames literários do monarca.

O novo lar de Khaldun era uma das cidades mais importantes do Magreb, e suas *madrasas*, escolas das mesquitas, estavam abertas aos estudantes e disponibilizavam ricas bibliotecas. Ele aproveitou esse ambiente para continuar sua educação, ao mesmo tempo em que, nomeado secretário do sultão, começou a se envolver nas intrigas palacianas. Mas não demorou a que essas intrigas lhe valessem uma temporada na prisão, acusado de conspirar pela liberdade do príncipe de Bugia, cidade onde fazia pouco tempo havia se casado. Passou então quase dois anos na prisão, só sendo libertado quando o sultão marroquino faleceu. Com o novo governo, os antigos inimigos viravam aliados, e Khaldun mal saiu da prisão e já se viu em um novo e importante cargo.

Mas suas peripécias políticas estavam apenas começando. As dinastias do Magreb viviam em intermitente estado de guerra, e os golpes de estado eram incessantes. Trabalhando para o governo de Fez, Khaldun se envolveu em nova conspiração, dessa vez do lado vencedor, e com 27 anos se viu nomeado para a alta corte de justiça. Mas o caos político tomava as ruas enquanto diferentes facções lutavam pelo poder, e em 1362 ele teve de fugir da cidade quando parecia que as intrigas palacianas novamente levariam a melhor sobre ele. Fugiu então para Granada, o último dos reinos islâmicos da Espanha.

Enquanto ministro em Fez, tivera oportunidade de ajudar o sultão granadino que o recebeu, naquela ocasião, com honrarias e lhe deu um cargo na corte. Vivendo no suntuoso palácio do Alhambra, Khaldun teve oportunidade de viajar para Sevilha, já tomada pelos castelhanos, e de entrar em contato com os cristãos. Fixou-se, assim, em *Al Andaluz*, tirou sua família do Magreb e passou a se ocupar de debates filosóficos e de problemas de história e política. Mas era ambicioso, e Granada apenas um reino pequeno e distante do centro do Islã. Então, em 1365, aproveitou o convite do novo regente de Bugia, por quem fora preso em Fez, para ocupar um cargo naquela cidade e decidiu voltar para o Magreb. Uma vez na rica e intelectualizada Bugia, além de suas funções no governo, foi nomeado pregador na grande mesquita, ensinou jurisprudência e deu continuidade a sua vida de luxo e conforto. Pelo menos por algum tempo.

De fato, a situação política do Magreb não era adequada para que qualquer pessoa envolvida com política vivesse uma tranquilidade prolongada. E assim foi que, em 1366, o soberano de Bugia entrou em guerra com Constantina, conseguindo com isso apenas ter sua própria cidade invadida pelos adversários. A derrota levou Khaldun a se refugiar junto aos duauída, uma poderosa e influente tribo. Lá, uma vez em segurança, entrou em contato com o rei do Tlemcen e passou a atuar entre esse rei e as tribos. Mas as investidas do reino de Tlemcen não surtiam efeito, e depois de amargas derrotas, Khaldun se viu novamente fugindo para a Espanha. Mas foi preso no meio do caminho pelo soberano merínida de Fez, que naquele momento dominava a região. Para garantir sua liberdade, então, tornou-se aliado dos merínidas, dando informações sobre a política e as cortes do Magreb, que conhecia tão bem, e se encarregando de conseguir o apoio das mesmas tribos que recrutara para o Tlemcen, até que, em 1372, morreu o sultão marroquino, e o rei do Tlemcen, antigo aliado de Khaldun, voltou ao poder disposto a se vingar dos que o tinham traído. Mais uma vez, o tunisino se viu fugindo, dessa vez de volta para Fez.

Por essa época, ele já começara a dedicar parte de seu tempo para refletir sobre história e política. Em Fez voltou a ocupar importantes cargos enquanto se imiscuía, de novo, na política da corte. Isso o levou, como já era de se esperar, a novas intrigas, a nova prisão e nova fuga, de novo para Granada. No entanto, dessa vez não teve boa acolhida na Espanha, pois seu antigo empregador havia recebido informações contra ele. E um ano após sua chegada em Granada, em 1375, foi deportado para o Tlemcen, onde foi posto em liberdade com a condição de mais uma vez agir como intermediário junto às tribos nômades. Dessa vez novamente para o Tlemcen.

Mas apesar de inicialmente concordar com a função, decidiu fugir para a isolada fortaleza de um aliado, onde viveu por quatro anos, renunciando finalmente à vida política. Contribuíram para essa decisão uma doença que o afligia e o fato de seu irmão, que tivera tanta participação em intrigas palacianas quanto ele, ter sido assassinado enquanto ocupava o cargo de primeiro-ministro do Tlemcen. Em 1378, Ibn Khaldun conseguiu voltar para Túnis, pensando em se dedicar totalmente a seus estudos. Mas o medo de ser arrastado mais uma vez para a política fez com que abandonasse sua terra natal para sempre em 1382, indo se refugiar onde muitos exilados políticos de diferentes lugares já haviam ido antes dele: no Cairo.

Escolheu se estabelecer no Egito porque estava cansado das peripécias de toda uma vida imbricada em intrigas palacianas. E no século XIV o Cairo era uma cidade cosmopolita, enriquecida pelo comércio entre Ocidente e Oriente e lar de sábios de todas as partes. Para Ibn Khaldun, bem como para muitos muçulmanos educados, o Cairo era a metrópole do universo. Lá foi professor e juiz e se dedicou à escrita de uma História Universal. Porém, sua natureza política e sua fama como negociador o levaram ainda a uma última aventura: encontrar o conquistador turco-mongol Tamerlão em 1401, sob os muros de Damasco.

Foi essa vida tumultuada de cortesão que lhe rendeu uma perspectiva única, e que o inspirou a escrever sobre as razões da anarquia política que assolava o Magreb. Discípulo dos racionalistas do Islã, Ibn Khaldun sempre se inquietou com a natureza dos fenômenos políticos. O Magreb funcionou, assim, como pano de fundo e matéria-prima para sua metódica reflexão sobre a natureza da História.

Sua obra, *Muqaddimah*, ou *Prolegômenos à História Universal* (1377), está dividida em uma introdução — na qual o autor apresenta suas reflexões filosóficas sobre a natureza da história—, e seis livros, que trazem desde cosmografia até poética, mas cujo tema central é o Magreb tomado como exemplo de leis gerais da História. Para ele, antes de qualquer coisa, o historiador deve fornecer dados gerais sobre o país, povo e século sobre o qual trabalha. Além disso, deve estudar o estado do mundo e sugerir mudanças. Coerente com essa visão, antes de adentrar o espaço que era seu objetivo principal, analisou a história de outros povos, como romanos e hebreus, tentando compor uma história geral que se detivesse e explicasse o Magreb do século XIV.

Uma das principais questões de seu trabalho é o conflito entre nômades e sedentários, com os primeiros sempre desafiando a "civilização". Tal oposição se justificava pela posição social do autor, nobre árabe, cortesão, que como seus conterrâneos via com desdém os nômades. Mas essa abordagem se tornaria modelo de História nos séculos vindouros, angariando muitos seguidores.

Além disso, em seus *Prolegômenos* propôs critérios de classificação dos fatos históricos. Utilizando método empírico, defendeu a utilização de "dados verdadeiros", afirmando que o historiador deveria se ater sempre ao testemunho. E baseou sua ampla obra em anos de estudo e em múltiplas fontes: discussões com as muitas testemunhas oculares que conheceu ao longo dos anos, leitura dos ricos acervos das bibliotecas das grandes cidades do Islã onde viveu: Fez, Túnis, Bugia, Tlemcen, Granada. Erudito, sua *História Universal* traz as fontes citadas de forma acurada. Chegou a afirmar que, na superfície, a História não seria mais que uma coleção de fatos que qualquer pessoa poderia seguir e entender, mas que, em seu cerne, ela seria pura filosofia, envolvendo especulações sobre a origem dos fenômenos.

A obra de Ibn Khaldun é um marco da História enquanto ciência por analisar as condições sociais, econômicas e políticas de sua terra natal e propor problemas históricos. Seu nome pode, sem dúvida, constar da seleta lista de filósofos da História, inclusive por apresentar uma definição para esta: para ele a História seria o registro da sociedade humana e das transformações ocorridas devido a sua própria natureza. Seu modelo de compreensão da interação entre diferentes tipos de sociedade seria, no século XX, comparado ao de Karl Marx, elaborado séculos depois.

Ibn Khaldun faleceu em 1406, mas não sem antes ter escrito uma autobiografia que hoje é publicada juntamente a seus *Prolegômenos*. Sua obra, que não teve seguidores imediatos, permanece como exemplo de método racional, empírico, documental de pesquisa histórica, ao mesmo tempo em que funciona como retrato de um momento histórico definitivo para o Mediterrâneo, de emergência da Europa e crise do Islã.

Curiosidades

O *Muqaddimah* influenciou historiadores otomanos, que o utilizaram para interpretar a ascensão e queda do sultanato durante o século XVII. Nesse mesmo século, uma biografia sua foi publicada no Ocidente, e a partir de 1806 sua obra começou a circular entre historiadores ocidentais.

Martinho Lutero

Teólogo alemão, 1483–1546

Em outubro de 1519, o monge agostiniano Martinho Lutero pregou nas portas da Catedral de Wittenberg um libelo em que criticava a Igreja Católica. Um manifesto que ficou conhecido como as *95 teses*, marco principal do fenômeno social e religioso que desencadeou a Reforma Protestante. Mas talvez Lutero nunca tenha chegado a fixar seus escritos de forma tão pública, e sim os feito circular em manuscritos, até serem finalmente publicados naquele ano. Afixados ou não, esses escritos acenderam o estopim das insatisfações da sociedade alemã, apesar de seu autor jamais ter almejado a revolução que desencadearia.

Martinho Lutero nasceu em 1483 na Turíngia, região de língua alemã então pertencente ao Sacro Império Romano-Germânico. Filho de um rico proprietário de minas e de sua mulher, de posição social superior ao marido. Sua mãe possuía uma religiosidade exacerbada, e seu pai, pretensões de ascensão social e esperava que o filho seguisse a prestigiada carreira de Direito. O jovem Lutero retribuiu às expectativas de ambos: tornou-se um religioso fervoroso e teve um bom desempenho acadêmico que lhe garantiu ingresso na Universidade de Erfurt, em 1501, quando completara 17 anos.

Sua infância e juventude foram marcadas pela religiosidade e pela filosofia, a ponto de se tornar assombrado, por toda a vida, pela presença do Diabo. Em 1505 concluiu seus estudos em Erfurt, onde se dedicara aos filósofos clássicos e Santo Agostinho, além de estudar latim, música e astronomia. Naquele mesmo ano, enquanto se preparava para ingressar na concorrida faculdade de Direito, viveu uma experiência que o fez se decidir pela vida religiosa e abandonar os planos familiares: em uma versão, foi acometido por uma febre, em outra, esteve preso em uma tempestade. De qualquer forma, uma situação de vida ou morte o levou a decidir seguir a vocação religiosa.

Lutero ingressou, então, em um mosteiro agostiniano, escolhido devido à grande admiração pelo patrono da ordem, Santo Agostinho. Tornado monge, passou a se dedicar a uma promissora carreira de estudioso da Bíblia e se tornou professor da Universidade de Wittenberg.

A Alemanha de Lutero era constituída por estados descentralizados cujos príncipes deveriam responder ao medieval herdeiro do expansionismo carolíngio, o Sacro Império, que por sua vez deveria estar subordinado ao Vaticano. Mas, no fim do século XV, essas estruturas seculares estavam abaladas: príncipes contestavam o poder do Imperador; nobres e burgueses estavam em choque, insatisfeitos com o poder dos oficiais imperiais, o empobrecimento e a exploração secular dos camponeses. E todos desgostosos com a corrupção do clero e com o poder romano de nomear autoridades religiosas em solo alemão.

Além disso, o Sacro Império recebia ecos das transformações vividas pela Europa como um todo. A situação da Igreja, decadente, mundana e corrupta, era sentida por todo lado, e em diferentes lugares havia contestações. Desde o século XIV a Itália vinha sendo sacudida por movimentos populares, que na esteira do franciscanismo pregavam a pobreza e a renúncia aos bens materiais. Na Boêmia, o movimento de Jan Hus havia se levantado contra a corrupção da Igreja, e sua execução na fogueira desencadeara uma revolta popular. Por outro lado, as concepções intelectuais estavam mudando com o humanismo.

Na Itália, a ascensão da burguesia produzia novas formas de conhecimento. Essa inquietação gerara os humanistas, de início linguistas que se dedicavam à busca por documentos greco-romanos, mas logo pensadores que desenvolviam propostas filosóficas as quais focavam o Homem como centro dos estudos. Nos tempos de Lutero, um dos principais nomes entre esses estudiosos era Erasmo de Roterdã, crítico da corrupção dos valores cristãos, também monge agostiniano que, no entanto, não seguia o ideal de contemplação religiosa. Roterdã preferia atuar como humanista independente, defendendo a regeneração da cristandade a partir da purificação de valores e ações. Elaborou o conceito de *devotio,* ou devoção moderna, uma filosofia cristã que dava grande importância à educação e pregava a paz e a concordância entre os homens. Seu pensamento privilegiava a modificação nos comportamentos com a retomada do cristianismo primitivo.

Havia séculos, grupos e indivíduos pertencentes ao clero católico vinham apontando a sua mundanização, gerando um processo, lento mas constante, conhecido como Reforma Católica, do qual a Reforma Protestante fez parte em seus inícios. A influência de Erasmo cresceu e ele se tornou um dos epicentros intelectuais da Europa. Após a publicação das teses de Lutero, ambos se mantiveram em contato, até que a posição do alemão, pró-ruptura com a Igreja, os afastou. Comentando com bom humor as diferenças entre os dois, Erasmo chegou a afirmar que se ele tinha posto um ovo de teses reformistas, Lutero tinha chocado um bicho bem diferente.

Foi nesse contexto de críticas internas ao Catolicismo e de movimentos populares revoltosos que Lutero começou sua pregação, muito influenciado pela situação política dos principados alemães e do Sacro Império.

De início, assim como Erasmo e a maioria dos humanistas, Lutero não desejava uma cisão com o Papado. Ao assumir a influente função de professor de Teologia na Universidade de Wittenberg, realizou conferências sobre a corrupção da Igreja, a venda de indulgências — perdões vendidos pelos religiosos como forma de apagar os pecados e liberar, vivos e mortos, do Purgatório — e o distanciamento do Evangelho. Mas não era o primeiro, e nem de longe o único, a falar contra esses abusos. Dentro da Ordem Agostiniana já vigorava uma intensa crítica filosófica à base principal do pensamento católico, a escolástica. E enquanto agostiniano ele havia sido bastante influenciado pelo nominalismo, corrente filosófica contrária à escolástica, que contestava a tese de que Deus poderia ser alcançado pela razão, e não apenas pela fé.

As *95 teses* foram um produto dessas conferências, quando Lutero já era considerado uma autoridade em Teologia. Elas repetiam sua pregação contra a venda de indulgências, mas não se opunham à autoridade da Igreja. No entanto, uma vez impressas, dialogaram com os anseios políticos e sociais da região. Sua recepção intensa foi tão à revelia de seu autor que este chegou a duvidar da correção das ideias expostas naqueles escritos.

Se a resposta pública às teses não era esperada por seu autor, ela se deveu principalmente a um fenômeno até então pouco explorado, a imprensa. No desencadear da Reforma Protestante a imprensa apareceu como fator fundamental, fazendo circular ideias que, uma vez postas no papel, eram interpretadas das maneiras mais diversas, dependendo dos contextos de seus leitores, e independendo da intenção original do autor.

O desenrolar do movimento logo fugiu ao alcance de Lutero ,que, se de início jamais pensara em se separar do Papado, foi rapidamente tomado pelo entusiasmo de seus leitores, além de perseguido pela Igreja. Uma vez publicadas as teses, foi questão de meses até que se espalhassem pela Europa, trazendo estudantes de diferentes lugares para escutar as pregações do teólogo em Wittenberg.

Também foi uma questão de meses até que chegassem a Roma. O papa Leão X reagiu com desprezo aos escritos, já acostumado às críticas, ainda assim Lutero foi chamado a se explicar. Suas perspectivas na Itália não eram boas, principalmente porque continuava escrevendo e pregando, chegando a questionar a infalibilidade papal, um dos dogmas católicos. O austero agostiniano já havia viajado para a Cidade Eterna, em 1510, e se escandalizado com a mistura de opulência e corrupção que encontrara. Ele não tivera então papas na língua ao descrever a cidade, que chamava de "paraíso das prostitutas". Além disso, tempos antes Jan Hus fora chamado a se explicar ao papa em Roma, aceitara o convite e, lá chegando, fora preso, julgado e condenado à morte. Nada disso motivava muito o monge alemão a viajar para o sul.

Mas Lutero tinha aliados importantes em sua terra, e contava com esse apoio para evitar o julgamento em Roma. Seu patrono era o poderoso príncipe Frederico da Saxônia, que desde antes da publicação das teses atuara como patrocinador para o monge. O príncipe fez valer sua influência, conseguindo que o julgamento do agostiniano fosse feito na Alemanha mesmo. O resultado foi uma ordem de retratação, à qual Lutero não se submeteu, sendo ameaçado pelo Papado com a excomunhão, e a situação se inflamou. Em meio a essa tensão, Lutero se voltou para a nobreza alemã, desgostosa com a nomeação de bispos pelo Vaticano e com a ligação deste com o Imperador, e com o suporte desse grupo continuou a escrever.

Em escritos como *À Nobreza Cristã da Nação Germânica* e *Prelúdio ao Cativeiro Babilônico da Igreja*, pregou contra o celibato, defendeu que dos sacramentos católicos apenas três poderiam ser reconhecidos, o batismo, a eucaristia e a confissão — logo depois rejeitando também esta—, e afirmou que o trono papal estava ocupado por Satanás. Como era de imaginar, esses textos acirraram a polêmica com o Vaticano a ponto de muitos, inclusive Erasmo, preverem a cisão como inevitável.

A obra de Lutero desse período retrata sua visão do cristianismo, fruto das influências humanistas, nominalistas e agostinianas, mas também da austeridade que caracterizou sua vida e que se opunha às tendências ostentatórias da Igreja. Em *A Liberdade do Cristão*, por exemplo, contestou alguns dos principais preceitos do catolicismo e estabeleceu algumas das bases do que seria o protestantismo: só a fé salva, e não as obras, como afirmava a Igreja; existe predestinação, logo alguns já estão destinados ao inferno; os sacramentos, batismo e eucaristia, só têm sentido a partir da fé.

Depois de queimar uma bula papal, foi oficialmente excomungado em 1521. Mas as pressões da Igreja sobre o Sacro Império estavam em seu auge, o que levou o Imperador Carlos V a convocá-lo a se explicar perante uma assembleia na cidade de Worms. Nessa ocasião, teólogos tentaram convencê-lo a renegar suas ideias, o que recusou, fazendo com que a decisão da assembleia, declarada no Édito de Worms, o apresentasse como renegado e herético. Mais uma vez escapou graças a Frederico da Saxônia, que o manteve em um castelo sob falsa identidade. O tempo passado nesse esconderijo permitiu ao agora ex-monge se dedicar a suas reflexões religiosas e realizar aquela que viria a ser uma de suas obras principais, a tradução da Bíblia do latim para o alemão.

Sua estadia no refúgio de Frederico foi solitária e assombrada pelos terrores noturnos que o perseguiam desde a infância. Mas logo o exílio terminaria, pois, em 1524, explodiu uma revolta de camponeses contra a estrutura feudal, inspirada em sua pregação, e que desencadeou uma sangrenta guerra civil. Lutero, que jamais se colocara contra as estruturas econômicas vigentes, defendeu, de início, uma resistência passiva dos pobres contra a opressão, mas diante do banho de sangue, passou a condenar de forma inflamada a revolta, tomando partido da nobreza vencedora. Essa rebelião matou 50 mil pessoas, e se os ataques dos revoltosos foram violentos, a repressão não se fez diferente. Lutero apoiou a chacina promovida pelos nobres, sugerindo inclusive a degola dos camponeses.

A guerra civil durou até 1525. Nesse meio tempo o teólogo se casara com uma ex-freira de ascendência nobre, com quem viria a ter três filhos. O final da guerra trouxe a difusão do protestantismo pela Europa, inspirando outros reformadores que, todavia, não seguiram seus preceitos. O século XVI foi também o período da consolidação do Estado Nacional e da decadência dos poderes transeuropeus, como o Sacro Império e o Vaticano. Como a religião era a principal base para esses poderes, a estabilização dos estados muitas vezes se apoiou na constituição de igrejas nacionais. Esse foi o caso, por exemplo, do anglicanismo de Henrique VIII na Inglaterra, e do calvinismo suíço.

Na teologia luterana, a Graça tinha um papel fundamental: a salvação como um benefício concedido apenas por Deus, e não pela Igreja. O homem era escravo do pecado e só a fé poderia redimi-lo. Em 1528, Lutero escreveu um manual para seus fiéis, em que simplificou o ritual católico, rejeitando também o culto aos anjos, aos santos e à Virgem Maria. Esse catecismo transmite muitas das bases da crença reformada: batismo e eucaristia como os únicos sacramentos aceitos; infalibilidade da Bíblia e obrigação de todo cristão de a interpretar. Um ano depois, a Dieta de Spira definiu o termo protestante, enquanto o território alemão se reorganizava em principados protestantes e católicos, estes aliados ao Imperador.

A tradução da Bíblia de Lutero foi publicada finalmente em 1534. O reformador continuou escrevendo, pregando, mantendo-se distante da maior parte do desenrolar do movimento ao qual dera impulso. Fora do território alemão, a Europa também se dividia em nações católicas e protestantes, muitas vezes em conflito aberto umas com as outras. A guerra religiosa não poucas vezes degenerou em guerra civil. Na França, o conflito culminou, na noite de São Bartolomeu de 1572, em um massacre, comandado pela Coroa, que vitimou centenas de milhares de protestantes franceses. Nesse meio tempo, a Igreja Católica dava prosseguimento a sua própria reforma interna a partir do Concílio de Trento, que durou de 1545 a 1563 e endureceu as medidas contra protestantes e outros dissidentes, reformou o Tribunal do Santo Ofício da Inquisição e legitimou a Companhia de Jesus, os jesuítas, ordem religiosa que teria um papel preponderante na difusão do catolicismo daí em diante. A política da Igreja também mudou: mais preocupada com a catequização e formação de novos católicos do que com a guerra aos *infiéis*. Ou seja, diminuía a pressão nos territórios muçulmanos, e abria novas frentes nas Américas.

Mas Lutero não viveu para presenciar a reconfiguração política da Europa, pois morreu tranquilamente em 1546. A reforma continuou sem ele.

Curiosidades

Lutero demonstrou forte oposição à religião judaica, chegando a pedir a apreensão dos bens pessoais dos judeus e que se ateassem fogo às suas sinagogas e escolas. Em 2017 a Reforma Protestante completa quinhentos anos, e mesmo esse fato tendo deixado a Igreja Evangélica Alemã numa desconfortável situação, esta não se hesitou de trazê-lo para a discussão.

William Shakespeare

Poeta, dramaturgo e ator inglês, 1564–1616

Em 1599, Londres, centro de entretenimento repleto de casas de espetáculo, deu as boas-vindas a um novo teatro, o *Globe*, estabelecimento que, como seus concorrentes, atraía um público diverso, de burgueses endinheirados a aprendizes e trabalhadores. Os assentos mais caros ficavam nas galerias cobertas, os mais baratos, no vão em frente ao palco — uma estrutura simples, aberta em sua parte dianteira, com o fundo protegido por telhado, e provida de magros elementos cênicos que ajudavam a transportar a audiência para locais e tempos mais longínquos, da gélida Dinamarca à Roma imperial. Acima, tremulava a bandeira do teatro, exibindo o herói Hércules com o globo terrestre aos ombros. Entre seus donos estava um jovem de trinta e poucos anos chamado William Shakespeare, que, em 1601, nesse tablado ambicioso, estreou sua mais conhecida tragédia: *Hamlet*. Velha história dinamarquesa, sua primeira adaptação inglesa datava de 1587, um texto que se perdeu, mas a versão shakespeariana adaptava, e ultrapassava em muito, esse material original: a compôs no auge da maturidade, já um arguto observador da natureza humana, e descrevia o mundo como "um palco onde homens e mulheres eram meros atores, com deixas para entrar e sair, cada um interpretando inúmeros papéis".[1] Observava esses intérpretes do cotidiano, suas reações e sentimentos, a intensidade com que lutavam pelo poder e até onde chegavam para alcançar seus objetivos.

O personagem-título era um angustiado príncipe dinamarquês que vira, depois da morte do pai, o tio ascender ao trono e desposar sua mãe. Permanentemente inconformado e angustiado, Hamlet recebeu a visita do fantasma paterno, que lhe revelou a trama: fora assassinado pelo rei usurpador. Diante disso, o filho se tornou obcecado pela vingança e, metódico em sua loucura,[2] organizou uma apresentação teatral na qual, à vista de toda a corte, desvendou os detalhes sórdidos do crime. O texto dialogava com o espírito de seu tempo: por um lado, o deslumbre com o ser humano, característico do Renascimento e do Humanismo; por outro, um sentimento de inquietude, questionamentos éticos e existenciais, o ceticismo daquele pedaço de humanidade que, ao investigar seu íntimo, encontrara dúvidas onde antes havia fé: nada é bom ou mau, é o pensamento que assim o faz.[3]

Hamlet teve longa carreira no *Globe*, foi apresentado nas cidades universitárias de Oxford e Cambridge (índice de sua respeitabilidade intelectual), e elevou seu autor ao posto de mais importante dramaturgo do país. Will, como era conhecido, tornou-se rico e famoso, foi parodiado e imitado, mas em vida esteve longe do valor que a posteridade lhe confere — o *Fólio* de 1623, primeira edição de sua obra, descreve suas peças como "trivialidades". O século seguinte à sua morte o distinguiu como mestre da língua inglesa, mas somente após as traduções francesas divulgarem suas composições Europa (e mundo) afora, passou a ser reconhecido como uma das grandes mentes do Ocidente.

Filho de John Shakespeare, artesão luveiro de Stratford-upon-Avon, um burgo que abrigava não mais que 1.200 almas, por onde passavam, de quando em quando, trupes itinerantes, cujas encenações o garoto certamente assistia. Adolescente, frequentou a *Grammar School* da região, mas diferentemente das

---

[1] *All the world's a stage,*
And all the men and women merely players.
They have their exits and their entrances,
And one man in his time plays many
parts [...].
"Como Gostais, Ato II, Cena VII". Todas as citações são traduções livres. Cf. SHAKESPEARE, William. *The Complete Works*. Oxford: Clarendon Press, 1994.

[2] *There's method in the madness.*
"Hamlet, Ato II, Cena II."

[3] *There is nothing either good or bad, but thinking makes it so. "Hamlet, Ato II, Cena II."*

demais crianças da vila, mal saídas dos rudimentos da leitura e da escrita, decorava e recitava diariamente os grandes escritores da língua latina. Aos 17 anos, engravidou uma mulher, Anne Hathaway, dez anos mais velha, com quem se casaria e teria três filhos. Por volta dos 20 anos, deixou sua vila e seguiu para Londres: longe de ser um ambiente saudável, a superpovoada capital inglesa padecia com surtos regulares de peste, e morria mais gente do que nascia, e a população se mantinha somente graças ao fluxo de gente do campo, como o próprio William. As ruas fervilhavam com comércio e manufatura, e comunidades de alemães, franceses, flamengos e judeus ibéricos residiam em seus próprios quarteirões, mas esses imigrantes viviam como os nativos, em edifícios altos e geminados, com pouca luz solar e aeração deficiente. Era um tempo de estabilidade política: o século começara com o sangrento do rei Henrique VIII e terminava com sua filha, Elizabeth, coroada em 1558, uma protestante que fortaleceu a fé reformada sem, contudo, empreender grandes perseguições aos súditos fiéis à velha Igreja. Num século de aguerridos conflitos religiosos, os católicos romanos foram a grande ameaça à monarca, que internamente debelou uma rebelião de nobres papistas em 1570, enquanto externamente enfrentou o rei de Espanha que reunira forças para a destronar e tomar o reino. Nesse contexto de ameaça, a cultura elisabetana se desenvolveu nacionalista, belicosa, exaltando as virtudes da nação, e o teatro era sua mais importante trincheira.

Em que pese tal relevância, os teatros eram amaldiçoados pelos religiosos e pelas autoridades, e só podiam ser edificados nas áreas periféricas das municipalidades. Os atores encarnavam a dissolução dos costumes, enjeitados como mendigos e pederastas, mas ainda assim a profissão atraía os homens (as mulheres eram proibidas de atuar), e novas casas continuavam a ser construídas: em 1576 foi fundado o *Theatre*, e em pouco mais de uma década surgiram outros oito, entre eles o *Rose*, palco para muitas peças shakespearianas. Embora tivessem patronos, as trupes dependiam primordialmente do próprio suor para sua manutenção: entre oito e doze investidores reuniam-se em convênio, atuando, administrando e contratando extras para completar os elencos, e foi como um desses contratados que o recém-chegado Shakespeare começou sua carreira, na companhia dos *Chamberlain's Men*. Não era uma vida fácil: tirando os domingos e durante a quaresma, havia apresentações todos os dias, e em cada qual uma peça diferente era apresentada, e um ator geralmente teria nada menos que falas de trinta papéis diferentes para decorar.

Nesse ritmo, textos novos eram uma necessidade, e os mais cobiçados eram escritos por egressos de Oxford, compostos a partir de um largo repertório de textos clássicos e medievais. A imprensa fora introduzida na Inglaterra na década de 1480, tornando acessíveis as *Fábulas* de Esopo, as *Vidas* de Plutarco, obras de importantes escritores ingleses como Geoffrey Chaucer (*Os Contos de Cantuária*) e Thomas Malory (*Morte d'Arthur*), e romances italianos, como *Giulietta e Romeo*, de Matteo Bandello. As companhias pagavam bem, atraindo autores sem diploma universitário, entre os quais se encontravam Christopher Marlowe, Thomas Kyd e o próprio Shakespeare, cuja primeira composição perdeu, mas entre 1588 e 1591 escreveu *Os Dois Cavaleiros de Verona*, que chegou até nós. Sua obra é marcada pelo gênio: em suas mais de quatro dezenas de peças, escritas num intervalo de pouco mais de vinte anos, de 1588 a 1611, além de sonetos e poesias, utilizou mais de 21 mil termos, o mais amplo vocabulário da literatura ocidental. Sorveu influências múltiplas, de clássicos latinos a pastorais, pequenos temas medievais e homilias religiosas, além dos autores mais relevantes de seu tempo, como Petrarca, Erasmo e Montaigne. Além disso, sendo ator, desenvolveu perfeita percepção do funcionamento e da estrutura que uma representação deveria possuir.

Em 1588, a ameaça espanhola à Inglaterra teve fim. A *Invencível Armada*, a pretensamente indestrutível frota de Felipe II da Espanha, foi batida nas costas inglesas, evento que disparou uma moda de peças históricas. Nessa época, Shakespeare tornou-se amigo de Christopher (Kit) Marlowe, jovem desbocado e provocador que influenciou bastante seu trabalho: a maneira como explorava a mentalidade extravagante de seus personagens e fazia suas personalidades determinarem o passo do drama foram elementos que o dramaturgo de Stratford-upon-Avon utilizaria por toda a vida. Em Londres, a peste era uma realidade cíclica, e os surtos, frequentes, e um deles, em 1592, vitimou cerca de 15% da população. Durante esses eventos, os teatros da capital tinham as portas fechadas; logo, as companhias precisavam abandonar os palcos londrinos e seguir para o interior. Atuar perante um público menos exigente dava aos dramaturgos mais tempo para escrever, e Shakespeare mergulhou nas crônicas dos violentos conflitos entre as famílias Lancaster e York pelo trono da Inglaterra, a Guerra das Duas Rosas (1455–1485), para compor algumas de suas melhores obras, como *Henrique VI* e *Ricardo III*.

Não muito antes de 1596, houve a estreia daquela que seria uma de suas obras mais conhecidas: o desventurado romance entre Romeu e Julieta.

Antiga história que a oralidade preservara na Idade Média, foi publicada por diversos autores, até Shakespeare estabelecer sua versão definitiva, e nela dois adolescentes, meros joguetes do destino,[4] descobrem-se apaixonados em meio à *vendetta* que opunha, em Florença, suas famílias, os Montecchios e os Capuletos. A narrativa vai se tornando mais e mais sofrida até o final dramático, no qual os amantes terminam por cometer duplo suicídio. Esse retumbante sucesso de público fez de seu autor o artista mais bem remunerado do país, com uma renda anual de 160 libras, superior, em muito, aos rendimentos dos colegas.

Os finais do século XVI mudaram Shakespeare e seu ofício: o teatro, de entretenimento despretensioso, crescera e se tornara mais sério, e uma nova geração de dramaturgos, em particular Ben Jonson, propunha abordagens mais profundas. Aguilhoado pelos novos escritores e sempre atento aos desejos de seu público, abandonou as comédias ligeiras e os dramas românticos, voltando-se para as tragédias: iniciou com *Júlio César*, personagem que exalava respeito para os europeus da Renascença e do Humanismo, os quais o consideravam o mais importante vulto histórico de todos os tempos. Shakespeare abraçou essa célebre figura e construiu um texto elegante, como imaginava apropriado à situação, num estilo que lembrava as gramáticas latinas nas quais havia estudado durante a juventude.

Em 1603, a rainha Elizabeth I faleceu, pondo fim à dinastia Tudor. Solteira e sem filhos, o trono foi entregue ao rei da Escócia, Jaime, da casa dos Stuart, e pela primeira vez em décadas a Inglaterra experimentou uma transição pacífica da coroa, e o país vicejou durante a primeira década do novo reinado: o soberano, sabendo-se novel em terras inglesas, ocupou-se em conquistar seus súditos, tornando-se patrono de várias companhias teatrais, a primeira delas aquela na qual atuava Shakespeare, e que adotou o nome de *King's Men*. O intervalo de cinco anos, entre 1601 e 1606, representou o apogeu artístico do dramaturgo, no qual compôs suas tragédias mais complexas: *Hamlet*, seguido por *O Mouro de Veneza* (mais conhecida hoje pelo nome de seu personagem principal, *Otelo*) e *O Rei Lear*. Dono de indiscutível capacidade de diálogo com a contemporaneidade que o cercava, Shakespeare refletia em seus textos a sociedade e os eventos mais significativos. Assim sendo, diante da ascensão de um rei escocês ao trono inglês, e na esteira de uma conjuração católica para explodir o parlamento, a Conspiração da Pólvora, compôs, em

---

[4] *O, I am fortune's fool!* "Romeu e Julieta, Ato III, Cena I."

1605, *Macbeth*, uma afiada trama sobre traição e poder situada na Escócia. Com o passar dos anos, diminuiu seu ritmo de produção, e embora seu tino para sentir os paladares das audiências permanecesse, experimentou alguns reveses críticos — sua peça *A Tempestade*, por exemplo, foi recebida friamente. Em 1613, o *Globe* ardeu em chamas: com teto de colmo, estrutura de madeira e iluminada por tochas, o edifício era um barril de pólvora, e dele nada restou. Um novo teatro seria construído, financiado pelos antigos proprietários, exceto Shakespeare, o qual, havia algum tempo, investia em propriedades, e talvez não tenha achado a dispendiosa edificação um bom negócio. Bem estabelecido, viria a falecer em sua cidade natal, possivelmente de febre tifoide, em 25 de março de 1616.

"Agora é o inverno dos descontentamentos, feito verão glorioso pelo filho de York",[5] pronuncia Ricardo III na abertura da peça que leva seu nome, uma das grandes obras históricas de Shakespeare. Nela, o personagem celebrava, ironicamente, o fim das guerras dinásticas que marcaram o início da Idade Moderna inglesa e a ascensão ao trono de seu irmão, rei Eduardo IV. Tal frase é válida para seu próprio autor: o filho de Stratford-upon-Avon foi, ele mesmo, um inverno para os descontentamentos, e um verão glorioso para a literatura mundial.

Curiosidades

Não há dúvidas de que Shakespeare é um dos principais escritores da história da humanidade. É um dos autores mais adaptados para outras linguagens, como cinema, peças musicais, óperas, canções, dentre outros. No decorrer do século passado, estima-se que houve mais de 50 mil produções e adaptações de suas obras.

---

[5] *Now is the winter of our discontent*
Made glorious summer by this sun of York;
And all the clouds that lour'd upon our house
In the deep bosom of the ocean buried. Ricardo III, Ato I, Cena I.

Miguel de Cervantes

Escritor espanhol, 1547–1616

Em 1615, alguns cavaleiros franceses chegaram à Espanha e quiseram conhecer quais os livros "de engenho" havia para ler, e ouvindo falar de Miguel de Cervantes, se entusiasmaram. Disseram que ele já era bem conhecido na França, e muito prestigiado. Alguns deles inclusive sabiam de cor suas obras, como a *Galateia* e *Novelas Exemplares*. Com grande euforia, pediram informações sobre sua idade, profissão, qualidade e quantidade, obtendo como resposta que era velho, soldado, fidalgo e pobre. Um dos cavaleiros, então, muito cortês e ilustrado, indignado, perguntou se a um homem da estatura de Cervantes a Espanha não tornara rico e sustentado pelo erário público. A isso obteve a seguinte resposta: "Se a necessidade o há de obrigar a escrever, praza a Deus que nunca tenha abundância, para que, com suas obras, sendo ele pobre, faça rico todo o mundo".[1]

Assim começa a segunda parte do *Dom Quixote*, publicado em 1615, dez anos depois da primeira, que havia obtido sucesso estrondoso. Esse episódio dos cavaleiros franceses, atribuído ao Licenciado Márquez Torres na aprovação que antecede o texto do Quixote, não podia ser mais representativo da vida de Miguel de Cervantes, autor de uma das obras mais clássicas do Ocidente, aventureiro do Império Espanhol, desventuroso da sorte.

---

[1] Trecho retirado do prefácio da segunda parte de *Dom Quixote*.

Miguel de Cervantes Saavedra nasceu em Alcalá de Henares, na Espanha, em 1547, um dos muitos filhos de um cirurgião barbeiro itinerante. A profissão plebeia de seu pai o fez mudar muitas vezes de cidade, e sua educação foi pouco formal e adquirida tardiamente. Mas aos 20 anos conheceu o humanista Lópes de Hoyos, discípulo de Erasmo de Roterdã, que o educaria para ser um letrado, e seu pendor pelas letras lhe rendeu trabalho com um cardeal espanhol que assumira posto na Itália. E para lá ele foi, com pouco mais de 20 anos. Era a Itália renascentista, onde travou contato com obras e artistas que revolucionaram a arte ocidental.

Com 24 anos e ainda na Itália, tomou conhecimento do recrutamento para tropas cristãs que deveriam combater a expansão do império turco otomano no leste. Esse recrutamento estava sob ordens da Espanha, cuja influência então se estendia por grande parte da Europa ocidental. Miguel não demorou a se alistar e se viu tomando parte na batalha que definiu os limites entre a Cristandade e o Islã no século XVI: Lepanto. Uma batalha vencida pelos cristãos e que elevou ainda mais o poderio da Espanha.

Terminada a guerra, passou ainda algum tempo na Itália, onde conseguiu cartas de recomendação dos nobres sob os quais havia servido, esperando lhe rendessem uma promoção a capitão e a almejada ascensão social em seu país. No entanto, ao voltar para Espanha, o navio em que viajava naufragou, e sua tripulação foi feita refém pelos turcos em Argel. Lá o ex-soldado passaria cinco anos encarcerado, perdendo a oportunidade de conseguir as prometidas honrarias. A prisão seria, dali para a frente, uma situação reincidente em sua vida, com grande influência em sua obra.

A liberdade veio com o pagamento de seu resgate por familiares e missionários espanhóis, o que era bem comum nas lutas entre muçulmanos e cristãos no Mediterrâneo, já que esse sistema de sequestros e resgates já vinha sendo utilizado desde antes das cruzadas, inclusive tendo o rei inglês Ricardo Coração de Leão como um dos mais famosos reféns. Antes de ser resgatado, todavia, foi nos cárceres de Argel que Cervantes escreveu sua primeira novela, *Galateia*: uma obra pastoril que só viria a ser publicada em 1585, na Espanha, e que lhe traria pouco sucesso financeiro.

Seja como for, após conseguir sua liberdade, o ex-refém voltou a sua terra natal, esperando as honrarias que tanto almejava e que deveriam tê-lo feito um fidalgo naquela cultura em que privilégios e *status* definiam as condições sociais. No entanto, sua longa prisão não o beneficiara aos olhos de seus conterrâneos, e ele perdera a oportunidade de aproveitar a euforia que se seguira à vitória em Lepanto e pela qual muitos soldados tinham conseguido promoções. Além disso, sua volta coincidia com a anexação de Portugal aos domínios do rei espanhol, e as intrigas em torno dessa situação não facilitavam em nada sua inserção entre os fidalgos.

O cenário que ele encontrava era de efervescência, em muitos sentidos: em 1580 o rei espanhol, Filipe II, seguindo os passos do pai e dos avós, respectivamente o imperador Carlos V e os reis católicos Fernando de Aragão e Isabel de Castela, foi coroado rei de Portugal. Seu pai fora imperador do Sacro Império Romano-Germânico, além de senhor da Espanha, dos Países Baixos, Alemanha, Estados Italianos e territórios da América e na África. E Felipe II dava prosseguimento à política expansionista que levara a Espanha a lutar tanto contra os turcos em Lepanto quanto contra os protestantes nos Países Baixos. Além disso, seu governo vivenciava o auge das perseguições promovidas pelo Tribunal do Santo Ofício, principalmente contra os judeus e seus descendentes, os cristãos-novos, além da consolidação de uma cultura rebuscada, hierárquica, fidalga.

Então as aventuras de Cervantes apenas começavam. Com uma mão defeituosa devido a um tiro turco e sem acesso às honrarias prometidas, ele passou a procurar cargos na inchada burocracia espanhola, conseguindo o posto de encarregado do abastecimento da *Invencível Armada*, a frota naval de Felipe II, considerada a maior e mais poderosa de sua época e móvel principal de mais uma empreitada do expansionismo espanhol, montada com um fim específico: invadir a Inglaterra protestante de Elizabeth I. A Espanha, baluarte do catolicismo, senhora da América e vitoriosa de Lepanto, enfrentava agora as potências protestantes. A *Invencível Armada* espalhou o pânico na Inglaterra, mas, levada à batalha no Canal da Mancha, foi destroçada por uma tempestade em 1593. E com ela se foi o emprego de Cervantes.

Além disso, seu recém-contraído matrimônio também não durou muito mais. Algum tempo depois ele conseguiria novo trabalho, dessa vez como coletor de impostos, mas já então havia adentrado a cena literária espanhola, parte vital do chamado *século de ouro*, período em que as artes plásticas e letras alcançaram grande renome. Sob Felipe II e seus descendentes viveram artistas plásticos do porte de El Greco e Velázquez, poetas como Gôngora, Quevedo, místicos como Santa Teresa D'Ávila e dramaturgos como Calderón de la Barca e Lope de Vega, este último grande desafeto de Cervantes.

A poesia e o teatro barroco espanhóis primavam pelas sensações, pelo sonho e pelo desengano. Os místicos transformavam frases amorosas em poemas religiosos e buscavam o êxtase divino. O mundo mundano, em contraste com o sonho platônico, caracterizava as obras de Gôngora e Lope de Vega. Foi nesse panorama literário que Cervantes tentou se inserir. Mas sua primeira publicação, a *Galateia*, só veio à luz quando ele já tinha 34 anos, não mais considerado jovem, e sua relação com as letras do *século* não foi fácil. Depois desse lançamento, escreveu trinta peças de teatro no espaço de dois anos, mas todas sem muito sucesso.

Como as letras não eram sua primeira opção, ele parou de escrever em 1587 ao entrar para o serviço da *Invencível Armada*; um fracasso em si só. O cargo que se seguiu, o de coletor de impostos, por seu turno, era uma função ingrata que ainda por cima lhe rendeu acusações de malversação de verbas públicas e uma segunda temporada na prisão, dessa vez em cárceres espanhóis. Foi nessa temporada que escreveu a primeira parte do *Dom Quixote*.

Se sua segunda prisão foi menos espetacular que a primeira, do ponto de vista literário talvez tenha sido mais importante. As acusações, no entanto, parecem não ter tido fundamento, pois ele foi absolvido e solto, e em 1605, com 57 anos, publicou a primeira parte do Quixote. Uma obra cheia de aventuras, escrita por um aventureiro. A ironia impera em todas as páginas, que relatam as andanças de um fidalgo empobrecido e letrado que perde a razão de tanto ler livros de cavalaria e passa a agir como se o mundo fosse um desses. Além da sátira aos romances de cavalaria, populares então, transparece na obra uma profunda crítica àquela sociedade controlada por monarquia, Igreja Católica e fidalguia.

O texto foi um sucesso absoluto, tendo seis edições somente no primeiro ano após seu lançamento, pouco depois sendo traduzido para o inglês e o francês, um feito para a literatura do período. Com essa recepção, Cervantes finalmente viu o sucesso, não nas armas, como imaginava, mas nas letras que haviam sido sempre sua segunda opção. Apesar disso, os dez anos entre a publicação da primeira e da segunda parte do Quixote lhe trouxeram fama, mas não riqueza. Afamado, ele passou a se dedicar a escrever, datando desse período suas *Novelas Exemplares*, mas como isso não se mostrou suficiente para sua subsistência, ele, já idoso, entrou para um convento franciscano onde permaneceria até seus últimos dias. Foi lá que escreveu a segunda parte do Quixote, publicada em 1615. No ano seguinte, faleceu.

Sua vida é um espelho da Espanha no *século de ouro,* e, mais do que isso, suas andanças e desventuras, dignas de seu próprio personagem, retratam os acontecimentos que marcaram a história europeia no início da Idade Moderna: foi súdito de Felipe II; conheceu a Itália pré-Concílio de Trento; foi soldado no maior exército europeu de então e lutou na guerra que definiu os limites da expansão islâmica na Europa; trabalhou na organização da *Invencível Armada*, contribuindo com a batalha que marcou o fim da expansão espanhola; vivenciou a criação da União Ibérica; foi pretendente a fidalgo quando a cultura barroca se afirmava na Espanha; participou ativamente da cena literária do *século de ouro.* E escreveu o *Dom Quixote.*

Sua obra-prima foi escrita como uma novela, gênero comum então. E como tal, seguia o tom picaresco do teatro popular e a forma dos romances de cavalaria que criticava. Hoje é considerado o primeiro romance do Ocidente e, por muitos, o romance mais importante da história, e sua influência é incalculável: de Flaubert a Ítalo Calvino, passando por Machado de Assis, a lista de autores da literatura ocidental que cresceram com Cervantes talvez seja inumerável.

Não apenas na literatura, pois mesmo a construção das línguas vernáculas demonstra a importância dessa obra no imaginário ocidental: o adjetivo *quixotesco*, existente em várias línguas, retrata o caráter sonhador e utópico, mas fadado ao fracasso, do personagem. Talvez pela penúria e desventuras que sempre acompanharam sua vida, de forma similar ao personagem, a imagem de Cervantes se misturou de tal forma a de *Dom Quixote* que normalmente os dois são representados da mesma maneira: magricelas, calvos, com longos cavanhaques e olhos grandes. O retrato é o mesmo para os dois, personagem e criador.

Curiosidades

Dom Quixote é uma das obras mais frequentemente adaptada para vários formatos e gêneros. Em 1936, o escritor Monteiro Lobato apresentou as peripécias do cavaleiro solitário às crianças por meio da obra Dom Quixote das Crianças.

Sóror Juana Inés de la Cruz

Religiosa e escritora mexicana, c. 1648–1695

No século XVII, a Cidade do México, capital do vice-reinado da Nova Espanha, era uma das pérolas do império espanhol e uma multifacetada metrópole com intensa vida literária. Em seus salões se desenrolavam saraus, discussões culturais e uma viva circulação de livros. Era o cenário para versos e ideias que despertaram admiração e acenderam polêmicas. Entre estes os poemas barrocos e místicos e a prosa sobre o valor intelectual feminino, escritos por uma monja que ainda em vida ficou conhecida como a décima musa, Sóror Juana Inés de la Cruz.

Durante sua vida, a Nova Espanha era uma das principais colônias do império, devido principalmente à exploração de prata, e a cidade do México, uma de suas maiores e mais ativas urbes. À população indígena, herdeira dos astecas, se haviam somado ao longo do século XVI africanos escravizados e migrantes espanhóis, criando uma sociedade extremamente híbrida. A mestiçagem, todavia, convivia com uma rigorosa estratificação social: índios, mestiços e negros eram inferiorizados, e a hegemonia cultural e política estava nas mãos dos colonos espanhóis. Os descendentes desses últimos, os espanhóis nascidos na América, formavam um grupo conhecido como *criollos*, que controlava a produção econômica, a política e os meios de produção cultural.

Esse foi o contexto no qual Sóror Juana Inés nasceu e cresceu para se tornar uma das mais reconhecidas e aclamadas escritoras da Idade Moderna, poetisa e polemista, e uma das principais expoentes das letras barrocas.

A cultura letrada da Nova Espanha acompanhava a arte e as letras da metrópole, influenciada por nomes como Calderón de La Barca e Francisco de Quevedo. Era a corte do vice-rei, governador da colônia, que agregava toda uma cultura de elite derivada da fidalguia ibérica. A ativa cena mexicana girava também em torno da Universidade, de saraus literários e publicações impressas na própria cidade, produzindo muitos poetas e escritores. Mas não escapava da severa vigilância da Igreja Católica e do Tribunal da Inquisição.

Nesse cenário, as mulheres eram consideradas seres humanos de segunda classe, sem o mesmo grau de intelecto dos homens. E a Inquisição vigiava de perto as aparições públicas femininas, temerosa que fossem instrumentos para demonizar a sociedade. Por isso, quando emergiram, os escritos de Sóror Juana não escaparam desse escrutínio.

E como muitos teólogos consideravam as mulheres instrumentos de sedução para o mal, obrigavam que a educação das damas de elite fosse limitada, dando à maioria delas acesso apenas ao letramento básico. Assim, apesar de poderem escrever e ler os escritores da época, essas mulheres estavam impedidas de frequentar as universidades, não podendo continuar seus estudos, a não ser nos conventos. Para as mulheres pobres, por seu turno, principalmente as índias e mestiças, mesmo o letramento era algo fora de cogitação. E o ingresso nos conventos só era possível na qualidade de servas.

O estilo literário que então predominava na Espanha, em Portugal e nas colônias era o barroco. Sermões, tratados, teatro e poesia que compartilhavam um gosto pelo exagerado, pelo rebuscado, pelos jogos de palavras e pela ambiguidade. Muitos eram os escritores, dos dois lados do Atlântico, que praticavam esse estilo, inclusive Sóror Juana.

Ela nascera em uma abastada família da elite mexicana, batizada Juana Inés de Asbaje y Ramírez de Santillana. Mas apesar de pertencer à elite *criolla*, como seus pais não eram casados, sua situação de ilegítima impediu que, uma vez adulta, Juana pudesse contrair um matrimônio considerado apropriado para sua classe social. Esse fato limitou suas possibilidades, visto que, fora do casamento, as oportunidades para as mulheres eram poucas.

Desde cedo, Juana Inés teve contato com as letras por meio da biblioteca de seu avô e demonstrou avidez e talento para escrita. No entanto, por ser mulher, a universidade, o melhor meio para a carreira das letras que tanto almejava, era uma impossibilidade. Às ricas que não seguiam a via matrimonial estavam reservados os conventos, mas o ingresso nestes, mais uma carreira do que uma vocação religiosa, era bastante dificultado pelo elitismo das ordens religiosas. Mas se a adolescente Juana não conseguiu ingressar em um monastério, ela conseguiu, por outro lado, o cobiçado posto de dama de companhia da vice-rainha na corte da Cidade do México, onde se difundiam os costumes da fidalguia espanhola em terras da América. Isso lhe deu oportunidade de conviver com poetas e letrados e de encantar os saraus com sua arte e profunda erudição, a despeito de sua pouca idade.

Mas a corte, com seus flertes, cerimônias e artificialidades, também era um caminho limitado para alguém que almejava passar uma vida dedicada aos estudos. A única opção nesse sentido era mesmo o ingresso em um convento. E com o patrocínio da vice-rainha, de quem conquistara à simpatia, Juana Inés pôde finalmente fazer isso, tomando votos quando alcançou a idade de 21 anos.

Assim, começou sua carreira como monja em um convento carmelita. Mas essa ordem, reformada havia pouco tempo por Santa Teresa D'Ávila, era muito rígida para uma jovem da elite *criolla* cujo interesse na vida monástica era unicamente o acesso às letras. Não demorou então para que Juana, já então sóror, abandonasse as carmelitas, tornando-se freira na Ordem das Jerônimas, mais permissível à vida de intelectual, lá dando início a uma prolífica produção escrita.

Escreveu poemas, peças teatrais e polemizou diversos intelectuais, entre os quais o escritor luso-brasileiro padre Antônio Vieira. Essa polêmica específica deu enorme destaque à sua obra, gerando análises e comentários até hoje: de fato, foi para responder a um escrito de Vieira, o *Sermão do Mandato*, que Sóror Juana elaborou sua *Carta Atenagórica*, em 1691, na qual discordava das ideias do religioso português sobre o amor divino. Com esse escrito, Juana adentrou uma área de saber estritamente reservada pela Igreja aos homens: a Teologia. E o fez criticando a postura do renomado padre sobre as mulheres e defendendo, por meio de exemplos bíblicos como Judith e Débora, uma participação feminina ativa na vida social. O título da carta, que faz referência à deusa grega da sabedoria, Atena, também era uma crítica à postura dos teólogos, especificamente Vieira, que acreditavam que nenhuma mulher poderia contestá-los.

Mas Sóror Juana foi, sobretudo, uma poetisa. Influenciada por grandes autores do barroco, como Góngora e Quevedo, escreveu poemas que tiveram reconhecimento ainda em sua época, a maioria dos quais de temática cortês, escrita para a nobreza e os ricos com os quais se correspondia. E apesar de peças teatrais prestigiadas, tais como *O Divino Narciso*, sua obra mais conhecida, entretanto, era mesmo poética: *O Sonho*, também conhecida como *O Primeiro Sonho*, um vasto poema de 975 versos em 41 estrofes que aborda o desejo de imortalidade e do voo intelectual da alma, livre do claustro do corpo humano. Essa peça, sua obra favorita, filiava-se à temática onírica do maneirismo e do barroco em que o sonho e a irrealidade tinham primazia sobre quaisquer outros aspectos mundanos. O mundo dos sonhos era tão caro ao barroco que visitava frequentemente as páginas de seus grandes autores, como Calderón de La Barca.

Apesar de viver em um convento, o caráter secular de Sóror Juana não desapareceu. Essas instituições eram lugares em que as freiras cultivavam muito do luxo da vida mundana. Entre as Jerônimas, Juana manteve sua biblioteca e seus instrumentos musicais, além de conservar os presentes luxuosos que recebia dos admiradores que o claustro não a impediu de angariar. Suas amizades eram sustentadas por meio de uma intensa troca de correspondência, meio que, além de viabilizar sua vida social, lhe possibilitava divulgar suas ideias contrárias à posição inferiorizada da mulher na sociedade colonial.

Sobre a maioria de seus poemas, ela dizia escrever por encomenda. Em alguns ela pôs um cunho crítico, como aquele em que aborda a superficialidade da pretensa superioridade masculina, e admoesta os homens néscios que sem qualquer motivo acusavam uma mulher.

Mas tais ideias eram consideradas impróprias pela Igreja, tanto por abordarem a situação feminina quanto por serem escritas por uma mulher, e por isso lhe valeram várias críticas dos inquisidores e religiosos. Uma das mais famosas foi redigida pelo bispo da cidade de Puebla, que sob o pseudônimo de Sóror Filoteia exortou Juana a parar de escrever sobre temas do mundo, da política, e a se dedicar apenas às orações. Foi então que ela elaborou outro de seus textos mais famosos, a *Respuesta a Sóror Filoteia*, em que enumerava as razões para continuar a escrever, justificando-se ao mesmo tempo que fazia uma apologia à razão e à verdade.

Apesar disso, ela era uma mulher de seu tempo, e como tal não poderia escapar dos valores que a cercavam e que davam aos doutores da Igreja o monopólio sobre a verdade e a razão. Por isso, e apesar de apresentar sua defesa contra as várias acusações, a *Respuesta* também deixa transparecer uma certa dúvida de sua parte acerca da natureza de seu amor pelas letras e do fato de este ser próprio, ou não, para sua situação de religiosa. Afinal, a ambiguidade e a incerteza eram também elementos marcantes no caráter barroco. Além disso, havia também o temor da Inquisição, e esse medo terminou por levar a melhor, induzindo Sóror Juana a se submeter às críticas do bispo de Puebla.

Mas seu grande rival foi mesmo o padre Antonio Nuñez de Miranda, teólogo, inquisidor, confessor dos vice-reis e também seu antigo aliado. Na verdade, de início seu ardoroso admirador, ele não apenas apoiara sua decisão de se tornar freira, como ajudara a conseguir os recursos financeiros necessários para tal. No entanto, quando os textos de Juana começaram a vir a público, Nuñez de Miranda passou a criticar com afinco a intensa devoção intelectual de sua protegida, terminando, por fim, a obrigá-la a abdicar de sua vida de letras e abrir mão de sua atividade como escritora. Às suas admoestações somaram-se as censuras da Inquisição, e Juana foi coagida a abandonar sua biblioteca, seus instrumentos musicais e a arte de escrever. Ela acatou essas ordens, passando a viver apenas para a oração e contemplação que o imaginário barroco da Nova Espanha e os ditames da Igreja consideravam apropriados para uma monja. Mas em 1695, pouco mais de quatro anos depois desse sacrifício, Juana morreu, mais uma vítima de uma epidemia que assolou a região, enquanto cuidava de suas irmãs doentes.

Curiosidades

A imagem mais importante que temos de Sóror Juana Inés de la Cruz é um quadro póstumo pintado por Miguel Cabrera que se encontra no Museu Nacional de História no México. A escritora é retratada no quadro como intelectual de grande envergadura. É provável que a inspiração do retratista seja advinda das representações de São Jerônimo, patrono da ordem religiosa da qual ela fazia parte.

Sua obra poética permaneceu, assim como sua memória. E por sua defesa apaixonada do papel das mulheres na sociedade, Sóror Juana tornou-se um símbolo para o movimento feminista na América contemporânea.

Voltaire

Filósofo francês, 1694–1778

Em 1761, o tribunal católico de Toulouse condenou à morte por tortura o protestante Jean Calas pelo crime de assassinato. A vítima, seu filho; e o motivo, um pretenso desejo deste de se converter ao catolicismo. A França, que ainda se convulsionava com a intolerância religiosa, deu ao julgamento uma enorme notoriedade. E, no entanto, o réu era inocente: o que não o poupou de ser supliciado, depois de ver seu nome e sua imagem arrasados em público. Sua morte não encerrou o caso, e, após a execução, sua família iniciou uma árdua luta para provar sua inocência, e em 1762 conseguiu um aliado de peso, o filósofo Voltaire.

Severo crítico da Igreja e do autoritarismo do Antigo Regime, Voltaire se dedicou a essa causa e passou dois anos reunindo provas que forneceram a base para cerca de vinte obras nas quais incitou a revisão do veredicto e que culminaram com a tardia declaração da inocência do réu. Fez isso movido não por amizade ou fervor religioso, ambos ausentes nele, mas pelo horror a qualquer tipo de intolerância religiosa, e sua interferência no caso Calas, infame em sua época, foi bem típica da personalidade desse filósofo polemista e da própria França do século XVIII: lar ao mesmo tempo da intolerância religiosa e do pensamento ilustrado. E Voltaire foi o retrato por excelência do Iluminismo, mais tarde se tornando um ícone do nascimento de uma literatura engajada e do que passaria a ser considerado, em séculos subsequentes, a intervenção dos intelectuais na esfera pública.

O Iluminismo, um dos momentos definidores do pensamento ocidental, viu nascer muitas das ideias que gestaram as sociedades contemporâneas: o racionalismo, a separação entre religião, ciência e Estado, a declaração dos direitos do homem. No entanto, dificilmente tal conjunto de ideias compunha um movimento intelectual coerente, e de fato seus vários autores, de distintas nacionalidades, possuíam muitas vezes visões contraditórias sobre os temas que defendiam. Esses pensadores, que muito depois seriam chamados iluministas, eram então conhecidos apenas como *filósofos*, palavra que designava o estudioso por excelência. Em comum compartilhavam a influência da Revolução Científica deixada pelo século XVII, cuja herança principal era o racionalismo de Newton e Descartes. Eram franceses como Montesquieu e o próprio Voltaire, suíços como Rousseau, italianos como Vico, e ingleses como Adam Smith.

Então, a especulação científica tomava conta dos intelectuais da Europa ocidental, levando-os a definir seu tempo como o *século das luzes*, em detrimento do que acreditavam ser a *idade das trevas*, a Idade Média. Apesar das grandes discordâncias entre si — por exemplo, enquanto Montesquieu era um defensor da monarquia constitucional, Rousseau pregava a república —, os *filósofos* tinham em comum a oposição ao autoritarismo religioso, ao fanatismo e ao absolutismo que vigorava na maior parte da Europa.

Suas ideias exerceriam grande influência sobre diferentes movimentos sociais e políticos, como as independências nas Américas e a Revolução Francesa, a partir do final do século XVIII. No entanto, se vivos quando da explosão desta última, a probabilidade é que se opusessem a ela. Uma probabilidade bem maior se o filósofo em questão fosse Voltaire, que, a despeito de seu agudo senso crítico, cultivava fortes laços com o sistema monárquico. Afinal, como ele dizia: para o povo, pelo povo, mas jamais junto do povo.

Esse ferino antagonista do fanatismo nasceu em 1694 em Paris, filho de um tabelião burguês, e foi batizado François-Marie Arouet. Teve sólida educação em escolas jesuítas e, apesar da origem burguesa, cultivaria por toda a vida um pedantismo que o inclinou sempre à nobreza. Já adulto, passou a assinar como o *Senhor de Voltaire*, anagrama de seu próprio nome que ele acreditava lhe conferir ares aristocráticos. E com o correr dos anos conseguiria realizar sua ambição de se tornar fidalgo, adquirindo um título de nobreza.

Mas a despeito da formação e simpatias, desde cedo ele se tornou um racionalista, escrevendo textos carregados de um mordaz senso crítico que não poupava ninguém, nem mesmo a si próprio. Seu maior inimigo sempre foi o fanatismo. Indignava-se principalmente com a perseguição religiosa que turvava seu *século das luzes* e se inquietava porque o progresso do pensamento, no qual acreditava, ainda não tinha superado o fanatismo e a ignorância.

Voltaire preferia se apresentar como filósofo, apesar de a especulação metafísica não constituir o cerne de sua obra. Acreditava ter direito a esse título por se dedicar à busca incessante pelo espírito livre e pela liberdade de expressão. Mas foi antes de tudo um escritor. O conjunto de seus trabalhos se compõe basicamente de escritos literários, peças de teatro, ensaios e contos. Suas peças o deixaram famoso na época, mas foram seus contos que criaram um novo gênero literário, o conto filosófico. Textos repletos de ironia, de crítica à política, à religião, aos costumes, ao fanatismo e à ignorância. Entre suas obras mais famosas estão *Cândido ou o Otimismo*, e *Zadig ou o Destino*: enquanto a primeira é uma sátira cáustica aos seguidores da filosofia do alemão Leibniz, que pregava uma máxima segundo a qual a humanidade vive no melhor dos mundos possíveis, a segunda é uma novela detetivesca passada na Babilônia, que discute a arbitrariedade do destino humano. Ambas estão carregadas de ironia e das mais improváveis peripécias e têm como objetivo maior deixar às claras as agruras da sorte que acossam até os mais sábios.

Cândido, considerado sua obra-prima, segue a trajetória do personagem-título, um jovem ingênuo de uma bucólica província, educado na filosofia do melhor dos mundos, que se vê jogado de uma desventura para outra, a despeito de seus maiores esforços para permanecer neutro e seguir uma vida pacífica. Apesar do tom de comédia, a obra é pessimista, criticando a ingenuidade daqueles que pregavam que aquela era a melhor sociedade possível. Por isso, Voltaire coloca Cândido e seus companheiros nas situações mais dantescas para testar seu otimismo, no final premiando-os apenas com a ignorância, pois depois de todos seus sofrimentos, não haviam aprendido nada.

Mas Voltaire era um defensor da ideia de progresso, acreditando que era papel dos ilustrados guiar as massas para um futuro melhor. E como não quis ficar teorizando no vazio, ele procurou reproduzir, em atitudes, sua postura antiautoritária e crítica. Foi com esse espírito que certa vez afirmou sobre a obra de Rousseau, severamente censurado na França, que não concordava com nada do que ele tinha escrito, mas que defenderia até a morte seu direito de dizê-lo. Em outra ocasião, e visto que seu alvo principal era quase sempre o clero, construiu uma capela e apresentou-a como o primeiro templo dedicado a Deus, e não aos santos, símbolos da Igreja Católica. Foram posturas semelhantes que o levaram ao processo de Calas.

Em sua juventude, depois de um duelo e um período de prisão, ele se exilara por dois anos na Inglaterra, onde travou contato com a monarquia constitucional parlamentar. Desde então, passou a considerar esse o regime máximo de governo. Lá também conheceu escritores racionalistas como Locke, defensor do Liberalismo, e Jonathan Swift, autor de *As Viagens de Gulliver*, obra pela qual sentia grande admiração. De volta a Paris, tornou-se colaborador de uma das maiores empreitadas do Iluminismo, a *Enciclopédia*, de Diderot e D'Alembert. E mesmo depois de encerrada sua participação nesta, manteve o espírito do enciclopedismo, de compilação e divulgação de conhecimento, ao escrever o *Dicionário Filosófico*, no qual construía, não sem uma forte dose de cinismo, diferentes conceitos como Alma, Deus, e mesmo China.

Na verdade, em sua luta contra a ignorância, Voltaire acreditava que seu papel era o de "esclarecer" a humanidade. Nisso compartilhava um sentimento comum a quase todos os iluministas que defendiam que o progresso poderia melhorar a vida, principalmente a partir do conhecimento. E como defensor do intelectualismo, era um elitista com pouco a dizer ao povo, no que também concordava com quase todos os filósofos do período, com exceções como Rousseau.

Mas foi como dramaturgo que se tornou famoso em Paris, e como fez sua fortuna. Uma fama que cresceu enormemente a partir de suas muitas polêmicas e dos muitos inimigos que fez. E apesar de seu sarcasmo, conseguiu cultivar amigos e admiradores entre pessoas poderosas, como Madame de Pompadour, amante de Luís XV e personagem bastante influente na França, e Frederico II, rei da Prússia e déspota esclarecido, com quem cultivaria uma amizade bem problemática.

De fato, sua relação com Frederico II foi tão famosa quanto controvertida. Quando este ainda era um príncipe herdeiro, os dois iniciaram uma amizade por correspondência que, a despeito dos muitos altos e baixos, só foi interrompida com a morte de Voltaire. Sua afinidade vinha das inclinações pedantes do francês por um lado, e das perpetrações intelectuais do alemão por outro. Isso apesar de o primeiro ser um opositor do absolutismo e de o segundo ser francamente um déspota absolutista, militarista e expansionista.

Essa amizade rendeu a Voltaire um convite para a corte em Berlim, onde viveu por anos e de onde sairia depois de uma separação em maus termos com o amigo rei, e depois de ser acusado de participar de negociações fraudulentas. Anos mais tarde, em suas memórias — que falam principalmente de sua vida na corte de Frederico —, apontou a personalidade do monarca como causa principal da frustração da confiança entre ambos e descreveu o rei de forma irônica e pouco lisonjeira. Mas omitiu muitas das razões do desentendimento que tinham ele próprio como causa, como as acusações de malversação. Naquele momento, Paris, com suas perseguições políticas e a censura que vitimara inclusive a *Enciclopédia*, não parecia um lugar aprazível para Voltaire, que acima de tudo cultivava sua liberdade. Ele então decidiu se fixar na Suíça, governada por uma república protestante que sustentava o direito à liberdade de expressão.

Apesar de suas inclinações elitistas e de ter investido em certa altura de sua vida no tráfico de escravos, e a despeito de ter morrido riquíssimo, ele nunca deixou de defender vítimas de perseguições religiosas e pequenos agricultores, chegando mesmo a apoiá-los financeiramente. Já idoso, com quase 80 anos e vivendo na bucólica Ferney, investiu dinheiro em uma fábrica de relógios, somente para ajudar um grupo de artesãos.

Uma das armas mais fortes de seus escritos sempre foi a ironia. Não tinha papas na língua e não poupava ninguém, situação que não mudou com o tempo. Na empreitada da fábrica de relógios, por exemplo, ao ter negada por um cardeal em Roma permissão para a venda de seus produtos naquela cidade, escreveu, mordaz: "Que Vossa Eminência aceite, por obséquio, o respeito e a profunda irritação desse eremita de Ferney". Já em suas memórias, ao falar de sua aproximação ao monarca prussiano, confessou que fora atraído por Frederico porque ele era espirituoso, tinha encantos e, além disso, era rei, o que era sempre uma grande sedução para qualquer um.

Se a obra de Voltaire não teve a mesma repercussão de outros livros iluministas, como *O espírito das leis*, de Montesquieu, *A Riqueza das Nações*, de Adam Smith e *O Contrato Social* de Rousseau — todos com grande influência sobre a independência dos Estados Unidos e da América Latina, por exemplo —, ele conseguiu, por outro lado, que a coerência e coragem de suas atitudes públicas, contrárias a todo tipo de fanatismo, o associassem ao que de mais humanista foi criado pela Ilustração. Tornou-se um iluminista cotidiano, encarnando também as grandes contradições desse pensamento tão fundamental para o Ocidente: pregando contra o fanatismo, foi antissemita; pregando pela liberdade, apoiou déspotas; apesar de burguês de nascimento, esforçou-se por conviver com a nobreza e tornou-se ele próprio um fidalgo.

E se sua obra hoje parece menor, a despeito da ironia contra o absolutismo que a perpassa, Voltaire permanece como um dos primeiros defensores do pensamento progressista que definiu o imaginário europeu nos séculos seguintes — no que tem de positivo e negativo. Além disso, sua atuação inflamada em impressos de ampla circulação abriu as portas para a influência de intelectuais e da opinião pública na era contemporânea.

Um episódio de sua velhice ilustra as contradições que o marcaram. Na Suíça, passeando pelos arredores de sua propriedade em Ferney, contemplou o cenário e exclamou: "Deus Todo-Poderoso, eu creio!", como para reafirmar sua fé. No entanto, imediatamente sua verve irônica e seu eterno antagonismo aos preceitos da Igreja vieram à tona e ele completou: "Quanto ao Senhor, seu Filho e à Senhora sua Mãe, é outra história!".[1]

Curiosidades

Voltaire ficou preso na Bastilha durante um ano, de 1717 a 1718, por ter elaborado versos contra a coroa francesa. Durante o período de cárcere, escreveu a peça *Édipo*, dando a ele grande popularidade como dramaturgo.

[1] Todas as citações de Voltaire feitas aqui podem ser encontradas em VOLTAIRE, François Marie Arouet. *Memórias*. Rio de Janeiro: Imago, 1995.

Karl Marx

Economista alemão, 1818–1883

Em 1848, a Liga Comunista de Bruxelas pediu a dois de seus membros que redigissem um documento em que as principais metas políticas do grupo fossem expostas. Na verdade, seus objetivos eram, na melhor das hipóteses, vagos e indefinidos, sendo essa a razão principal pela qual escolheram para redigi-los dois integrantes com experiência no jornalismo, os alemães Karl Marx e Friedrich Engels. Os dois elaboraram o documento, apresentando-o como um manifesto que logo ficaria conhecido como o *Manifesto do Partido Comunista*. Nele Karl Marx, seu autor principal, estruturou a teoria que nortearia daí para frente o comunismo no mundo, chamando os operários às armas:

> Os comunistas não se rebaixam a dissimular suas opiniões e seus fins. Proclamam abertamente que seus objetivos só podem ser alcançados pela derrubada violenta de toda a ordem social existente. Que as classes dominantes tremam à ideia de uma revolução comunista! Os proletários nada têm a perder nela a não ser suas cadeias. Têm um mundo a ganhar.
> Proletários de todos os países, uni-vos![1]

Karl Marx nasceu em 1818, em Trier, filho de um advogado judeu descendente de rabinos, mas convertido ao protestantismo em uma tentativa

[1] ENGELS, F; MARX, K. *Manifesto do Partido Comunista*. São Paulo: Martin Claret, 2004, p. 82

de se adaptar à sociedade alemã. Enquanto a Alemanha se encaminhava para a unificação política sob controle autoritário da Prússia, a infância de Karl foi passada de forma tranquila numa província famosa por suas vinícolas, a Renânia. Em sua juventude somaria o gosto pelos estudos com o gosto pelo vinho, criando um cotidiano jovial que manteria até morrer.

Com 18 anos foi estudar Direito na Universidade de Bonn, onde desenvolveu seu estilo de vida boêmio misturando livros, bebedeiras e dívidas. Transferiu-se para Berlim para concluir o curso, mas lá se interessou pela Filosofia e desistiu do Direito. Foi nessa universidade que teve contato com a obra de Hegel. A filosofia hegeliana era muito conhecida e divulgada naquela cidade, principalmente por ajudar a embasar o Estado autoritário prussiano. Marx lia e desgostava profundamente desse autor, o que não o impediu de ser influenciado por várias de suas teses, principalmente o conceito de dialética: para Hegel o mundo estava em eterna evolução que tinha origem no fato de que toda noção gerava sua própria contradição, ou seja, toda tese tinha sua antítese, e do encontro de ambas uma síntese era produzida. Mas a obra hegeliana era conservadora e espiritualista, e contra essas características Marx se revoltava. Preferia o materialismo de outros filósofos, como Feuerbach.

Depois de formado, não tendo conseguido o desejado cargo de professor universitário, ele passou a se dedicar ao jornalismo. Na *Gazeta Renana* obteve sucesso criticando o estado prussiano, e chegou a editor, tornando o jornal um sucesso de vendagem. No entanto, o periódico foi fechado em 1843 por recriminar as autoridades. Um fenômeno que se repetiria de forma constante em sua vida. Por essa época, ele se casou com Jenny Von Westphalen, filha de uma família aristocrática em decadência que manteve o título de nobreza, embora casada com um comunista. O matrimônio entre partes tão diferentes foi bem-sucedido, a despeito da pobreza, exílios e perseguições: tiveram seis filhos, dos quais três não sobreviveram à infância.

O jovem casal foi procurar uma nova vida em Paris, onde Marx entrou em contato com uma tradição revolucionária bastante ativa. Lá agregou a seus estudos teóricos e ao trabalho como jornalista a militância comunista. Conseguiu um emprego como editor da *Gazeta Franco-Germânica* e começou a elaborar sua filosofia materialista do mundo.

Foi nessa temporada parisiense que conheceu aquele que seria seu maior colaborador: Friedrich Engels. Um jovem alemão, filho de industriais e militante comunista, que escrevera em 1845 *A Condição da Classe Operária na Inglaterra*, criticando a penúria e as condições subumanas dos trabalhadores das fábricas inglesas. Engels rapidamente passou a idolatrar o intelectual boêmio, e os dois começaram a trabalhar juntos em uma colaboração que duraria até o fim da vida de Marx e que incluiria, de tempos em tempos, a contribuição financeira de Engels para o sustento da família deste.

A estada na revista parisiense foi prolífica em contatos com pensadores como os anarquistas Bakunin e Proudhon, e em escritos teóricos que posteriormente seriam publicados como os *Manuscritos Econômico-Filosóficos*. Mas a revista foi fechada por seu conteúdo contestador, e Marx e sua família tiveram que se exilar mais uma vez. Em Bruxelas, ele e seu já inseparável amigo Engels se engajaram na Liga Comunista, para a qual elaboraram, em 1848, o *Manifesto Comunista*.

O livro se tornou rapidamente um sucesso, e entre os séculos XIX e XX, uma das obras mais publicadas e lidas do mundo. Nele, Marx e Engels expõem muitas das ideias que se tornaram máximas para seus seguidores do século XX: a história das sociedades era uma história das lutas de classes; a burguesia teria um papel revolucionário ao revolucionar os meios de produção e arrastar todas as nações para a civilização. Mas nesse processo gerara sua própria morte, ao criar aqueles que empunhariam armas contra ela, o proletariado.

O ano de lançamento do *Manifesto* foi o ano das revoluções na Europa, em que as classes populares se sublevaram contra a burguesia e a forma como funcionava a sociedade. Marx acompanhou de perto as mudanças ocorridas em 1848, assim como as crises do capitalismo europeu, eventos que tiveram grande influência sobre ele. Propor-se-ia então a desenvolver uma teoria econômica que pudesse ser aplicada à melhoria das condições de vida dos proletários e resolução da crise, ao mesmo tempo em que engajasse a participação revolucionária das classes trabalhadoras.

De Bruxelas, voltou à Alemanha, dessa vez se estabelecendo em Colônia, onde reiniciou suas atividades de editor na *Nova Gazeta Renana*, que, como a antiga, teve um grande sucesso e foi proibida pelo governo. A situação política estava tensa, pois o *Kaiser* dissolvera a assembleia legislativa em 1848, e as críticas de Marx ao regime terminaram por leva-lo à prisão, da qual escapou devido às antipatias do júri com relação ao autoritarismo do Kaiser. Nem bem se viu livre, publicou um último número da *Gazeta* pregando a emancipação dos operários por meio da luta armada, o que foi suficiente para garantir sua deportação. Assim foi que, em 1849, foi para Londres, onde escreveria sua obra-prima, *O Capital*.

A vida na capital inglesa não foi fácil para Marx e sua família. Apesar de conseguir trabalho como correspondente de um dos mais importantes jornais do mundo, o *New York Daily Tribune*, e de contar com a constante ajuda financeira de Engels — que se viu obrigado a voltar para as fábricas paternas em Manchester —, o cotidiano de Marx, sua mulher e filhos era de pobreza, endividamento e vigilância de espiões prussianos. Nessa temporada se dividiu entre a atuação na Liga, que o levaria a ser um dos organizadores da *Primeira Internacional Comunista* — congresso que reuniu comunistas de toda a Europa em 1864 —, e as pesquisas sobre a natureza do capitalismo e da economia, que dariam origem ao *O Capital*.

Enquanto isso, publicava outros escritos, como a *Contribuição à Crítica da Economia Política*, de 1859, bastante influenciado pelo clima evolucionista em vigor em Londres após a publicação da *Origem das Espécies*, de Darwin. Nessa obra, o modo de produção apareceu pela primeira vez como definidor de todas as estruturas sociais, além do conceito de trabalho alienado, segundo o qual, quando o trabalhador é obrigado a repetir continuamente uma única tarefa, perde a noção do trabalho como um todo e se aliena.

Durante anos, Marx concentrou seus estudos de economia nas salas do Museu Britânico, lendo principalmente os fundadores da ciência econômica, Adam Smith e David Ricardo, e oito anos após chegar à Londres publicou finalmente o livro 1 de *O Capital*, um de seus principais textos. Nele desenvolveu todas as ideias e conceitos já esboçados em seus trabalhos anteriores. Obra monumental, de linguagem complexa, que se juntaria a Adam Smith entre os principais escritos de economia, analisa a hegemonia econômica da Inglaterra no século XIX, contrastando com a miséria extrema de seus trabalhadores. Explica a propriedade privada como um fenômeno histórico, não uma constante de todas as sociedades, mas um elemento criado a partir de condições específicas. Como a história, segundo ele, se desenvolve em etapas em que cada modo de produção gera sua própria contradição em um processo dialético, assim o capitalismo surgira da evolução e contradição da sociedade feudal, e também o comunismo surgiria da evolução e das contradições do capitalismo. Os livros 2 e 3 de *O Capital* foram obras editadas por Engels, em 1885 e 1894, e o volume 4 foi organizado pelo filósofo alemão Karl Kautsky, em 1905.

Marx morreu em 1883, com 64 anos, devido a uma vida de má alimentação somada a excessos de fumo e bebidas. Menos de um século depois, contudo, suas teorias seriam transformadas em sistemas de governo: Lenin adotaria o conjunto teórico já então denominado marxismo como base da Revolução Russa, em 1917, instituindo a ditadura do proletariado pregada pelo filósofo alemão e fundando um dos grandes impérios do século XX, a União Soviética. Sua obra permanece enquanto análise econômica de um período de transformação das sociedades ocidentais, o século XIX, e continua a vigorar enquanto crítica ao sistema capitalista.

Curiosidades

Um dos mais importantes livros de Marx, os *Manuscritos Econômico-Filosóficos* foram escritos em 1844, antes mesmo de o economista alemão ter iniciado a parceria com Engels, aos 26 anos de idade. Vários estudiosos do marxismo, como Lukács, Habermas e Marcuse, reinventaram suas obras depois da leitura dos manuscritos, considerando-os tão ou até mais importantes que *O Capital*.

Machado de Assis

Escritor brasileiro, 1839–1908

Em 1879, o funcionário público e escritor carioca Joaquim Maria Machado de Assis, então com 40 anos, epiléptico e sofrendo de grave inflamação nos olhos, deixou sua residência no Rio de Janeiro para se retirar em Nova Friburgo, cidade da mesma província do Império do Brasil. Afastava-se do cotidiano de sua repartição, de escritos em jornais, e de sua vida simples e reservada na capital tanto por motivos de saúde quanto por estar assustado com as mudanças no contexto político. Foi nesse retiro que começou a escrever uma das obras mais revolucionárias da literatura brasileira, *Memórias Póstumas de Brás Cubas*. Texto que integra o rol das obras de gênio da humanidade e que ajudou a tornar seu autor o maior nome das letras brasileiras. Machado de Assis escreveu uma obra extensa, composta de romances, novelas, crônicas e contos, cuja importância está em sua originalidade artística, mas também em seu valor como crônica de uma época, o Segundo Reinado no Brasil.

Famoso em vida, criticado pelos modernistas da década de 1920, resgatado pelo Estado Novo na década de 1940 como símbolo da mestiçagem, a partir da década de 1960, Machado passou a ser visto como cronista social do fim do século XIX. Transformou-se, então, no mais conhecido autor brasileiro, tanto pelos leitores contumazes quanto pelo grande público que o reconhece por causa das aulas de Língua Portuguesa no Ensino Médio. Por outro lado, o fim do século XX trouxe também reconhecimento internacional, de escritores e críticos literários.

Joaquim Maria Machado de Assis nasceu em 1839 em uma família agregada a uma grande fazenda no Rio de Janeiro. Era mulato, filho de pai negro e mãe portuguesa, neto de escravos. Sua família tinha origens humildes, mas estava um degrau acima dos cativos, ocupando uma pequena propriedade; tanto seu pai quanto sua mãe sabiam ler e esperavam que ele fizesse carreira como vendedor. Isso lhe permitiu estudar, inclusive o francês, língua considerada erudita na época. Muito jovem, ingressou como aprendiz de tipógrafo na Imprensa Nacional, seu primeiro contato com a escrita como profissão. Desde então, conseguiu ascender socialmente ao se tornar funcionário público na corte imperial do Rio de Janeiro, no Ministério de Agricultura, Viação e Obras Públicas, em que trabalhou por toda a vida, chegando em 1892 ao cargo de diretor-geral de viação e assessor do ministro. Ao mesmo tempo, iniciou uma prolífica contribuição aos jornais cariocas, como escritor e cronista. E também nessa função teria sucesso, logo conquistando o respeito de público e crítica.

Viveu a época conturbada do fim do Império brasileiro, mas permaneceu reservado, evitando se posicionar politicamente. O grande acontecimento de sua vida foi o casamento com Dona Carolina, uma portuguesa com quem viveu por 34 anos, até a morte desta. Esse relacionamento foi sempre sua referência, e o falecimento da mulher o tornaria ainda mais casmurro e enfraquecido.

Machado foi um retrato da sociedade urbana do final do Império, em toda sua complexidade: mulato e epilético, foi vítima de preconceitos de origens diversas, e, no entanto, conseguiu sucesso como funcionário público e como escritor, tornando-se um dos intelectuais mais respeitados de seu período e conquistando a simpatia mesmo do Imperador Pedro II. Essa contradição, característica da sociedade brasileira escravocrata e preconceituosa, na qual os mulatos poderiam se "embranquecer" e ascender oficialmente, levou-o a descrever com cinismo a hipocrisia da época.

Foi um abolicionista e viveu entre o início das campanhas pelo fim da escravidão e a Lei Áurea, entre 1870 e 1888. Todavia, como Joaquim Nabuco e André Rebouças, isso não o impediu de ser também um ferrenho monarquista. Tais crenças políticas conviviam perfeitamente, apesar de que, sendo a escravidão a base econômica do Império, este dificilmente poderia continuar existindo sem ela. No entanto, os abolicionistas que apoiavam D. Pedro II acreditavam em uma modernização da monarquia, que nunca aconteceu.

A deposição do imperador pelos militares republicanos em 1889 foi um choque para Machado, mas ele, já idoso, procurou se adaptar aos primeiros governos da República. Um exemplo dessa tentativa foi a fundação da Academia Brasileira de Letras, em 1896, pela qual foi um dos responsáveis. Uma instituição que procurou se agregar ao governo republicano, mesmo sendo formada por alguns renomados monarquistas.

Apesar de ter vivido o início da República, sua vida e obra estiveram sempre ligadas ao Segundo Reinado. Período que havia vivenciado tanto o crescimento e a consolidação do Império quanto sua derrocada: o crescimento territorial, com a conquista do Acre sobre a Bolívia, por exemplo; e econômico, com o despontar das primeiras indústrias. A corte no Rio de Janeiro havia transformado a cidade, europeizado seu traçado urbanístico, seus prédios e mesmo seus costumes, copiando modas e instituições francesas.

Nesse processo de modernização, Pedro II, negando a cultura mestiça, tentou consolidar no Brasil uma arte de influências francesas, considerando os costumes destes como modelo de civilização. Foi durante esse período que a nacionalidade brasileira, uma ideia construída por artistas, escritores e historiadores sob auspícios imperiais, formou-se: artistas como Victor Meireles e Pedro Américo pintaram a independência do Brasil e a Guerra do Paraguai como momentos de formação da nacionalidade; escritores como José de Alencar, por quem Machado tinha enorme admiração, construíram mitos indigenistas e regionalistas do que deveria ser o Brasil. E nisso foram apoiados pelos historiadores do Instituto Histórico e Geográfico Brasileiro.

A obra de Machado de Assis acompanhou essa efusão do Império, assim como sua decadência com a custosa vitória na Guerra do Paraguai, a campanha abolicionista e a oposição crescente dos republicanos. E mostrou, ao longo do tempo, o gradual crescimento do ceticismo do autor com a vida na corte. Seus textos mais importantes, escritos depois de 1880, são pessimistas e céticos, além de repletos de crítica social.

Em geral, sua obra é dividida em primeira fase romântica, com trabalhos considerados menores, como *Iaiá Garcia* e *Helena*, e a segunda fase realista, com as obras-primas *Dom Casmurro* e *Memórias Póstumas*. Seus contos como *O Alienista*, uma visão cínica da ciência e dos limites entre sanidade e loucura, e *Pai Contra Mãe*, uma dramática crítica à escravidão, são consideradas obras da grande importância da literatura brasileira.

Machado de Assis faleceu no Rio de Janeiro em 1908, em sua casa na rua Cosme Velho, de onde, por ter vivido tanto tempo, veio seu apelido de "Bruxo do Cosme Velho". Morreu o escritor mais famoso de sua época no Brasil, mas nunca foi unanimidade. Ainda em vida, defensores do indianismo e de um nacionalismo romântico afirmavam que ele não retratava a literatura nacional por não representar os personagens "típicos", como índios e caboclos. Mais tarde, e quase pela mesma razão, o modernismo da década de 1920, que se propunha resgatar uma literatura *brasileira*, passou a considerá-lo um escritor colonizado.

Atualmente, muitos ainda discordam da unanimidade em torno de seu nome, o que não impediu sua obra de se tornar clássica e obrigatória, razão pela qual ele ainda é o autor mais citado pelo público. Os que contestam a unanimidade afirmam que Machado é citado não por ser lido e respeitado pelo grande público, mas por ser o único autor (ou um dos únicos) conhecido pelos não leitores. Estes o teriam como referência apenas porque sua obra e seu nome são bastante mencionados nas escolas e vestibulares, mas infelizmente nem sempre lidos.

Apesar disso, muitos são os admiradores de sua obra. Entre seus textos mais elogiados está *Memórias Póstumas de Brás Cubas*, uma sátira cujo tema é a vida de um defunto da elite carioca narrada pelo próprio. Uma alegoria da vida na corte brasileira em sua crise final e uma representação cínica da hipocrisia dessa elite. Narrada em primeira pessoa pelo falecido, e começando não de seu nascimento, mas de sua morte, sua estrutura narrativa é considerada revolucionária.

No entanto, o livro mais famoso de Machado, e o mais citado pelo público, é *Dom Casmurro*. Último de seus grandes romances, escrito em 1900, já em sua velhice, é a narrativa de uma história de amor por seu protagonista, Bentinho, que conta sua relação com Capitu, amiga de infância com quem veio a se casar e que, segundo sua versão, pode tê-lo traído.

Por ser narrada pelo marido, a traição de Capitu nunca é provada, ficando sempre a dúvida se ela chegou realmente a acontecer ou se foi fruto da mentalidade paranoica do esposo. A teia psicológica tecida por Machado cria um clima de dúvida, em que o leitor põe em xeque a veracidade das hipóteses da própria história narrada. O enredo discute casamento, sexo, adultério e relações afetivas e amorosas em um clima de eterna desconfiança, tanto por parte do narrador para com Capitu quanto por parte do leitor para com o narrador. A obra legou a Capitu, dos olhos de ressaca, o posto de personagem mais famosa da literatura brasileira.

Machado de Assis, hoje tão discutido como crítico social quanto como escritor de gênio, foi um homem de seu tempo, e as contradições de sua vida representam as contradições da sociedade brasileira da decadência do Império. No entanto, apesar de preso a seu período, como todo escritor gênio, sua obra é universal.

Curiosidades

Embora conhecido por seu talento literário, poucos sabem que o autor era autodidata. Aprendeu vários idiomas, entre eles o inglês e alemão, autonomamente. Machado de Assis foi presidente da Academia Brasileira de Letras, ocupando a cadeira 23, hoje apoderada pelo jornalista e escritor Antônio Torres.

Gilberto Freyre

Sociólogo brasileiro, 1900–1987

Em 1933, enquanto ascendia o Nazismo na Alemanha, no Rio de Janeiro era publicado o primeiro livro de um antropólogo pernambucano até então pouco conhecido. Tratava da formação sociocultural do povo brasileiro a partir dos engenhos de açúcar coloniais e das relações cotidianas entre senhores e escravos nesses engenhos. Trazia não apenas métodos antropológicos inovadores, mas trabalhava com fontes históricas até então alternativas. Tudo para desconstruir os mitos racistas que predominavam entre os intelectuais brasileiros. Escrito por Gilberto Freyre, *Casa-Grande & Senzala* marcaria indelevelmente o imaginário e a identidade brasileira.

Nele, Freyre criou muito da imagem que o Brasil passou a veicular como sua: a de uma terra mestiça, sensual, em que predomina a democracia racial. Uma obra que já nasceu revolucionária e perante a qual os intelectuais não ficam indiferentes: em seu surgimento, abalou as teorias racistas que imputavam os males do Brasil à miscigenação, fazendo uma apologia do mestiço como forte e sobrevivente. Por outro lado, também foi, e continua sendo, alvo de pesadas críticas por defender uma pretensa democracia racial. Atualmente seus muitos méritos teóricos e metodológicos, que a tornaram pioneira no uso de diários, receitas, canções, folclore, são confrontados junto a seus muitos problemas, dos quais os mais criticados são os relativos ao racismo.

Tal situação, no entanto, não retira de *Casa-grande & Senzala* seu lugar no seleto rol de livros que, mais do que retratar, inventaram uma imagem do Brasil, junto com obras como *Dom Casmurro*, de Machado de Assis, e *Os Sertões*, de Euclides da Cunha. O período de sua publicação, a década de 1930, pós-Semana de Arte Moderna de São Paulo, pós-Revolução de 1930, em meio ao governo Vargas, foi a época das grandes tentativas de interpretar o país. Os intelectuais se defrontavam com questões postas pelo Modernismo, pela modernização, pela imigração e pelas mudanças no Estado e buscavam respostas para a pergunta: *o que é o Brasil?* Surgiram daí muitas das principais obras interpretativas da identidade brasileira, além da escrita por Freyre, como *Raízes do Brasil*, de Sérgio Buarque de Holanda, e *Formação do Brasil Contemporâneo*, de Caio Prado Júnior.

Gilberto Freyre nasceu em 1900 no Recife, filho de um juiz e catedrático da Faculdade de Direito. Seus pais pertenciam às mais abastadas e poderosas famílias da região, com laços com senhores de engenho. Ainda criança, Gilberto passou várias temporadas no Engenho São Severino do Ramo, experiência que marcaria sua obra e sua vida, e estudou no Colégio Americano Batista, escola voltada para a elite pernambucana, e fez sua formação superior nos Estados Unidos. Sua intenção inicial era ir à Europa, onde, acreditava, todos que queriam se dedicar às letras e filosofia deviam estudar. Mas devido à Primeira Guerra Mundial, e às dificuldades financeiras pelas quais sua família passava, os Estados Unidos apareceram como opção mais viável. Sua primeira parada foi o Texas, pelas ligações que possuía com a Igreja Batista. Lá estudou na Universidade de Baylor de 1918 a 1920, deixando-a para realizar estudos de pós-graduação na Universidade de Columbia, no estado de Nova Iorque, onde travou conhecimento com Franz Boas, então em pleno processo de elaboração da noção de relativismo cultural que revolucionaria a Antropologia.

Até então, as Ciências Humanas e Sociais se baseavam em visões racistas — que chegaram inclusive a produzir uma pseudociência, a Eugenia —, nas quais predominava o determinismo geográfico e biológico: defendiam que o desenvolvimento da civilização só era possível em determinados climas e dependia de fatores raciais. Assim, as raças consideradas "inferiores", como negros e índios, estariam fadadas ao subdesenvolvimento. As teorias de Boas, todavia, baseavam-se exclusivamente na ideia de cultura. Para ele, era a cultura o fator determinante na elaboração das estruturas sociais, e ela independia de raça. Os fenômenos culturais eram relativos, não determinados por fatores biológicos. A partir daí nasceram proposições que transformariam totalmente a Antropologia e as Ciências Humanas e Sociais.

Frans Boas foi a maior influência intelectual na obra de Freyre e *Casa-grande & Senzala,* que aplicou o relativismo cultural à mestiçagem e à sociedade brasileira, tentando provar, para os intelectuais que afirmavam que os problemas do Brasil advinham dos negros, índios e mulatos, que tais "raças" haviam contribuído de forma permanente para a formação do país.

A estada de Freyre nos Estados Unidos lhe valeu ainda contato com nomes como Walt Whitman. Em Nova Iorque, permaneceu entre 1921 e 1922, quando finalmente conseguiu a oportunidade tão esperada de ir à Europa. Passou, então, pela França, Espanha, Portugal, Alemanha e Inglaterra, permanecendo algum tempo na Universidade de Oxford. Nesse período não apenas conheceu importantes nomes das letras e das artes europeias, mas também brasileiros radicados na Europa, como Vicente do Rego Monteiro e Tarsila do Amaral. Manteve-se como correspondente do *Diário de Pernambuco* e começou uma colaboração na *Revista do Brasil*, de São Paulo, a convite de Monteiro Lobato.

Voltou ao Brasil em 1924, engajando-se nos círculos letrados e continuando como articulista do *Diário de Pernambuco*, proferindo conferências sobre a história brasileira e travando contatos com outros intelectuais no Recife, como Joaquim Cardozo e José Lins do Rego. Em 1925 organizou o *Livro do Nordeste*, no qual publicou artigos e desenhos dos artistas e intelectuais que então se sobressaiam. Nesse período já começava a elaborar, em oposição ao Modernismo vigente, o regionalismo que viria a frutificar mais tarde no *Manifesto Regionalista*. Sua pretensão era revolucionar as concepções sobre a identidade e cultura brasileira.

Fez várias viagens ao interior de Pernambuco, à Bahia e ao Rio de Janeiro e foi convidado, como integrante da elite latifundiária nordestina, a ingressar na política local, o que fez, seguindo o exemplo de seu amigo, Oliveira Lima. Em 1927 assumiu cargo no gabinete de Estácio Coimbra, governador de Pernambuco e seu parente por afinidade. Mas o ano de 1930 traria uma virada em sua vida. O golpe de Estado comandado por Getúlio Vargas, conhecido como *Revolução de 1930*, derrubou as antigas oligarquias agrárias e levou Estácio Coimbra ao exílio na Europa, acompanhado por Freyre. Nesse exílio, seu navio passou pela Bahia e por Dacar, no Senegal, antes de chegar a Lisboa. No prefácio de *Casa-grande & Senzala*, ele afirmaria mais tarde que foi nessa ocasião que começou a elaborar sua obra. Em 1932 voltou ao Brasil, permanecendo no Rio de Janeiro para realizar pesquisas, antes de se radicar definitivamente no Recife. Sua obra-prima foi publicada no ano seguinte.

Casa-grande & Senzala traz a perspectiva relativista para a História, abordando a história colonial a partir da observação do cotidiano e dos laços familiares, com um estilo de escrita dotado de subjetividade e coloquialismo. Essa obra, que lhe valeria honrarias nas principais universidades mundiais, foi reconhecida como pioneira da historiografia pelos principais pensadores da *Escola dos Ànnales*, justamente por trazer uma diversidade de fontes até então desprezadas pela historiografia e que os franceses logo se tornariam famosos por divulgar: canções, diários, brinquedos, fotografias. Ao mesmo tempo em que os autores dos *Annales*, Freyre inventara a História do Cotidiano e das Mentalidades. No entanto, sempre se apresentou como escritor e ensaísta, a despeito do reconhecimento de historiadores, antropólogos e sociólogos que receberia em vida.

Casa-grande é um dos livros brasileiros mais traduzidos no mundo e foi prefaciado por grandes nomes da historiografia ocidental, como Lucien Febvre e Fernand Braudel. Mas a obra de Freyre foi além dele: seu cerne é composto ainda por *Sobrados e Mocambos* e *Ordem e Progresso,* que, analisando os séculos XIX e XX, respectivamente, constituem com *Casa-grande* a trilogia de explicação da identidade brasileira por meio da análise da elite patriarcal. Além dela, Freyre deixou uma ampla coleção de artigos, conferências, prefácios, ensaios e livros.

Gilberto Freyre sempre foi um personagem polêmico. Em vida, reconhecido como revolucionário das Ciências Sociais pelas maiores universidades do mundo, não se cansou de lembrar esse fato, o que lhe valeu a antipatia generalizada de muitos intelectuais brasileiros. Por outro lado, apesar de defender a presença do negro na história brasileira e combater o determinismo geográfico e racial das interpretações eugênicas, sua obra apresenta a miscigenação como fruto de uma democracia racial que teria vigorado e continuaria vigorando no país; uma tese que oblitera o racismo: para ele, negros e índios teriam sido colaboradores dos brancos, afirmação que apaga as tensões raciais. Seus posicionamentos políticos, favoráveis ao governo militar, também contribuíram para que se misturassem críticas a sua pessoa àquelas dirigidas a sua obra.

Além disso, se por um lado *Casa-grande & Senzala* inspirou políticas antirracistas da Unesco, também inspirou a defesa de um império colonial português. E apesar de seguir o culturalismo de Boas, nele Freyre dialoga com o conceito de raça, chegando a pôr este em primazia sobre o de cultura.

A importância do livro permanece, pois é visto não apenas como obra inovadora das Ciências Sociais e da Historiografia, mas como retrato do Brasil. A defesa apaixonada que faz da miscigenação se tornou, no decorrer do século XX, a cara com que o Brasil gosta de se apresentar no exterior e para si próprio: terra de mulatas e ritmos mestiços, terra da sensualidade e da cordialidade, onde não existiriam conflitos sociais ou raciais.

Curiosidades

A trilogia de Gilberto Freyre, *Casa-grande & Senzala*, *Sobrados e Mucambos* e *Ordem e Progresso* era para ser, na verdade, composta por quatro obras. A quarta parte, cujo título seria *Jazigos e Covas Rasas* nunca foi terminada. Segundo o professor Edson Nery, o manuscrito desapareceu na própria casa do escritor pernambucano.

Charlie Chaplin

Cineasta inglês, 1889–1977

Em 1921, estreou em cinemas de todo o mundo o filme *O Garoto* (*The Kid*), dirigido, escrito, musicado e estrelado por Charles Chaplin, no qual um vagabundo de bom coração encontrava um bebê abandonado, cuidava dele e o criava como se fora seu, tendo como pano de fundo a vida dos pobres, seus cortiços, biscates e pequenos trambiques. O clímax ocorre quando o menino fica doente e precisa de atendimento médico: ao descobrir que a criança não era filha do pobretão, o doutor, do alto de sua empáfia, afirma que ela precisava de "tratamento e atenção apropriados", corporificados em dois truculentos representantes de um orfanato público, que enfiaram o coitado num caminhão e chamaram um policial para conter o pai enfurecido. Um dos melhores trabalhos do prolífico cineasta, *O Garoto* possui todos os elementos que fizeram de sua obra um dos pontos altos da cultura do século XX: a graça das *gags* (piadas visuais) e dos objetos usados erroneamente, mas também a denúncia da pobreza e da marginalidade, aquele olhar que, embora simpático aos miseráveis, não os idealiza (mas tampouco os condena de imediato) e se ocupa em criticar as autoridades, representadas pelos policiais que, invariavelmente, aparecem para bater nos moradores dos cortiços, nunca para os ajudar. Essa opção pelo mais fraco é parte inamovível do trabalho desse delicado artesão de emoções gravadas, um sopro de vital humanismo na sétima arte.

Charles Spencer Chaplin nasceu na Londres vitoriana, em 1889, filho de um casal de artistas de *vaudeville*, espetáculos que vicejavam nos bairros proletários londrinos, abarrotados de operários e esmoleres que, ao preço de um módico ingresso, assistiam cantores, palhaços, dançarinos, piadistas, domadores, esquetes dramáticas ou cômicas — meio que serviu como grande escola para muitos intérpretes do início do século e marcou profundamente a carreira do futuro cineasta. Embora pobre, sua família conseguia sobreviver em relativo conforto, até que em agosto de 1892, Charles, o pai, abandonou-a, cabendo então à mãe, Hannah, criar sozinha os filhos, vivendo de biscates até ser internada em um sanatório, em 1895.

Esses anos foram os piores de sua vida: sem acesso à educação formal, foi separado do irmão, Sydney, pois sendo de faixas etárias diferentes, não podiam permanecer juntos no mesmo orfanato. Hannah ia e vinha dos internamentos, e Charles passou a fazer pequenos serviços para sobreviver, tais como vendedor de buquês de flores, mensageiro, soprador de vidro. Em 1903, sua mãe foi confinada em definitivo, e com apenas 14 anos de idade Charles iniciou sua carreira nos palcos de vaudevile. Suas atuações atraíram atenções e proporcionaram convites, entre os quais para turnês no exterior, e em 1910 seguiu para uma temporada nos Estados Unidos, e lá, a companhia na qual atuava recebeu um telegrama destinado a "um sujeito chamado 'Chaffin' ou coisa parecida": era um convite enviado pela companhia cinematográfica *Keystone*.

O cinema era uma linguagem recentíssima, mais nova até que o próprio Chaplin. Embora houvesse experiências com imagens em movimento desde as últimas décadas do século XIX, a técnica como tal surgiu somente em 1895, quando um grupo de pessoas reunido numa pequena sala escura saltou assustado ao ver a imagem de um trem se aproximando. Não era, contudo, uma locomotiva que o atropelaria, e sim a excitação da novíssima invenção que o atingia em sessão proporcionada pelos irmãos Auguste e Louis Lumiére, em Paris. Os franceses são mundialmente reconhecidos como os criadores do cinema, mas nos Estados Unidos o inventor Thomas Edison detinha os direitos sobre as imagens em movimento, e sua companhia era a única legalmente habilitada para exibir filmes. Apesar disso, firmas independentes burlavam a lei afastando-se dos grandes centros (para facilitar eventuais fugas da polícia) e produziam seus filmes. Nesse contexto, chegaram à pequena cidade californiana de Hollywoodland, que em poucos anos se tornaria sinônimo do cinema norte-americano. Uma dessas empresas independentes era precisamente a Keystone, em que Chaplin começou a atuar. Seu dono, Mack Sennett, era conhecido pelas comédias ligeiras, sem enredo, compostas por sucessões de *gags* cuidadosamente coreografadas, um tipo de entretenimento que fazia sucesso no mundo inteiro, em especial nas grandes cidades, onde multidões dirigiam-se às salas de projeção para as assistir. Inteligíveis sem a necessidade da leitura, esses filmes mudos atraíam os imigrantes e os analfabetos, e até os anos 1920 era normal uma sala chegar a ter entre quinze a trinta sessões diárias.

Charles Chaplin estreou 35 filmes para a Keystone somente em 1914, e no ano seguinte pediram-lhe que bolasse uma roupa qualquer, bem esculhambada, para determinada cena numa pista de corridas. Escolheu um chapéu coco menor que sua cabeça e uma calça folgadona, um paletó muito pequeno, botas grandes demais e bengala: nascia, então, o Vagabundo, conhecido no Brasil por Carlitos, seu icônico *alter ego*, anticavalheiro, em cujo visual todos os elementos componentes da aparência sofisticada dos homens da elite foram subvertidos. Essa indisciplina era um dos pontos fortes da comédia visual, e Chaplin levou-a com maestria para as telas. Desde tenra infância treinado nas manhas e artimanhas do vaudevile (a pantomima, a mímica, o deboche), reuniu todas essas ferramentas e encantou o mundo inteiro, e embora as boas maneiras burguesas impusessem a utilização precisa dos objetos, tais regras não eram aplicáveis a Carlitos, de modo que uma escada nunca era simplesmente uma escada, mas antes uma fonte aparentemente inesgotável de dificuldades, desafios e oportunidades, e em vez de apenas subir e descer nela, transcriava o objeto em parte integrante de seu número. Quando à mesa, como qualquer cavalheiro respeitável, tomava um guardanapo, mas logo depois assoava o nariz estrondosamente, para desgosto dos comensais nas mesas próximas. Essa irreverência e saudável anarquia são perceptíveis em toda sua filmografia, eivada de um desassossego atávico para com a realidade circunvizinha. Seu olhar, dirigido aos fracos, oprimidos e desprotegidos, desdenhava a autoridade, e quando esta se fazia presente, candidamente dava-lhe um pontapé na bunda e seguia seu caminho.

Ao fim da Primeira Grande Guerra, Chaplin era uma celebridade internacional e produzira algumas dezenas de curtas-metragens, nos quais seu improvável anti-herói levava sempre a melhor sobre seus opositores. Sucesso popular inquestionável, o cinema era rejeitado pela intelectualidade, que o considerava diversão frívola e alienante; e embora seus filmes não fugissem a essa regra, lentamente conseguiram granjear aprovação quase unânime, e em menos de dois decênios, entre 1921 e 1940, rodou suas obras-primas, começando com *O Garoto*, ao qual se seguiu, quatro anos e três filmes depois, *A Corrida do Ouro* (*Goldrush*): após ter lido sobre as aflições dos aventureiros da fortuna no Alasca, criou uma comédia repleta de cenas antológicas; numa delas, o esfomeado Carlitos come uma bota, e em outra enfia garfos em dois pãezinhos e simula um balé, no qual os pães seguem os passos corretos da dança, enquanto seu rosto reproduz, exatamente a expressão de um bailarino clássico. Em 1931, no sensível *Luzes da Cidade* (*City Lights*), uma pobre moça, cega, com coração de ouro, apaixona-se pelo Vagabundo, muito embora não conheça sua identidade.

1936 foi o ano de lançamento de um dos maiores filmes da história do cinema: *Tempos Modernos* (*Modern Times*), no qual Chaplin analisou os efeitos da industrialização sobre o ser humano. O personagem principal é operário numa fábrica, cujo dono, um capitalista empedernido, só se interessa pelos lucros e, no intuito de aumentar a produtividade a qualquer custo, impõe a seus funcionários um processo de coisificação. Carlitos, submetido à rotina eterna de apertar parafusos numa linha de montagem sabe-se-lá-deus-do-quê, é escolhido como cobaia para um invento que se promete revolucionário, uma máquina alimentadora, que poria fim à necessidade do intervalo. A geringonça fica maluca, esfrega a comida na cara do pobre coitado, e é rejeitada pelo patrão — não por ser absurda ou antiética, mas apenas por ser contraproducente. Noutra sequência, Carlitos desenvolve um tique nervoso, sai apertando tudo o que vê pela frente, até ser, literalmente, engolido pela máquina — sua imagem sorridente, surfando pelas engrenagens, é uma das assinaturas do século XX.

Em 1938, a Segunda Guerra Mundial batia à porta, e Chaplin idealizou um libelo pela paz universal, *O Grande Ditador* (*The Great Dictator*), efetivamente lançado apenas dois anos depois. Utilizando a comédia no estado da arte, satirizou o ditador alemão Adolf Hitler (com quem compartilhava o mesmo bigode e o mesmo ano de nascimento) nas figuras de Hynkel, ditador da Tomânia (um tirano que brinca com o globo terrestre), e do sapateiro judeu, seu sósia. Poucas vezes o dístico latino *ridendo castigat mores* (o riso purifica os costumes) foi tão bem empregado, e o famoso discurso final é um marco do humanismo:

> Soldados! Não se entreguem aos brutos — homens que os desprezam, escravizam, arregimentam suas vidas, e dizem o que fazer, pensar e sentir. Eles conduzem vocês,

dão de comer, tratam como gado e lhes usam como bucha de canhão. Não se entreguem a esses homens antinaturais — homens-máquina com mentes-máquina e corações-máquina! Vocês não são coisas! Vocês não são máquinas! São homens, e possuem o amor da humanidade em seus corações. Vocês não odeiam! Apenas os detestados odeiam — os detestados e antinaturais! Soldados, não lutem em prol da escravidão! Lutem pela liberdade!

Nesse mesmo discurso, Chaplin convida à construção de um mundo melhor, onde todos, "cristãos e judeus, tanto os negros quanto os brancos", se ajudem mutuamente — uma mensagem que reverberou décadas a fio e cujos ecos podem ser encontrados, inclusive, nas palavras de Martin Luther King Jr.

Se profissionalmente Charles Chaplin tornava-se, mais e mais, uma unanimidade, sua vida pessoal estava bem distante disso: sua vida sentimental era marcada por romances (alguns escandalosos) e três casamentos seguidos de divórcio. Em 1942, aos 53 anos, conheceu a filha do dramaturgo Eugene O'Neill, Oona, de apenas 17 anos. Esperaram mais um ano, para que a moça atingisse a maioridade, e se casaram, um relacionamento longo e frutífero: estiveram juntos por 35 anos, até a morte dele, e tiveram seis filhos.

Os filmes do Vagabundo, todos mudos, encerraram-se em 1936, com *Tempos Modernos*, pois seu criador não concebia interpretá-lo falando. A partir de então, passou a explorar outros personagens, como o Grande Ditador, e em 1947 reinventou-se completamente, apresentando ao mundo a mais controvertida de todas suas criações: *Monsieur Verdoux*, um anticarlitos elegante, grisalho e... assassino de aluguel nas horas vagas. Em 1952 retornou às origens e rodou *Luzes da Ribalta* (*Limelight*), a história de um ator de vaudevile.

Em pleno início da Guerra Fria, os Estados Unidos viviam num ambiente paranoico de caça aos comunistas e seus simpatizantes, e o Senado organizou um comitê, chefiado pelo senador Joseph McCarthy, dotado de amplos poderes para investigar "atividades antiamericanas". Suas garras chegaram à comunidade de Hollywood, e antigos membros do partido comunista, para se salvar, delatavam colegas, enquanto outros agiam motivados por pura vingança, arruinando incontáveis carreiras. Chaplin defendera a aliança com a União Soviética durante a Segunda Guerra Mundial e certamente sabia de muitos colegas simpáticos à ideologia vermelha, mas ao ser interrogado nem abjurou suas campanhas nem delatou ninguém, e em 1952, a bordo de um navio em direção à Inglaterra, recebeu um telegrama informando que estava sendo expulso dos EUA, embora vivesse há décadas em solo norte-americano e fosse esposo e pai de cidadãos desse país.

Ser forçado a abandonar tudo o que construíra foi um duro golpe, mas conseguiu construir um novo lar com sua família na Suíça e, durante mais de duas décadas, permaneceu ativo, recebendo homenagens frequentes de várias instituições ao redor do mundo. Continuou longe dos Estados Unidos, mesmo após o final do macarthismo, e ainda que recebesse convites, rejeitava-os polidamente. Em 1972, porém, a Academia de Artes e Ciências Cinematográficas de Hollywood convidou-o a comparecer à cerimônia anual de entrega da sua premiação, o Oscar, para receber uma estatueta pelo conjunto de sua carreira. Não era um prêmio qualquer: parte daquela comunidade durante décadas, Chaplin produzira quase todos seus filmes nos Estados Unidos, era membro fundador da Academia e estivera presente à primeira cerimônia de premiação. Assim, no dia 10 de abril de 1972, frágil, compareceu, em cadeira de rodas, ao palco e, emocionado, viu trechos de seu legado exibidos em telão. Ao receber o prêmio, que celebrava "seu incalculável efeito em fazer do cinema a forma de arte deste século", a plateia de astros e estrelas o ovacionou de pé, algo inaudito até então.

Charles Chaplin viveu na Suíça até 1977, quando faleceu durante o sono, na véspera de Natal. Sua contribuição à sétima arte é ampla e matizada. Por um lado, ajudou o cinema norte-americano a se tornar a indústria cultural mais influente do século XX, e ainda assim, embora suas produções se voltassem para o consumo de massa, aspirava horizontes mais amplos, e foi um dos grandes responsáveis por converter o cinema de passatempo ligeiro à forma de arte. Suas criações extrapolaram os limites das telas e são objeto de pesquisa e reflexão da Psicologia, da História, da Sociologia.

Curiosidades

Chaplin foi duramente criticado na Inglaterra por não ter servido ao exército britânico durante a Primeira Guerra Mundial. Em verdade, houve uma recusa do exército por sua baixa estatura e peso. Ainda assim, Chaplin angariou muitos fundos por meio dos bônus de guerra, principalmente com o filme *The Bond*, de orçamento próprio, usado como filme propaganda em 1918.

PARTE V

HERÓIS DA RESISTÊNCIA

Hipácia de Alexandria

Filósofa egípcia, 370–415

Alguns personagens são icônicos pela vida que levaram, pelas realizações que alcançaram. Hipácia de Alexandria, em larga medida, tornou-se um símbolo pela morte violenta que sofreu e por aquilo que esse crime representou. Duas fontes principais relatam sua vida: *A Vida de Isidoro* (séc. VI), escrita pelo filósofo neoplatônico Damácio, simpático à sua pessoa, e as *Crônicas* do Bispo João de Nikiû (séc. VII), que a apresentam sob uma luz bem mais desfavorável. Não obstante suas divergências, ambos os autores convergem no que tange à brutalidade do assassinato que a vitimou durante a quaresma de 415: Nikiû diz que multidões exaltadas a encontraram "sentada numa cadeira. Desceram-na e arrastaram-na consigo até a grande igreja, chamada Cesarion [...] rasgaram suas roupas e arrastaram-na pelas ruas até a morte",[1] acrescentando, em seguida, que o povo cercou o patriarca Cirilo, chefe da Igreja de Alexandria e inimigo fidagal da filósofa, e chamou-o de "o novo Teófilo", pois conseguira destruir os últimos sinais de idolatria na cidade. Damácio confirma a violência ("ela foi retalhada pelos alexandrinos e seu corpo foi vilipendiado e esquartejado por toda a cidade") e explica a motivação do crime: a "inveja de sua impressionante sabedoria, em particular no campo da Astronomia".[2]

---

[1] The Life of Hypatia, by John, Bishop of Nikiu, from his *Chronicle* 84.87-103. Disponível em: <http://cosmopolis.com/alexandria/hypatia-bio-john.html>. Acesso em: 5 jan. 2015.

[2] The Life of Hypatia From Damascius's Life of Isidore, reproduced in The Suda. Disponível em: <http://cosmopolis.com/alexandria/hypatia-bio-suda.html>. Acesso em: 5 jan. 2015.

Mas somente o despeito em relação a seus conhecimentos científicos não dá conta de explicar o atentado. Hipácia foi vítima de múltiplas intolerâncias: era mulher, num meio crescentemente misógino; pagã, numa época em que o Cristianismo ascendia furiosamente ao poder; política e intelectualmente ativa, conjugação de fatores que as novas lideranças não toleravam (não à toa acusaram-na de feiticeira e sedutora); e as disciplinas que ministrava (Matemática, Geometria, Filosofia) eram saberes não contemplados pela Bíblia nem pelos escritos religiosos, portanto, precisavam ser extirpados da face da Terra, instinto destrutivo que levou ao *aniquilamento* de séculos de conhecimento acumulado pelos pensadores e cientistas alexandrinos, e boa parte do que se perdeu no processo jamais pôde ser recuperado. Por tudo isso, a agressão que custou a vida da filósofa ultrapassou o limite de sua pessoa física e apontou para um período de franco obscurantismo que marcou os primeiros séculos da Idade Média, um símbolo do fim da Antiguidade e das ciências que produzira.

A diversidade era uma das marcas do Império Romano no início da Era Cristã. Por suas fronteiras, estradas e rotas marítimas circulava gente de todas as raças e culturas, situação refletida na imensa pluralidade de crenças existente, que iam da antiga religião greco-romana aos cultos egípcios, passando pelas crescentes comunidades judaicas e cristãs. No século II, tomou fôlego o culto cívico aos imperadores, acentuado até se tornar compulsório, no século III; cristãos e judeus não podiam, por princípio de fé, cumprir essa obrigação, mas estes últimos, em pertencendo a uma doutrina tradicional, receberam licença estatal para não o fazer, enquanto aos primeiros, seita recente, não foi conferida tal indulgência, e sua recusa em participar contribuiu para aumentar as suspeitas oficiais contra si.

Ataques anticristãos eram ubíquos, mas localizados, e amiúde devotos comprovavam sua fé entregando-se ao martírio (*martyr*, do grego, testemunha). A partir de 250, contudo, esses movimentos se tornaram mais ativos, e em 303 teve início a chamada Grande Perseguição: liderada pelo imperador Diocleciano, durou até 311, período no qual milhares de pessoas foram supliciadas e mortas em anfiteatros por todo o Império — uma das quais, afirma a hagiografia cristã, teria sido Santa Catarina de Alexandria, conterrânea e colega de profissão de Hipácia.

O ciclo de perseguições só foi definitivamente encerrado em 313, quando o Imperador Constantino (306–337) baixou o Édito de Milão (*Edictum Mediolanensium*), pelo qual eram removidos todos os obstáculos ao culto cristão, aboliam-se as penalidades legais impostas até então e restituíam-se as propriedades confiscadas. As décadas seguintes foram turbulentas, pois, livres do medo, os cristãos sentiram-se livres primeiro para praticar sua fé abertamente, depois para exercer o proselitismo onde bem entendessem e, por último, para afrontar todos aqueles que ainda resistissem à conversão, ato que se mostrava, a partir de 313, como condição quase inescapável para o sucesso político, já que a comunidade, antes oprimida, crescia em número e poder. Ainda assim, famílias resistiam à onda que os engolfava e mantinham as tradições politeístas, decisão que acarretava sérias complicações, especialmente nas grandes cidades — não à toa o pejorativo termo "pagão", que remete aos devotos de crenças não cristãs, provém da palavra latina *paganus*, camponês, uma vez que somente longe dos grandes centros os recalcitrantes encontraram algum refúgio. Em meio a esse mundo em transformação, nasceu Hipácia, em 370, na capital da província do Egito.

Com mais de meio milhão de habitantes, Alexandria era um caldeirão fervente, e dentro dela as diversas comunidades religiosas se confrontavam diariamente, situação ainda mais agravada pelo fanatismo das lideranças oficiais da Igreja, gente como o patriarca Teófilo, que instigava um clima de eterna hostilidade contra pagãos e judeus e para quem as disciplinas ministradas pelos filósofos, como a matemática, eram artes demoníacas, e seus mestres mereciam ser lançados às feras ou queimados vivos.

A figura mais importante na formação de Hipácia foi seu pai, Théon, grande matemático e astrônomo, cujas obras permanecem sendo estudadas. Filósofo do Museu, acompanhou com cuidado a formação da filha, dando-lhe uma educação raramente conferida às mulheres de então — de fato, ela desfrutou de oportunidades raras para alguém de seu gênero, como estudar num dos centros mundiais do conhecimento e viagens a Roma e Atenas. Intelectual respeitada, seguia o Neoplatonismo, enquanto seus colegas gregos devotavam-se ao misticismo, a corrente egípcia que se dedicava às ciências naturais e exatas. O Museu era, então, apenas sombra do que fora em tempos idos, na virada da Era Cristã, quando sua biblioteca guardava meio milhão de pergaminhos e atraía pesquisadores do Mediterrâneo inteiro: a instituição original já fora destruída, restando uma reconstrução mais recente e modesta. O sufocante sectarismo que segregava a população alexandrina desestimulava a convivência entre cristãos, judeus e pagãos, mas Hipácia reunia a todos em suas aulas, e alguns de seus alunos tornaram-se figuras proeminentes, tais como Orestes, futuro prefeito da Diocese do

Egito (cargo equivalente ao de governador provincial), e Sinésio de Sirene, que se tornaria bispo de Ptolemais, na Líbia. Ambos mantiveram relações cordiais com a antiga professora: o político foi seu amigo até o fim da vida, e o religioso, seu correspondente. Sua produção científica perdeu-se quase completamente, restando apenas referências esparsas, mas se acredita que os trabalhos creditados a seu pai tiveram sua participação, dada a proximidade de gênios e objetos de pesquisa.

Entre 391 e 396, o imperador Teodósio decretou o banimento de todos os cultos não cristãos, no âmbito público como no privado; a única exceção era o Judaísmo, inicialmente permitido pelos decretos teodosianos, mas não demorou para que a intolerância cristã se voltasse também contra os judeus. Religião oficial do Estado, o Cristianismo, já há décadas perseguindo pagãos recalcitrantes, agora concedia a seus seguidores carta branca para agir contra qualquer referência politeísta: as estátuas dos antigos imperadores (homens deificados, lembremos) foram quebradas; os templos, destruídos ou ressacralizados, convertendo-se em igrejas ou basílicas. Antigos locais de culto, não importando sua antiguidade ou relevância, foram profanados por turbas fanatizadas e, nesse sentido, talvez a ocorrência mais dramática tenha se dado no Egito, num isolado templo situado na ilha de Filé, extremo sul do país, último local onde os hieróglifos ainda eram lidos: em 394, um grupo de fundamentalistas invadiu o sítio, vilipendiou as estátuas dos deuses e assassinou os sacerdotes escribas — a escrita hieroglífica calava naquele momento, permanecendo silente por quase 1500 anos.

Por volta de 405, Théon faleceu. Sua filha era, então, uma intelectual profissional, legalmente habilitada para lecionar, e um de seus alunos, Hesíquio, o Judeu, escreveu que costumava vestir o manto dos filósofos e saía à rua para debater, e que até os magistrados ouviam seus conselhos. Politicamente ativa, dirigia-se pessoalmente ao conselho e participava das discussões, postura que leva estudiosos a especular que, de fato, ocupava um assento na instituição. Há controvérsia sobre sua vida privada: embora exista referência a um casamento com outro professor, a voz corrente é que permaneceu virgem por toda vida, e uma das passagens mais significativas de sua história foi preservada nas crônicas de Damácio: um de seus alunos, apaixonado, não se conteve e declarou seu amor publicamente, ao que Hipácia respondeu surpreendentemente, pegando trapos manchados com o sangue de seu mênstruo, mostrando-os ao pretendente como sinal de sua impureza, e dizendo "é isso a que tu amas, jovem, e isto não é lindo".

O barril de pólvora chamado Alexandria estava prestes a explodir, pois um novo patriarca, Cirilo, ascendera à cátedra, e sua intransigência não conhecia limites: rigorista fanático, voltou-se furiosamente contra os praticantes das correntes heréticas cristãs e posteriormente reuniu os judeus da cidade, confiscou seus bens e os expulsou a todos. Sua rede de apoiadores era ampla, e além dos poderes que o cargo lhe conferia, aliou-se aos monges de Nítria (conhecidos por sua agressividade) e à irmandade dos Parabolanos, apreciados pela assistência aos pobres e serviços funerários, mas de insuspeita inflexibilidade — juntos, tornaram-se uma milícia a serviço da Igreja. Engajou-se em feroz disputa de poder com Orestes, um obstáculo às suas ações, e para o enfraquecer se voltou contra sua velha amiga Hipácia, chamando-a de "imodesta feiticeira pagã", que com seus encantos e ardis satânicos seduzira até os políticos mais importantes.

Hipácia era uma figura destacada, difícil de passar despercebida, e um ataque a alguém como ela seria importante para os planos de homogeneização sociocultural que a Igreja propunha. Assim, com os Parabolanos à cabeça e a milícia monástica a instigá-la, a turba excitada atacou e matou a filósofa, e percebendo o risco que corria, Orestes fugiu da cidade. Muitos acusaram o patriarca pela morte, mas nada foi provado; os inquéritos chegaram a resultados risíveis — um deles afirmava que a vítima permanecia viva, refugiada em Atenas. Não havia real interesse em punir os culpados, e o manto escuro do fanatismo religioso cobriu o Mediterrâneo.

Curiosidades

Para o historiador neoplatônico Damáscio (século V), a morte de Hipácia foi um escândalo, e os iluministas tomaram-na como mártir do saber. No século XVIII, o filósofo racionalista John Toland escreveu o tratado anticatólico "Hipácia, ou a História da Senhora mais bela, mais virtuosa, mais sábia e mais excelente em todos os sentidos, que foi despedaçada pelo Clero de Alexandria, como prêmio ao orgulho, rivalidade e crueldade de seu Arcebispo, frequentemente chamado (embora sem o merecer), de São Cirilo".

Zumbi

Líder escravo brasileiro, c. 1655–1695

Em 1678, uma comitiva de guerreiros negros adentrou a povoação de Recife, então um dos mais importantes centros da colonização portuguesa na América, e foi recebida com honrarias dignas de mensageiros de um chefe de estado. A ocasião deveria ser tratada com toda a deferência, pois o governador de Pernambuco, representando a Coroa, convidara o líder da comitiva para celebrar um armistício que deveria acabar com a longa guerra travada entre as autoridades coloniais e o núcleo revoltoso de onde esses guerreiros se originavam. O líder da comitiva se chamava Ganga Zumba e entrava no Recife para firmar um acordo que acabava com a guerra e garantia o reconhecimento do Império Português para seu território, o Quilombo dos Palmares.

Mas o armistício afirmava que somente os nascidos em Palmares teriam liberdade, e não os escravos que para lá tivessem fugido. Estes deveriam ser devolvidos a seus antigos senhores. E como tal acordo estava fadado a não agradar a todos no quilombo, sua assinatura semeou a discórdia entre Ganga Zumba e outros chefes palmarinos que se recusaram a aceitar a "paz" dos portugueses. Na esteira dessas disputas, Zumba abandonou sua vila, o Mocambo de Macaco, e partiu para o Cucaú, um mocambo mais distante. Entre os chefes que optaram por ficar e lutar estava aquele que se tornaria, a partir de então, o novo líder, rei e chefe militar de Palmares, e que passaria a ser o maior ícone negro do Brasil, Zumbi.

O Quilombo de Palmares foi uma organização política comumente classificada como confederação de mocambos, na falta de melhor definição em língua portuguesa. Os mocambos eram povoações de escravos fugitivos, muitas das quais, como Andalaquituche, tomavam o nome de seus líderes. Alguns deles foram bastante mencionados por seus adversários: Cucaú, Subupira, Aqualtune e, é claro, Macaco. Este último assumiu a função de capital do quilombo. Mas apesar de sua importância, Palmares foi apenas um dentre inúmeros focos de resistência contra a escravidão nas Américas, sobressaindo-se por sua longevidade, seu tamanho, mas, principalmente, por estar encravado no coração da América portuguesa do século XVII, a região canavieira que hoje é o Nordeste do Brasil.

Em seu auge, nos idos de 1670, o quilombo abrangeu uma área de cerca de 200km nos atuais estados de Pernambuco e Alagoas. Uma faixa de terra que incluía serras e se estendia paralela ao litoral, na vizinhança mesmo da região dos engenhos. A capital da confederação era a Cerca Real de Macaco, situada na Serra da Barriga, que talvez abrigasse 30 mil moradores. A população de Palmares era mestiça, não apenas devido aos diferentes povos africanos dos quais seus habitantes eram oriundos, mas também ao número de mulheres índias, e mesmo aos mulatos e brancos que fugiam para a região. O quilombo aceitava bem seus moradores de distintas origens, e passou a exercer uma forte influência social e econômica na sociedade açucareira, sua vizinha.

Desde o início da colonização da América portuguesa, os africanos foram trazidos como escravos para trabalhar principalmente nas lavouras de cana-de-açúcar e substituir a mão de obra indígena já escravizada e com a qual terminaram por trabalhar lado a lado. Com o tempo, e o crescimento das cidades coloniais, também foram empregados em serviços urbanos dos mais diversos, como o comércio.

A partir do início do século XVII cresceu o número daqueles trazidos para o porto do Recife e as lavouras de cana-de-açúcar da região. Mas, quanto maior o número de escravos, maior a resistência oferecida por eles. E essa resistência aparecia sob diversas formas: desde a negociação com os senhores por melhores condições de vida, até a rebelião aberta. A fuga era, assim, apenas uma dentre várias formas de resistência, logo se tornando, no entanto, uma das mais significativas.

O Quilombo de Palmares formou-se entre fins do século XVI e início do XVII, transformando-se rapidamente no mais importante quilombo do Brasil, e um dos maiores da América. É provável que nele predominassem os africanos e descendentes do grupo linguístico banto, visto que naquele século a maioria dos escravos trazidos para Pernambuco vinha dos portos hoje localizados em Angola, para onde Mbundos, Jagas e Bacongos, entre vários outros povos daquela língua eram levados. Os bantos tinham longa tradição de agricultura e metalurgia, além de organizações político-sociais estatais e hierarquizadas. Sendo sua também a invenção do quilombo, que entre os Jagas significava uma povoação fortemente militarizada.

A maioria absoluta da população escrava nas lavouras de cana era constituída por homens, mais valorizados para o trabalho pesado. Assim, também o número de homens em Palmares deve ter sido muito superior ao de mulheres. Ao menos por um tempo, pois, por um lado, as incursões que os quilombolas faziam contra os engenhos os levavam a raptar mulheres escravas e levá-las para o quilombo; por outro lado, o número de mulheres índias se tornou bem considerável nos mocambos.

Em 1654, com a restauração do poder dos portugueses na capitania de Pernambuco, depois de 24 anos de dominação da companhia holandesa de comércio, o governo começou a se preocupar seriamente com Palmares. O quilombo havia crescido muito e representava uma ameaça aos engenhos. Apesar disso, mantinha um ativo comércio com as vilas vizinhas, fornecendo gêneros agrícolas, cerâmica, pescados, e comprando armas e objetos manufaturados dos colonos.

Essa rede de trocas, todavia, estava fadada a ser rompida, pois a existência de Palmares significava uma ameaça perene ao sistema da escravidão no qual se baseava a economia colonial. Assim, a administração portuguesa tentou desbaratá-lo em uma série de expedições sem sucesso. Em uma dessas, o governador chegou a reclamar ao rei que os soldados que enviava *contra* Palmares, em sua maioria pardos pobres e marginalizados, terminavam por fugir *para* Palmares.

O apogeu do quilombo se deu na década de 1670, quando o governo colonial tentou pela primeira vez estabelecer um acordo de paz. Nesse momento, seu líder político, militar e provavelmente religioso era Ganga Zumba, o primeiro chefe de Palmares a ser registrado pela história. Mas com a cisão entre os líderes de mocambos que discordavam do armistício, e após ter se retirado para o mocambo de Cucaú deixando Zumbi no comando, Ganga Zumba foi assassinado, provavelmente pelos quilombolas que lhe faziam oposição. A partir desse momento, Zumbi se tornou o líder inconteste de Macaco e de Palmares, governando com mão de ferro.

Seus adversários coloniais, que muito escreveram sobre ele, afirmavam que Zumbi era ao mesmo tempo um líder impiedoso e um general temível e brilhante. E que ele ofereceu uma guerra ferrenha contra os portugueses não há dúvidas. Tanto que as tropas da Coroa, depois de várias investidas infrutíferas e não conseguindo dar cabo do quilombo, foram acrescidas com a contratação de sertanistas experientes para comandar a guerra. Eram os *paulistas*, que posteriormente ficariam conhecidos como bandeirantes.

Nos séculos XVI e XVII, São Paulo era uma região de sertanistas especializados em expedições pelas vastidões continentais e apresamento de indígenas e escravos fugidos. Sua fama corria nas distâncias coloniais, e foi graças a ela que as autoridades de Pernambuco se decidiram a contratar a tropa do paulista Domingos Jorge Velho para combater Palmares.

Jorge Velho é lembrado como o bandeirante que derrotou Zumbi. Isso, no entanto, não é totalmente verdade: em primeiro lugar, apesar de seu comando bem-sucedido no ataque de 1691 contra a Cerca Real de Macaco, a maior parte da tropa que comandava então era composta por índios e soldados retirados da população pobre de Pernambuco. Em segundo lugar, apesar da queda de Macaco naquela ocasião, nem Zumbi e nem Palmares foram destruídos nesse momento, resistindo ainda durante muitos anos à colonização.

Zumbi morreu provavelmente em 1695, em uma emboscada organizada por sertanistas e portugueses, quando teve sua cabeça decepada e exposta para apodrecer em praça pública no Recife. Mas apesar de seu mito ter crescido com sua morte, assim como o medo dos colonos de novos quilombos, ele é provavelmente um dos personagens célebres da história do

Brasil sobre o qual se sabe menos. Muitas são as versões acerca de sua vida: teria nascido em Palmares, ou em algum reino africano; teria sido feito escravo quando criança, e adolescente fugido para a Serra da Barriga; seria sobrinho de Ganga Zumba e irmão do chefe Andalaquituche. Para nada disso existem mais que indícios, mas é provável que o apregoado parentesco com os outros chefes não fosse sanguíneo, mas um parentesco político. Na verdade, Zumbi talvez nem mesmo fosse seu nome.

Também sua morte gerou lendas. Numa delas, depois da destruição da Cerca Real de Macaco, em 1691, pelo ataque de Domingos Jorge Velho, Zumbi teria se suicidado, junto com seus comandados.

A maior parte das controvérsias sobre sua vida se deve ao fato de os documentos que falam sobre ele, e também sobre Palmares, terem sido escritos por seus inimigos, portugueses e holandeses. A ausência de registros escritos pelos palmarinos impossibilitou que a biografia de seu principal líder fosse melhor conhecida. E a vida em Palmares ficou, assim, por muito tempo cercada em mitos e sombras.

Hoje, Zumbi é o símbolo maior da luta pelo fim da discriminação racial e pelos direitos dos negros. Em alguns estados, como Alagoas e Rio de Janeiro, o dia 20 de novembro, oficialmente chamado de Dia da Consciência Negra, data mítica de sua morte, é feriado amplamente celebrado. A construção de seu mito foi feita inicialmente com base na memória popular, pois a historiografia do século XIX, ao escolher os heróis que representariam a identidade brasileira, jamais o mencionou. Mas a memória popular o conservou e dela ele foi resgatado, no século XX. E seu mito cresce a cada dia. A escolha da suposta data de sua morte como Dia da Consciência Negra é uma resposta à instituição do 13 de maio como celebração da abolição da escravatura pela Princesa Isabel. Enquanto o Dia da Consciência Negra representa a secular conquista de direitos, a Princesa Isabel ilustra um discurso elitista que afirma terem sido as elites as responsáveis pela liberdade dos cativos, sem nenhuma participação destes no processo que pôs fim a escravidão.

O nome de Zumbi é imenso, e pode ser visto cada vez mais, fruto de um processo de luta pela inclusão dos afrodescendentes na História do Brasil. Nesse resgate, o Zumbi histórico, pouco conhecido, general hábil e líder despótico, transmutou-se no Zumbi mítico, símbolo das utopias por um Brasil mais igualitário.

Curiosidades

Apesar de toda a relevância que possuiu a figura de Zumbi, não é conhecida, pela Historiografia, descrição ou imagem do líder negro. Pela ausência de qualquer representação iconográfica foram utilizadas outras imagens de guerreiros africanos para que fosse possível dar forma ao mito.

Chica da Silva

Liberta brasileira, c. 1731–1796

Em 1796, a Igreja da Irmandade de São Francisco no Arraial do Tejuco, em Minas Gerais, celebrou com todas as pompas barrocas uma missa pela morte da senhora Dona Francisca da Silva de Oliveira, falecida com pouco mais de 60 anos. A igreja em questão era reservada para a elite de senhores de escravos, que compareceu em peso para homenagear D. Francisca, viúva do contratador de diamantes do Tejuco. Tais cerimônias fúnebres eram bastante comuns na sociedade colonial da América portuguesa, e as pessoas de prestígio, ricos proprietários de escravos e minas, estavam acostumadas a elas. Esse enterro teria passado para a história apenas como mais um exemplo dos ritos religiosos daquela sociedade se não fossem as lendas criadas em torno dessa senhora. Dona Francisca da Silva de Oliveira era Chica da Silva, ex-escrava que se tornou, por casamento, uma das senhoras mais importantes das Minas Gerais coloniais.

Chica da Silva é um dos maiores mitos brasileiros, uma das mulheres negras mais famosas, senão *a* mais famosa da história do Brasil. A trajetória de seu mito, entretanto, sofreu muitas modificações ao longo do tempo, assumindo aspectos muito diversos. Por um lado, seu nome foi associado, no século XX, à resistência negra à escravidão; por outro, foi também associado ao estereótipo sensual da mulher de cor brasileira. As primeiras versões dessa história foram retiradas da memória oral da cidade de Diamantina e registradas pela primeira vez no século XIX, no livro *Memórias do Distrito Diamantino*, de Joaquim Felício dos Santos.

Nessa obra, o autor, imbuído do imaginário escravista do período, retratou Chica como uma mulher feia, cruel e maquiavélica, que conseguira, à custa de insídias e sedução, casar com o contratador de diamantes. Somente no século seguinte essa imagem mudaria: de mulher feia e cruel para bela, sensual e irresistível. Nos dois casos, seu maior atributo era sempre a sensualidade, mas para nenhuma das versões exitem fontes confiáveis.

Francisca da Silva nasceu no Arraial do Tejuco, no distrito diamantino de Minas Gerais, na década de 1730, de mãe escrava africana e pai português. Mas apesar de filha de homem livre, como muitos filhos ilegítimos e mestiços de mães escravas, ela permaneceu na escravidão. Sua infância e adolescência foram as mesmas de muitas outras cativas de então, e aos 20 anos ela teve um filho com seu senhor. Uma sina comum às mulheres escravizadas do Brasil colonial, que se tornavam concubinas de seus proprietários, muitas vezes contra a vontade. Mas aos 23 anos sua vida mudaria, separando-a do dia a dia da grande maioria das mulheres escravas, pois, em 1753, ela conheceu João Fernandes de Oliveira, contratador de diamantes que viera de Portugal para dirigir os negócios do pai.

O papel de contratador de diamantes era um dos mais prestigiados das Minas no século XVIII, ocupado por homens muito ricos que alugavam da Coroa a licença para explorar diamantes na região. João Fernandes conheceu Chica como escrava e se interessou por ela. Isso em si não constituía algo raro, nem o fato de a ter comprado. Raro foi o que fez em seguida: alforriou-a. Eles nunca chegaram a se casar, pois o casamento entre pessoas de origens sociais tão distintas era um tabu: o matrimônio entre um homem de tão elevada posição social e uma ex-escrava era intolerável para a mentalidade do tempo. Mas isso não impediu que João Fernandes mantivesse um relacionamento estável, dando a Chica todos os privilégios de uma mulher casada nos altos estratos de sua sociedade.

E, na colônia, o casamento era a única forma de vida honrada destinada às mulheres de qualquer classe social. As possibilidades para as pobres e de cor, e principalmente alforriadas, eram ainda mais limitadas, pois, tendo de trabalhar, em geral nas ruas, elas estavam sujeitas às violências costumeiras naqueles tempos, físicas e sexuais. Mas muitos forros, escravos que conseguiam a liberdade, também conseguiam se inserir e ascender socialmente, principalmente ao se tornarem comerciantes. Em Minas Gerais inúmeros foram os casos de mulheres forras que, trabalhando no comércio ambulante, principalmente de gêneros alimentícios, conseguiram reunir capital suficiente para viver confortavelmente e adquirir bens.

Mas então o prestígio era fundamental e ter capital não significava ter honra ou pertencer às camadas mais elevadas. Para isso era preciso aparentar ócio, ostentar e ser branco, ou, pelo menos, passar por branco. Nesse caso, mesmo as mulheres negras forras que conseguiam juntar certo cabedal estavam fadadas a pertencer às camadas subalternas.

A mulata Chica da Silva se tornou um caso a parte pela posição extremamente elevada que alcançou por meio de sua união com o contratador de diamantes. Apesar da ausência do casamento oficial, era tratada como senhora da mais alta elite, fazendo parte das instituições mais fechadas, como as irmandades de brancos. E se essa situação começou sendo possível graças à união com João Fernandes, ao longo do tempo Chica soube consolidar sua posição e mantê-la quando o contratador foi obrigado a voltar para Portugal, deixando-a só com vários de seus filhos. Ela conseguiu inclusive casamentos vantajosos para as filhas.

Chica e João Fernandes se mantiveram juntos por quinze anos, separando-se apenas quando ele foi chamado a Portugal para resolver litígios familiares que duraram até sua morte. Mesmo então, apesar de não ser casado oficialmente e de que um matrimônio político certamente teria sido vantajoso na metrópole, Fernandes nunca chegou a casar. E ao deixar Minas Gerais, levou com ele quatro de seus filhos com Chica, para os quais conseguiu títulos de fidalguia no reino.

O casal teve treze filhos, e depois da viagem de João Fernandes, Dona Francisca permaneceu com suas filhas e com vasta fortuna. Conseguiu para elas o ingresso em concorridos recolhimentos para moças de elite, além de casamentos considerados vantajosos. E para se enquadrar na elite de Minas, teve de se comportar como as senhoras brancas e assumir seus valores: como qualquer outra mulher de fina flor, não amamentou seus filhos, mas usou amas de leite escravas. E teve escravos como a maioria dos pretos e pardos alforriados que conseguiam se firmar financeiramente, pois a posse destes era um importante distintivo social para a época. Morreu uma senhora respeitada pela aristocracia local.

Chica não foi uma heroína da causa negra pelo simples fato de que essa causa ainda não existia. A luta pelo direito dos negros pertence ao século XX, e mesmo a resistência à escravidão no século XVIII apenas raramente aparecia como luta organizada. Na maioria dos casos, os escravos procuravam se alforriar e se inserir da melhor maneira possível na sociedade. Exatamente o que Chica fez. Então era comum que libertos e libertas buscassem se transformar em donos de escravos tão logo pudessem, tão forte era a ideologia da escravidão que vigorava naquela sociedade.

Naquele momento, a resistência à escravidão era muitas vezes composta por atos individuais, em que cada um tentava driblar as barreiras do sistema da melhor forma possível. Nem todos tinham possibilidade ou força para fugir e viver em quilombos, principalmente no caso das mulheres. A própria Chica já tinha um filho de seu proprietário antes de conhecer João Fernandes, e para gente como ela, conseguir a alforria e uma situação estável era o sonho almejado. Se isso fosse feito por meio do casamento, tanto melhor.

Se Chica não se enquadra no ideal atual do que deveria ser uma heroína contra a escravidão, sua vida foi um retrato dos difíceis caminhos para as mulheres negras e pardas ao longo da história do Brasil, tendo vivido os abusos sexuais e preconceitos cotidianos. Mesmo seu mito, ao propagar a imagem de uma mulher sensual, volúvel, com desenfreado apetite sexual, também é alimentado pelo estereótipo ainda vigente no qual as mulheres de cor, especialmente as mulatas, são representadas como seres sensuais e de libido exacerbada. Bonita ou não, ela foi mãe muito cedo e teve treze filhos com o mesmo companheiro, o que deixa pouca margem para a imagem de sedutora.

Curiosidades

No século XX a figura de Chica da Silva ganhou grande destaque por meio do sucesso da telenovela produzida em 1996 e da biografia *Chica da Silva e o Contratador dos Diamantes*, da historiadora Júnia Ferreira Furtado.

Emiliano Zapata

Revolucionário mexicano, 1879–1919

Em 1910, o México vivia um período de grande tensão. A política do presidente Porfirio Díaz, pela sexta vez no poder, projetara um desenvolvimento capitalista que beneficiara os agroexportadores e o investimento internacional, além de criar uma aura de modernidade urbana nas grandes cidades. Mas tal desenvolvimento desestruturara grupos rurais no norte e no sul do país, assim como um operariado e uma classe média que queriam mais direitos. Essa última, aliada aos intelectuais e latifundiários progressistas, saiu em defesa do liberalismo político, que pregava eleições democráticas e uma maior participação desses grupos no poder.

Nesse ambiente surgiu Francisco Madero, latifundiário liberal que vinha empreendendo campanha contra a reeleição do presidente e que, juntamente a seus seguidores, havia convocado uma mobilização geral contra a ditadura. Mas mal sabia ele que, ao instar seus conterrâneos a se revoltarem contra Díaz, estava acendendo o estopim para uma revolução que modificaria as estruturas de terra e trabalho no México e que teria grande influência sobre toda a América: a Revolução Mexicana.

Nela, uma das mais sólidas reivindicações advinha de um dos grupos mais atingidos pelas reformas liberais do século XIX: os camponeses indígenas do sul do país. Povoados que já existiam desde antes dos espanhóis se viram acuados pelo crescimento da agroindústria canavieira na região e pela política corrupta do governo de Díaz. Contra essa situação o povo se levantou, liderado por Emiliano Zapata.

Ao longo do século XX, Zapata se tornou um símbolo da luta dos camponeses latino-americanos por *terra e liberdade*, lema da revolução que alterou os rumos do México naquela centúria, mobilizando classes médias urbanas, trabalhadores da terra e da indústria, todos com reivindicações antigas. Mas nunca houve uma unidade de interesses na revolução, nem mesmo um comando único, pois os grupos armavam diferentes exércitos que ora se aliavam, ora se opunham.

A revolução, que começou em 1910, foi concluída oficialmente em 1917 com a promulgação de uma nova constituição, mas se estendeu até o governo populista de Lázaro Cárdenas, na década de 1930. De início, os principais exércitos envolvidos advinham de três regiões com interesses específicos: as grandes cidades, onde se concentravam os liberais, as classes médias, o operariado sindicalizado, anarquistas e socialistas; o norte, onde se concentravam minas, operários e propriedades rurais de pequeno e médio porte, os *ranchos* independentes; e o sul, área de grandes latifúndios canavieiros e de propriedades camponesas de origem indígena. Nesse complexo cenário, Francisco Madero liderou uma força que atuou no norte, cuja base eram os grupos urbanos e liberais, enquanto os independentes *rancheros* nortistas eram comandados por Pancho Villa, vaqueiro, ex-bandido transformado em líder revolucionário. Por sua vez, aquele que viria a se chamar Exército Libertador do Sul foi comandado por Zapata. Todas essas forças, criadas de forma espontânea pela conjuntura social específica de cada região, se uniram pela primeira vez apenas quando Madero já depusera Díaz.

Emiliano Zapata nasceu em San Miguel de Anenecuilco, uma comunidade camponesa de origem náuatle do estado de Morelos, em 1879. Essa província, no sul, era o principal produtor de açúcar do México, e o Governo Díaz vinha permitindo que os latifúndios crescessem à custa da população local. A família Zapata nunca havia sido ameaçada com a submissão à escravidão por dívidas, como os camponeses. Os Zapata eram *charros*, vaqueiros famosos por se confrontarem contra bandidos, e possuíam uma pequena propriedade. Haviam se destacado contra a invasão francesa no século anterior e adquirido o respeito da comunidade. Quando Emiliano nasceu, Porfirio Díaz já estava no poder havia três anos, e sua família aderiu por um tempo ao porfirismo. Em sua infância e juventude ele estudou pouco, mas seus tempos de escola lhe deram oportunidade de travar contato com os ideais do anarcossindicalismo que então se desenvolvia no México. Mestiço que se vestia com o cuidado de um rico latifundiário, esse vaqueiro mantinha boas relações com os camponeses indígenas, o que lhe valeu, em 1909, a eleição para um cargo de comando em seu povoado, que tinha, pelo menos, setecentos anos de existência.

A modernização do México era o carro-chefe do governo de Porfirio Díaz, uma ditadura que tentava manter a aura de legalidade por meio de sucessivas reeleições. O presidente se apoiava nos políticos e tecnocratas positivistas que defendiam o estabelecimento da ordem e do progresso para o desenvolvimento do país, o que incluía a concessão de direitos de exploração das minas, entre outras coisas, a companhias estrangeiras. O capital internacional ingressava de forma avassaladora e a modernização abrangia uma infraestrutura de portos, ferrovias e telégrafos que beneficiava, sobretudo, os exportadores e empresas estrangeiras. Os latifúndios de Morelos também estavam se atualizando e passando de fazendas a grandes indústrias por meio da desapropriação de terras e braços indígenas. O governo os apoiava ou ignorava a situação. Aqueles que resistiam eram severamente reprimidos, inclusive com o recrutamento para o exército federal.

Foi o que aconteceu com Zapata logo depois de eleito em Anenecuilco. Então, para conseguir a dispensa do exército, ele fez uso de seus contatos, mas apesar de ter se livrado do recrutamento, não pode evitar pagar o favor prestado: comprometeu-se a trabalhar para seu patrono longe de Morelos, na Cidade do México, usando seus conhecimentos de vaqueiro e cavaleiro.

Anenecuilco não demorou a ter suas áreas de cultivo contestadas. Quando Zapata voltou a Morelos, em 1910, encontrou a terra ocupada por trabalhadores enviados por um latifundiário. Como a negociação se mostrou inútil, Zapata armou os homens da vila e expulsou os trabalhadores invasores sem violência.

A notícia se espalhou rapidamente e o *charro* resolveu enviar uma delegação ao próprio Porfirio Díaz para garantir a posse de suas terras. Enquanto isso, no norte deflagrava a revolta de Madeiro contra Díaz. Zapata mantinha seu exército independente, cuidando de seus problemas regionais, confrontando os latifundiários em prol das comunidades indígenas. Na cidade de Ayala chegou a se impor ao governador de Morelos, transformando então seu movimento em uma revolta aberta, que ficou conhecida como Revolta de Ayala.

Até esse momento, o exército federal de Díaz poderia facilmente ter esmagado Zapata e seus seguidores, não fosse o fato de estar bastante ocupado com Madero no norte e com o surgimento de novos líderes, como Pancho Villa. Por outro lado, a atuação dessas forças nortistas significava também que Zapata não poderia se manter isolado por muito tempo. E esse sempre foi seu ponto fraco: líder de uma agitação nitidamente camponesa, não se interessava em fazer contatos, muito menos concessões, às reivindicações e interesses de outros grupos.

A revolução começara com o levante armado dos maderistas e seus aliados no norte em novembro de 1910. Outros levantes se seguiram, com o apoio dos *rancheros* de Pancho Villa no norte. E, em maio de 1911, Madero e seus seguidores liberais conquistaram Ciudad Juarez, um centro estratégico na fronteira com os Estados Unidos. Moralmente derrotado e acossado de todos os lados, Díaz renunciou e Madero tomou o poder interinamente, até a organização de eleições, quando foi eleito presidente. Então não demorou a se confrontar com a grande discórdia entre os interesses dos revolucionários. Se havia conseguido derrubar Díaz e tomar o poder, tal feito só fora possível devido às muitas revoltas isoladas que assolavam o México, principalmente às comandadas por Villa e Zapata. Madero ascendeu ao poder defendendo eleições democráticas e um governo constitucional, preocupações da burguesia liberal, mas precisava fazer frente às reivindicações de grupos como os anarcossindicalistas e socialistas da Cidade do México, os villistas e os zapatistas.

O novo governo, todavia, repetiu diversas ações do antigo. O gabinete liberal montado era no mínimo moderado e contava, inclusive, com antigos porfiristas. Fiel aos planos liberais do século XIX, Madero defendia a transformação das comunidades rurais em propriedades capitalistas, opunha-se aos operários, e não realizou a reforma agrária prometida. Com isso, foi aos poucos alienando seus antigos aliados.

Em 1911, revoltado com a política do novo presidente, Zapata transformou sua ação em um movimento bem definido com a declaração do Plano de Ayala, no qual defendia a retomada das terras comunais indígenas. Os anarcossindicalistas, como Ricardo Flores Magón, simpatizavam e apoiavam seu movimento. É de autoria de Flores Magón o *slogan* que definiria o movimento de Morelos dali para a frente: *Tierra y Liberdad*.

O choque com o governo continuou, até que, em 1913, um golpe de estado, dado pelo General Huerta, depôs e assassinou Madero. Os camponeses zapatistas mantiveram-se em armas, dessa vez contra Huerta. E não demorou a que outros se levantassem contra o golpista: Carranza, antigo aliado de presidente deposto, foi o líder desse novo levante. Venceu e se tornou o novo presidente do México, entrando em confronto direto com o grupo de Villa no norte e também com os zapatistas. Isso porque, fosse quem fosse que assumisse o poder, o governo central se recusava a atender as reivindicações de terra e trabalho dos grupos do norte e do sul. Enquanto isso, Zapata e seus seguidores buscavam o reconhecimento de suas exigências no Plano de Ayala, com a devolução das propriedades indígenas.

Zapata e os camponeses indígenas de Morelos continuaram a se bater contra todos, e chegaram mesmo, em coalizão com Villa e seus *rancheros*, em 1915, a tomar a Cidade do México. O governo de Carranza, mesmo promulgando uma lei agrária, não satisfez as reivindicações dos zapatistas, que queriam o retorno imediato às antigas comunidades. Dessa forma, Zapata continuou mobilizado contra o governo central, até que, em 1919, foi emboscado e assassinado por um militar que esperava receber uma recompensa do Estado. Sem ele, o exército camponês de Morelos foi se desorganizando, mas o movimento não pereceu e conseguiu finalmente sua reforma de terras em 1934, no governo populista de Lázaro Cárdenas, o verdadeiro ápice da Revolução Mexicana.

A questão agrária continuou a assombrar os camponeses indígenas, atingindo diferentes grupos ao longo do século XX, até que os maias do estado de Chiapas, próximo a Morelos, estouraram uma insurreição no último quartel do século, revoltados com as desapropriações feitas por novas companhias estrangeiras. A eles se uniram, então, guerrilheiros de origem urbana, seguidores do foquismo de Che Guevara. Os dois grupos criaram um movimento que ainda atua no sul do México, misturando elementos da clássica guerrilha latino-americana com novas estratégias de mídia advindas da globalização. O movimento, em homenagem a Emiliano, se chama Exército Zapatista de Libertação Nacional.

Curiosidades

Foram lançados pelo menos cinco filmes sobre Emiliano Zapata, tendo sido o mais famoso *Viva Zapata!*, que estreou nas telonas em 1952. Nesse filme, o líder revolucionário foi representado pelo ícone do cinema Marlon Brando.

Gerônimo

Líder apache, 1829–1909

Em 1840, alguns cartazes de recompensa, então um método usual de apreensão de bandidos procurados, foram afixados pelo norte do México. Mas estes diferiam dos muitos outros de seu gênero pela oferta que traziam: U$ 100,00 por escalpo de um homem apache, e U$ 50,00 pelo de uma mulher apache. O governo mexicano, por esse meio, oficializava o extermínio de todo um povo, pagando para que fossem não apenas presos como bandidos, mas caçados e escalpelados. Tal política não era novidade, pois continuava a perseguição iniciada pelas autoridades coloniais espanholas. A oferta do Estado foi bem recebida, seguida à risca e produziu muitas chacinas. Em 1858, como resultado de uma dessas, um homem viu serem massacrados sua mãe, sua esposa e seus filhos. Nesse dia ele jurou que mataria tantos homens brancos quanto possíveis. Seu nome era Goyathlay, e logo se tornaria um dos guerreiros índios mais famosos de todos os tempos, amplamente conhecido como Gerônimo.

Goyathlay era um xamã dos apaches chiricahua, nascido em 1829 no território mexicano que hoje corresponde ao estado norte-americano do Novo México. Sua posição de religioso lhe possibilitou aprender as artes de cura, além dos rituais xamanísticos que o punham em contato com os espíritos da natureza e dos antepassados. Esses saberes produziriam muitas lendas que afirmavam que ele não apenas adquiria poder por meio das conversas com os espíritos, mas que, por causa disso, podia escapar de balas.

O apelido Gerônimo pode ser uma forma ocidentalizada de seu verdadeiro nome, uma tradução para o espanhol, ou ter se originado da reação de suas vítimas que, aterrorizadas com os ataques de seu bando, clamavam pelo santo protetor, São Jerônimo. Seja como for, depois de um tempo o próprio Goyathlay passou a usar a oração dos inimigos como seu grito de guerra particular: *Gerônimo!*

Ele viveu em uma época das mais turbulentas para os índios da América do Norte. Até o século XIX, os povos das vastas planícies e desertos setentrionais estiveram relativamente distantes da colonização europeia no continente. No entanto, esse século vivenciaria tanto a criação dos Estados nacionais, no México e nos Estados Unidos, quanto a expansão deste último sobre os povos nativos do oeste. Além disso, ambas as nações recém-instituídas não demoraram a entrar em conflito, provocando uma guerra bem na fronteira dos grupos indígenas do norte.

Os apaches, povo de Goyathlay, eram nômades caçadores, originários do Canadá e que desde o século XVII ocupavam os territórios desérticos dos atuais estados do norte do México e sul dos Estados Unidos. Guerreiros aguerridos, desde cedo travaram conflito com os conquistadores espanhóis, destacando-se pela resistência que ofereceram à colonização.

Chamavam a si próprios *cihené*, o povo da tinta vermelha. Sua cultura belicosa, em que o *status* era adquirido pela guerra, levava-os a saquear constantemente outras tribos, e tal era a hostilidade a outros povos que um dos principais heróis chiricahua se chamava "matador de inimigos". Estes, os chiricahua, eram uma das quatro tribos apaches, juntamente aos mescalero, aos lipan e aos jicarilla. Cada uma delas, por sua vez, se subdividia em bandos e grupos menores. Goyathlay era um chiricahua.

Senhores das emboscadas, temidos por seus vizinhos, assim que a colonização espanhola foi se aproximando de seus territórios, mais ou menos em 1600, os apaches rapidamente se transformaram em inimigos ferozes das autoridades coloniais. E assim permaneceram até a independência do México, no primeiro quartel do século XIX. Mas o governo mexicano intensificou ainda mais as animosidades, dispensando uma abordagem mais "moderna" à questão indígena e à expansão territorial, sem os escrúpulos religiosos antes cultivados pela Coroa espanhola. A modernização significava o genocídio que foi realizado por meio da prática de recompensas por escalpos: o extermínio foi indiscriminado, atingindo homens, mulheres, idosos e crianças. Tal política empurrou os remanescentes para o norte, território que estava em disputa com os EUA, ocupado pelos comanches, grupo tradicionalmente rival.

Perseguidos, encurralados entre o genocídio sistemático e os inimigos seculares, os apaches responderam com a intensificação de sua guerra contra os mexicanos: atacaram cidades, fazendas e propriedades. Dentre eles, os mais temidos e audaciosos eram os chiricahua.

Nesse meio tempo, em 1836, o México perdeu o Texas para os *ianques*. Desde então uma extensa área, que constituía quase metade de seu território, foi aos poucos ocupada por colonos norte-americanos. Devido a isso, e na esteira dos acontecimentos que culminariam pouco depois na Guerra de Secessão, os Estados Unidos declararam guerra à antiga colônia espanhola, provocando um conflito que durou de 1846 e 1848 e que terminou por lhes dar a possessão de vastidões desérticas — abundantes de recursos minerais — que logo se tornariam os estados do Texas, Califórnia, Novo México, Nevada e Utah. Os indígenas, entre eles os apaches, foram pegos no fogo cruzado.

Antes de sua independência, em 1776, os Estados Unidos se constituíam por treze colônias inglesas, com relativo grau de autonomia umas das outras, estendidas ao longo da costa leste do país. O interior, além do rio Mississipi, era uma área não colonizada, pertencente a diferentes grupos indígenas. Mas com a independência e o crescimento industrial dos estados do norte, teve início uma expansão relâmpago que se tornou conhecida como a conquista do oeste (ou Marcha para o Oeste). Nela, imigrantes europeus eram trazidos e incentivados a colonizar as terras a ocidente, gerando conflitos com os povos da região.

Em 1830, o então presidente dos Estados Unidos, Andrew Jackson, assinou a Lei de Remoção dos Índios que obrigava todos os nativos da costa leste a migrarem para o oeste do Mississipi. Milhares de pessoas foram expulsas de suas terras natais e jogadas para regiões distantes já ocupadas por outros grupos. Os índios não se conformaram e diversas rebeliões explodiram, sendo as maiores a dos *sauk*, comandados pelo chefe Black Hawk em 1860, e a dos *sioux*, em 1862. Esta última teve tal repercussão que, como resposta, o general William Sherman, militar encarregado de a reprimir, passou a pregar a extinção total desse povo.

Enquanto isso, a expansão norte-americana para oeste havia se defrontado com as pradarias: imensas planícies habitadas por manadas de milhões de bisões que eram o principal sustento de povos caçadores, como os *sioux*. Não demorou para que a estratégia de generais como Sherman e Sheridan

— este último autor do lema "índio bom é índio morto" — incentivasse o aniquilamento dos bisões, presas fáceis, para acabar indiretamente com os adversários. E logo as caçadas predatórias a esses grandes mamíferos encheram as pradarias de ossos e carcaças e levaram as manadas à extinção. A repercussão sobre os indígenas que se sustentavam deles foi igualmente avassaladora, obrigando-os a se render ao governo norte-americano.

Mas em 1860, os apaches, em solo pertencente aos Estados Unidos, iniciaram sua guerra. Fazia dois anos que os chiricahua eram liderados por Gerônimo em sua cruzada contra os "homens brancos". Primeiro levaram a guerra aos mexicanos, logo passando a atacar os norte-americanos, fosse por terem sido empurrados para territórios mais ao norte, fosse porque suas áreas originais haviam sido incorporadas a este país.

Entre 1861 e 1865, sulistas e ianques desencadearam a Guerra de Secessão dos Estados Unidos, motivada pela recusa do sul monocultor em acabar com a escravidão e se submeter à política industrialista do norte. Esse conflito foi um marco na história daquele país por definir a supremacia do norte industrial sobre o sul agroexportador. Ao findar, o governo da União se encontrava livre de outros inimigos que não os índios e passou a direcionar todas as suas forças sobre estes.

A política norte-americana sobre os grupos indígenas não diferiu muito dos mexicanos: depois da capitalização das tribos, criaram-se *reservas*, áreas pobres, limitadas e afastadas das regiões ocupadas pelos colonos, escolhidas pelo governo, onde os índios deveriam viver. Porém, o rumo para o oeste fez com que os colonos chegassem mais próximo das fronteiras delimitadas, levando as tribos a terem de ser realocadas.

Foi exatamente isso que aconteceu em 1875: o governo norte-americano retirou os chiricahua de seu território no Novo México, levando-os para a reserva de San Carlos, em White Mountain, no Arizona, onde já estavam instaladas sete outras tribos apaches. A chegada dos chiricahua aumentou a rivalidade entre os grupos que habitavam o mesmo local. Por isso, em 1876, Gerônimo organizou um bando de guerreiros e fugiu para a Sierra Madre, no México, passando a saquear e aterrorizar os mexicanos e, indiretamente, os norte-americanos, iniciando dessa forma uma série de emboscadas e razias bem-sucedidas.

Nesse período, a fama de Gerônimo como assassino se propagou, assim como sua fama de invencível. E enquanto para os brancos norte-americanos ele não passava de um matador de sangue-frio — imagem que vigorou até a segunda metade do século XX —, para os apaches ele personificava as principais qualidades da tribo: coragem e destemor. Atacar e saquear os inimigos era prática comum e bem-vista entre esses nômades caçadores.

Mas Gerônimo foi preso em 1877 e realocado na odiada reserva, onde deveria se dedicar à agricultura juntamente a seu grupo. Passado algum tempo, porém, voltou a fugir e armar seu bando. Essas idas e vindas continuaram até 1885, quando ele empreendeu uma fuga mais ousada, acompanhado de um grupo maior de chiricahuas para a Sierra Madre. Dessa vez se defrontou com um duplo obstáculo: enquanto as tropas mexicanas esperavam com ordens de não deixar sobreviventes, de seu lado da fronteira as tropas norte-americanas lhe ofereciam apenas a rendição incondicional como opção. Encurralado, o líder chiricahua se rendeu pela última vez em 1886, sendo transferido com seus guerreiros para a Flórida, bem distante de sua terra natal.

Uma vez nesse estado, os chiricahua rapidamente perderam um quarto de sua população para as dificuldades de adaptação climática e as péssimas condições de vida. Presos em um forte, foram colocados em trabalhos forçados, o que contrariava o acordo de rendição, e transformados em atração turística na cidade. Anos depois, os guerreiros foram transferidos para o Alabama, mas Gerônimo, que passou o resto de sua vida preso, continuou a ser uma atração turística. Em 1904, já idoso, ganhava dinheiro assinando autógrafos em uma feira em Sant Louis, quando foi forçado a desfilar em uma parada do presidente Theodore Roosevelt. Nesse período começou a narrar sua vida para um biógrafo, tarefa só concluída no ano seguinte. Morreu em 1909, com 80 anos, convertido ao calvinismo e apelando para que Roosevelt permitisse a volta dos chiricahua ao Arizona, o que não aconteceu. Seu povo só seria libertado em 1913.

Gerônimo passou para a história como o comandante da última força indígena a se render oficialmente ao governo dos Estados Unidos e durante muito tempo sua situação de inimigo do Estado lhe rendeu a imagem de vilão. Tornou-se a representação, na cultura *pop* norte-americana, do vilão arquetípico de faroestes e histórias em quadrinhos a partir da década de 1920. E somente nas últimas décadas do século XX sua figura de líder da resistência indígena começou a ser resgatada.

Curiosidades

O governo dos Estados Unidos chamou a operação de captura do líder da Al Qaeda Osama Bin Laden de operação *Gerônimo*. O codinome foi escolhido, pois o terrorista saudita, assim como o líder apache, passou anos se esquivando da captura.

Gandhi

Líder político e espiritual indiano, 1869–1948

Regime colonialista europeu que vigia na Índia desde a primeira metade do século XIX, o Raj Britânico se apresentava ao mundo armado de inquestionável solidez, mas esse verniz se impunha sobre uma das populações mais diversificadas do mundo. Os indianos segmentam-se em quase infinita diversidade populacional, falam uma multitude de línguas e reverenciam uma multitude de deuses. Verticalmente, a sociedade era segmentada por um regime de castas que separava os indivíduos de acordo com seu nascimento e que ao longo dos milênios foi criando segmentos cada vez menores e específicos, a ponto de gerar um grupo como os *panchamas*, intocáveis, mais pobres dentre os pobres e responsáveis pelos mais humilhantes serviços, como a limpeza de fossas e o preparo dos funerais.

A maioria dessa gente era devota do Hinduísmo (uma grosseira simplificação ocidental da complexa rede de crenças e práticas religiosas politeístas), mas significativa minoria cria no Islã, e para além desses dois grupos majoritários, havia contingentes representativos de *jains* e *sikhs*, mais cristãos, parses, budistas e judeus em pequenos números. Cada uma dessas comunidades, como seria de se esperar, prezava suas práticas e tradições e, acima de tudo, não eram apenas diferentes, mas rivais: os hindus não esqueciam que muitos muçulmanos os consideravam meros idólatras infiéis; estes, por sua vez, também guardavam seus próprios rancores, num ciclo de interminável acrimônia.

Crenças diversas levavam a práticas diversas: para boa parte dos hindus piedosos, o consumo da carne da vaca era proibido, enquanto as comunidades mais ao sul e os budistas eram absolutamente vegetarianos, atitude levada ao extremo pelos *jains*, que se abstinham de alhos e cebolas. Os muçulmanos, por seu turno, permitiam-se comer qualquer tipo de animal, com exceção do porco, coincidindo com as leis dietéticas das antigas comunidades judaicas indianas, como a Bene Israel e os Judeus de Cochin — quanto aos cristãos, não viam problema em se alimentar do que quer que fosse.

Como reunir essas pessoas tão diferentes em torno de um mesmo ideal, seja lá qual fosse? Como fazê-las passar por cima de suas diferenças atávicas? Este feito foi atingido por um ex-advogado convertido em improvável líder político, cuja liderança foi imprescindível para a manutenção de uma frente unida e a independência de seu país: Mohandas Karamchand Gandhi. Iniciara sua luta em 1914, mas em 1930, já sexagenário, foi o cabeça da campanha conhecida como Marcha do Sal, a qual conseguiu, finalmente, galvanizar a coesão nacional: independentemente de crença ou casta, todos consumiam sal, e o Oceano Índico, o mais quente, deixava naturalmente nas praias cristais salinos; todavia, ninguém podia simplesmente apanhá-los para consumo próprio ou revenda, pois sua produção era privilégio da coroa britânica — no confronto a essa injustiça de amplo alcance, uniram-se todos os indianos.

Em 10 de março de 1930, Gandhi e um grupo de seguidores partiram de seu retiro para uma caminhada de 24 dias e, a cada parada, mais e mais pessoas se agregavam à marcha, até que em 5 de abril chegaram a Dandi, na costa, onde o esquálido líder apanhou um cristal salino deixado pelo oceano, um ato de irreverência que simbolizou o início do fim do Raj. Sua atitude se tornou um exemplo, e ao longo do vasto litoral do subcontinente, pessoas de todos os credos e grupos sociais simplesmente desconheciam a lei colonial, recolhiam água do mar e ferviam para produzir sal. As autoridades britânicas fizeram de tudo: prenderam todas as lideranças, Gandhi inclusive, e atacaram violentamente os pacíficos grupos que recolhiam o produto, os quais, para seu espanto e do mundo, não reagiam às bastonadas da repressão: a cada indefesa fila de manifestantes abatida, uma outra se erguia, e a Grã-Bretanha perdia a autoridade moral para permanecer na Índia.

Gandhi nasceu na região do Gujarat, oeste da Índia, na cidade de Porbandar, filho de uma família bem estabelecida que trabalhava na administração regional havia décadas, e aos 13 anos se casou com Kasturbai, menina de mesma idade, num matrimônio arranjado. Em 1888, com 19 anos incompletos, viajou para a Inglaterra, onde estudou Direito. Legítimo produto do imperialismo europeu, sua estada na metrópole, ainda por cima tão jovem, permitiu-lhe travar conhecimento com a cultura ocidental e iniciar um prolífico diálogo com suas próprias referências culturais — algo que marcaria profundamente seu pensamento e ação: em seus escritos, cita tanto filósofos hindus quanto a Bíblia, poetas ocidentais e clássicos da literatura indiana, e desenvolveu uma crença panreligiosa que parecia abraçar todas as fés em uma única crença e mesma crença na infinita divindade:

> Em minha opinião, Rama, Rahaman, Ahurmazda, Deus ou Krishna, são tentativas do homem para dar nome a essa força invencível que é a maior de todas as forças.[1]

Advogado formado, foi trabalhar na África do Sul, em 1893, e embora vestisse trajes ocidentais, era lembrado diuturnamente pelas autoridades coloniais de sua inerente inferioridade, e confrontado com as injustiças do Império Britânico, reuniu a comunidade indiana sul-africana em torno de campanhas de resistência civil. Retornando a seu país, em 1914, abandonou em definitivo os ternos, calças e gravatas, sinais de sujeição, e adotou a *dhoti*, uma tanga de algodão usada pelos camponeses. Acima de tudo, tornou-se um defensor do *Hindi Swaraj*, o autogoverno indiano, em substituição ao Raj.

Sua *persona* era complexa como seu próprio país: claramente um líder político, em 1915 filiou-se ao Partido do Congresso Nacional Indiano, e cinco anos depois se tornou seu líder. Não obstante, tais ações eram pautadas por uma espiritualidade profunda e manifesta, que não passava despercebida. Rabindranath Tagore, grande poeta indiano, conferiu-lhe o epíteto que se tornaria seu sobrenome, Mahatma, "Grande Alma", e uma das suas primeiras criações foi o *ashram*, um retiro comunitário formado por pessoas devotadas a uma vida simples de trabalho manual e oração, para onde convergiam fiéis de várias religiões, alguns vindos de longe: missionários cristãos, repórteres ocidentais, um monge budista japonês, e para todos ele era simplesmente "Bapu", "pai". O sincretismo que marcou sua religiosidade se refletiu, igualmente, em sua ideologia: seguia Henry David Thoreau, norte-americano que, no século XIX, escrevera sobre o direito dos cidadãos em descumprir leis injustas e contrárias à moral. Seu conceito de desobediência civil o influenciou imensamente, mas não se tratou de simples empréstimo, pois o ancorou em uma profunda concepção indiana, a *Satyagraha*, união entre

---

[1] GANDHI, Mahatma. *A Roca e o Calmo Pensar*. São Paulo: Palas Athena, 1991, p. 31.

firmeza e verdade, composta por três elementos fundamentais: a ligação com a verdade, a não violência (rejeição à brutalidade no agir, no pensar e no falar), e o exercício da autorrestrição e do autocontrole, mesmo (e principalmente) durante refutação à agressão sofrida, pois todos são capazes de controlar a própria agressividade, mas não a do inimigo; logo, é mandatório responder à brutalidade firme e resolutamente, mas sem violência. De posse dessas definições, caracterizou o Raj e a luta pela independência: em sendo um regime imoral, suas leis eram, por conseguinte, injustas e, consequentemente, pôr-lhe um termo era um bem. Tal processo, contudo, não poderia ser feito por meio de derramamento de sangue, e sim da resistência pacífica e da desobediência civil à legislação perversa:

> A desobediência civil não é um estado de ilegalidade e licenciosidade, mas pressupõe um espírito de respeito à lei combinado com o autodomínio.[2]

Em 1919, o governo colonial baixou uma legislação que feria as liberdades civis, as chamadas Leis Rowlatt, no intuito de esmagar o ânimo independentista. Em vista disso, Gandhi e os demais líderes do Partido do Congresso, há anos percorrendo fábricas e conversando com pobres e operários, propuseram uma greve geral, e por tal ousadia acabaram presos. O que se seguiu foi um dos piores momentos da presença britânica na Índia. O país vivia sob lei marcial e as reuniões públicas estavam proscritas. Mas em 13 de abril de 1919, em um exercício de desobediência civil, cerca de 20 mil pessoas se reuniram no jardim Jallianwala Bagh, um parque da cidade nortista de Amritsar, para um comício. O General Dyer, comandante inglês, enviado para dissolver a aglomeração, ordenou fechar as saídas, montar metralhadoras e abrir fogo. De início, as pessoas não acreditaram que eram tiros de verdade, mas quando os primeiros corpos tombaram, o pânico se generalizou, e ao final, entre metralhados, pisoteados e sufocados, contavam-se 379 mortos e mais de mil feridos. O massacre de Amritsar chocou toda a Índia e foi noticiado em jornais do mundo inteiro. A partir de então não havia mais retorno: os britânicos tinham de partir.

Em 1922, Gandhi foi condenado a seis anos de prisão, mas pouco importava: o movimento continuava vivo e forte, e tê-lo encarcerado representava, inclusive, sério risco para o regime, pois qualquer dano que lhe ocorresse acenderia o ódio das multidões. A inquietação continuou anos 1930 aden-

[2] Gandhi *apud* BUSH, Catherine. *Gandhi*. São Paulo: Nova Cultural, 1990, p. 28.

tro, e apesar dos cárceres britânicos estarem abarrotados de lideranças, não havia sinal de enfraquecimento. Ainda assim, a divisão grassava nas fileiras indianas, pois com a possibilidade da emancipação crescendo a olhos vistos, os muçulmanos desconfiavam do país que o Partido do Congresso ansiava criar, e percebendo a cisão iminente, os ingleses aproveitaram e semearam a cizânia. Em 1940, Mohammed Ali Jinnah, líder islamita, exigiu a partição do território e a criação de uma nação islâmica, a se chamar Paquistão. Também entre os hindus havia dissenso, pois muitos se recusavam a discutir o lugar dos Intocáveis numa futura Índia livre, levando o Mahatma, em 1932, a iniciar um jejum como protesto pela exclusão daqueles a quem chamava *Harijans*, "filhos de deus".

Durante a Segunda Guerra Mundial, muitos indianos defenderam abertamente o apoio ao Japão, mas Gandhi argumentou que tal ato representaria uma traição. Ele e o Partido do Congresso apoiaram a metrópole durante o conflito, mas sob uma condição: a liberdade, tão logo viesse a paz. Nos anos 1940, aparte alguns colonialistas obstinados (cuja suprema encarnação era o primeiro-ministro Winston Churchill), estava claro para a maioria dos ingleses que a independência era inevitável, mas ninguém tinha certeza sobre qual Índia ficaria independente: a hindu? A islâmica? Ou, quem sabe, a dos marajás, que ainda controlavam quase 50% do país? As negociações foram difíceis, e coube ao último vice-rei britânico, Lorde Mountbatten, convencer os potentados indianos a entregar o poder à nova república que surgia. Nesse ínterim, com a partição inelutável, os muçulmanos definiam as fronteiras de seu futuro país: no extremo oeste, as províncias do Sind, do Baluquistão e do Punjab, e no leste, a província de Bengala, embora estas duas porções distassem entre si milhares de quilômetros. Plantou-se, ainda, a semente de uma renitente questão: o marajá da província da Caxemira, de maioria muçulmana, preferiu unir-se à Índia.

Às vésperas da independência, marés humanas lotavam as estradas e ferrovias: 6 milhões de muçulmanos deixaram a Índia em direção ao Paquistão, e 4,5 milhões de hindus e sikhs perfizeram o caminho inverso, situação particularmente grave na Bengala, onde 4 milhões de pessoas se deslocaram. Ambos os países já nasceriam sobrecarregados pelo fardo de alojar essa massa de refugiados. A violência se difundiu, os lugares santos dos diferentes credos eram violados e atacados por atos terroristas, crianças foram sequestradas, homens e mulheres, forçados a abjurar suas crenças.

Os massacres se avolumavam: em Calcutá, os únicos coveiros disponíveis eram os abutres, visto que as vítimas excederam as 500 mil.

Em 14 de agosto de 1947 foi criado o Paquistão, e no dia seguinte o pavilhão nacional da Índia foi hasteado. Os distúrbios continuavam, e Gandhi tentou exercer sua influência para os encerrar: viajou até Calcutá, no leste, e pretendia seguir até o Punjab, no oeste, mas ao chegar em Délhi, encontrou a capital em chamas e os edifícios muçulmanos em destroços. O Mahatma então deu início a seu último jejum em prol da paz: seis dias sem nada consumir além de água, e falando a muçulmanos e hindus, igualmente, por meio de transmissões radiofônicas. Finalmente, depois de uma semana, os ânimos se acalmaram. Esse contínuo exercício da tolerância, contudo, desagradava a muitos, principalmente entre os hindus, que o percebiam como excessivamente leniente para com seus inimigos. Em 30 de janeiro, ainda muito fraco pelo jejum, Gandhi saiu de sua casa para orar, apoiado em suas sobrinhas, e, como de praxe, uma multidão se reuniu à sua volta. Plantado em seu seio estava Nathuram Godse, jornalista e membro de um grupo extremista, que o atingiu com três tiros, e, ao tombar, suas últimas palavras foram "Ha Ram", "Ó, Deus".

A herança do Mahatma foi a própria Índia, onde é considerado o Pai da Pátria e permanece como figura mais reverenciada, muito embora o país esteja cada vez mais longe daquilo que imaginava: desenvolveu uma economia moderna, em oposição à simplicidade que propunha; detém armas atômicas, à revelia da sua pregação não violenta. Mas sua influência transborda as fronteiras de seu próprio país, e pacifistas de todo o mundo o mantêm como um símbolo de seu ideal. Décadas depois de sua morte, o líder dos direitos dos negros nos Estados Unidos, Martin Luther King Jr., fez uma peregrinação à Índia para prestar seus respeitos, usando seu exemplo em sua campanha pelos direitos civis. Em 2013, durante os funerais de Nelson Mandela, várias referências foram feitas ao Mahatma, colocando ambos os líderes num mesmo patamar. Ainda que suas ideias sobre as mulheres, o controle da natalidade e a família sejam bastante discutíveis, e certamente não apropriadas para o mundo moderno, com sua roca de fiar, seu pensamento tranquilo e determinação em perseguir a paz, legou a toda humanidade um exemplo de grandeza.

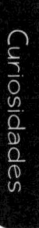

Curiosidades

Em 1982 foi lançado na Índia, Inglaterra e Estados Unidos, respectivamente, a película *Gandhi*, estrelado pelo ator Ben Kingsley. Foi indicado ao Oscar em onze categorias, o que fez do filme um sucesso mundial, retomando as discussões sobre guerra e pacifismo.

O Belo e Peripatético Ícone da Revolução[1]

Che Guevara

Revolucionário argentino, 1928–1967

Em 9 de outubro de 1967, o exército boliviano fuzilou clandestinamente, num quartel no meio da floresta amazônica, um guerrilheiro que desde o ano anterior vinha agindo na Bolívia. Depois de fuzilado, Che Guevara foi enterrado em uma vala comum, descoberta somente trinta anos depois. Sua morte poderia significar o fim de sua história e de sua influência sobre o mundo, mas, na verdade, marcou o início de uma nova fase: a construção de um mito latino-americano que ultrapassou as fronteiras nacionais e continentais e sobreviveu ao regime político que representava.[1]

Ernesto Guevara de la Cerna nasceu na Argentina, foi médico, voluntário, guerrilheiro, escritor, fotógrafo, viajante, ministro e embaixador. Percorreu a América do Sul a pé, de moto, de ônibus e de balsa em uma viagem de oito meses que se tornou em si mesma lendária. Lutou em Cuba, na Bolívia, mas também no Congo e na Tanzânia. Foi socialista, defensor da luta armada para promover a revolução no Terceiro Mundo, idealizador da tese dos focos revolucionários, comandante. Deixou uma significativa obra escrita, composta por diários, manuais de guerrilha, estudos teóricos sobre a revolução e o marxismo. Morreu antes de fazer 40 anos e inspirou políticos, artistas e pensadores de todos os tipos e nacionalidades no século

1 "Belo e Peripatético" foi como Hobsbawn intitulou Guevara. HOBSBAWM, Eric. *A Era dos Extremos: O Breve Século XX (1914–1991)*. São Paulo: Companhia das Letras, 1995.

XX. Uma foto sua, tirada por Alberto Korda, tornou-se a imagem mais vista e difundida do século.

O mito do revolucionário é tamanho que é difícil sintetizá-lo. Em 2006, quando da recuperação de saúde de seu líder, Fidel Castro, o povo cubano, em manifestações de solidariedade, carregou a imagem de Guevara; em 2004, o cineasta brasileiro Walter Salles trouxe às telas uma biografia do jovem Ernesto antes de se tornar Che. Biografia em que, apesar da distância temporal e do socialismo, em crise após 1989, que o argentino defendia, ainda se percebe todo o amor a uma lenda; em 1994, Eric Hobsbawm, um dos historiadores mais importantes do Ocidente, fez seu louvor a Che em meio a sua análise do século XX, chamando-o de belo e peripatético. Cada um desses fatos remete ao mito criado após o fuzilamento do líder guerrilheiro na Bolívia.

A imagem de Che permanece, intocada pela queda dos ícones do socialismo e constantemente reconstruída. No filme *Diários de Motocicleta*, de Walter Salles, Ernesto, então um universitário, segue em viagem pela América do Sul com seu amigo Alberto Granado. A obra mostra um jovem humanitário, sem medo e sem papas na língua, pronto a sair em defesa dos mais necessitados. E assim, Salles atualizou o mito de Che para as novas gerações.

Mas Ernesto Guevara de la Serna foi diferente de seu mito. Viveu a Guerra Fria, a influência do imperialismo norte-americano sobre a América Latina, a crescente influência do comunismo por um lado, e sua ferrenha perseguição no continente por outro. Sua vida teve como cenário as revoluções e contrarrevoluções latino-americanas das décadas de 1950 e 1960.

Durante sua vida, à miséria da maior parte da população dos países latino-americanos agregava-se a rivalidade entre Estados Unidos e União Soviética, que lutavam por maior influência no continente. Nesse contexto, diferentes grupos sociais se aliavam a um ou outro contendor, buscando o domínio de suas próprias regiões. Guevara via a América Latina como uma região onde as fronteiras eram fictícias. Para ele, a unidade social e cultural dos povos da região era patente. E foi com base nessa crença, além de uma visão internacionalista da revolução socialista, que construiu sua ação revolucionária desde Cuba à Bolívia. Mas a diversidade regional e as realidades políticas específicas de cada país impediram que sua ação tivesse sucesso generalizado. E a vitória em Cuba se deveu sobretudo ao próprio contexto histórico desse país.

Cuba foi a última colônia hispânica a se tornar independente no fim do século XIX. Uma situação diferenciada que tolheu o desenvolvimento de suas oligarquias e jogou seu processo de independência bem no meio da expansão imperialista norte-americana. Tal processo fora inicialmente liderado por nomes como José Martí, político e poeta cubano, mas com a interferência dos EUA terminou por ser levado a cabo à revelia de seus líderes. E quando finalmente Cuba se tornou independente, em 1878, foi quase como protetorado daquele país.

Essa conjuntura, de uma elite que não chegava a compor uma oligarquia e dependente dos Estados Unidos, não se repetia em outros países, como a Bolívia. Assim, o processo de guerrilha de poucos homens apoiados nos camponeses, que alcançou êxito em Cuba, não estava fadado a se repetir em outras localidades. A teoria do foco guerrilheiro defendida por Che, em que uns poucos revolucionários poderiam estourar uma revolução a partir de um pequeno grupo de guerrilha, que instigaria os camponeses oprimidos de qualquer lugar a se revoltar, não considerava as especificidades históricas de cada local.

Ernesto Guevara nasceu em Rosário, em 1928, filho de família abastada, teve acesso ao que de melhor as classes altas da Argentina poderiam lhe oferecer. Cursou Medicina, inspirado principalmente por sua própria condição de saúde precária: sofria com uma asma crônica que o afligiria por toda a vida. Ainda na universidade, deu uma pausa em seus estudos para viajar com o amigo Granado, atravessado todo o continente, cruzando os Andes e a Amazônia, viagem que mudou sua visão sobre a relação entre pobres e ricos na região e o levou, em 1953, a abandonar definitivamente sua terra natal, após sua formatura. Depois de ter passado pela Bolívia, fixou-se na Guatemala, liderada por um governo reformista que contrariava o imperialismo norte-americano, encabeçada pelo presidente Arbenz. O jovem argentino, empolgado com as reformas agrárias e a melhoria dos salários promovidas pelo governo guatemalteca, começou a trabalhar como médico na capital daquele país. Isso não durou, pois, em 1954, os Estados Unidos, cujos interesses na região estavam ameaçados, invadiram a Guatemala e depuseram seu presidente.

Guevara, então, partiu para o México, onde conheceu Fidel Castro e seu grupo: revolucionários cubanos do movimento 26 de Julho que tentavam organizar a tomada de poder em seu país. O argentino logo se tornou aliado dos cubanos em sua expedição de invasão. Seu sotaque e o regionalismo linguístico o fizeram conhecido então como Che.

Uma vez em Cuba, o grupo guerrilheiro se sediou na *Sierra Maestra* e passou a combater o governo ditatorial de Fulgêncio Batista. Nesse processo, Che começou atuando como médico, entrando em um dilema se sua participação na medicina seria mais necessária do que como soldado. Trabalhou também como professor, ensinando os camponeses que os acolhiam, e ajudou na rádio fundada pelos guerrilheiros. Chegou a se tornar comandante dos revolucionários.

Em 1959 a revolução foi vitoriosa, e os guerrilheiros assumiram o poder, apoiados em diversos setores sociais. Mas essa aliança teve vida curta: com a pressão dos Estados Unidos, e o gradual alinhamento do novo governo com a União Soviética, os expurgos aos dissidentes e descontentes não tardaram, e Fidel Castro logo declararia Cuba um país socialista. Nesse meio tempo, Guevara atuou nas mais diversas capacidades, principalmente como ministro da Indústria e presidente do Banco Nacional, quando defendeu a industrialização de Cuba e pregou contra a forma como o governo revolucionário seguia o caminho ditado pela União Soviética. E se por um lado construía teses sobre o "homem novo", sobre a ação e caráter do renovado cidadão pós-revolucionário, por outro trabalhava na agricultura, chegando a dirigir um trator em prol da modernização da produção. Seu discurso nessa época girava em torno de três palavras basilares para a revolução: trabalho, estudo e fuzil.

Guevara era médico e foi professor; era um letrado, um escritor, e como tal acreditava na alfabetização e nas letras como arma para dar prosseguimento à luta contra a exploração e a opressão. Mas era também um guerrilheiro e, nessa condição, em consonância com seu tempo, pregava a luta armada como única forma de alcançar as metas da transformação social que defendia.

Na década de 1960, atuou também como embaixador de Cuba, visitando diversos países, inclusive o Brasil, onde recebeu uma comenda do presidente Jânio Quadros. Lutou ainda, sem sucesso, pela independência do Congo, comandando uma força cubana. Seguiu com sua militância socialista ativa até que se separou do governo cubano para tentar a implantação da revolução em outras paragens. Foi então montar um foco guerrilheiro na Bolívia. No entanto, tal empreitada estava fadada ao fracasso pela falta de apoio da população local. E em 1967, depois de ter sido acossado pelo exército boliviano, baleado e preso, Guevara foi fuzilado na selva e lá mesmo enterrado.

De músicas a filmes, o mito de Che perdurou, modificando-se: se o revolucionário que pregava a luta armada para estabelecimento de regimes socialistas não angariava mais simpatizantes, o humanista que lutava por um mundo mais igualitário, capaz de sacrifícios pessoais pela coletividade, idealista e empático, este ainda tem um forte apelo. As lendas em torno de seu nome são muitas e variadas: desde os camponeses no interior da Bolívia, que construíram um altar em sua homenagem, até os jovens das grandes metrópoles mundiais, de São Paulo a Tóquio, que usam camisetas com sua efígie, sem saber realmente quem ele era.

Por outro lado, sua figura está sempre associada à de Fidel Castro: enquanto Che morreu cedo, Fidel continuou no poder até o século XXI. Enquanto Che deixou Cuba antes da maior parte das medidas repressivas serem tomadas, Fidel foi o idealizador da atual ditadura cubana. E apesar de Che ter apoiado e incitado a execução por fuzilamento dos membros da ditadura de Batista, ele é pouco associado ao chamado *Paredón*. E enquanto a imagem de Fidel perdeu sua aura heroica no século XX, depois da queda da União Soviética, passando a compor a longa lista de ditadores latino-americanos, a figura de Guevara manteve a sua.

Sua morte ampliou ainda mais o número de seus simpatizantes, e as imagens de sua execução criaram uma aura de mártir da revolução. Che morto se tornou uma espécie de santo da esquerda, um ícone inatacável. Na década de 1960, a juventude europeia, pronta para reivindicar mudanças estruturais, e que promoveu a chamada primavera de 1968 nas cidades, acolheu a imagem de Che como símbolo de suas reivindicações.

Mas a queda do muro de Berlim, que marcou o fim da União Soviética e do socialismo como regime viável de governo, marcou também mudanças nas esquerdas do mundo, que ficaram sem utopias, sem modelos e se esfacelaram. O mito de Che, no entanto, apesar de estar vinculado a essas esquerdas, permaneceu. Mudou, todavia, tornando-se um ícone da cultura *pop*, desvinculado de seus antigos ideais. As camisetas com sua foto estampadas, vendidas em todo o mundo, são o maior exemplo disso.

No final dos anos 1990, foram relembrados os trinta anos de sua morte. As celebrações foram feitas em grande parte por jovens, e são eles que continuam a manter viva a idolatria. Entretanto, pouco ou nada conhecem da obra escrita de Guevara. Não sabem que ele foi um escritor prolífico, um cronista da revolução e um teórico. E se sua obra não tem a força teórica de outros pensadores do socialismo, tem, por outro lado, o mérito de tentar responder às questões práticas de sua época e sua região.

Assim, os mesmos que estampam sua figura desconhecem suas ideias. E isso constitui o grande paradoxo de Che Guevara: enquanto seu rosto se tornou uma das imagens mais difundidas do mundo, suas ideias caíram no esquecimento.

Curiosidades

Em 1964, Che Guevara fez um discurso para a assembleia da ONU, em Nova Iorque, em que condenou a segregação racial nos Estados Unidos.

Martin Luther King Jr.

Líder norte-americano, 1929–1968

Em agosto de 1963, milhares de pessoas se reuniram em frente ao memorial de Lincoln, em Washington, para protestar pacificamente por melhores condições de vida e igualdade de tratamento entre brancos e negros. Esse episódio, que ficou conhecido como Marcha de Washington, foi um divisor de águas nas lutas pelos direitos civis norte-americanos. Nessa ocasião, o pastor batista que fora considerado um dos homens mais influentes do mundo pela revista *Times* proferiu um discurso ouvido por milhares, e mais tarde repetido por milhões. Nele, afirmou que não haveria descanso nem tranquilidade na América até que os negros tivessem cidadania e que ninguém deveria buscar a liberdade por meio da amargura e do ódio. Defendia que era preciso se manter no mais alto nível de dignidade e disciplina, nunca permitindo que os protestos degenerassem em violência física.

Martin Luther King Jr. já era conhecido daqueles que defendiam a causa dos direitos civis e combatiam a desigualdade racial nos EUA. Mas, nesse discurso, que se tornou célebre a partir de sua frase mais emblemática, "Eu tenho um sonho", consagrou-se como um dos mais importantes personagens do século XX: um líder pacifista e humanista, um pensador que influenciaria e daria esperanças a milhões de pessoas em todo o mundo.

Sua trajetória começou na cidade de Atlanta, Geórgia. Nasceu em 15 de janeiro de 1929 e foi batizado Mikael, mais tarde adotando o nome de Martin em homenagem a seu pai. Esse estado, como outros do sul dos Estados Unidos, vivia em um sistema de desigualdade racial oficial, em que negros e brancos eram separados em espaços públicos, cabendo aos primeiros os piores lugares e condições. Filho de pastor batista e pertencente a uma família negra de classe média, Martin estudou em excelentes instituições e com apenas 16 anos ingressou no Morehouse College, escola superior destinada aos negros, onde teve acesso aos filósofos que seriam as bases de sua prática política, além de ter contato com respeitáveis defensores dos direitos civis.

E não demorou a que se tornasse ele próprio um defensor desses direitos, influenciado pela filosofia da desobediência civil e da não violência, além da própria tradição religiosa familiar. Contra a situação humilhante dos negros no sul dos Estados Unidos usaria como arma principal a oratória, aprendida de seu pai.

A Segunda Guerra Mundial marcou o papel dos Estados Unidos no cenário mundial e também tornou dolorosamente visível a situação dos negros norte-americanos, muitos dos quais haviam lutado fora do país, na propalada defesa da liberdade e democracia, somente para voltar para condições de miséria e opressão em casa. No sul, especialmente, a situação se complicava pela atuação de grupos racistas como a Ku Klux Klan, responsável por grande número de ataques, assassinatos e linchamentos públicos de negros que falavam contra a segregação.

Os Estados Unidos eram, a despeito de sua política de segregação — ou por causa desta —, desde o século XIX, lar de inúmeros pensadores negros, defensores das liberdades individuais e coletivas, como os abolicionistas Harriet Tubman e Frederick Douglass, ex-escravos que haviam atuado no combate à escravidão. Cosmopolita, King não se limitou à influência desses pensadores, sorvendo também da obra de Henry David Thoreau, idealizador da desobediência civil, e de Mahatma Gandhi, que colocara essa filosofia em prática. Gandhi teve tal peso sobre o pensamento do jovem de Atlanta que o inspirara a viajar à Índia, no fim da década de 1950.

Em 1948, com apenas 19 anos, Martin se formou pelo Morehouse e conseguiu uma bolsa para o Crozer Theological Seminary, na Pensilvânia. Nesse estado nortista, conheceu um preconceito mais sutil que no sul: era um dos pouquíssimos alunos negros da escola. Depois, em 1951, começou um doutorado na Universidade de Boston, onde conheceu sua esposa, Coretta, com quem se casou após concluir os estudos. Optou, então, por seguir a carreira do pai, pastor, e voltou para o sul, conseguindo uma posição na cidade de Montgomery, Alabama. Lá se engajou na defesa dos direitos dos negros. Seu principal discurso pregava que os brancos também eram vítimas: vítimas da ignorância.

A vida de Luther King Jr. espelhou a crescente insatisfação dos negros norte-americanos com as condições de vida em meados do século XX. Por um lado, a propaganda oficial veiculava constantemente a defesa da liberdade e da democracia como um dever dos Estados Unidos, levando o país a se engajar na "caça às bruxas", a perseguição aos comunistas promovida pelo senador McCarthy, e anos depois na Guerra do Vietnã. Por outro lado, os negros, principalmente nos estados do sul, onde a população afro-americana era mais numerosa, não eram contemplados pelos benefícios da política do país. A discriminação gerava perseguições e assassinatos: a imagem de homens negros linchados e amarrados a cruzes em chamas se tornou mundialmente conhecida como retrato do sul dos Estados Unidos.

Foi nesse contexto que as décadas de 1950 e 1960 viram o despertar de movimentos pelos direitos civis. O primeiro evento desse despertar ocorreu em 1955, quando Rosa Parks, uma mulher negra moradora de Montgomery, recusou-se a dar seu lugar em um ônibus a um branco, como mandava a lei, e foi presa. Em protesto contra sua prisão, a população negra da cidade iniciou um organizado e pacífico boicote aos ônibus, tendo como um de seus principais idealizadores Luther King.

O boicote de Montgomery foi tão bem-sucedido que impulsionou o pastor a promover, em 1957, a Conferência de Liderança Cristã, que continuaria a lutar pelos direitos civis de forma pacífica, seguindo a política da não violência. Em 1958, publicou seu livro *Combates pela Liberdade*, em que expunha seu humanismo largamente inspirado por Gandhi: para ele só o caminho da não violência levava à redenção. Assim como seu mestre, King também praticou esse credo e nesse mesmo ano sofreu um atentado, do qual escapou por pouco e que o instigou a seguir em peregrinação à Índia.

Os protestos continuaram, e em 1960 King foi preso e condenado a trabalhos forçados, mas conseguiu sair sob fiança mediante a intervenção de Robert Kennedy, que então concorria à presidência. O ano de 1963 foi o ápice dos protestos, com mais de mil manifestações por todo o país. Uma dessas, levada a cabo em Birmingham, cidade sede da Ku Klux Klan, acabou em nova prisão do pastor e nova libertação pelos Kennedy, dessa vez John, então presidente. O ano culminou na Marcha de Washington e no discurso "Eu tenho um sonho", um dos sermões mais conhecidos do século XX, proferido para as 250 mil pessoas que acorreram de todos os lugares. Suas palavras, altamente espiritualizadas, não apenas falavam a favor das melhorias de condições e pelo fim da segregação, mas encorajavam a união racial de forma positiva.

Apesar dos protestos pacíficos, as autoridades racistas e grupos paramilitares clandestinos aumentaram a repressão e os ataques violentos contra os manifestantes. Enquanto os assassinatos e linchamentos de negros continuaram nas comunidades rurais do sul, a polícia reprimia as manifestações com gás lacrimogêneo, cães e armas de choque, mesmo em frente à televisão. A resistência pacífica dos manifestantes, no entanto, terminou por prevalecer e ganhar a opinião pública mundial, levando à emenda constitucional de 1964, que garantia o fim da segregação racial — oficialmente — nos Estados Unidos. Nesse mesmo ano, Luther King foi agraciado com o Prêmio Nobel da Paz. Tinha então 35 anos, a pessoa mais jovem a recebê-lo.

Com os atos governamentais que terminavam a discriminação racial oficial, o Movimento pelos Direitos Civis se concentrou em pleitear melhores empregos e condições de trabalhos para os negros. Aos poucos iam surgindo novos líderes, novas organizações, e as críticas se diversificavam. King passou a combater a miséria, a exploração econômica e a política externa norte-americana, colocando-se contra a Guerra do Vietnã. Sua relação com o governo sempre foi tensa: a despeito da opinião generalizada de que o presidente Kennedy o apoiava, isso não parece ter sido um fato. Tanto a administração Kennedy quanto a de Johnson, que o substituiu após seu assassinato em 1963, foram relutantes em dar suporte ao movimento pelos direitos civis. Além disso, o FBI, principal órgão de investigação interna dos EUA, chegou mesmo a empreender uma campanha contra King, pressionando-o ao suicídio, usando para isso o casamento do pastor com Coretta. Apesar de aparentemente felizes, o casal teve um relacionamento tumultuado: King viveu casos extraconjugais que, contrários a sua moral religiosa, o deixariam com forte sentimento de culpa. A isso se somava uma depressão crônica. O FBI, depois de o espionar, passou a enviar cartas a King e a sua esposa, sugerindo o suicídio. O casamento perdurou, todavia, assim como o engajamento do pastor.

Em 1965, ele organizou uma outra marcha que teria grande impacto nos rumos do movimento: dela participaram nomes como Stokely Carmichael, futuro líder do movimento revolucionário Panteras Negras, criador da expressão *black power*, que modificaria o imaginário norte-americano — e mundial — na década de 1970. Os *Panteras Negras*, todavia, assim como o movimento de Malcom X, apesar de simpáticos a King, deferiam dele consideravelmente: os Panteras eram universitários que pregavam o orgulho negro, combatiam a guerra e a opressão, desenvolviam programas ativos de assistência social para comunidades carentes, mas também preconizavam a defesa armada contra a polícia racista. Já Malcom X liderou a *Nação do Islã*, um movimento político-religioso que instigava os negros a se voltarem para tradições africanas, também pregando a resistência armada contra os desmandos dos brancos.

Entre 1965 e 1968, King continuou na liderança da Confederação de Liderança Cristã, lutando principalmente contra a pobreza. Mas em 4 de abril de 1968, no Hotel Lorraine, em Memphis, Tennesse, quando se preparava para conversar com outros líderes civis, foi morto a tiros. O atirador só seria encontrado meses depois, e o assassinato gerou nos Estados Unidos uma onda de ódio racial que revolveu 150 cidades pelo país afora.

Sua obra sobreviveu a esses eventos, não apenas na luta pelos direitos civis em seu país, o que lhe garantiu um lugar equivalente ao de Abraham Lincoln na história norte-americana, mas também como defensor dos direitos humanos em todo o mundo. Apesar de focado na questão dos direitos dos negros, o pensamento de Luther King era abrangente em seu humanismo: defendia a melhoria de condições de vida para as mais diversas minorias, das mulheres aos latino-americanos nos Estados Unidos, lutando ainda pela causa trabalhista e pela paz mundial. No dia de seu assassinato, ele estava em Memphis para participar de um protesto em benefício dos trabalhadores da limpeza urbana, uma categoria das mais humilhadas. Ainda ecoam suas palavras mais famosas:

> Eu digo a vocês hoje, meus amigos, que embora nós enfrentemos as dificuldades de hoje e amanhã, eu ainda tenho um sonho. É um sonho profundamente enraizado no sonho americano. Eu tenho um sonho que um dia esta nação se levantará e viverá o verdadeiro significado de sua crença — nós celebraremos estas verdades e elas serão claras para todos, que os homens são criados iguais.

Curiosidades

Luther King foi um dos mais importantes ícones dos movimentos sociais de luta pela igualdade racial nos Estados Unidos. Durante o discurso de posse do segundo mandato, o presidente Barack Obama realizou juramento sobre a Bíblia que pertenceu a esse importante líder social.

Nelson Mandela

Presidente sul-africano, 1918–2013

Em 1961, no interior da África do Sul, um ativista negro, adversário do regime racista vigente, fez um discurso que se tornou bandeira contra o segregacionismo no mundo. Nele, elogiou a atuação daqueles que haviam sofrido ameaças e violências de todo tipo e que, apesar disso, haviam se mantido firmes nas greves promovidas contra o *apartheid*. Falou de sua própria posição no país, ameaçada por um mandado de prisão, afirmando que qualquer político sério sabia que, nas condições em que o país se encontrava, entregar-se à polícia era procurar o martírio fácil, e isso seria não só ingênuo, mas criminoso, visto que tinham à frente um importante programa a cumprir. Concluiu asseverando que a luta era sua vida e que continuaria lutando pela liberdade até o fim de seus dias.

Menos de um ano depois, o ativista, Nelson Mandela, foi preso, passando os 27 anos seguintes na prisão, sem jamais desistir de seus protestos contra o racismo institucional da África do Sul. Tornou-se o preso político mais célebre do mundo e, décadas mais tarde, o primeiro presidente negro de seu país, depois da queda do regime que ajudou a sepultar. Apesar das muitas críticas que seu governo receberia, tornou-se um dos homens públicos mais reverenciados da contemporaneidade.

O regime contra o qual Mandela lutou era o *apartheid*, que significa segregação em holandês, criado pelos *africânderes*, a população branca descendente de colonos batavos fixados na África do Sul desde o século XVII. No século XIX, esses fazendeiros, conhecidos como *bôeres*, haviam entrado em choque com outro invasor europeu, o Império Britânico, perdendo a sangrenta guerra que se seguiu. Mas como eram proprietários de minas e plantações, foram ganhando mais e mais influência na União da África do Sul, fundada pelo Império Britânico em 1910. Enquanto isso, a população negra, zulus, sotho, pedi, swazi e xhosa, gradativamente foi perdendo terreno, até que, em 1913, o Ato da Terra Nativa condenou todos eles a viverem em apenas 10% do território sul-africano, enquanto *africânderes* e ingleses dividiam terras e riquezas.

Desde o século XIX, os *africânderes* haviam elaborado uma cultura racista que lhes dava direitos absolutos sobre a terra, defendiam a desigualdade racial como natural e inferiorizavam as etnias negras. Com a ascensão do nazismo na Alemanha, identificaram-se com a filosofia da pureza racial e fundaram o Partido Nacional, que, em 1948, instituiu as primeiras leis do *apartheid*, estabelecendo locais públicos diferenciados para negros e brancos: de bancos de praça a hotéis. A educação, a saúde e a habitação também foram definidas em áreas distintas, aos brancos cabendo os melhores espaços, enquanto os negros, mestiços e imigrantes indianos precisavam de passaporte para circular pelo país. O *apartheid* tornou-se regime de governo ainda sob domínio da Inglaterra, e continuou a vigorar depois de 1961, quando a África do Sul se tornou uma nação independente, restringindo os votos e direitos da população negra.

Contra esse regime muitos se levantaram, como Steve Biko, ativista que na década de 1970 foi preso e torturado pela polícia, vindo a morrer na cadeia. Mas a principal instituição de resistência foi o Congresso Nacional Africano, o CNA, fundado em 1912 em defesa do fim das leis discriminatórias e pelo incentivo à não participação dos negros em qualquer órgão que promovesse a segregação racial. Desse partido, Nelson Mandela viria a ser o principal nome.

Nelson Rolihlahla Mandela nasceu em 18 de julho de 1918, entre o povo xhosa da região do Transkei, no interior da África do Sul. Sua família tinha ascendência nobre, mas fora privada de títulos e terras pelo Império Britânico. Os pais, Henry Mandela e sua terceira esposa Noseki Fanny, chamaram seu filho único de Nelson em honra a um notório herói inglês. Henry era conselheiro do rei xhosa do reino Thembu, mas havia sido deposto pela administração colonial e obrigado a se mudar com sua família. Com a morte de seu pai em 1927, Nelson foi acolhido pelo regente de Thembu, Jongintaba Dalindyebo, por quem foi educado.

As escolas e universidades na África do Sul eram separadas por raça, e Mandela foi privilegiado em poder estudar nas melhores instituições destinadas aos negros. As condições de vida, habitação, trabalho e educação, no entanto, eram tão difíceis para as pessoas de cor que poucos eram aqueles que conseguiam mesmo concluir a educação básica. Em 1938, o jovem Nelson ingressou na Universidade de Fort Hare, apelidada de "Cambridge Negra". Lá iniciou sua trajetória na contestação política com uma greve que lhe valeu uma suspensão. Depois disso, decidiu partir para a mais rica das cidades sul-africanas, Joanesburgo, em 1941.

Exportando para a Alemanha nazista durante a Segunda Guerra, a África do Sul deu um salto econômico que enriqueceu a elite branca e criou uma miríade de novos empregos urbanos para os negros. Mas esses novos empregos não garantiam melhorias de condições de vida, visto que as áreas destinadas à habitação da população negra nas grandes cidades careciam da mínima infraestrutura de saneamento, abastecimento de água e energia. Com o surgimento de novos empregos, essas áreas receberam mais e mais moradores, tornando-se inabitáveis.

Uma vez em Joanesburgo, Mandela continuou a estudar, concluindo o curso de Direito por correspondência, entrou em contato pela primeira vez com o CNA e foi acolhido por Walter Sisulu, importante liderança do partido. Paralelamente, começou a trabalhar em um escritório de advocacia e se casou pela primeira vez. Começou também a cursar Direito na Universidade de Witwatersrand, instituição branca que mantinha número limitado de vagas para negros. Mas dificuldades de toda a sorte, incluindo o pequeno número de ônibus destinados a pessoas de cor e a falta de eletricidade em sua casa à noite, fizeram-no desistir do curso.

Em 1948, a minoria branca *africânder* elegeu um novo presidente, D.F. Malan, que intensificou as medidas racistas e instituiu o *apartheid* como regime oficial, impondo a obrigatoriedade do uso de passaporte pelas pessoas de cor dentro do país. A segregação proibiu relações inter-raciais e a miscigenação sob qualquer forma. Nesse período, Mandela passou a atuar intensamente no CNA, abrindo também um escritório de advocacia em uma área branca de Joanesburgo, o que gerou muita polêmica.

Foi nessa mesma época que aderiu à filosofia da não violência que, em outros dias, embalara as atividades contestatórias de Gandhi e Martin Luther King, e que desde 1912 embasava a atuação do CNA. Em 1942, com Walter Sisulu e seu sócio no escritório de advocacia, Oliver Tambo, fundaram a Liga Jovem do CNA, uma organização mais dinâmica que o levou à liderança dos protestos públicos e pacifistas e lhe rendeu, além de diversas prisões, uma acusação de comunismo e a proibição de sair de Joanesburgo. A década de 1950 foi também a da ruína de seu primeiro casamento, que chegou ao fim em 1956, e do encontro com Winnie Madikizela, com quem se casaria em 1958.

O final dos anos 1950 trouxe cisão para o CNA com o surgimento de um novo grupo, o CPA, Congresso Pan-Africanista, que em 1960 liderou uma manifestação contra a lei dos passes obrigatórios para pessoas de cor em território nacional. Essa manifestação sofreu severa reação da polícia em Joanesburgo, acabando em 69 mortes e muitas prisões sem direito a julgamento. Entre os presos estava Mandela, que dessa vez passou cinco meses encarcerado. O massacre de Shaperville, como o episódio ficou conhecido, acabou por minar a filosofia de não violência dos grupos ativistas antiapartheid. E mesmo Mandela, que continuara pregando a não violência e discursando em público após a proibição, terminou por aderir também à luta armada, principalmente na forma de sabotagem. Tornou-se o líder do braço armado do CNA, o MK, ou "Lança da Nação", que atuava explodindo instalações governamentais e planejava o início de uma guerrilha. Mas seus planos guerrilheiros não foram postos em prática, porque, em 1962, Mandela foi preso pela última vez.

Apesar da resistência interna e da pressão internacional, a África do Sul seguia firme em seu regime segregacionista. Com a prisão de 1962, Mandela foi condenado a cinco anos por viajar sem passaporte e incentivar greves. Mas em julgamentos subsequentes, nos quais continuou a defender a igualdade de direitos e o fim do *apartheid*, foi condenado à prisão perpétua. Transferido para uma prisão na ilha Robben, passou sua temporada inicial em trabalhos forçados, até que a mudança do diretor da penitenciária lhe favoreceu.

Enquanto isso, do lado de fora da prisão, Winnie Mandela se tornava uma liderança significativa, passando a ser ela própria um alvo, ao mesmo tempo em que o amigo e protetor de Mandela, Walter Sisulu, era preso e enviado também para a ilha Robben.

A pressão interna e externa contra o *apartheid* crescia, e a imagem de Mandela com ela. Em seus anos de prisão, continuou sempre a pregar contra o regime, mesmo sofrendo pressão do governo que o aprisionava. Em 1976, a obrigatoriedade do ensino da língua *africânder* em todas as escolas do país gerou uma onda de protestos que se voltou para o nome de Mandela como guia. O crescimento de sua imagem fez com que setores do governo sul-africano lhe oferecessem a comutação da pena e a libertação em troca de seu comprometimento de que se manteria afastado da cena política e da resistência contra o regime, acordo que Mandela nunca aceitou.

Em 1982, ele foi transferido para a prisão de Pollsmoor no momento em que surgiram correntes favoráveis a sua libertação até mesmo dentro do próprio governo *africânder*. Boicotes e protestos dentro e fora do país geraram uma crise econômica grave que pressionou o governo ainda mais. Além disso, a luta armada do CNA vigorava, e era incentivada por Mandela da prisão. A essa altura, ele era o principal nome não apenas contra o *apartheid*, mas contra o racismo mundo afora, tendo se tornado uma das personalidades mais cultuadas no mundo.

A ascensão de Frederik de Klerk à presidência significou a vitória da facção pró-libertação de Mandela e pró-conciliação com os resistentes. De Klerk iniciou um processo de desmonte gradual do *apartheid* dando fim a diversas medidas que cerceavam as liberdades civis, como a clandestinidade política do CNA. Por fim, decretou a libertação de Mandela em 1990, notícia que teve forte e emocionada repercussão internacional.

Uma vez livre, Mandela voltou rapidamente à cena política e aos protestos contra o *apartheid*. Mas dessa vez contava com aliados em frentes muito diversas das décadas de 1960 e 1970: o próprio presidente da república sul-africana, por exemplo. Enquanto isso, prosseguiam as negociações para o fim do regime, e, em 1991, Mandela venceu a eleição presidencial, tendo De Klerk como vice-presidente. Foi o primeiro presidente negro na primeira eleição multirracial da história de um país que se tornara símbolo de infâmia no século XX. Dois anos depois, Mandela e De Klerk ganharam, juntos, o Prêmio Nobel da Paz.

Sua presidência se esmerou em manter uma transição conciliadora, que desagradou a muitos. Foi criticado por medidas diversas, como o apoio a Fidel Castro, em Cuba, a invasão do Lesoto, e principalmente pelo fracasso de seu governo na campanha contra a Aids na África do Sul. No entanto, tendo deixado a presidência em 1999, Mandela continuou trabalhando pela melhoria das condições de vida e pela igualdade, agora na África como um todo, levantando novas bandeiras, como a da luta contra a Aids. Sua presidência garantiu também ao CNA *status* de partido mais forte do país.

Ao completar 80 anos, em 1998, casou-se pela terceira vez, com Graça Machel, viúva do ex-presidente do Moçambique, Samora Machel. A transição para o século XXI encontrou-o como um dos maiores ícones da luta pelos direitos humanos, ainda atuando ativamente como conciliador na conturbada cena política africana, até que, em 2004, com a saúde fragilizada, ele finalmente anunciou o afastamento da vida pública, e faleceu em 2013. É ainda hoje um dos homens públicos mais amados e respeitados do mundo.

Curiosidades

Para ajudar no processo de unificação social da África do Sul mesmo após o fim do *apartheid*, Mandela utilizou do jogo de rugby como forma de promover a igualdade e o perdão. O uso do esporte, para unir socialmente o país, foi retratado posteriormente no filme *Invictus*, em 2009.

Billie Holiday

Diva do jazz, 1915–1959

Na tarde de 1° de dezembro de 1955, os 50 mil habitantes negros do bairro de Montgomery, no Alabama, Estados Unidos, estavam em polvorosa. A secretária da *National Association for the Advancemente of Colored People* (NAACP), que lutava pelo fim da segregação racial, Rosa Parks, tinha sido presa por ter utilizado um assento no ônibus, reservado por lei para brancos. Em 1954 o Supremo Tribunal dos Estados Unidos tinha declarado ilegal a descriminação racial nos colégios. Isso impulsionou a numerosa comunidade negra a empreender diversas lutas contra o racismo. O ápice desse processo se deu no dia do julgamento de Parks. Um boicote geral aos transportes foi marcado, contando com cerca de 90% de participação da comunidade negra local. Rosa Parks foi considerada culpada. O boicote foi ampliado. Nesse cenário, um jovem de 26 anos desponta como uma liderança capaz de aglutinar desejos, anseios por mudança numa sociedade profundamente desigual. Seu nome era Martin Luther King, ou para alguns posteriormente, como o presidente Barack Obama, apenas o rei. Devido à forte atuação de Luther King, o boicote atingira seu objetivo, e em 13 de novembro de 1956 o Supremo Tribunal confirmava a decisão de um Tribunal Distrital transformando em inconstitucional a separação dos lugares dos ônibus de acordo com as raças. Essas vitórias judiciais vieram com duras e constantes lutas do movimento negro para as tornar reais, chegando ao ponto de o presidente D. Eisenhower ter de enviar tropas de paraquedistas para fazer cumprir o direito dos estudantes negros e brancos a uma educação comum. Foi nesse tumultuado contexto que a mais comovente cantora do *jazz*, Billie Holiday, narrou sua autobiografia.

Lançada nos Estados Unidos em 1956, a autobiografia, escrita com a colaboração do jornalista William Duft, da musa do *jazz* Billie Holiday, *Lady Sings the Blues*, foi fortemente influenciada pelo contexto das lutas raciais, da qual ela foi importante ativista. Nosso primeiro contato com essa obra se deu há mais de oito anos, quando de uma nova edição em português. Avidamente apreendidos por uma história de vida escrita quase que em roteiro fílmico, a autobiografia nos chamou a atenção, dentre vários outros aspectos, pela importância dada por Eleanor Fagan, nome de batismo de Holiday, à escrita biográfica. Em um determinado trecho do livro ela nos diz que se ninguém for capaz de aprender com o passado, então não tem sentido desenterrá-lo. E mais, que o principal objetivo da autobiografia é conseguir enterrar o passado. Para ela isso valeria a pena se, pelo menos, um jovem conseguir aprender algo com ele. Se essa foi a real intenção de Billie Holiday, nos parece que não só os jovens, mas seus próprios contemporâneos aprenderam com sua curta mas intensa vida pessoal e profissional.

Com um estilo único e muito mais ligado ao *jazz* do que ao *blues*, a cantora americana Billie Holiday dava às músicas uma interpretação única que envolvia ao mesmo tempo uma técnica muito pessoal e uma dramatização vocal, transformando em belos sons músicas muitas vezes simples. Poucos foram os cantores ou cantoras que conseguiram influenciar músicos instrumentistas tão variados como os clarinetistas Artie Shaw e Tony Scott, o saxofonista Lester Young e os trompetistas Buck Clayton e Miles Davis, este último reconhecido como um dos principais músicos do século XX, além, é claro, de sua forte influência em cantores como Frank Sinatra e Ella Fitzgerald. Por não ter estudado música nem tampouco fazer leitura de partituras, talvez a única grande influência externa à obra de Holiday tenha sido o cinema, de onde tirou seu nome artístico em homenagem a atriz Billie Dove. Essa influência que o cinema exerceu no início desse modelo de canção não é perceptível apenas nas escolhas de Billie Holiday, podemos lembrar que Eunice Waymon adotou o nome Nina Simone em homenagem à atriz Simone Signoret.

Nascida no estado da Filadélfia em 1915, Eleanor Fagan, filha do músico Clarence Holiday e de Sarah Fagan, sua vida foi marcada por traumas e abandonos que a conduziram a um temperamento forte e, muitas vezes, impaciente e rude. Desde quando ainda era muito criança, seu pai saiu em excursão com sua banda e, a partir de então, ficou apenas com sua mãe, que ora a deixava com parentes, ora com vizinhos. Muito cedo começou a trabalhar como empregada e com 10 anos sofreu abusos sexuais de um vizinho, marcando para sempre sua vida. Aos 14 anos passou a morar definitivamente com sua mãe em Nova Iorque, onde começou a prostituir-se. Aos 15, então, começa seu contato mais próximo com a música. Desde cedo, quando trabalhava como empregada, Holiday pagava para escutar discos na casa de uma família. Seu dinheiro era gasto no aluguel de uma vitrola em que pudesse escutar seus discos prediletos, ou, em larga medida, os discos possíveis. Suas principais influências foram a popular cantora da década de 1920 Bessie Smith, conhecida como "A imperatriz do *blues*", e o trompetista Louis Armstrong, que, mesmo com estilos diferentes daqueles apresentados por Holiday ao longo da carreira, tiveram importância basilar em sua vida. Sua carreira teve início no Harlem, região com várias casas de música onde diariamente se apresentavam os mais variados músicos de *jazz* dos anos 1930. Depois de alguns anos cantando em casas noturnas, gravou seu primeiro LP com a banda do famoso clarinetista judeu Benny Goodman.

A partir de então sua carreira deslancha, chegando a gravar com as renomadas *big bands* de Artie Shaw e Count Basie. Seu sucesso passou a representar não só sua vitória pessoal, mas também a vitória do movimento negro contra o *apartheid* nos Estados Unidos, visto que ela foi a primeira negra a cantar com uma *big band*.

A música *If my heart could talk* fala de sonho, amor, e representa parte do que Billie Holiday sempre desejou. Ela teve relacionamentos com vários músicos, cineastas, artistas, e seu casamento foi um desastre, a conduzindo a um rude rompimento e uma profunda depressão. Na década de 1940, já estava presa ao mundo das drogas, sendo detida, processada, tendo shows cancelados e seu *cabaret card* cassado pela polícia, o que a proibia de cantar em bares que vendessem bebidas alcoólicas. O mundo das drogas, com uma constante pressão da mídia por conta de seus internamentos para tratamento, levou Holiday a um beco sem saída. O alcoolismo e a cocaína enfraqueceram sua já fragilizada saúde, levando Holiday a diversos problemas no fígado e coração. Com 44 anos, em 1959, o mundo perdia a voz mais singular do *jazz*, que morreu da forma como começou: simples, presa ao medo de não ser lembrada e amada. Holiday morreu com setenta centavos no banco e 750 dólares em notas grandes presos em sua meia. Junto com a cantora francesa Édith Piaf e com o pianista e cantor Ray Charles, foi uma das figuras mais polêmicas e discutidas de sua geração. Desde sua aparição no cinema em *New Orleans*, onde interpretava a empregada Endie, até suas canções de maior sucesso, como *Strange fruit*, que conta a história dos linchamentos sumários e das execuções públicas de negros nos Estados Unidos do século XX utilizando-se de metáforas extremamente singulares e chocantes, todos foram rodeados por muitas histórias de uma cantora que falou em forma de vida, uma vida contada e cantada. O compositor e ativista Josh White relembra o quanto *Strange fruit* era mais do que uma canção para Billie Holiday:

> Ouvi o disco de Billie, e era algo tão forte que percebi que a canção [*Strange Fruit*] deveria ser usada para abrir os olhos das pessoas a certas coisas que não deveriam existir. Não queria lhe roubar nada. Amava sua interpretação da canção, mas queria apresentar Strange Fruit do meu jeito. Expliquei isso a Billie e acho que ela entendeu, depois veio frequentemente ao Café — em geral para o último espetáculo [...]. Por vezes arrastava-se e nem sequer entrava. Vinha de carro ao Village e sentava-se do lado de fora, ouvindo o rádio do carro, em companhia do seu grande boxer, Mister. Então começávamos a rodar de automóvel por todos os locais que ainda estavam abertos [...].[1]

Falar de Billie Holiday, ou melhor, de Lady Day, como a chamava Lester Young, é ao mesmo tempo lembrar-se do quão popular foi o *jazz* e do quanto alguém conseguiu mergulhar em seu próprio tempo.

Mais do que uma singularidade complexa, Billie Holiday é, sem quaisquer dúvidas, uma das principais representantes da difusão do *jazz* e do *blues* nos Estados Unidos do início do século XX. Ultrapassando os núcleos de preconceitos raciais, Billie conseguiu atingir uma gama enorme de ouvintes ainda em vida e, a partir daí, demonstrar as fragilidades da sociedade americana. O famoso historiador inglês Eric Hobsbawm, em seu livro *História Social do Jazz,* estava correto quando afirmou que o *jazz* representou, em grande medida, uma forma de inserção social dos negros na preconceituosa sociedade norte-americana. O *jazz* em sua raiz é uma música popular tanto do mundo rural do sul quanto do urbano do norte. E, segundo o próprio Hobsbawm, algumas de suas características, mais no que concerne ao po-

---

1 WHITE, Josh, apud JONES, Max. *Billie Holiday.* São Paulo: Abril Cultural, 1980, p. 04.

pular, foram mantidas por toda sua história: a importância da tradição oral na transmissão, a improvisação e velocidade de trocas de execução, dentre outros. Muitos desses aspectos podem até ser pouco reconhecidos no *jazz* contemporâneo, mas isso só comprova a tese de que é uma arte que não está morta, ao contrário, se mostra em constante desenvolvimento e dinamismo, ainda vinculada diretamente às percepções da sociedade nas quais está inserida.

Curiosidades

O filme *New Orleans* foi o único de que Billie Holiday participou. Ela acreditava que havia sido contratada para representar uma cantora, e não uma criada. Sobre o acontecimento, teria dito mais tarde: "Mostre-me uma garota negra no cinema que não faça papel de empregada ou de puta".

Os Beatles

Músicos ingleses, 1960–1970

Na noite de 9 de fevereiro de 1964, um dos mais tradicionais programas da televisão norte-americana, o show de variedades de Ed Sullivan, apresentou convidados de irresistível atração para os jovens, ansiosos para ver ao vivo o quarteto cuja turnê fora precedida por meses de maciça propaganda: Os Beatles. Ao fim da performance, 73 milhões de pessoas, em casa e num auditório repleto, tinham assistido ao grupo inglês cantar *She loves you*, composição um tanto ingênua sobre um triângulo amoroso, bem característica da primeira fase do conjunto. Para uma nação traumatizada com o recente assassinato de seu presidente, John Kennedy, esses músicos constituíam um alívio muito bem-vindo.

A apresentação no *Ed Sullivan Show* marcou o início do frenesi planetário chamado *Beatlemania,* que, de fenômeno restrito ao Reino Unido, difundiu-se mundialmente a partir de 1964, na esteira das modernas tecnologias da informação e da franca expansão do entretenimento juvenil. Os Beatles ditaram modas, estabeleceram estilos, e sua irreverência adolescente encontrou eco em populações jovens na Europa florescente do pós-guerra, na América Latina, nos Estados Unidos e até mesmo nos países comunistas. E mais do que qualquer artista que os precederam, eram, definitivamente, universais.

Nada define melhor o *rock'n'roll* do que seu público: surgido em meados dos anos 1950 e atingindo seu ápice artístico durante a década seguinte (em grande parte graças aos Beatles), retratou como nenhuma outra forma de arte as mudanças que uma importante faixa da sociedade, os jovens com menos de 30 anos, experimentava. Para muitos (inclusive para o historiador Eric Hobsbawm), viviam-se os Anos Dourados, nos quais o capitalismo ocidental estava em franca expansão e as cicatrizes da Segunda Guerra começavam a fechar. Porém, se a economia vicejava, o tecido social se debatia, e uma revolução silenciosa começava a chacoalhar as nações desenvolvidas, pois passado o conflito mundial, experimentaram um aumento significativo na taxa de natalidade, e os nascidos entre 1943 e 1960, chamados *Baby Boomers*, compunham mais de 20% da população de um país como os Estados Unidos e, além de numerosos, eram prósperos: detinham poder aquisitivo comparativamente maior que em qualquer outro momento da história e estavam ansiosos por se fazer ouvir. Um pronunciado abismo geracional separava-os, progressivamente, das gerações precedentes, donde as maneiras como os adultos haviam expressado suas inquietudes não pareciam mais válidas para aqueles nascidos antes da guerra, e os celebrados valores do *american way of life*, o contraponto à chamada "doença comunista" que ameaçava o planeta, pareciam claramente ultrapassados.

Mais e mais, o jovem percebia-se como a última etapa do desenvolvimento pleno, não mais como um adulto incompleto, e essa consciência, iniciada na década de 1950, explodiria em pouco mais de dez anos e rapidamente seria compreendida pelo mercado, que desenvolveu produtos específicos para essa faixa etária. O *rock* foi um elemento fundamental nesse processo, pois seus valores, movimentos, ritmo e letras abordavam questões que consideravam importantes (como família, comportamento, amor e sexo) pronunciados em sua linguagem própria. Como gênero musical, originava-se da fusão de dois ritmos marginais dos pobres norte-americanos do começo dos anos 1950, o *rhythm and blues* (de raiz negra, forte balanço e insinuações sexuais) e o *hillbilly* (dos caipiras sulistas brancos), e derivava seu nome de uma gíria com conotações explicitamente pornográficas.

Essa febre de juventude teve início oficialmente em 1951, quando um locutor chamado Alan Freed começou a apresentar, de madrugada, um programa com cantores de R&B, negros em sua maioria, a primeira geração do *rock* clássico, que durou até 1956, quando do fenômeno Elvis Presley, que trouxe consigo uma sucessão de jovens brancos que misturavam o *blues* ao *hillbilly*. Nesse ínterim, o gênero cruzou oceanos, levado à Europa pelas tropas norte-americanas lá estacionadas, atraindo os jovens do Velho Mundo, principalmente aqueles oriundos da classe operária, que aprenderam a reproduzir, em seus violões, os acordes fáceis e contagiantes — era esse precisamente o caso dos futuros Beatles.

John Lennon, Paul McCartney, George Harrison e "Ringo" Starr, todos nascidos na cidade proletária de Liverpool, extremo sul da Inglaterra, entre 1940 e 1943, eram legítimos representantes dessa juventude pós-guerra, para quem o mundo à volta não tinha muito a dizer. Filho de um lar desfeito, Lennon foi um garoto problema que, aos 17 anos, bêbado, resolveu fundar uma banda de *rock* junto a um amigo da escola, Stu Sutcliffe. Paul McCartney apresentou-se em audição para fazer parte do conjunto, e Harrison, o caçula, seguia o grupo e acabou sendo integrado. Esse grupelho, cujo integrante mais velho tinha 20 anos, aproveitou-se do contato intenso entre sua Liverpool natal e o porto de Hamburgo, na Alemanha Ocidental, e lá foi se apresentar. Tocando dia e noite nos inferninhos da zona portuária, afiaram seu repertório, travando contato com variados gêneros musicais, tais como o *rock*, as baladas românticas e o *jazz*. Nessa época, a banda perdeu seu primeiro integrante, Stu Sutcliffe, que optou por se dedicar às artes plásticas. Sua namorada, a alemã Astrid Kirchnerr, fotógrafa e estudante de arte, compôs o primeiro visual do grupo: cabelinho longo, porém comportado, e terninhos, inspirados naqueles usados pelos jovens modernos de Hamburgo.

Em 1960, de volta à casa, apresentaram-se com sucesso no hoje mítico *Cavern Club*, aumentando exponencialmente sua popularidade e atraindo duas pessoas vitais para o futuro sucesso: o empresário Brian Epstein (fiador do rendimento econômico) e o produtor George Martin, um técnico cuidadoso que tornava factíveis as veleidades artísticas dos compositores. Foi ele quem, às vésperas da estreia do primeiro disco, tirou o baterista Pete Best da banda e incorporou, em 1962, Ringo Starr, completando, assim, a formação definitiva. O primeiro disco, *Love Me Do*, lançado em 1962, foi já um sucesso, sendo seguido por *Please Please Me*, marco da Beatlemania: o público ficava fora de controle, especialmente quando Lennon, a plenos pulmões, chamava-o para "dançar e gritar" (*Twist and Shout*). Esses primeiros dois anos representam sua fase mais leve e descompromissada, das tiradas sarcásticas e irreverentes, das canções agitadas (*Can't buy me love*) contrabalançadas com baladas românticas (*Yesterday*). Foram os primeiros artistas a cumprirem turnês mundiais, e entre

1964 e 1966 deram a volta ao mundo, apresentando-se nos Estados Unidos, Europa ocidental, Austrália, Nova Zelândia, Hong Kong, Japão e Filipinas.

A capacidade de diálogo com o público jovem e os valores de seu tempo que os Beatles apresentaram ao longo de sua carreira foi notável. Eram a corporificação do descompromisso com o *status quo*, questionavam-no a todo instante e de toda forma. Seus cabelos compridos causaram, literalmente, fúria em pais preocupados, e é interessante que no mesmo ano em que estrearam no *Ed Sullivan Show*, no Brasil, o sucesso do carnaval foi precisamente a marchinha "Olha a cabeleira do Zezé", que punha em dúvida a masculinidade desses homens cabeludos ("parece que é transviado, mas isso eu não sei se ele é") e ainda oferecia, em seu refrão uma solução drástica para o desvio de comportamento: "corta o cabelo dele!".

A partir de 1965, influenciados por Bob Dylan, John Lennon e Paul McCartney produziram letras e músicas cada vez mais esmeradas, dando início à sua fase mais brilhante: com batida tradicional dos sucessos dançantes, *Help!* descreve o grito de socorro de alguém em profunda crise; *Nowhere man* critica o "homem de lugar nenhum", sem interesse por nada, carente de pontos de vista, e que ainda assim comandava o mundo, crítica continuada em 1966, com *Eleanor Rigby*, cuja personagem-título era a personificação da solitude e da alienação. Nessa época, a utilização de alucinógenos era claramente defendida por gente como Timothy Leary, patrono do LSD, ácido que hipersensibiliza os sentidos e distorce cores, imagens e sons, estado então conhecido por "expansão de consciência". Membros de sociedades alternativas, em particular os *hippies*, faziam largo uso desses químicos, e os Beatles, que há muito já utilizavam drogas, embarcaram no movimento. Dois discos, *Revolver* e *Magical Mistery Tour*, de 1967 e 1968, apresentam clara influência lisérgica, em especial a música *Lucy in the sky with diamonds*, cujas iniciais denunciam a brincadeira, e embora John Lennon negasse o acrônimo, as "árvores tangerina" e "flores de celofane verde e amarelas mais altas que você" de que fala a letra deixam pouco espaço para dúvidas.

Em 1967, lançaram aquele que é considerado por muitos o melhor disco de *rock* de todos os tempos, o *Sgt. Pepper's Lonely Hearts Club Band*, uma obra conceitual, modelo que o grupo vinha aperfeiçoando há anos, na contramão do que a indústria fonográfica fazia até então. Em *Strawberry fields forever*, Lennon realizou um mergulho onírico dentro de si mesmo, lembrando sonhos relatados por seu filho e usando imagens inspiradas em Lewis Carroll, o autor de "Alice no País das Maravilhas", um paraíso onde é fácil viver de olhos fechados.

Em *Penny Lane*, McCartney construiu uma narrativa cinematográfica, levando-nos junto a si pela rua título, apresentando suas lembranças de infância e nos apresentando aos seus personagens cativantes: o bombeiro orgulhoso com seu carro e carregando o retrato da rainha no bolso (*A fireman with an hourglass/And in his pocket is a portrait of the Queen/ He likes to keep his fire engine clean/ It's a clean machine*); o barbeiro, saudado por todos os passantes (*A barber showing photographs/ Of every head he's had the pleasure to know/ And all the people that come and go/ Stop and say hello*); e o banqueiro com crianças no carro (*On the corner is a banker with a motorcar/ The little children laugh at him behind his back*) e que jamais usa uma capa durante a chuva... que estranho! (*And the banker never wears a mack in the pouring rain/ Very strange*). Ao final, afirma: Penny Lane está em meus ouvidos e meus olhos, e sob o azul do céu suburbano, sento-me e me deixo levar.

Os Beatles forneceram alguns dos mais importantes subsídios para que o *rock* deixasse de ser meramente uma moda passageira e se tornasse uma forma de arte: desde seu início em Hamburgo, onde havia um diálogo intenso com as artes plásticas e a fotografia, algo que perdurou durante toda vida do grupo — como comprova a famosa capa do Sgt. Pepper's. Seu visual transformou-se, e os cabelos compridos que causaram furor em 1964 sem demora pareceram quadrados e comportados, e os terninhos abriram espaço para casacas psicodélicas. Também em 1964 realizaram sua primeira incursão no cinema, o filme *A Hard's Day Night*, ao qual se seguiram *Yellow Submarine* (1968), um clássico da animação, e *Let It Be* (1970). Aparentemente, estavam eternamente testando os próprios limites, e em 1968 foram à Índia, uma viagem de crescimento espiritual que se refletiu em suas composições, em especial nas de George Harrison.

No final da década de 1960, contudo, os problemas se avolumaram: com a morte de Epstein, o grupo precisou se ocupar pessoalmente dos negócios, gerando desavenças e rancores. Progressivamente, cada um seguiu seu caminho, deixando de formar um todo. 1968 viu desabar muitos dos ideais dessa geração, abatidos pela interminável Guerra do Vietnã, pelos assassinatos de líderes como Bob Kennedy e Luther King e pela repressão à Primavera de Praga e o enterro do socialismo com face humana. O último disco do conjunto, *Let it Be*, foi lançado em 1970, pondo fim ao sonho, mas o testamento definitivo viria um ano depois, com *Imagine*, de John Lennon, epitáfio às esperanças perdidas dos anos 1960. Do quarteto original, dois ainda estão vivos: McCartney e Ringo. Lennon morreu em 1980, assassinado, e George Harrison, em 2001. Sua obra marcou profundamente a cultura de finais do século XX.

Curiosidades

A música *Give a peace a chance*, gravada em 1969, representa uma dura crítica à Guerra do Vietnã. Especialistas na história da banda afirmam que essa canção marcou a transição de John Lennon para o ativismo antiguerra, levando-o a ser investigado pelo FBI e pela CIA.

PARTE VI

OS SENHORES DA GUERRA

Gilgamesh

Guerreiro e líder sumeriano, III milênio a.C.

Na Baixa Mesopotâmia, região mais ao sul da terra, entre os rios Tigre e Eufrates, existia uma grande urbanidade, Uruk, respeitada pelos grandes construtores de impérios da região — acádios, babilônicos, assírios —, que a tinham na conta de Mãe das Cidades. Velha mesmo segundo os padrões desses antigos e belicosos povos, fora o lar de uma das figuras mais carismáticas de toda aquela civilização: Gilgamesh, monarca cujo reinado os estudiosos modernos situam dentro do período entre 2750–2600 a.C. (o Protodinástico II), tido como filho do mítico rei Lugalbanda com a deusa Ninsun — parte humano e parte divino, portanto. Conforme as crônicas sumerianas, reinou por longos 126 anos, e sob seu comando teriam sido erigidas as potentes muralhas urukianas: retas como fio de barbante, reluzentes como o cobre, e dotadas de firmes alicerces de pedra, uma das maravilhas do mundo de então. Nesses tempos recuados, marcados por guerras sangrentas e invasões constantes, erguer estruturas defensivas desse porte equivalia a uma declaração de independência e autonomia, algo apropriado para o maior e mais importante centro urbano que o mundo conhecia no início do III milênio a.C.

Imponentes, sim, mas incapazes de afastar por completo as ameaças inimigas. Num certo dia, emissários de Agga, filho de Enmebaragesi, rei de Kish, entraram em Uruk e exigiram que a cidade colaborasse com a restauração de canais de irrigação mais ao sul. Gilgamesh levou ao conselho de anciãos a demanda, e eles acharam por bem atendê-la, mas os homens em idade de combate, chamados *gurush*, ao serem ouvidos rejeitaram a imposição e partiram para a guerra. As forças de Kish cercaram a cidade, e seus habitantes se desesperaram de tal modo que o rei mandou um enviado até o palácio inimigo para tratar da paz. Mas em lá chegando, este sofreu todo tipo de maus-tratos. Quando a situação parecia perdida, o rei herói apareceu sobre as muralhas que havia mandado construir, e a simples visão de sua grandiosidade fez forças assediantes se desmantelarem.

Percebe-se claramente que fato e mito estão inextricavelmente unidos nessa narrativa, e desatá-los não nos é mais possível, pois ambos, rei e cidade, estão, desde há muito, envoltos pelas brumas de uma Antiguidade quase inimaginável. Para os mesopotâmicos, no entanto, não pairavam dúvidas: Gilgamesh fora, inquestionavelmente, uma figura real, e durante milhares de anos poemas relatando sua vida foram copiados, recopiados, transcriados e traduzidos para as mais diversas línguas, e a cada século que passava, a magnificência de seus feitos era ampliada pela adição de novas façanhas. Desde o século XIX, a escrita dessas populações, chamada cuneiforme, começou a ser decifrada e estudada, e durante as primeiras décadas vinculou-se o herói aos sumerianos, então considerados o povo mais velho do mundo e aclamados como inventores dos mais importantes marcos civilizatórios, tais como a própria escritura, a arquitetura, a religião e o estado. Atualmente, sem desmerecer tal inventividade, olhamos com outros olhos para seu legado: muitas de suas criações eram, em verdade, frutos de lenta e multimilenar sedimentação cultural de inúmeras populações anteriores, cujos achados e descobertas acumulavam-se geração após geração — entre essas encontrava-se Uruk.

No início do IV milênio antes de nossa era, o Oriente Médio era pontilhado de cidades, florescendo do interior da atual Turquia até o Mediterrâneo, ao longo dos principais rios e rotas de comércio. Já fazia alguns milênios, plantas e animais tinham sido domesticados (cevada, trigo, cabras, ovelhas, porcos), e as atividades agropecuárias permitiram a determinadas populações abandonar a vida nômade. Especificamente a Baixa Mesopotâmia, região de tradição agrícola mais recuada, era povoada por semitas e iranianos, chegados em diferentes vagas migratórias, e a esse ambiente se agregaram posteriormente os sumerianos vindos do norte, ocupando campos e cidades e absorvendo tecnologias, artes e ofícios. Antes mesmo de sua chegada, Uruk era o centro de um universo cultural que se estendia por toda a Mesopotâmia até a Anatólia, ao norte, e o planalto iraniano, a leste, difusão inaudita até então. A cidade em si estendia-se por uma área de 5,5 km^2, muito maior do que a de Atenas em seu apogeu, e provavelmente nascera da junção de duas vilas distintas, Kulab e Eanna, cada uma delas com seu templo principal e arquitetura particular. Ambiente dinâmico, seus moradores exibiam notável fascínio pelas inovações. Seus construtores desenvolviam e experimentavam técnicas variadas, e seus laboratórios eram os amplos espaços públicos, bem planejados, de fácil acessibilidade e circulação, em cujos centros desenvolveram o modelo de arquitetura monumental característica da Mesopotâmia: a pirâmide escalonada, a qual conhecemos pelo nome babilônico de zigurate, cujo primeiro exemplo foi o Templo Branco de Uruk, nome moderno conferido graças à grossa camada de pálido gesso que cobria seus pisos e paredes. Todo esse afã construtivo, porém, não era gratuito: pôr de pé imensas muralhas e fabricar os milhares e milhares de tijolos de barro necessários à construção de tais maravilhas não era trabalho fácil, e o fardo recaía sobre os cidadãos comuns, condenados, pela soberba de seus reis, a um incessante e mortificante trabalho, e a memória dessa opressão ficou preservada na *Epopeia*.

Boa parte da riqueza da cidade vinha dos campos circundantes, produtores de cereal. As colheitas eram armazenadas dentro das muralhas, parte pertencia aos deuses, parte era exportada, e para controlar esse crescente vaivém de ceifa, estocagem, pagamentos e comércio, os urukianos criaram duas novas e essenciais tecnologias, a burocracia e a contabilidade, por meio das quais registravam as informações necessárias. Armados de tabletes de barro e pequenos caniços de ponta afiada, desenhavam na argila diferentes figuras para representar produtos diversos (como grãos, cerveja, animais, metais e assim por diante), e nos reversos punham marcações relativas à contabilidade dos itens mencionados. Progressivamente, esses desenhos foram se tornando mais e mais esquemáticos, e à medida que os detalhes eram abandonados, pareciam-se cada vez menos com os objetos que representavam — surgia o embrião da primeira escrita inventada pelo gênero humano e que futuramente seria elaborada pelos sumerianos e utilizada, com modificações, por povos em todo o Oriente Médio. Os traços que palitos deixavam no barro lembravam a marca de uma cunha, e por essa razão os especialistas conferiram-lhe o nome de cuneiforme.

Claro está que a cultura da cidade de Gilgamesh se constituiu na mais sofisticada de sua época: altamente urbana, abrigava uma sociedade estratificada, aberta às inovações e à criatividade. Em nenhum outro lugar se encontravam tantos contadores escribas atarefados, artesãos especializados, mercadores agitados e edifícios grandiosos quanto em Uruk. Seus produtos podiam ser encontrados por todo o Oriente Médio, e sua influência deve ter chegado inclusive ao Egito. Essa localidade poderosa possuía, então, os meios para mitificar seu passado, elevando à condição de semidivindade seu mais importante monarca e vinculando-o às mais diversas narrativas que circulavam, independentes, pela oralidade.

O processo de transformação dos contos produzidos pela oralidade na *Epopeia* que hoje conhecemos é, por si só, uma excitante aventura: as narrativas populares, cuja origem se perde na noite dos tempos, foram pela primeira vez registradas pelos sumerianos, mas não como um conjunto, e sim na forma de poemas isolados, e assim permaneceram por cerca de um milênio, quando então os escribas do Antigo Império Babilônico (c. 1830–c.1530 a.C.) em diante, antiquários dedicados, empenharam-se em recolher esses textos dispersos e reuni-los. Um desses intelectuais se destacou: Sînleqiunnini (Sin-liqe-unninni), feiticeiro e exorcista (*mashmashshu*) babilônico cuja vida se situa no intervalo entre 1300 e 1000 a.C. Ao que tudo indica, mais do que um simples copista, foi um transcriador da *Epopeia*, pois embora fiel ao material que recebera, foi independente o suficiente para reorganizá-lo e impor um estilo próprio (caso raro, colocou o próprio nome no prólogo do texto), e ao que tudo indica, foi ele quem dividiu o épico em 12 tabuinhas, a versão canônica adotada em toda a Mesopotâmia e mais conhecida hoje em dia — conhecimento esse que devemos aos sucedâneos dos babilônicos, os assírios, pois as melhores cópias hoje existentes provêm da biblioteca do mais importante monarca de Assur, Assurbanípal.

O Épico de Gilgamesh é um clássico absoluto da antiga literatura médio-oriental e, como de resto, da humanidade. Primeira obra literária independente do culto religioso, sua influência ultrapassou as fronteiras da calha do Tigre–Eufrates, e várias populações, entre as quais hititas, hurritas, cananeus, tomaram-no como sua, e sua presença pode ser sentida até mesmo na Grécia, nos trabalhos de Hércules e na figura impactante de Aquiles. Ao longo das 12 tabuinhas, somos apresentados ao supremo herói, monarca de Uruk, arrogante e insensível ao sofrimento que impunha a seu povo. Este, exausto, clama por sua deusa maior, Inanna, para que atenue seu padecimento, e ela, em resposta, cria outro homem magnífico, ao mesmo tempo um igual e um oponente, chamado Enkidu. Os dois lutam, Gilgamesh vence, mas acabam se tornando amigos íntimos, e partem para muitas aventuras, como destruir o gigante Huwawa, e numa dessas peripécias, matam um touro celeste, animal sagrado de Inanna, que os pune com a morte de Enkidu. Inconformado e sozinho, Gilgamesh embarca numa longa busca pela imortalidade, cruza oceanos, chega até os infernos, conhece Utnapishtim, um homem que escapara do dilúvio num barco (primeira referência conhecida à história que conhecemos como a Arca de Noé), mas sua empresa é inútil:

> Quando os deuses criaram o homem, eles lhe destinaram a morte [...] Gilgamesh, enche tua barriga de iguarias; dia e noite, noite e dia dança e sê feliz, aproveita e deleita-te.[1]

Sim, não cabe a Gilgamesh, como a nenhum de nós, a vida eterna. Os corpos decaem, as faces enrugam, a saúde definha e, para todos, de alto a baixo, o fim é o mesmo. Só há uma única espécie de imortalidade para os humanos, a fama:

> No mundo inferior a escuridão vai mostrar-lhe uma luz [...] por todas as gerações conhecidas, ninguém legará
> um monumento que se compare ao
> dele [...] Oh, Gilgamesh [...] foi te dado um trono, reinar era teu destino, a vida eterna não era teu destino. [...] Ele te concedeu o poder de atar e desatar, de ser as trevas e a luz da humanidade.[2]

Ler o poema épico de Gilgamesh representa a rara oportunidade de vislumbrar luzes bruxuleantes que iluminaram a aurora da humanidade. Como que abrindo uma cápsula do tempo, descobrimos que nossos antepassados, a despeito dos milênios que nos separam, guardam conosco muitas similitudes: sentiam angústias semelhantes e refletiam sobre questões familiares, tais como vida, morte, solidão, afeto. Ao nos depararmos com o grande herói de Uruk e suas aventuras, descobrimos que, em larga medida, permanecemos essencialmente os mesmos.

Curiosidades

Vários intelectuais apontaram para a substancial influência do épico de Gilgamesh na obra de Homero, em temas, episódios e versos, como bem sumarizou Martin Lichtfield West em seu livro *The East Face of Helicon: West Asiatic Elements in Greek Poetry and Myth* (1997).

---

[1] *A Epopeia de Gilgamesh.* São Paulo: Martins Fontes, 1992, p. 141

[2] *A Epopeia de Gilgamesh.* São Paulo: Martins Fontes, 1992, p. 163.

Alexandre Magno

Imperador macedônico, 356–323 a.C.

Os funerais de Alexandre Magno, conquistador da Pérsia e explorador da Índia, em 323 a.C, foram um dos grandes espetáculos da Antiguidade. Macedônico de nascença, embora estivesse há doze anos longe de sua terra, desde que iniciara sua campanha para conquistar o Império Persa, era para lá que seus despojos deveriam ser enviados. Dispôs-se o corpo num sarcófago cheio de mel, e o conjunto dentro de um caixão de ouro batido. Para a viagem foi construído um templo grego em escala reduzida sobre rodas, puxado por 64 mulas com arreios e sinos dourados. O cortejo partiu de Babilônia, onde falecera, mas na Síria, Ptolomeu, seu antigo general e governador no Egito, o deteve e lhe desviou o percurso em direção a Alexandria, maior cidade fundada pelo defunto, onde finalmente encontrou o repouso eterno às margens do Nilo.

Alexandre morreu jovem, aos 33 anos, mas deixou um legado como nenhum outro. Conheciam-se vários impérios internacionais, o persa era o melhor exemplo, mas nenhum antes, e poucos depois, conseguiu conquistar tantas terras e nações tão rapidamente. Para além dos sucessos militares, tornou-se um ícone, uma figura ideal para gregos e romanos, que o adotaram como ideal de beleza masculina e reproduziram seu rosto em bustos, esculturas, moedas e mosaicos. Para os políticos, era um herói: vários imperadores visitaram sua tumba, entre os quais Otávio (que guardava consigo um camafeu com sua imagem), Nero e Adriano, além de Pompeu e Júlio César — este último, por volta dos 30 anos, era governador provincial da Hispânia, e lamentou que suas realizações não estivessem à altura das de seu ídolo. Mesmo os primeiros cristãos não ficaram indiferentes à sua influência, e seu rosto imberbe e cabelos cacheados ornavam as primeiras representações de Jesus Cristo feitas em Roma.

A aventura alexandrina e os Estados dela surgidos perpetuaram os ideais de império universal que os persas haviam alinhavado — tolerante para com as diferenças religiosas e étnicas e incentivador do comércio —, e após a morte do conquistador, seus sucedâneos deram continuidade a tal projeto: os Selêucidas e os Partos, na Pérsia, e os Ptolomeus, no Egito. Os romanos o empregaram no Ocidente, e mesmo na distante Índia sua presença se fez sentir, pois os primeiros governantes a unificar o subcontinente, os Maurya, eram originários do norte, próximo à região por onde Alexandre passou. Suas campanhas ampliaram as já intensas relações entre o Mediterrâneo e a Ásia, e, a partir de então, o grego gradualmente substituiu o aramaico como idioma do comércio transnacional, até se tornar a língua franca de todo o Oriente Médio, e com ele, ideais estéticos e filosóficos helênicos passaram a fazer parte das mais diversas culturas, sendo um bom exemplo os Budas de Gandara: por respeito religioso, não existiram imagens esculpidas de Sidarta Gautama durante os primeiros séculos após sua morte (ele era sempre representado indiretamente, como uma árvore, em alusão à sua iluminação, ou um par de sandálias); suas primeiras estátuas surgiram Gandara, entre os atuais Paquistão e Afeganistão, pouco antes da Era Cristã, um território conquistado por Alexandre trezentos anos antes e onde viviam comunidades de descendentes gregos, os quais, convertidos ao Budismo, representaram o santo homem com apurado naturalismo e envergando longas togas pregueadas, típico modelo helênico.

Talvez mais importante, na estrada aberta pelo idioma comum, ideias oriundas dos mais variados pontos circularam e estabeleceram diálogos frutíferos. Profetas, sacerdotes, homens santos, comerciantes, aventureiros e exploradores, das mais diversas origens, investigaram o mundo dentro das fronteiras conhecidas e para além delas, e suas narrativas e descobertas tornaram-se acessíveis para todos que conhecessem a língua do conhecimento mundial, não importando sua proveniência, um ambiente fecundo, rico e miscigenado, a que damos o nome de Helenismo. Por tudo isso e muito mais, Alexandre e seu império representaram uma sólida ponte entre o Ocidente e o Oriente.

Ninguém poderia prever tamanhas mudanças quando Alexandre nasceu, em 356 a.C., no reino periférico da Macedônia, nas fímbrias do mundo aceito como civilizado pelos gregos. Sua família real se autoproclamava descendente de Zeus, mas a gente sobre a qual reinava somente era aceita como helena por servir de barreira contra os bárbaros do norte, trácios e ilírios, e sua fala era quase incompreensível para os compatriotas do sul. Essa escrita vinha sendo modificada pelo rei Filipe II (359–336 a.C.): tirando proveito da exaustão das *poleis* após a Guerra do Peloponeso (431–404), reordenou o exército macedônico, introduziu a formação militar da falange, amplamente utilizada pelos gregos do sul, e modificou-a, armando seus soldados com as *sarissas*, lanças com mais de cinco metros de comprimento. No comando dessa renovada militaria, interveio na Grécia e derrotou os exércitos combinados de Tebas e Atenas em 338 a.C., na batalha de Queroneia.

Já nessa época, Alexandre era um jovem experiente. Sua preparação tivera início aos 7 anos, quando se tornou pupilo de Leônidas, um grego severo que instigou no menino a autodisciplina que o caracterizou por toda a vida. Entre 343 e 340, estudou com o célebre Aristóteles, período no qual tomou tal gosto pela cultura helênica clássica que passou a dormir com uma cópia da Ilíada debaixo do travesseiro. Esses três anos sob a tutela do filósofo de Estagira marcaram profundamente a visão de mundo do futuro conquistador. Se, por um lado, aprofundou-se nas teorias platônicas do bom governo, com seu próprio tutor desenvolveu uma curiosidade aparentemente infinita, que se manifestaria futuramente durante suas conquistas. Dessa feita, com todo esse preparo, e tendo servido como regente durante a ausência do pai, sua formação fora impecável. Morto Filipe II em 336 a.C., Alexandre ascendeu ao trono e deu seguimento aos planos do finado rei: retomar aos persas as cidades gregas orientais — de modo algum um objetivo acessível.

Governado pela dinastia Aquemênida, do século VI ao IV a.C. o Império Persa era a estrutura política mais importante do mundo. Em seu auge, estendia-se por 5 milhões de quilômetros quadrados, abrigava mais de 100 milhões de habitantes, e sua renda bruta anual equivalia a quinhentas toneladas de prata, superior a qualquer outra entidade estatal. Reunia em seu bojo as mais diversas formas de governo, das *poleis* democráticas no Mar Egeu às autocracias do Egito e Babilônia, além de populações tribais, nômades e seminômades — essas constituições locais eram mantidas com o mínimo possível de alteração, apenas se submetendo às decisões emanadas de Persépolis, a capital. Era esse titã geopolítico que o jovem monarca macedônico resolvera afrontar. Claro, já havia precedentes: por duas vezes (nas décadas de 490 e 480), exércitos imperiais tentaram tomar as cidades da Grécia europeia, e em ambas foram repelidos. Além disso, embora poderoso, já conhecera dias melhores, e poderes significativamente menores logravam vitórias localizadas contra sua dominação.

Alexandre reuniu um pequeno, mas extremamente bem treinado, exército (30 mil homens da infantaria e 5 mil na cavalaria) e seguiu para a Ásia, uma movimentação que aparentemente não chamou a atenção das autoridades persas, cuja marinha poderia muito bem ter aniquilado a pequena frota invasora, mas não o fez. Destarte, após o desembarque e durante as marchas pela Anatólia, as forças de defesa poderiam tê-los combatido com força total, mas também não foi o caso. Assim sendo, entre 334 e 333 a. C. as hostes greco-macedônicas tomaram as *poleis* submetidas (que as recebiam como libertadores) e derrotaram as tropas imperiais nas batalhas de Granico e Issos.

Conquistada a Anatólia, seguiram às cidades mais ricas do sul. Damasco, o coração da Síria, foi a primeira a cair, enquanto a fenícia Tiro ofereceu resistência bem maior: a um só tempo ilha, fortaleza e estaleiro, já resistira a vários assédios, e o braço de mar que a isolava do continente tornava inúteis as armas de cerco. Para contornar essa desvantagem, Alexandre ordenou a construção de um dique, e o que se seguiu foram alguns dos momentos mais terríveis dessa campanha. Os tírios atacavam os soldados construtores com uma espécie de *napalm* primitivo, uma mistura inflamável de enxofre, petróleo, betume (dentre outras substâncias) que queimava mesmo dentro d'água e conferia morte torturante aos atingidos. A cidade resistiu durante pouco mais de cinco meses, caindo em 332 a.C., e a reação de Alexandre foi implacável: os edifícios foram arrasados, 8 mil civis, massacrados, e cerca de 30 mil habitantes, entre cidadãos e estrangeiros, vendidos como escravos.

Descendo pela Fenícia, os invasores seguiram pelo litoral do Levante, por meio da Judeia até o Egito, terras que os receberam com festa, especialmente o País do Nilo, onde 150 anos antes, um ancestral do atual xá Dario III, Xerxes, reprimira duramente uma rebelião, destruíra a antiga capital de Tebas e rejeitara o título de faraó que seus predecessores usavam. Para os egípcios, esses fatos ainda estavam frescos na memória, e, portanto, receberam o novo conquistador com todas as honras, nomeando-o faraó e deus vivo, e ele, em retribuição, fundou uma cidade com seu nome, Alexandria.

Com os territórios a oeste assegurados, o general seguiu para a Mesopotâmia em 331 a.C., onde finalmente enfrentou as tropas imperiais em toda sua potência. Os persas escolheram uma planície, Gaugamelos, e a aplainaram, permitindo a total movimentação do imenso exército. Segundo as fontes antigas, eram mais de 200 mil soldados de infantaria, além de camelos, cavalos e 40 mil cavaleiros (as modernas análises trabalham com números significativamente reduzidos), e ainda que o contingente invasor tivesse encorpado após as campanhas da Anatólia, sua desvantagem em relação aos persas ainda era de cinco para um. Dois fatores, porém, decidiram o certame: as táticas de Alexandre e a coesão das hostes gregas, algo que o exército Aquemênida, formado por homens dos quatro cantos do império, nem sonhava possuir. Dario III dirigira-se até o local do embate ostentando o luxo inigualável que sua condição permitia, pronto para testemunhar uma vitória acachapante de sua militaria, mas viu, ao invés disso, uma derrota fragorosa, e fugiu em direção ao Irã. Para o vitorioso, os despojos foram imensos: de imediato, o precioso enxoval do xá, incluindo parte de seu harém; logo depois, Babilônia, seguida das três capitais persas: Pasárgada, Susa e Persépolis, magnífica cidade palácio dos xás — após monumental bebedeira, mandou atear fogo a essa última.

Alexandre perseguiu o xá durante um ano inteiro, sem contudo conseguir capturá-lo, e em 330 a.C. recebeu de presente seu cadáver, assassinado por conspiradores. Num tempo notavelmente curto, lograra o inalcançável: era senhor inconteste da Ásia Menor. Permaneceria ainda mais um tempo na Ásia Central, conquistando importantes centros comerciais e desbaratando focos de resistência, e em seguida se decidiu por uma nova jornada, ainda mais ambiciosa que a primeira: chegar ao fim do mundo. Seguindo pelo extremo oriente do Império Persa, em 326 a.C. foi até a província da Índia e atravessou a fronteira. No vale do Indo, combateu exércitos montados em elefantes, algo que os europeus jamais haviam presenciado, e os derrotou, mas quando tentou seguir adiante, enfrentou uma resistência incapaz de ser vencida: seus extenuados soldados se negaram a continuar. Contrariado, comandou-os numa longa marcha em direção sul, seguindo o rio até o oceano, onde dividiu os homens em dois destacamentos: o primeiro, liderado por Nearco, navegaria pelas costas iranianas até o Golfo Pérsico, e o segundo, comandado pelo próprio Alexandre, seguiria pelo deserto, uma jornada que custou não poucas vidas.

Em Babilônia, descansou um tempo e imaginou novas campanhas. O escritor Diodoro da Sicília mencionou, nas últimas décadas da Era Pré-Cristã, que em seu testamento, entre várias determinações, constavam instruções para a conquista da Arábia e da bacia do Mediterrâneo (que o levaria à rica cidade africana de Cartago e a Roma, então uma urbe de médio porte), além da circunavegação da África e do transplante de populações da Ásia para a Europa, e vice-versa, para aumentar as relações entre os continentes, o conhecimento e a fraternidade entre os povos. Esses anelos, porém, caíram por terra quando tombou vítima de uma morte natural — possivelmente a malária. Não obstante, aquilo que deixara para trás suplantava, em muito, meras vitórias militares. Sua aventura expandiu os limites do conhecimento sobre o mundo e seus habitantes, e em casa os gregos, admirados, ouviam relatos sobre unicórnios, pássaros falantes e plantas que forneciam mel e lã — rinocerontes, papagaios, cana-de-açúcar e algodão —, e tais narrativas encorajaram outros exploradores, helenos ou não, a vasculhar as rotas abertas pelos militares macedônicos. Estimulou o casamento entre gregos e persas, milhares às vezes, e ao fazê-lo fundou comunidades greco-asiáticas da Armênia ao Afeganistão, florescentes durante séculos. As pegadas de seus homens mancharam as neves do Himalaia, e seus navios singraram as águas do Oceano Índico mapeando rotas — pouco mais de um século depois, um navegante grego que viajava por esses percursos descreveu, pela primeira vez, o regime de ventos sazonais do sul da Ásia, as monções. A obsessão desse jovem guerreiro macedônico, discípulo da filosofia aristotélica, pela conquista do mundo conhecido terminou, assim, por possibilitar trocas civilizacionais em uma escala até então desconhecida.

Curiosidades

A referência mais intrigante, ainda que indireta, sobre Alexandre vem do mito de *Dul-Qarnayn*, ou "O de Dois Chifres", presente no Alcorão Sagrado: trata-se de um governante bondoso, que numa Antiguidade recuada construiu muralhas para evitar que o povo de Gog e Magog, cavaleiros do Apocalipse também mencionados na Bíblia, atacasse as pessoas.

Átila

Chefe huno, c. 400–454

Em 451, os habitantes da cidade de Tricassium (*Troyes*) viram a mais temida das hordas bárbaras, os hunos, aproximar-se de seus muros. Não era uma imagem alvissareira, pois para além de suas já conhecidas ferocidade e habilidade a cavalo, esses guerreiros errantes agora traziam consigo máquinas de assédio, como torres de abordagem e aríetes, prontas a pôr abaixo mesmo as mais fortes muralhas. Confrontados com o que lhes parecia a morte certa, abandonaram suas casas, e coube ao bispo Lupo parlamentar com Átila, chefe dos invasores, a quem o prelado dirigiu-se ostentando os paramentos próprios à sua posição, e segundo narra a hagiografia, o cã se viu de tal maneira impressionado que terminou por poupar a urbe. Tal sorte de fatos é corriqueira nos relatos das vidas dos santos dessa época, e não raras localidades relataram acontecimentos semelhantes, de como foram salvas da destruição certa pela intervenção de um prelado. Essas narrativas perfazem precioso índice de como as populações compreendiam o advento dos hunos e principalmente seu temido chefe — não por acaso, uma dessas crônicas pôs em sua boca uma frase à qual permanece indelevelmente vinculado: "Eu sou o flagelo de Deus". As migrações de populações vindas do leste provocaram o desmoronamento do Império Romano do Ocidente, a partir de então tomado pela desordem política e social. Para as testemunhas oculares desses tempos difíceis, essas gentes eram sinônimo de caos, e um dos grupos mais diretamente associado aos séculos de anarquia e violência foram precisamente os hunos. Provavelmente, Átila jamais disse a famosa frase, mas os cronistas registraram-na, menos para narrar os fatos como eles efetivamente ocorreram, e mais para retratar o espírito da época na qual viviam, e para aquelas pessoas apavoradas parecia mesmo que o Todo-Poderoso os estava açoitando a todos em punição pelos pecados cometidos, e os temíveis cavaleiros nada mais eram que a manifestação dessa cólera divina.

Nos primeiros séculos da Era Cristã, uma faixa contínua de Estados estáveis seguia do Atlântico ao Mar da China, e sua área de influência chegava até o Sudeste Asiático, a Península Arábica e o sul do Saara: na África, Axum; na Ásia Central, a Pérsia; e mais ao sul o Império Gupta, indiano; no extremo oriente, a China; e na extremidade oposta o Império Romano. Seus destinos estavam conectados. Havia guerras, sem dúvida, mas nem elas cessavam o vaivém de mercadorias por muito tempo, pois os impérios não podiam abdicar dessa importante fonte de renda. Ademais, essas mesmas rotas mercantis carregavam, além de produtos, ideias, tecnologias, doenças contagiosas e seres vivos variados, como os ratos. Assim sendo, compreender as grandes invasões que assolaram Roma como um fato isolado é um erro. Em verdade, o que se viu foi uma crise sistêmica das estruturas imperiais eurasiáticas, as quais, a despeito da aparente solidez, em questão de poucos séculos teriam suas fundações chacoalhadas desde a base, e o colapso iniciado na China na década de 220 alcançou a Pérsia e a Índia, e culminou com a destruição total do Império Romano do Ocidente, em 476, e em todas essas crises, a presença de um elemento comum, invasores nômades. Fronteiras estáveis mantinham-nos sob controle, mas quando havia desestabilização interna, elas se fragilizavam, e, ato contínuo, incursões bárbaras contribuíam para levar os estados à ruína.

A Eurásia é cortada ao meio pelas estepes, campos gelados de vegetação sazonal, abundante no verão, mirrada no inverno. Habitam-nas populações nômades, dedicadas ao pastoreio e à equinocultura — e eventualmente ao saque e ao roubo. Suas posses materiais são pouco impressionantes, mas não significam pobreza de espírito: suas crenças xamânicas mantêm um vínculo notável com a natureza que os cerca, e para viver em meio aos prados enregelantes, desenvolveram ao longo de milênios sofisticada tecnologia de manejo dos cavalos, seu mais importante animal, pôneis hirsutos, baixos e rijos, perfeitos para suportar os rigores do clima. Sobre eles passavam a maior parte da vida, desde crianças, e de tão habituados a cavalgar, desenvolveram pernas arqueadas. Entre suas muitas invenções destacam-se os estribos, que lhes permitia, enquanto montados, controlar suas montarias com somente a força das pernas e dos pés, livrando o uso das mãos, destreza inimaginável para germanos ou romanos.

De tempos em tempos, dentre as inúmeras tribos montadas emergia um grupo que desenvolvera novas habilidades, uma nova arma, e se impunha sobre os demais. Ocorrera, por exemplo, na época do xá Dario, da Pérsia, que passou anos perseguindo uma dessas gentes, os citas, que sobre o lombo de seus ligeiros cavalos fustigavam seu exército. O carro-chefe de seus ataques eram os arqueiros montados, notáveis por sua habilidade em atirar suas flechas em quase todas as posições, até por debaixo do pescoço dos cavalos ou de costas, e seus tropéis moviam-se em sincronia, movimentando-se de tal maneira que desestruturavam a reação das infantarias.

Os hunos eram mais uma dessas populações centro-asiáticas. Relativamente indiscerníveis até o início da Era Cristã, por volta do século IV desenvolveram a tecnologia militar mais eficiente de seu tempo. Herdeiros das tradições de sua terra, aperfeiçoaram-nas em vários aspectos, inseriram em seus arcos filetes de cartilagem na face interna, aumentando sua resistência, e a velocidade no disparo das flechas, capazes de atingir 200km/h. Para John Man, especialista em suas táticas militares, com suas cavalgaduras em harmonia, quase como um carrossel bélico, uma carga desses ginetes podia disparar cerca de 12 mil tiros por minuto, o equivalente a dez metralhadoras, dilacerando as defesas inimigas, um patrimônio inestimável num mundo conflituoso.

Nem os romanos nem os germanos sabiam muito a seu respeito, embora fossem mencionados, por exemplo, por Tácito. A mais importante fonte para os compreender era o historiógrafo Amiano Marcelino, um grego de fala latina do século IV, que os descreveu da seguinte forma:

> Têm todos o corpo robusto e firme, de pescoço muito forte. São extraordinariamente deformados e grandes até o ponto de serem confundidos com animais de dois pés, ou com essas estacas que são usadas para adornar pontes. Com aspecto humano, apesar de sua rudeza, levam uma vida tão agreste que não precisam de fogo, nem de alimentos saborosos além de raízes e ervas selvagens. Se alimentam com carne quase crua de qualquer animal, uma vez que somente a esquentam colocando-a entre suas pernas e os lombos dos cavalos. Jamais se abrigam sob um teto. Pelo contrário, detestam moradias como se estas fossem inúteis sepulcros para a vida. Entre eles não

> se encontra nem sequer cabanas feitas de palha porque vivem vagando por pântanos e bosques, desde tenra infância estão acostumados o frio, a fome e a sede.[1]

Embora seja uma descrição cativante, há um senão: Marcelino jamais esteve sequer próximo a um huno! Sua narrativa tão somente reproduz o modelo clássico de representação do bárbaro estabelecido por Heródoto séculos antes.

Ainda hoje sabemos pouco sobre os hunos: eram de ascendência centro--asiática, talvez aparentados aos turcos e, como tais, cavaleiros extremamente habilidosos. Em sua cavalgada por meio das estepes eurasiáticas, empurraram outras populações, tanto nômades quanto sedentárias, em direção à Europa, e por volta do século III formaram uma confederação submetida a um cã central, pondo termo às disputas tribais. Unificada, a horda tornou-se ainda mais perigosa, e na década de 360 cruzou o Rio Volga, irrompendo nas planícies russas e dizimando os sármatas, iranianos que até então as dominavam. Três décadas depois atacaram a Armênia e a Síria, levando São Jerônimo a chamá-los de "os lobos do Norte". Muito antes disso, em 375, após seguirem em direção ao Mar Negro, lançaram-se sobre o reino dos visigodos e os derrotaram, impelindo os refugiados por sobre seus vizinhos e no sentido das fronteiras romanas. Começava assim a *Völkerwanderung*, a grande migração dos povos germânicos, que, apavorados com os hunos, formaram ondas de refugiados em direção ao leste, aglomerando-se ao longo do *Limes*.

Esses recém-chegados não receberam uma recepção calorosa. Quando atingiram o Império Romano do Oriente, na atual Bulgária, os visigodos e seus aliados clamaram por refúgio, mas foram maltratados pelos funcionários militares. Uma atitude insensata: revoltados e de armas em punho, invadiram os Bálcãs, numa campanha de saque e destruição que durou até 382, quando o imperador Teodósio assinou um tratado de paz. Temerosos, os romanos ocidentais, para se defenderem de uma provável investida visigótica, convocaram as legiões que defendiam a fronteira da Gália com a Germânia, o Reno, deixando-a desprotegida, e, no inverno de 406, as populações concentradas além-rio, germanos como os vândalos e suevos, e iranianos como os alanos, aproveitaram as águas congeladas e invadiram a Gália, num movimento que os levaria a cruzar todo o Império ocidental. Enquanto em 410 os visigodos saqueavam Roma, os vândalos começaram uma jornada que os levou a percorrer, durante décadas, as

[1] ARCELINO, Amiano. *Historia*. Madrid: Akal, 2002, p. 845.

províncias da Gália e Hispânia, o estreito de Gibraltar até finalmente tomar Cartago em 430.

Os hunos chegaram à Europa oriental em 408, invadindo e devastando a Trácia, mas como muitos antes deles, aos poucos incorporaram hábitos romanos — e nesse contexto, Átila nasceu. Data e local do nascimento são desconhecidos, e a informação mais recuada de que se tem notícia é que ele e seu irmão, Bleda, assumiram a liderança da horda, deram seguimento aos ataques às cidades imperiais e eventualmente serviam como mercenários contra os germanos. Bleda, em dado momento, some de cena, eliminado pelo irmão, que se tornou o único cã de uma imensa área de influência, indo do Mar Negro ao Báltico. Chegando a Constantinopla em 447, Átila foi incapaz de a tomar graças à carência de armas de sítio — uma derrota educativa, após a qual esses mecanismos de destruição foram incorporados à militaria huna. Para evitar maiores problemas, os romanos orientais optaram por comprar a paz pagando-lhes tributos, mas com Átila esses valores triplicaram, chegando a 952 quilos de ouro, usados para manter a horda que, a essa altura, incluía muitos outros cavaleiros nômades (gépidas, rúgios, escordiscos, hérulos, turíngios, burgúndios e longobardos), agregados por medo, ambição, ou ambos.

A oeste além-Reno, a Gália, desde 406, era uma espécie de terra de ninguém. Nominalmente romana, ocupavam-na francos, bretões, burgúndios e visigodos, situação que atiçou o apetite de Átila, ainda mais alimentado graças a um intricado episódio: Honória, irmã do imperador ocidental Valentiniano III, fora forçada pelo irmão a se casar no oriente. Furiosa, enviou ao cã um pedido de resgate, e anexou seu anel para comprová-lo. Interpretando a joia como símbolo de compromisso matrimonial, o huno se dirigiu ao monarca e exigiu, como dote, metade do Império — ou seja, as terras gaulesas. Sob esse pretexto, cavalgou em direção à sua pretensa possessão à frente de seu exército para submeter Tolosa (Toulouse), a capital visigótica, mas foi detido pelos esforços conjuntos de romanos e germânicos.

O revés na Gália colocava o cã em palpos de aranha. Seu poder era sustentado por uma aristocracia militar, os *Logades*, que vivia de saques e butins. Logo, pôr termo às campanhas de conquista era inviável, e para contornar essa questão, desviou seu olhar para o sul, para a Itália. Em 452 invadiu a península e conquistou todo o norte; o imperador Valentiniano fugiu de Roma, embora a horda não seguisse na direção da Cidade Eterna, pois no verão o centro italiano era território assolado pela malária. Por via das dúvidas, uma alta embaixada romana, liderada pelo papa Leão Magno, foi ao encontro de Átila e negociou sua retirada. Um ano depois, com mais de 50 anos, morreu de hemorragia em seu leito conjugal, e junto com ele desapareceu a ameaça huna.

Após sua morte, os hunos se dispersaram em meio às populações do centro-leste europeu, incorporando-se ao cadinho de povos germanos, eslavos e magiares que por lá vagava. Ao longo dos séculos, à medida que a memória popular aumentava sua ferocidade e poder destrutivo, a fama daqueles que o enfrentaram crescia proporcionalmente. A Historiografia europeia permaneceu representando-os como guerreiros malignos, e em várias línguas a palavra "huno" é sinônimo de bárbaro selvagem — na Grã-Bretanha, durante a Primeira Guerra Mundial, tornou-se apelido para os inimigos alemães. Mas há exceções: na Hungria, Átila é um herói nacional, as escolas ensinam o papel relevante desses cavaleiros na Europa e salientam o fato de sua capital ter se localizado no atual território húngaro. Para o bem ou para o mal, sua cavalgada pela Ásia e Europa marcou os primeiros séculos da nossa era e redefiniu os rumos da história do Velho Mundo.

Curiosidades

Não se conhece nenhuma descrição de primeira mão de Átila. Chegou até nós uma referência do escritor romano Jordanes (século VI), o qual, citando uma fonte mais antiga, Priscus (um século anterior a si), fala de um homem de "baixa estatura, peito amplo e cabeça grande; seus olhos eram miúdos; sua barba, rala e grisalha; tinha um nariz chato, denotando suas origens" (asiáticas).

Saladino

Sultão do egito, c. 1138–1193

A chegada do mês de julho de 1187 do calendário cristão encontrou a milenar Jerusalém sob cerco. Por séculos aquela cidade sagrada para três religiões vinha sendo alvo de investidas de muçulmanos e cristãos, e desde 1099 era governada por cristãos de origem francesa. Mas o cerco daquele mês de julho mudaria essa situação, quando tropas egípcias e sírias sob o comando de um sultão, Saladino, venceram a resistência da cidade, retomando-a para o Islã. No entanto, os derrotados cristãos não execraram seu conquistador, pelo contrário, fizeram dele uma lenda, transformando-o no retrato da nobreza e probidade e em um ideal de cavalaria.

Salah al-Din Yusuf bin Aiub, ou Saladino, como ficou conhecido no Ocidente, nasceu no atual Iraque, em 1138. Sua família, curda, leal aos califas de Bagdá e aos príncipes da Síria, era famosa nas cortes do Islã por seus generais, dentre os quais se destacava Shirkuh, seu tio, então comandante das tropas de um dos principais líderes muçulmanos de seu tempo, o príncipe sírio Nur al-Din, ou Nuredin.

A terra dos Bin Aiub e suas vizinhas, antes protegidas pelo Califado de Bagdá, no século XII, eram uma região em conflito devido às invasões promovidas, desde o século anterior, pelos reis da Europa que buscavam se apoderar da Palestina. Estes, instigados pelo Papa, acreditavam que os lugares de nascimento e morte de Jesus Cristo deveriam pertencer aos cristãos.

Essas invasões provocaram uma série de guerras contra os estados islâmicos da Ásia Menor que se estenderam entre 1096 e 1217 e que desde o século XIII passaram a ser conhecidas como Cruzadas. Foram sete cruzadas nesse espaço de tempo, organizadas pelos mais importantes reinos cristãos e que impulsionaram uma constante migração de nobres, peregrinos e ordens militares europeias para a Palestina.

Do ponto de vista da população palestina de origem árabe, aquela era apenas mais uma série de invasões sangrentas com objetivos mais territoriais que religiosos. A Primeira Cruzada, a única vencida pelos europeus, terminou com a almejada conquista de Jerusalém em 1099, transformando-a em capital de um reino governado por uma dinastia francesa que perdurou até o século XII, fazendo acordos com as potências muçulmanas vizinhas.

Os francos, como eram chamados pelos árabes todos os cristãos, se alistavam nas cruzadas aos milhares, pelos mais diversos motivos: por causa do crescimento demográfico da Europa ocidental e da necessidade de expansão territorial de sua nobreza, pelas disputas entre os reinos ocidentais e o papado, ou pela mentalidade católica que pregava a destruição dos muçulmanos, chamados de "infiéis", em uma Guerra Santa. Assim, os cavaleiros da nobreza cristã eram persuadidos a combater em favor de Deus contra os *infiéis*, e ao mesmo tempo ampliar seus reinos e suas terras. Mas os muçulmanos não foram os únicos a sentir o peso da expansão ocidental, pois os cristãos orientais bizantinos também se viram atacados pelos cruzados: Constantinopla foi invadida e saqueada em 1204 durante a Quarta Cruzada, apesar de a justificativa para a Primeira Cruzada ter sido justamente salvá-la dos invasores turcos.

Até o século XI, cristãos de diferentes origens peregrinaram até a Palestina sem serem incomodados pelo Império Islâmico, então senhor da região. Mas a partir do ano 1000 a Europa viveu uma mudança na cultura da nobreza, com a sofisticação dos códigos de conduta da cavalaria e maior ênfase no ideal de Guerra Santa. A cultura da cavalaria era antes de tudo uma cultura bélica, e a guerra contra os muçulmanos se tornou seu principal objetivo. Ela deu origem, no século seguinte, a uma literatura de lendas e canções de gesta, na qual trovadores cantavam as proezas de personagens que incorporavam os ideais daquela nobreza, como El Cid, Carlos Magno e, principalmente, o Rei Artur. Enquanto isso, na Ásia os turcos invadiram o Califado de Bagdá e o Império Bizantino, desestabilizando a região, o que também contribuiu para motivar a incursão europeia.

Assim foi que o século XII vivenciou a intensificação do movimento cruzadístico, com franceses e ingleses migrando para a Palestina e pressionando o Reino de Jerusalém a travar novas batalhas com os vizinhos muçulmanos. Jerusalém, todavia, funcionava como estado-tampão entre os principados árabes, que de outra forma estariam em conflito: a Síria, o Califado de Bagdá e o Califado do Egito. Durante esse período, a Cidade Santa era governada por Balduíno IV, que reinava com equilíbrio sobre seus vassalos cristãos e muçulmanos, contribuindo para manter a paz na região. Mas a chegada dos novos exércitos cruzados se somou às disputas entre os principados árabes, causando toda sorte de instabilidades e levando à Segunda Cruzada.

Enquanto isso, o Califado egípcio, que seguia a linha xiita do Islã, se opunha aos sunitas da Síria e Bagdá, estava se esfacelando. Em 1163, as intrigas de um vizir, somadas às tentativas de invasão pelo exército do rei franco Amaury, levaram o príncipe Nuredin a enviar suas tropas, comandada pelo general Shirkuh, para controlar a situação. Ocupando um papel secundário de comando nessas forças estava o jovem Saladino.

O conflito no Egito durou anos e terminou com a conquista da região pelas forças de Nuredin. Mas essa vitória, em verdade, se deveu a Saladino, que, com a morte de seu tio, tomou o comando da expedição, vencendo e se proclamando sultão do Egito em 1171. A alegria de Nuredin durou pouco, pois o novo sultão não se submeteu à Síria, como o príncipe esperava. Pelo contrário, manteve o Egito independente, converteu-o ao sunismo, pregou submissão ao califa de Bagdá e passou a organizar campanhas para conquista de territórios e rotas comerciais na África. Ao contrário de seu antigo senhor Nuredin, Saladino tinha pouco interesse na Palestina e nos cruzados, e sob seu governo o Egito prosperou economicamente, fazendo com que sua corte no Cairo atraísse pensadores de todo o mundo islâmico.

Com a morte de Nuredin em 1174, Saladino direcionou seu expansionismo para a Síria, investindo em uma conquista militar e política. Apoiado pelas elites de Damasco, a capital, partiu para combater os sucessores do príncipe em algumas das maiores cidades sírias, como Alepo e Mossul, numa guerra que durou até 1183, quando finalmente unificou o país. A morte de seu antigo suserano provocou também uma mudança total em sua política externa, e, a partir de 1177, ele passou a se interessar por Jerusalém.

Mas foi um interesse comedido, que gerou uma sucessão de escaramuças, entremeadas de tréguas, com Balduíno IV, cujo objetivo era principalmente manter livre o caminho entre o Egito e a Síria, sem o qual seu poderio estaria enfraquecido. Foi apenas em 1187, já senhor da Síria unificada, que Saladino declarou guerra ao Reino de Jerusalém, justificando que um conde francês a serviço de Jerusalém quebrara a trégua estabelecida. No entanto, os propagandistas do sultão pregavam que, depois de se tornar senhor inconteste da Síria e do Egito, ele passava a se dedicar à *Jihad*, a *guerra santa* sobre a qual o império islâmico tinha sido construído.

Nesse período, Jerusalém já era governada pelo sucessor de Balduíno IV, Guy de Lusignan, um nobre francês que não soube controlar a situação e viu gradualmente a perda de seus territórios para as tropas sírio-egípcias. As forças do sultanato destruíram parte significativa do exército de Jerusalém, incluindo os Cavaleiros Templários, a elite militar dos cruzados. Por outro lado, Saladino tratou com generosidade o rei, e quando entrou na cidade derrotada, impediu que suas tropas massacrassem os habitantes locais. Dessa forma, evitou que o exército muçulmano repetisse o feito do exército cristão quando este conquistara a cidade um século antes e mergulhara Jerusalém em um mar de sangue.

Com a conquista firmada, Saladino, que era um hábil propagandista, mandou notícias para todo o mundo árabe relatando seu feito: nada menos que a conquista para o Islã da Cidade Santa. Mas a guerra contra os francos não estava terminada. Estes mantinham o domínio de importantes cidades portuárias, como a inconquistável Tiro, e a queda de Jerusalém foi o estopim para que o Papado e os reis da Europa ocidental organizassem a Terceira Cruzada, que chegou à Palestina em 1191, trazendo como um de seus principais líderes o rei inglês Ricardo Coração de Leão.

O Sultão lutou nessa nova cruzada com um poder que enfraquecia cada dia mais. Seus emires estavam cansados das batalhas, e o califa de Bagdá desconfiava que ele quisesse diminuir seu poder. As tropas muçulmanas estavam desgastadas e não contavam com reforços, enquanto os cristãos, que vieram com força esmagadora, recebiam reforços frequentes. Esses fatores fizeram com que o conquistador do Egito fosse obrigado a assinar um acordo de paz com Ricardo Coração de Leão em 1192, no qual cedia territórios para os cristãos. No entanto, apesar da derrota, sua habilidade como estrategista e diplomata lhe garantiu a manutenção da maior parte do território da Palestina, incluindo, o que era mais importante, Jerusalém.

Um ano depois, em 1193, Saladino morreu em Damasco.

Depois de sua morte, seu nome caiu em um lugar secundário na história árabe, permanecendo assim durante toda Idade Média. Somente entre o final do século XIX e início do século XX os líderes das nações árabes modernas viram em sua figura galante um ícone que ajudaria a propagação do ideal de unificação de seus países e da luta contra o imperialismo ocidental.

No Ocidente, por outro lado, já na Idade Média, o nome de Saladino começou a ganhar contornos míticos. Desde sua vitória sobre Jerusalém, e a misericórdia demonstrada para com os habitantes locais, até o tratado de paz assinado com o lendário Ricardo Coração de Leão, muitos cronistas passaram a ver nele o ideal da cavalaria europeia. Um ideal que começou a se esboçar justamente na corte de Leonor da Aquitânia, a mãe de Ricardo Coração de Leão. Nessa cultura, o cavaleiro deveria ser um nobre galante, habilidoso, com a honra posta acima de tudo, em geral envolvido nas tramas do amor cortês. Tendo o Rei Artur como modelo maior, o ideal de cavalaria encontrou na imagem de um sultão muçulmano o campo perfeito para frutificar.

Essa contradição de ter o modelo de cavaleiro cristão em um sultão muçulmano não passou despercebida aos trovadores e cronistas do período, que começaram a propagar a lenda de que era ele, na verdade, filho de uma princesa francesa. E o nome de Saladino perdurou, chegando mesmo a ser retomado com entusiasmo pelos escritores românticos do século XIX. Nesse período, o criador do romance histórico, Sir Walter Scott, recriou a figura heroica e galharda do sultão do Egito ao descrever as aventuras de Ricardo Coração de Leão na Terra Santa, apresentando Saladino como um homem de ações profundamente prudentes, que inclusive excedia o rei da Inglaterra em cavalheirismo, bravura e generosidade.

Sir Walter Scott viveu em um período em que, além do Romantismo com sua glorificação do passado medieval e rejeição à industrialização, frutificava o imperialismo europeu sobre a Ásia e África, gerando visões idílicas ou bizarras do "exótico" Oriente. Foi nesse contexto de Orientalismo, com suas imagens estereotípicas de haréns, odaliscas e riquezas fabulosas, que ressurgiu a imagem de Saladino na Europa. E até hoje, em obras literárias ou cinematográficas, ele continua a representar esse personagem mítico: para o Ocidente é o esplendor do Oriente Médio em sua *Idade de Ouro*. É o mais perfeito cavaleiro do mundo.

Curiosidades

No Ocidente, a memória de Saladino permaneceu majoritariamente positiva: lembrado como um cavaleiro cortês, corajoso e pródigo, celebrado até mesmo por seus inimigos, como o rei inglês Ricardo Coração de Leão. Entre os muçulmanos, sua figura ganhou destaque a partir do século XIX, quando personificou a resistência islâmica contra o imperialismo europeu.

Gengis Khan

Conquistador mongol, 1155–1227

Em 1215, Pequim (Beijing), capital do secular império Jin, considerada uma das cidades mais sofisticadas do mundo em sua época, com uma população de 350 mil pessoas, viu-se cercada por um exército daqueles que chamava de "bárbaros do norte", os mongóis. Por séculos as tribos mongóis haviam se mantido nas fronteiras da China, afastadas por seu exército e pela Grande Muralha. Mas agora seu novo líder, o primeiro líder unificado da história mongol, Gengis Khan, ousava invadir o poderoso império.

O grande Khan dos mongóis superou a Muralha apenas contornando-a. E não precisou enfrentar o exército chinês até chegar a Pequim, pois os chineses haviam enviado mercenários mongóis que se uniram a ele sem lutar. Mas Pequim tinha suas próprias defesas, e ao chegar a ela, depois de pilhar e destruir tudo em seu caminho, os mongóis se defrontaram com uma muralha de 12 metros de altura, 30 quilômetros de extensão e novecentas torres guardadas por um bem treinado exército, hábil na utilização de máquinas de guerra. Contra essas defesas os invasores contavam com a habilidade bélica de Gengis Khan. E depois de meses de cerco, usando estratégias mongóis e chinesas adaptadas, o Khan conquistou a capital do império chinês, tornando-a marco daquele que se transformaria, em poucas décadas, no império mais extenso do mundo.

Gengis Khan significa Khan Oceânico, ou líder supremo, título que ele só atingiu na maioridade. Ao nascer, em algum momento entre 1150 e 1167, foi chamado de Temujin. Sua história acompanha a trajetória dos mongóis, desde a divisão em várias tribos rivais até se tornarem o maior império da história.

Temujin nasceu e cresceu na amplidão fria das planícies da Ásia central. Os mongóis, organizados em tribos, eram pastores nômades que viviam basicamente de seus rebanhos e de uma economia que misturava saques e comércio. Em um ambiente hostil e em uma cultura belicosa, sua lei defendia que se um homem queria algo, ele tomava. Aos olhos de seus vizinhos, o império persa a oeste e os chineses a sudeste, os mongóis eram bárbaros. E desde a centralização da China no século VIII a.C., também invasores constantes.

Sua cultura era ágrafa e valorizava as lendas e narrativas poéticas. Viviam em estrita dependência de seus cavalos para o pastoreio, a guerra e o saque, mas também para a alimentação, com uma dieta em que os derivados do leite de égua eram fundamentais. Muito daquilo que conhecemos sobre os costumes mongóis nos chegou por meio das crônicas de enviados papais à corte do cã. Um desses religiosos, o frei franciscano Giovanni da Pian del Carpine (1182–1252), assim descreveu seus costumes bélicos:

> Ao menos estas armas todos devem ter: dois ou três arcos, ou ao menos um, desde que bom, três grandes aljavas cheias de flechas, uma machadinha e cordas para puxar máquinas. Os ricos têm espadas com ponta aguda, cortantes apenas de um lado, um pouco curvas, cavalo armado, pernas protegidas, capacete e couraça. Alguns usam couraças e cobertura de couro para o cavalo, que ficava quase totalmente protegido. O couro às vezes era substituído por lâminas de metal, tão brilhantes que podiam servir como espelho. [...] Os soldados usavam capacete de ferro ou latão na parte superior, e com couro na parte que envolvia o pescoço. Alguns usavam lanças com ponta de ferro, em cuja extremidade faziam um gancho que servia para arrancar o cavaleiro da sela. As pontas metálicas das flechas eram agudíssimas, cortantes de todos os lados; para mantê-las afiadas levam uma lima. As peças de metal tinham na extremidade uma pequena cauda, para que pudessem ser penduradas num pau. [...] Quando veem os inimigos, vão a seu encontro, e cada um atira três ou quatro flechas; se constatam que não podem enfrentá-los, recuam para atraí-los para suas emboscadas; se forem seguidos, cercam-nos, atacam, matam e ferem muitos. Se percebem que há contra eles exército muito poderoso, retiram-se por um ou dois dias, atacam outra região, expoliam-na, desorientam-na e matam a muitos. Se isto não resolver, chegam a retirar-se por dez ou 12 dias e estacionam em lugar seguro, esperando que o exército adversário se divida; então furtivamente

> avançam, e devastam toda a terra. Em síntese, os mongóis são astutíssimos na guerra, pois já lutam há mais de quarenta anos.[1]

Não possuíam governo unificado, mas as tribos tinham chefes que compunham uma aristocracia. Temujin descendia de uma dessas aristocracias de um pequeno grupo, os quiatas, liderado por seu pai, Iasugai.

Em meados do século XII, Iasugai havia sequestrado Hoelum, uma mulher casada em uma tribo rival, os merkitas, mas que, pela lei mongol, uma vez raptada era obrigada a se unir ao sequestrador. O roubo de mulheres era acontecimento comum entre as tribos mongóis, principalmente porque os homens não podiam se casar em seu próprio grupo. Assim, elas eram obrigadas a se submeter e adotar a tribo do raptor como sua própria. E foi isso que Hoelum fez. Apesar de polígamos, os homens mongóis só reconheciam como legítimos os filhos de uma das esposas, e no caso de Iasugai, essa foi Hoelum, que logo se tornou favorita e que lhe deu quatro filhos e uma filha. Entre os meninos estava Temujin, o mais velho.

Mas a vida de razias de Iasugai levou-o a um fim inevitável, o assassinato pelas mãos dos inimigos. Com sua morte, a liderança da tribo passaria a seu filho mais velho, que tinha apenas 13 anos. Entretanto Temujin logo se defrontou com a falta de legitimidade perante seu povo. A tribo não aceitou a liderança da criança e abandonou-a com sua família. Hoelum e seus filhos sobreviveram durante anos sozinhos na vastidão gelada das estepes, passíveis de fome e assaltos. Essa difícil situação levou a uma disputa interna entre os filhos de Iasugai, fazendo com que o herdeiro, aos 15 anos, assassinasse um de seus meio-irmãos por causa de disputas de precedência e pela escassez de comida.

Vivendo com sua família nas estepes, Temujin logo se tornou conhecido dos nômades por sua coragem, fama que, associada a seu direito de chefia, fez com que Targutai, o chefe que substituíra seu pai e o abandonara, decidisse matá-lo quanto ele tinha 17 anos. Temujin então foi atacado e aprisionado, mas conseguiu fugir, guiou sua família para fora das estepes e se escondeu nos áridos sopés das montanhas.

Querendo reaver sua posição de chefe, e percebendo que dificilmente conseguiria fazer isso sozinho, o futuro Khan começou a buscar aliados, principiando pela família de sua prometida noiva, Boerte. Com esse casa-

---

1 Apud SILVEIRA, Ildefonso. *Enfrentando os Guerreiros Tártaros Medievais*. Petrópolis: Vozes, 2000, p. 65–67.

mento não apenas firmou aliança com a tribo de seu sogro, mas usou seu dote para garantir o apoio do poderoso grupo dos queraítas, liderados por Togril Khan. Além disso, sua fama aumentara desde sua fuga, considerada fantástica, do acampamento de Targutai, e muitos jovens nômades que ouviam suas histórias vinham se juntar a ele.

Mas tudo isso ainda era muito pouco, principalmente considerando o pequeno número de cavalos que seu clã possuía, o que os tornava pobres aos olhos dos mongóis. E o número de seus inimigos crescia a cada dia. Entre estes estavam os merquitas, que atacaram o acampamento da família de Iasugai e, em vingança pelo antigo sequestro de Hoelum, raptaram Boerte. Temujin se preparou para a vingança, reuniu um regimento de guerreiros, procurou seus chefes aliados, atacou os merquitas e resgatou Boerte. Apesar de sua fama como guerreiro, foram suas habilidades de negociação que lhe renderam suas primeiras conquistas importantes. Nessa vitória sobre os merquitas, Temujin contava apenas com nove cavalos, mas conseguira reunir poderosos exércitos aliados, entre os quais as forças de um velho amigo, o líder Jamuga.

No entanto, se o resgate de Boerte foi um sucesso, não foi demasiado rápido: enquanto Temujin organizava suas forças, ela fora obrigada a se tornar concubina de um dos nobres merquitas e, ao ser resgatada, estava grávida. Na dúvida se o filho era seu ou do raptor, seu esposo aceitou a criança, legitimando-o como seu primeiro filho.

A partir dessa vitória contra uma das maiores tribos mongóis, Temujin começou sua ascensão e por volta de 1197, então com uns 40 anos, foi eleito Khan pelo conselho tribal. Esse cargo, equivalente a líder militar, era efêmero, eletivo e poderia ser conferido a chefes de diferentes tribos ao mesmo tempo, como ocorrera com seus aliados Togril e Jamuga. No entanto, devido a seu carisma e sua habilidade como negociador, Temujin conseguiu que o conselho de líderes o pusesse acima dos outros Khans.

O novo Khan tinha planos ambiciosos que começavam pela administração das alianças e reorganização do exército mongol. Uma primeira dificuldade que se lhe defrontou então foi a hierarquia social mongol imposta ao exército: por tradição, os altos postos deveriam ficar nas mãos da nobreza, mas ele passou a distribuí-los por mérito, o que enfureceu diversos chefes, como Jamuga.

E essa foi a segunda dificuldade: sua relação com Jamuga. Velhos amigos, Temujin e Jamuga haviam firmado um pacto de sangue de aliança mútua. No entanto, Jamuga se tornava cada vez mais insatisfeito, não apenas com as decisões do amigo, mas com sua meteórica ascensão.

E os dois velhos amigos iniciaram uma guerra sangrenta da qual surgiram as principais batalhas pela unificação das tribos mongóis; batalhas que se estenderam por anos, até a vitória de Temujin em 1200, quando suas habilidades como estrategista se impuseram de forma massiva. Usando guerra psicológica, manobrando para que seu exército parecesse maior e organizando em rígida disciplina o ataque da cavalaria mongol, Temujin venceu Jamuga e, no processo, partiu para o ataque a outras tribos inimigas, tornando-se o senhor do leste da Mongólia. No entanto, sua guerra particular contra o amigo e adversário ainda continuaria por anos, até que Jamuga foi finalmente capturado e morto. Nesse meio tempo, o Khan entrara a serviço do Império Chinês contra as tribos tártaras, também habitantes das estepes, vencendo-as e garantindo, assim, a confiança dos mongóis e o temor dos chineses.

O cenário estava completo, então, para que em 1206 Temujin recebesse o título de *Senhor de Todos os Homens*, o Khan Oceânico da Mongólia, Gengis Khan.

Durante a maior parte de sua vida, o grande Khan lutou em sua própria terra para unificar as tribos mongóis sob um governo único. Essas batalhas se estenderam por vinte anos, mas não foram elas que escreveram seu nome nos anais da História mundial: Gengis Khan ficou conhecido para além das fronteiras mongóis devido a suas avassaladoras campanhas militares que conquistaram a China e o Império Persa e o levaram às portas dos reinos do leste europeu. Além disso, seu nome ficou associado a massacres sem precedência e uma destruição sem fim. É assim que cronistas árabes, chineses e europeus se referiam a Gengis Khan. E por meio de suas crônicas, presume-se que um milhão de pessoas tenha morrido em suas campanhas e nos massacres das cidades conquistadas. Essa era uma das estratégias principais de Khan: ordenava que o exército mongol massacrasse os civis para desencorajar a resistência. Espalhar o terror foi uma tática que funcionou bem, pois seu império chegou a ter 31 milhões de quilômetros. O maior da história.

Depois de ter unificado seu povo e ser aclamado Khan universal, Gengis Khan decidiu conquistar a China, o mais próximo e mais familiar dos impérios vizinhos. Mas não tão próximo: para atacá-la precisava atravessar o deserto de Gobi e contornar a Grande Muralha. Saqueando sem piedade tudo que encontrava no caminho, seu exército chegou a Pequim e, ao se defrontar com as defesas da cidade, iniciou um cerco que matou de fome grande parte dos 350 mil habitantes da cidade. Também começou a construir máquinas de cerco, copiando as próprias armas chinesas, e usou prisioneiros de guerra para atacar a cidade. Uma vez derrotada, a capital foi saqueada por um mês, dando a Khan sua primeira reputação de sanguinário.

As campanhas posteriores contra os persas mantiveram a estratégia de massacres generalizados. No entanto, na Mongólia, Gengis Khan se esforçava por lançar as bases de uma cidade, Karakorum, a primeira capital, além de incentivar a implantação da escrita, baseada na chinesa. Trouxe médicos e engenheiros chineses e iniciou um novo sistema legal. Dividiu as terras entre as tribos mongóis e encetou uma rede de comércio com os persas que, todavia, acabaria em guerra.

Depois de conquistado o império persa, Khan enviou um pequeno exército para oeste, testando até onde poderia chegar sem ser derrotado: não foi derrotado nunca. Suas tropas chegaram até a Europa oriental, e em 1226 seu império já era duas vezes maior do que o Império Romano jamais fora.

Sua primeira biografia, escrita por seus filhos, afirma que, desde cedo, ele acreditou que era sua missão divina conquistar o mundo, e talvez por causa dessa crença tenha se dedicado, no fim de sua vida, a uma busca frenética pela imortalidade. Mas faleceu em 1227 em circunstâncias pouco esclarecidas, deixando o império dividido entre seus herdeiros. E apesar de estes continuarem as campanhas de conquista, em um século o império mongol havia desmoronado.

Contudo, sua memória ainda é cultuada tanto na Mongólia quanto na China, onde seus descendentes reinaram por mais tempo, deixando muitos mitos associados a sua pessoa: seu túmulo, nunca encontrado, é considerado uma maravilha repleta de tesouros; e segundo alguns geneticistas, um em cada duzentos homens vivos hoje seria seu descendente.

Gengis Khan Temujin tinha 70 anos quando faleceu, deixando um grande número de filhos ilegítimos, além dos três legítimos que dividiram o império. Seus sucessores imediatos deram seguimento às conquistas, e em seu auge, sob Kublai Khan, o império mongol cobria cerca de 18 milhões de quilômetros quadrados de território contíguo (quase o tamanho do continente africano). Nada disso, porém, melhorou sua imagem perante os conquistados, que o consideraram sempre um bárbaro sanguinário. Imagem que perdurou a ponto de Bram Stocker, escritor irlandês do século XIX, apresentar seu famoso Drácula, o nobre vampiro romeno, como um descendente de Gengis Khan.

Curiosidades

Gengis Khan permanece um herói na Mongólia, onde é reverenciado como fundador da nação. Em outros lugares, contudo, sua imagem é bem mais negativa. O Oriente Médio, por exemplo, o recorda como um guerreiro destrutivo e genocida, cujo dano à região é incalculável. Estima-se que suas campanhas possam ter matado até três quartos da população do platô iraniano.

Joana D'Arc

Líder militar francesa, 1412–1431

Em 1430, na cidade francesa de Roen, na província da Borgonha, uma jovem foi queimada em praça pública depois de ter sido ré de um tenso julgamento religioso com profundas conotações políticas. Seu nome era Jeanne D'Arc e foi condenada por heresia e travestismo após um julgamento que levou meses para ser concluído. Na data de sua execução, Jeanne, ou Joana, como ficou conhecida nos países de língua portuguesa, tinha 19 anos e havia ajudado a coroar o rei da França.

Joana D'Arc foi uma jovem camponesa francesa que durante sua vida esteve envolvida em situações que foram bastante comuns aos grupos populares da Europa ocidental medieval, fosse o misticismo, que era uma das manifestações religiosas mais corriqueiras de sua sociedade, fossem as questões políticas e o desgaste social da Guerra dos Cem Anos que atingiram sua terra natal. A França era então um reino em crise devido aos constantes conflitos com a Inglaterra naquela guerra. Conflitos territoriais que se haviam originado de demandas relativas às sucessões dinásticas extremamente intricadas das famílias reais inglesa e francesa. Além disso, era um reino também conturbado internamente, com disputas entre os grandes feudos e a Coroa. Dentre estes o mais poderoso era o Ducado da Borgonha, que há décadas disputava o poder com a família real, terminando por se aliar à Inglaterra nos anos de 1420.

E tais decisões políticas da Borgonha teriam uma importância fundamental na vida de Joana D'Arc, pois após a aliança com a Inglaterra, os exércitos borgonheses invadiram a província natal da jovem, a Lorena, depredando e saqueando toda a região, o que transformaria para sempre sua vida: antes desse ataque, Joana teria vivenciado constantes visões místicas de cunho pessoal, mas após a destruição perpetrada pelos borgonheses, suas visões passariam a ter significados claramente políticos.

Desde os 13 anos, ela afirmava escutar vozes sagradas que identificava como pertencendo a São Miguel, Santa Catarina e Santa Margarida. Segundo ela, esses santos lhe enviavam mensagens que, até o conflito com a Borgonha, se limitavam a incitá-la a servir a Deus. A partir desse acontecimento, entretanto, quando tinha 16 anos, as mensagens passaram a pregar a unificação da França, então sem rei, a partir da coroação do príncipe herdeiro, o *Delfin* Carlos. Mas iam além, dando a ela, Joana, a missão de levar o *Delfin* ao trono, e de comandar o exército francês contra os ingleses.

Em 1429, então com 17 anos, a moça abandonou sua família e seguiu, com o apoio de um padrinho, para a cidade de Vauculeurs, decidida a falar com o senhor feudal da região, Robert de Baudricourt. Seu objetivo era convencer esse nobre a apresentá-la ao *Delfin*, mas, chegando lá, foi rejeitada por ele. Mas ela não desistiu e, mostrando-se bastante eloquente, começou a pregar em praça pública, para um público de soldados e para o povo da região, conseguindo cada dia mais e mais apoio popular. Isso terminou lhe garantindo também a adesão de Baudricourt. De fato, a partir daí a eloquência da jovem e sua intensa crença nas vozes sagradas seriam ferramentas importantes que lhe permitiriam convencer da validade de sua causa primeiro o povo, que constituía a fileira de soldados, depois os nobres locais, e por fim o próprio *Delfin*.

Assim, com a ajuda de Baudricourt, Joana conseguiu chegar até o príncipe herdeiro. Nesse encontro, o *Delfin* quis testar sua autenticidade como mística, escondendo-se entre a multidão de cortesãos e pondo um impostor em seu lugar. O teste foi um sucesso para Joana, pois, apesar de nunca tê-lo visto, ela não se deixou enganar e, ao entrar no salão, dirigiu-se diretamente a ele. Impressionado, Carlos lhe concedeu uma audiência.

Por ter se convencido da veracidade religiosa das mensagens de Joana, ou apenas por ter percebido nela um forte apelo popular que poderia ser usado a seu favor, o *Delfin* decidiu atender às solicitações daquela jovem que se intitulava "a Donzela". Deu-lhe, então, o cargo de comandante de um pequeno exército e a missão de atacar Orleans, que estava cercada pelos ingleses. Nesse momento, toda a metade norte do reino permanecia nas mãos de ingleses e borgonheses, assim como importantes cidades como Paris, Orleans e Reims. A tomada de uma dessas cidades significaria que, finalmente, o *Delfin* poderia ser coroado rei. E a despeito das pequenas expectativas iniciais da corte, Joana, com um entusiasmo e uma autoconfiança sem iguais, venceu e conquistou Orleans, permitindo que pouco tempo depois o *Delfin* fosse coroado Carlos VII, rei da França.

A mensagem da camponesa encontrara boa acolhida em uma França derrotada e devastada pela guerra, dividida pelo conflito com os ingleses, sem rei, arruinada pelos saques dos exércitos e propensa a seguir um líder carismático. A própria nobreza e a realeza precisavam de um líder que guiasse o povo e legitimasse o jovem herdeiro. Que tenha sido Joana D'Arc a assumir essa tarefa é menos surpreendente quando se conhece a religiosidade popular do período, pois o papel de profetisa popular era bastante comum na Europa ocidental em fins da Idade Média.

A religião de Joana era a religião do povo. Uma crença que naquele momento tendia muito mais para o culto à Virgem Maria do que a Deus ou Cristo. Esse culto mariano respeitava as virgens como mensageiras do divino. E se por um lado a Igreja podia acusar as jovens de feiticeiras, por outro, elas poderiam ser aclamadas pelo povo como santas. E Joana não foi a única nem mesmo em seu período: enquanto estava em sua cruzada pessoal pela unificação da França, outra donzela que dizia ter visões começou a conquistar a simpatia do povo. Joana considerou-a uma rival e desmascarou-a publicamente.

As profecias e o misticismo faziam parte da religiosidade popular da época e representavam um dos poucos fenômenos sociais nos quais as mulheres poderiam falar com autoridade na vida pública. Mas para atuar como líder religiosa popular era fundamental assumir-se e comportar-se como virgem, remetendo assim diretamente à Virgem Maria. Joana cedo passou a representar a si própria com essa imagem, inclusive se identificando como "a Donzela".

Por outro lado, como líder militar ela só seria bem-sucedida se abandonasse alguns aspectos do sexo feminino. E apesar de não ser raro que as mulheres pegassem em armas, principalmente durante cercos, para comandar um exército ela teve de assumir um papel masculino, o que fez vestindo-se de homem.

Assim, os aspectos da lenda de Joana D'Arc como prodígio militar são todos elementos constituintes do imaginário de sua época. Mesmo suas visões religiosas e suas vozes sagradas podem ser interpretadas como manifestações do inconsciente coletivo. Seja qual for a explicação para tais vozes, Joana não foi a única a ouvi-las. A interação com mensagens divinas passou a ser, inclusive, um requisito para a canonização, e durante o final da Idade Média, outros personagens que se tornaram santos populares, como São Francisco ou Santa Clara, também afirmaram viver tais experiências.

A vitória em Orleans foi a grande vitória de Joana, e mesmo as derrotas posteriores não a diminuíram aos olhos do povo. Mas Orleans foi uma das poucas vitórias em sua curta vida militar, que durou apenas seis meses. Ela logo foi derrotada ao tentar invadir Paris e, em 1430, também em uma investida contra Compiègne. Tanto em um quanto em outro caso, a donzela de Orleans teve pouco apoio do novo rei, que lhe deu apenas o comando de soldados cansados e famintos. Na derrota de Compiègne, Joana foi aprisionada e levada pelos borgonheses para Rouens, onde seria julgada por meses e depois condenada à fogueira por um tribunal religioso manipulado pelos inimigos da França. O rei que ela havia ajudado a coroar pouco ou nada fez para ajudá-la após sua prisão.

Mas ela não foi esquecida pela religiosidade popular, que era a sua, tornando-se alvo de um intenso culto, apesar de só ter sido canonizada pela Igreja Católica em 1920. Por outro lado, sua vida logo se tornou lendária, assumindo um lugar no imaginário europeu do fim da Idade Média que, em popularidade, só era comparado aos mitos de Robin Hood e do Rei Arthur. Além disso, seu papel na coroação do rei francês e na Guerra dos Cem Anos (1337–1453) levou a que, séculos mais tarde, ela fosse associada à própria imagem da França, como os versos de Alain Chartier, poeta e crítico social do século XV que não se furtou a criticar o exército de seu país pelos abusos cometidos contra o povo, deixam claro:

> Deixe Troia celebrar Heitor, deixe a Grécia orgulhar-se de Alexandre, a África, de Aníbal, a Itália de César e de todos os generais romanos. A França, embora conte com muitos destes, pode bem contentar-se apenas com sua donzela.[1]

---

[1] ANSFIELD, Susan. *Joana D'Arc*. São Paulo: Nova Cultural, 1988, p. 11.

E tão rica é essa herança que os mitos em torno de seu nome são os mais contraditórios. Por um lado, ela foi transformada em prodígio pela História, em representante da França e, em um e outro papel, retratada por muitos escritores nos séculos XIX e XX, e mesmo pelo cinema. Por outro, foi escolhida pelo movimento feminista como ícone e mesmo aclamada como santa padroeira das lésbicas. No entanto, Joana D'Arc, nascida em Domremy, não foi nenhuma dessas coisas: foi uma jovem camponesa analfabeta, mística devota de uma religiosidade popular e preocupada com a guerra que se alastrava em sua terra. Como muitos outros homens e mulheres de seu tempo.

Curiosidades

A figura de Joana D'Arc tem inspirado artistas durante os últimos séculos. Mais de três dezenas de obras literárias, mais de vinte obras musicais, outro tanto de esculturas, além de inúmeros desenhos e pinturas. Todavia, aparentemente nenhuma outra forma de arte foi tão tocada pela Donzela de Orleans quanto o cinema: iniciando em 1898, com o curta *Exécution de Jeanne D'Arc*, esteve representada em mais de quarenta filmes.

Miyamoto Musashi

Samurai japonês, 1584–1645

Em 1600, na planície de Sekigahara, no Japão, dois senhores feudais, ou *daimiôs*, travaram uma batalha que definiria a estrutura política daquele país pelos 250 anos seguintes. Nesse episódio, Tokugawa Ieasu e Toyotomi Hideori se enfrentaram com exércitos de mais de 80 mil homens. Saindo vitorioso, Tokugawa assumiu o cobiçado título de *xogun*, senhor da guerra, e iniciou uma política que centralizou o governo em suas mãos. Começava assim a Era Tokugawa, que unificou o país, até então dividido em centenas de feudos, e definiu a história do Japão até o final do século XIX. Terminavam, dessa forma, mais de duzentos anos de guerras civis entre os *daimiôs* que haviam dominado com o apoio da classe guerreira, os samurais. Além disso, os Tokugawa não apenas unificaram o Japão, mas redefiniram a estrutura social, tornando-a rígida a ponto de praticamente extinguirem a mobilidade social. E seria a cena de sua grande vitória, Sekigahara, também o cenário para a iniciação daquele que, nos séculos seguintes, seria aclamado como uma das maiores lendas do Japão, Miyamoto Musashi.

O samurai mais famoso de todos os tempos, Musashi, foi um homem de muitas habilidades. Espadachim, escultor, calígrafo, poeta, foi também autor de um manual de estratégia, o *Livro dos Cinco Anéis*, ainda lido em várias línguas como um tratado filosófico. Guerreiro rude, apesar de culto, foi sempre um excêntrico, pois em uma época em que os samurais buscavam conquistar simpatias dos senhores e se estabelecer socialmente, ele escolheu nunca se fixar. E em uma cultura em que a espada era considerada a alma do samurai, escolheu lutar sempre com espadas de madeira, boas só para treinamento. Além disso, apesar de consagrar sua vida a refletir sobre a arte de manejar uma espada, conseguiu se dedicar também à pintura, tornando-se um pintor famoso ainda em vida.

De seus pais recebeu o nome de Miyamoto Bennosoke. Originário de uma família de samurais, nasceu nas últimas décadas do século XVI na vila de Miyamoto, onde passou uma infância turbulenta, graças principalmente à separação de seus pais. Seu pai era mestre de artes marciais, vassalo de um importante clã feudal, e após a separação, Bennosoke dividiu seu tempo entre ele, com quem aprendeu a lutar, as visitas a sua mãe e o envolvimento em brigas intermináveis. Não demorou a se tornar um errante, aos 16 anos.

O momento em que Bennosoke abandonou sua vila coincidiu com a mobilização de tropas para Sekigahara, o que para samurais sem mestre como ele se apresentava como uma grande oportunidade de fazer fama. Assim, ele não tardou em se unir às forças do clã Shinmem, que patrocinava sua família, lutando ao lado das tropas de Toyotomi Hideoshi. Ou seja, do lado perdedor. Depois da batalha, a grande maioria dos samurais derrotados se tornou errante, alguns adentrando inclusive o banditismo. Bennosoke continuou assim, mas ao contrário dos outros, fez isso por opção, desinteressado em riqueza, preocupado apenas em se aperfeiçoar na filosofia marcial que regia o código de honra e a conduta dos samurais. E a essa filosofia passaria a se dedicar integralmente.

Aos 21 anos, decidiu testar suas habilidades marciais enfrentando a mais prestigiada academia de *kendo*, a arte da espada, do Japão: o clã Yoshioka, na cidade de Kyoto.

Antiga capital do reino, Kyoto já era uma cidade secular na época de Musashi. Durante o período das guerras civis, fora devastada várias vezes, mas entre 1550 e 1650 vivenciou uma retomada das artes conhecida como Renascença de Kyoto. Nesse período, seus castelos foram reconstruídos, desenvolveu-se a cerimônia do chá, proliferaram artistas plásticos, pintores e ceramistas. Apesar de ter chegado à cidade interessado em *kendo*, o jovem samurai não ficou ao largo do ambiente artístico, sendo influenciado pelos estetas de Kyoto a ponto de anos mais tarde, em seu *Livro dos Cinco Anéis*, afirmar que era possível seguir o caminho de qualquer arte começando pelo caminho da espada. Já então era chamado de Musashi, uma outra leitura dos ideogramas que compunham seu nome.

A fama do clã Yoshioka vinha principalmente do fato de que alguns de seus fundadores haviam servido aos imperadores. Seu líder era então Yoshioka Seijuro, um jovem prodígio considerado invencível e que retratava o que de mais nobre havia na classe samurai de Kyoto. Então era comum que as escolas de *kendo* recebessem muitos desafios que testavam as habilidades dos lutadores e aumentavam a fama e a honra do vencedor. E uma vez que quanto mais prestigiado um estilo, mais e mais fortes desafios enfrentava, os Yoshioka estavam bem acostumados a receber, em suas portas, todo tido de samurai. Foi nesse espírito que o nobre Seijuro, acreditando em uma vitória certa, aceitou a provocação daquele samurai quase vagabundo. O desafio, entretanto, terminou com sua derrota.

A vitória de Musashi foi tão inesperada quanto desonrosa para os Yoshioka: ele não apenas venceu Seijuro, como também seus irmãos e os discípulos que tentaram resgatar a honra do clã. Um estrepitoso sucesso que o tornou imediatamente famoso em todo o Japão e levou-o, nos anos que se seguiram, a entabular uma série de desafios que só fizeram aumentar sua fama. Alguns dos oponentes desse período se tornaram parte de sua lenda, como Sasaki Kojiro, com quem Musashi duelou no auge da fama e que é considerado seu maior rival.

Nesses anos de desafios, Musashi criou um novo estilo de *kendo*, o *Niten*, no qual o espadachim lutava com uma espada em cada mão. Foi uma fase de andanças e vitórias. Mas logo os triunfos sucessivos se tornaram vazios e, segundo suas próprias palavras, ao atingir a idade de 30 anos, percebeu que essas conquistas eram mais originárias de uma habilidade nata do que de um perfeito domínio de estratégia. Insatisfeito, ele decidiu a partir daí se dedicar à busca filosófica do perfeito caminho da espada e da vida.

Enquanto isso, o governo Tokugawa definia rigidamente as classes sociais japonesas, abolindo a mobilidade social, ao mesmo tempo em que patrocinava um crescimento econômico que favorecia os comerciantes. Classe que terminaria por desbancar os próprios xoguns no fim do século XIX na Revolução Meiji. O xogunato transformava também gradativamente os samurais em guerreiros obsoletos, uma vez que forçava uma pacificação, e aqueles que não se adaptaram às novas funções administrativas eram empurrados para a vida errante, à qual Musashi, no entanto, aderira por opção.

Seu nome adulto, Shinmem Musashi Fujiwara Genshin, fazia referência à sua família e às ligações de vassalagem que foi construindo com outros clãs em suas jornadas. E apesar de nunca ter se casado, pois o casamento significava o estabelecimento social que ele desprezava, não deixou de se preocupar com as obrigações familiares de um samurai, cuja prioridade deveria ser garantir a permanência de seu nome. E foi essa preocupação que o levou a fazer duas tentativas de adoção: a primeira fracassou tragicamente quando seu filho adotivo, o belo e brilhante Miyamoto Mikinosuke, cometeu suicídio ritual aos 23 anos em solidariedade à morte de seu senhor. Somente anos mais tarde Musashi faria uma segunda tentativa, dessa vez do jovem Iori, que viria a ser seu sucessor.

Ao longo de suas andanças, Musashi conseguiu estabelecer fortes laços com alguns dos mais importantes *daimiôs* do Japão feudal, mas sempre recusou suas ofertas para se fixar, em geral deixando em seu lugar seus filhos adotivos, tanto Mikinosuke quanto Iori, que permaneceria longos anos a serviço do clã Honda.

Depois de vencer mais de sessenta duelos, o samurai de Miyamoto passou a ser considerado invencível. Já então sua busca pela perfeita harmonização das habilidades entre a espada e a vida o levara a muitas batalhas, sem que em nenhuma defendesse uma causa específica. Foi assim que, em sua maturidade, o espadachim lutou na ilha de Shimabara, em 1637, na implacável perseguição que os Tokugawa impuseram aos cristãos.

O cristianismo se tornara alvo de pesada repressão principalmente por estar associado aos europeus. A centralização promovida pelo xogunato via no contato com os europeus uma ameaça e proibiu todo o comércio com estrangeiros, assim como quaisquer contatos culturais com portugueses e holandeses, que desde o século XVI estavam em atividade no Japão. Preocupava-se tanto em impedir a propagação do cristianismo, que ia contra a rígida estrutura estamental japonesa quanto à popularização das armas de fogo, que tornavam a habilidade marcial dos samurais desnecessária.

Proibida a religião, muitos cristãos passaram para a clandestinidade, mas continuaram a ser perseguidos, presos, torturados e executados. Isso desencadeou uma revolta na região de Shimabara, de maioria cristã, que foi severamente reprimida pelo xogunato. Dessa vez, Musashi lutou do lado dos Tokugawa, o lado vencedor.

Depois dessa batalha, em seus últimos anos, já sexagenário, dedicou-se a escrever seu *Livro dos Cinco Anéis* (c. 1645), filosofando sobre a experiência aprendida a partir de décadas de lutas. Talvez só então tenha finalmente se tornado vassalo de um importante clã. Seu tratado está dividido em cinco partes: o Livro da Terra, o Livro da Água, o Livro do Fogo, o Livro do Vento e o Livro do Vazio. Seus preceitos se baseiam na crença de que o caminho da estratégia é o caminho da natureza, assim, só quando se conhece a força da natureza é possível conhecer o ritmo de qualquer situação. Só então é possível atacar naturalmente e reagir naturalmente.

Musashi faleceu em 1645, já uma lenda tanto por sua destreza como espadachim quanto por sua excentricidade. Mas sua história não terminou aí: entre os anos de 1935 e 1939 foi publicado o romance em folhetim *Musashi*, de Eiji Yoshikawa, *best-seller* máximo da literatura japonesa que popularizou a lenda do samurai no mundo todo. Obra de fôlego, que em sua versão em língua portuguesa conta com cerca de 1800 páginas, esse romance se tornou o livro mais vendido no Japão, já tendo atingido a marca das 120 milhões de cópias, inspirando toda uma vasta produção artística no século XX. O Musashi de Yoshikawa, na verdade, se tornou tão famoso que tomou o lugar do Musashi histórico no imaginário popular. Apesar de se basear nos fatos mais conhecidos da vida do samurai, a obra não pretende ser fiel: é uma ficção entremeada de figuras históricas. E, no entanto, alguns de seus personagens totalmente fictícios, como Otsu, a jovem enamorada de Musashi, povoam o imaginário japonês como pessoas reais até hoje.

Com suas batalhas contra Yoshioka e Kojiro ainda lembradas, e mais conhecido por sua pretensa invencibilidade e sua excentricidade do que por sua obra plástica ou filosófica, Musashi tornou-se um ícone para a identidade nipônica. E um mito que exemplifica, como poucos, a influência que a literatura pode ter sobre a História, pois o samurai da Era Tokugawa hoje é uma pálida fonte para o sombrio, egocêntrico e metafísico, sem falar literário, vagabundo criado por Eiji Yoshikawa.

Curiosidades

No século XX, o escritor Eiji Yoshikawa escreveu celebérrimo romance sobre a vida de Musashi, influenciando inúmeras obras posteriores, como o mangá *Vagabond*, de Takehiro Inoue. No cinema, entre os vários filmes que o retrataram, destaca-se a trilogia *O Samurai* (1954–1956), dirigida por Hiroshi Inagaki, na qual foi interpretado pelo grande ator japonês Toshirô Mifune.

A Águia que Voa de Campanário em Campanário até Notre Dame

Napoleão Bonaparte

Imperador francês, 1769–1821

Em junho de 1815, as forças aliadas de ingleses, holandeses e prussianos, com mais de 200 mil homens comandados pelo general inglês Wellington, confrontaram-se nos Países Baixos com o exército francês de Napoleão Bonaparte, com cerca de 120 mil combatentes. O confronto teve lugar na planície de Waterloo. Apesar da diferença numérica, Bonaparte já havia vencido guerras difíceis e acreditava poder obter nova vitória. E começou atacando as forças aliadas, mas cometeu uma série de erros que terminaram com sua derrota, o que deu a Waterloo o posto de uma das batalhas mais famosas da História. As razões dessa fama, no entanto, advêm não do vencedor, mas do derrotado: Waterloo selou definitivamente a derrocada de Napoleão, o hábil general que de militar corso tornara-se imperador da França, conquistando quase toda a Europa e redefinindo os rumos da história contemporânea.

Bonaparte nasceu em 1769 em uma família de pequenos proprietários na Córsega, quando essa ilha estava dominada pelos franceses. Seu pai logo percebeu as vantagens de se aliar aos dominadores, conseguindo ser nomeado deputado em Paris e garantindo a seus filhos vagas nas melhores escolas da França. Foi nesse espírito que Napoleão entrou para a Escola Militar e, em 1785, graduou-se segundo-tenente do regimento de artilharia. Mas seu futuro não parecia promissor: graduado sem glórias, ridicularizado por sua baixa estatura, nacionalidade e origem plebeia, ganhou notoriedade com a Revolução Francesa.

Quando as primeiras revoltas populares em Paris explodiram, o tenente Napoleão se manteve fiel à hierarquia militar, mas após a queda da Bastilha, quando os revolucionários se fortaleceram, decidiu se unir a eles, filiando--se ao Clube dos Jacobinos em 1791, mostrando já o oportunismo que o marcaria por toda a vida.

Transformado em defensor do republicanismo radical, Bonaparte ascendeu rapidamente na hierarquia, sendo nomeado capitão em 1792. O momento era oportuno para os militares, pois em 1793 a França entrava em guerra com a Inglaterra e a Holanda. Napoleão procurava a todo custo se destacar, inclusive escrevendo panfletos revolucionários. E como era um hábil estrategista, foi enviado para enfrentar os ingleses em Toulon, obtendo um desempenho que lhe rendeu vários elogios e uma promoção a brigadeiro, saltando duas patentes.

Enquanto isso, chegava ao fim o regime liderado por Robespierre, e como Napoleão conseguira alguns benefícios sob esse governo, terminou deposto quando o novo governo assumiu, o Diretório, composto por republicanos moderados.

Como algumas de suas medidas eram impopulares, o novo governo investiu nas forças repressivas, dando oportunidade para Bonaparte mais uma vez se aproximar do poder, e voltar a seu antigo posto graças a suas amizades políticas e ao casamento com a aristocrática e bem relacionada Josefina. Não demorou para que fosse nomeado comandante.

Nesse meio tempo, várias nações europeias resolveram se unir e declarar guerra à França, buscando evitar que as conquistas da Revolução Francesa se espalhassem pela região. O temor dos príncipes não era infundado, pois após 1789 várias revoltas populares haviam estourado em diferentes partes, como na Bélgica e em Nápoles. Então o inimigo mais renitente da França era a Áustria, terra natal de Maria Antonieta, rainha degolada pela revolução. E o imperador austríaco conseguira agregar uma miríade de reinos a seu favor: da Península Ibérica e Inglaterra aos Países Baixos e à Prússia.

A França, dividida por conflitos internos, parecia um alvo fácil, ainda mais porque seu exército, numericamente inferior, se encontrava enfraquecido:

antigos oficiais realistas deixaram o país, ao lado de uma jovem oficialidade ainda inexperiente. Porém, ao contrário dos tradicionais exércitos europeus compostos basicamente por mercenários, o francês era constituído por cidadãos que acreditavam nos ideais da Revolução Francesa e que estavam dispostos a lutar por eles.

Em 1795, Napoleão foi colocado à frente de tropas que deveriam combater a coalizão antifrancesa. Seu exército tinha a tarefa menor de desviar a atenção das tropas austríacas enquanto a força principal atacava o coração do império. Mas enquanto essa força principal não se saiu tão bem, Napoleão foi conquistando vitória após vitória na Itália, forçando a rendição do Papa e da Áustria, um sucesso que o deu notoriedade em Paris.

No entanto, restava a Inglaterra, grande potência marítima que, além de sua poderosa força naval, era inconquistável devido a sua situação insular e sua riqueza. Levado a investidas mais ousadas após a Itália, Napoleão decidiu atacar a Inglaterra pelo que acreditava ser seu ponto mais fraco, a colônia do Egito.

Enquanto na França as insatisfações com o governo do Diretório aumentavam, Bonaparte levou suas tropas para o Egito, ocupando Alexandria e o Cairo. Mas não conseguiu fazer frente à marinha inglesa e foi derrotado pelo Almirante Nelson. Em Paris, a república democrática moderada do Diretório não agradava a ninguém, nem aos radicais, nem aos realistas, e as conspirações cresciam. Procurando se aproveitar dessa situação, Napoleão abandonou suas tropas e partiu para Paris para se unir aos conspiradores, apresentou-se como liderança e deu um golpe que derrubou o Diretório em novembro de 1799, ou, pelo calendário da Revolução Francesa, no 18 Brumário.

No novo governo, Napoleão assumiu o posto de primeiro cônsul, mas não demorou para centralizar o poder. E, com a promulgação da Constituição de 1799, recebeu poderes totais sobre a nação: diminuiu a competência do Conselho de Estado e das Assembleias; perseguiu inimigos e antigos aliados, como os jacobinos; defendeu a intocabilidade da propriedade privada; desbaratou a oposição e fechou jornais; derrotou a Áustria e trocou a rendição da Inglaterra pelo Egito. Por fim, organizou um plebiscito que o elegeu cônsul perpétuo. Dois anos depois, fez-se declarar imperador da França.

O Papa foi convidado a coroar esse novo imperador que se dizia herdeiro de uma revolução republicana. Mas, durante a cerimônia, Napoleão retirou a coroa das mãos do pontífice e coroou a si próprio e depois a Josefina. Um gesto simbólico com pretensões de afirmar que todo o poder advinha dele.

Uma vez imperador, Bonaparte deu a seus irmãos os tronos dos países conquistados, como a Espanha e a Holanda, e anexou vastos territórios na Europa. Internamente, instituiu um protecionismo à indústria francesa que prejudicou as pretensões da Inglaterra, assim como o recrutamento universal de todos os cidadãos, medida que revolucionou os exércitos modernos. Sua ambição transparecia na sede de conquistas territoriais, que o colocou em rota de colisão com os impérios mais antigos.

Assim, em 1804, a Inglaterra lhe declarou nova guerra. Seu novo exército tinha 150 mil homens, um número impressionante para o período, mas a Inglaterra conseguiu levar a guerra para o mar, onde o almirante Nelson obteve nova vitória, dessa vez no Cabo Trafalgar, em Gibraltar. Esse sucesso deu impulso a uma nova coalizão contra os franceses, com os já tradicionais inimigos Inglaterra e Áustria aliando-se a um velho império que viria a ser definitivo na derrocada de Napoleão, a Rússia.

Nessa guerra, os franceses puseram fim ao Sacro Império Romano-Germânico de uma vez por todas, venceram os austríacos e entraram triunfantes em Berlim em 1806. Uma vitória que inspirou a Napoleão novos planos: rumar para leste e conquistar o império russo dos Romanov.

Mas na campanha contra a Rússia o corso foi derrotado por um inimigo inesperado, o frio do inverno, para quem perdeu 18 mil soldados somente na retirada desesperada para oeste. Essas imensas perdas, no entanto, não o impediram de conseguir a rendição do czar, que foi obrigado a participar de um bloqueio econômico contra a Inglaterra. Um acordo que representou o auge do império napoleônico.

Nesse meio tempo, Napoleão se separou de Josefina para se casar com a filha do imperador austríaco, Maria Luiza, que lhe deu um filho, Luis Felipe, e lhe ajudou a selar uma aliança com seus velhos inimigos austríacos.

Por outro lado, não demorou para a Rússia, prejudicada pelo bloqueio comercial à Inglaterra e pela aliança francesa com a Áustria, declarar guerra a Napoleão. Este organizou um exército de 700 mil homens e fez uma investida fulminante, mas o czar ordenara que tudo no caminho dos invasores fosse queimado: de campos cultivados a aldeias, tudo foi devastado para que não servisse de abrigo aos franceses. Napoleão conseguiu chegar a Moscou, mas ao contrário da resistência armada que esperava, deparou-se com uma cidade devastada pelas chamas, numa tática chamada de *terra arrasada*.

Então, sem suprimentos e enfrentando um dos invernos mais rigorosos do mundo, o exército invasor foi obrigado a bater em retirada através de 1500 quilômetros de campos devastados. Quatrocentos mil homens pereceram devido ao frio e à fome.

Essa fragorosa derrota não passou despercebida àqueles que, em Paris, conspiravam contra o imperador. Sabedor disso, Napoleão mais uma vez abandonou suas tropas e voltou às pressas à capital. Lá organizou novas forças para atacar seus inimigos externos, na esperança de conseguir reaver seu prestígio interno. Mas, apesar de algumas vitórias iniciais, foi novamente derrotado pelos russos e austríacos em Austerlitz. E em 1813 os exércitos inimigos entraram em Paris, comandados pelo czar e pelo rei da Prússia. Napoleão se rendeu e foi exilado na pequena ilha de Elba, no Mediterrâneo. Os vencedores colocaram o irmão do degolado Luís XVI no trono, Luís XVIII, esperando que medidas fossem tomadas para apagar a revolução.

No entanto, os seguidores de Napoleão eram inúmeros e fiéis, e ele conspirou com sucesso para organizar seu retorno triunfal. E sob o lema "A águia voará de campanário em campanário até as torres de Notre Dame" conseguiu voltar ao território francês e retomar o governo de Paris em 1815. Um retorno de vida curta: foi o governo dos cem dias, contra o qual foi formada a sétima coalizão sob comando da Inglaterra e Prússia, que conseguiu a vitória definitiva em Waterloo. Derrotado de novo, o imperador foi exilado novamente, dessa vez na distante ilha de Santa Helena, no Atlântico, onde viria a falecer em 1821.

Sua ascensão fulgurante foi fruto do caos político e social provocado pela Revolução Francesa e influiu na transformação da Europa no início da Idade Contemporânea. As conquistas napoleônicas foram o estopim de grandes transformações: a queda do Sacro Império Romano-Germânico e dos Impérios Ibéricos; a transformação permanente dos exércitos. Propagou também, talvez à sua revelia, as ideias da Revolução Francesa. Além disso, o conceito de Código Civil, a ideia de separação entre Estado e Igreja, a padronização dos pesos e medida, foram todas reformas duradouras elaboradas por seu governo. Sem mencionar a libertação dos judeus na Europa.

Com tudo isso, entretanto, o império napoleônico não sobreviveu, mas foi definitivo na história do Ocidente; e a imagem megalomaníaca de Napoleão permanece forte como ícone de ambição e do poder dos líderes na transformação da história.

Curiosidades

O compositor alemão Ludwig van Beethoven nutria uma grande admiração pelos ideais da Revolução Francesa e por Napoleão. Dedicou a 3ª Sinfonia, conhecida como *Eroica*, heroica em português, ao chefe militar, porém, quando este se coroou imperador, o músico riscou a dedicatória na página-título da partitura, retirando a homenagem.

Simón Bolívar

General venezuelano, 1783–1830

Em 1826, um Congresso foi realizado no Panamá, reunindo representantes das muito jovens nações da América Latina em busca de união. Era o grande evento, promovido por uma proposta política que aspirava à formação de uma confederação eficiente entre as novas nações, o pan-americanismo, que tinha como principal articulador Simón Bolívar, então presidente da Grã-Colômbia. Por ocasião do Congresso, Bolívar já era um dos mais importantes líderes do continente, ápice de uma vida agitada que o levara de proprietário de terras liberal a se tornar político, general e presidente vitalício. Fora, ao longo do tempo e ao mesmo tempo, defensor da abolição da escravidão e crítico da democracia. Liderara a vitoriosa campanha de independência de quase toda a América do Sul contra o Império Espanhol. Conquistara, com seu ideário político e suas ações, seguidores fiéis e inimigos ainda mais fiéis. Revolucionário, viveu o suficiente para ver seus sonhos de uma América independente concretizados, somente para morrer arrependido por ter ajudado a levar a cabo o processo que gestou a América Latina.

Desde o início de seu envolvimento nas conturbadas independências das colônias espanholas, Bolívar atuara tanto como teórico político quanto como general. Tendo sucesso em uma e em outra dessas atividades, conquistara tudo que almejara e, ao vencer, dera vida a seus planos e teorias. Mas, no fim de sua vida, deposto de seu cargo e desgostoso com os rumos políticos dos novos países, lamentou sem cessar tudo que planejara e realizara um dia. E não morreu sem antes afirmar: a América é ingovernável, e aquele que serve a uma revolução ara no mar.

Simón Bolívar nasceu em 1783, em Caracas, hoje capital da Venezuela. Filho de rica família, herdeiro de latifúndios, era um perfeito representante da nata das colônias hispânicas do fim do século XVIII e início do século XIX. E como muitos de seus pares, recebera uma instrução esmerada, desde cedo entrando em contato com autores iluministas que exerciam grande influência sobre os liberais das colônias. Filósofos como Rousseau, Montesquieu, Voltaire e Adam Smith traziam novas perspectivas para a política, criticando o absolutismo do Antigo Regime que sustentava, entre outros, o Império Espanhol.

Durante sua infância e juventude, a Venezuela, uma capitania do Vice-Reinado de Nova Granada, prosperara graças aos latifúndios escravistas que produziam gêneros agrícolas para o mercado externo. Uma prosperidade que não alcançava mestiços, escravos e pobres livres em geral, mas que impulsionava as atividades intelectuais e políticas dos senhores de terras que, apesar de basearem sua renda na agricultura, cultivavam uma vida urbana repleta de saraus literários, jornais e universidades.

A vida do próspero Simón mudou por causa de um episódio ocorrido muito longe de Caracas, quando, em 1808, as tropas francesas de Napoleão Bonaparte invadiram a Espanha e aprisionaram seu rei. Esse acontecimento foi o estopim para o esfacelamento do Império Espanhol, pois sem a presença agregante do rei, as elites coloniais, muito interessadas no livre comércio que sua metrópole proibia terminantemente, rejeitaram o domínio francês. Apesar de continuarem fiéis à monarquia, os senhores coloniais já não queriam estar presos às rígidas normas do exclusivo colonial espanhol. E sem a presença do rei, as dissensões internas entre as cortes na metrópole, os governadores e vice-reis, sem contar os franceses, terminaram por explodir em um longo processo de guerra.

A maioria dos colonos, todavia, continuava leal à monarquia. Afinal, consideravam-se todos espanhóis. Foi somente com a derrota dos franceses e a volta de Fernando VII ao trono que a ideia de independência ganhou cada vez mais adeptos. Isso porque os fiéis colonos desejavam comerciar com quem melhor pagasse, coisa que o rei não demorou a vetar. Assim, foi ao suprimir o livre comércio das colônias e suas liberdades políticas que a Espanha se viu alvo das armas dos colonos, em uma guerra que se arrastou por cerca de vinte anos. Iniciada quase simultaneamente no México, no Rio da Prata e no norte da América do Sul, a independência da América Hispânica foi um conturbado processo — em muitos lugares eminentemente elitista —, que definiu os rumos do continente e que contou com muitos líderes, do padre Hidalgo, no México, ao general San Martín, na Argentina. Mas poucos tão influentes quanto Bolívar.

Quando se envolveu com as disputas independentistas, na década de 1810, Bolívar havia se colocado sob as ordens de Francisco de Miranda, comandante venezuelano que primeiro declarou a independência daquela região. Mas, por causa de um acordo em 1812, Miranda foi entregue aos espanhóis e preso, traído pelo próprio Bolívar, que, depois disso, fugiu da Venezuela, apresentando-se para comandar forças rebeldes na vizinha Nova Granada, atual Colômbia. Passou, desde então, por muitos altos e baixos até que uma nova investida da Espanha, em 1815, o obrigou a se exilar na Jamaica e depois no Haiti, então uma república há pouco fundada por ex-escravos. Lá o rico senhor de terras e escravos se converteu à causa da abolição. Alguns anos depois, voltou à Nova Granada, rapidamente assumindo o comando de revigoradas forças independentistas. Em 1819, conseguiu sua primeira grande vitória contra as tropas espanholas, finalmente declarando a independência da Colômbia.

Desde seu exílio, a perspectiva de Bolívar mudara muito: se sempre fora liberal, só então passara a defender o fim da escravidão, engajando ex-escravos e camponeses em seu exército. A partir daí suas vitórias se multiplicaram, e a independência da Colômbia foi só o início: suas tropas partiram para conquistar a Venezuela e o Equador, marchando depois sobre a principal colônia da Espanha na América do Sul, o Peru. Mas as elites peruanas eram o mais forte suporte da Coroa espanhola e recusaram repetidas vezes a independência. Isso não impediu que fossem invadidas pelo exército do Rio da Prata, liderado por San Martín, em 1821, e depois pelas tropas nortistas de Bolívar. E apesar de o argentino ter sido o primeiro a adentrar a recalcitrante Lima, Bolívar conseguiu, de alguma forma, virar a situação a seu favor, saindo de Lima como líder hegemônico dos "libertadores".

Com essa vitória maior, ele pôde implementar uma de suas principais propostas políticas: unificar as antigas capitanias e vice-reinados em uma só nação independente, a Grã-Colômbia. E conseguiu seu intento, ainda que por pouco tempo, anexando o Equador e a Venezuela à Colômbia. Os peruanos, entretanto, independentes involuntários, se recusaram a se unir à nova nação.

Então ele já era chamado de *Libertador* e cultuado por muitos como herói. Por outro lado, muitos também eram seus adversários políticos. Com o fim da guerra, assumiu o cargo de presidente da Grã-Colômbia, onde pôs em prática, de forma autoritária, projetos que incluíam a abolição da escravatura, a reforma de códigos legais, a elaboração de constituições (para a Venezuela, para a Bolívia), além da implantação de uma república centralista que contrariava os anseios federalistas das elites provinciais; república governada por uma burocracia em que muitos cargos, começando pelo seu, eram de caráter vitalício e hereditário.

Mas enquanto suas propostas sociais desagradavam os conservadores e escravistas, seus planos para a unificação das ex-colônias confrontavam os regionalistas, que preferiam nações separadas para governar. Cercado de opositores, declarou-se presidente vitalício, acirrando ainda mais os ânimos dos adversários e gerando um estado tal de tensão que o levou, em 1830, a abandonar o governo e buscar o exílio, mas morreu antes mesmo de deixar a Colômbia, levando com ele os sonhos pan-americanistas de uma confederação latino-americana, e mesmo a união da Grã-Colômbia, que terminou por se dividir em três nações, a Colômbia, a Venezuela e o Equador.

Sua história, todavia, ainda estava longe de acabar e sofreria diversas revisões ao longo do tempo: de início heroicizado e chamado de *Libertador*, não demorou para que, ainda em vida, ele fosse difamado por seus adversários políticos. Depois de morto, entretanto, foi recolocado no posto de herói máximo da História latino-americana, cultuado pela Historiografia nacionalista em países como a Venezuela, a Bolívia e a Colômbia e lembrado em um sem fim de monumentos: seu mito nomeou um novo país, a Bolívia, e a moeda da Venezuela, o *bolívar*, além de uma infinidade de praças, avenidas e ruas pelo continente afora. Se esse processo de monumentalização atingiu também outros *libertadores*, como San Martín — que tem na Argentina seu maior relevo —, nenhum dos generais chegou a alcançar o *status* continental de Bolívar.

Mesmo a ficção, pela pena do Prêmio Nobel Gabriel García Márquez, não ficou isenta de seu fascínio: em *O General em seu Labirinto*, Márquez subverteu as tradicionais visões heroicas sobre Bolívar, contando seus últimos dias a partir de uma perspectiva satírica e nostálgica. Em sua versão, o general deposto, já velho, doente e meio esquecido, foge lentamente de seus muitos inimigos, relembrando de modo ferino, no caminho para um exílio que nunca alcançaria, seus inúmeros amigos, aliados, amantes, vitórias e derrotas.

A escolha de Márquez por abordar essa época da vida de Bolívar remete às mudanças emocionais e ideológicas vividas pelo general em seu ocaso, geradas pelas muitas críticas sofridas enquanto presidente e pelo fracasso de suas tentativas de estabelecer ordem na Grã-Colômbia. Na juventude, ele se comparara a Jesus Cristo e a Dom Quixote, com os quais dizia constituir os três maiores patetas da história. Mas em seus últimos dias, cercado por desafetos e pelo malogro de suas ideias, tornara-se desgostoso e incrédulo quanto ao sucesso de qualquer governo estável na América. Chegou mesmo a afirmar, depois de umas revoltas separatistas na Venezuela, que nunca vira com bons olhos as insurreições, e naqueles tempos deplorava até a que tinha feito contra os espanhóis. Sua tristeza cresceu depois de um atentado contra sua vida, e ainda mais com o assassinato de seu amigo e herdeiro político, Sucre. Em uma de suas últimas declarações, dias antes de morrer, logo depois de afirmar que os revolucionários aravam no mar, apresentou como única solução para os americanos a emigração.

No entanto, apesar do desânimo e do fim solitário, sua obra permaneceu. Seu pensamento político influenciou a maior parte dos governos da América do Sul no século XIX, período-chave para a consolidação das nações no continente. Além disso, hoje, em tempos de globalização, seu projeto de unidade continental também está sendo revisitado por políticos de diferentes tendências. E se existem muitas contradições entre esses atuais revisionistas, isso também combina bem com a velha imagem do Libertador, que sempre foi um contraditório: general de impressionantes vitórias e avassaladoras derrotas, tirânico defensor de constituições liberais, humanista para quem o bom governo era somente o dele próprio, Bolívar é, sem dúvida, o grande herói da América Latina.

Curiosidades

Durante o governo de Hugo Chávez na Venezuela (1999–2013), a imagem de Simón Bolívar foi resgatada. O libertador foi utilizado como símbolo de liderança popular, da luta anti-imperialista e por seu desempenho revolucionário, caracterizando o movimento bolivarista de Chávez. Até o nome do país foi alterado para República Bolivariana da Venezuela.

Osama Bin Laden

Terrorista saudita, 1957–2011

Os autores deste livro, como muitos adultos, lembram claramente daquele 11 de setembro de 2001. Da incredulidade, diria mesmo incapacidade, nossa e dos repórteres que faziam a transmissão, em entender como um avião pudera se chocar contra um prédio em Nova Iorque num dia de céu azul-celeste sem qualquer nuvem. As tevês pareciam repetir as imagens do fato outra e outra vez. Ledo engano. Não fora apenas uma única aeronave, mas sim duas, deliberadamente jogadas contra as torres gêmeas do *World Trade Center* por pilotos terroristas. Às 8 horas e 48 minutos, um jato da *American Airlines* atingiu o primeiro edifício, e precisos 15 minutos depois, um boeing da *United Airlines* colidia com o segundo. Esse quarto de hora a separá-los foi suficiente para atrair câmeras, microfones e repórteres do mundo inteiro, os quais reportavam o incêndio e o socorro às vítimas. Quando o segundo avião atingiu seu mortal intento, os olhos do planeta lá estavam para testemunhá-lo.

As obrigações da manhã foram postergadas. A programação normal das televisões, nacionais e internacionais, abertas e por assinatura, modificada. Éramos testemunhas da agonia. Um minuto antes das dez horas, desabou uma das torres, seguida, 29 minutos depois, pela outra. Nova Iorque foi engolfada por uma nuvem de pó e detritos. A poeirada sufocava as ruas, engolia transeuntes, bombeiros e equipes de socorro.

Outros dois aviões foram usados como armas naquela manhã: um atingiu o Pentágono, sede do Departamento de Defesa dos Estados Unidos, outro caiu nas proximidades de Pittsburgh, sem atingir seu alvo — nada menos que a Casa Branca. Foram, porém, as imagens tomadas em Nova Iorque que se tornaram emblema máximo do maior ataque terrorista jamais visto. Pela quantidade de vítimas, pela escolha cuidadosa do cenário. Principalmente pela presença maciça da mídia global, que fez do atentado um medonho espetáculo ao vivo.

Nas horas e dias que se seguiram ao evento, pulularam novos ângulos captados da tragédia, fruto da disseminação de equipamentos de gravação numa sociedade pós-moderna e abastada. Cada uma dessas novas imagens conseguia ser mais inacreditável que as precedentes. Sua repetição exaustiva, entretanto, causava mal-estar, um macabro concurso pelo instantâneo mais chocante, em que os sentimentos de espanto eram entorpecidos pelo constante reavivar das cenas. O triunfo da banalização.

Os Estados Unidos entraram em choque. O espaço aéreo e as fronteiras foram fechados, os telefones não funcionavam. O presidente George W. Bush, vindo de uma eleição no mínimo duvidosa, desapareceu. O resto do mundo prendeu a respiração junto com os norte-americanos, enquanto alguns de seus cidadãos chegaram a clamar: *nuke them*, "joguem bombas nucleares neles".

Não foi, porém, uma nação que declarava guerra, mas uma entidade transnacional chamada Al-Qaeda (A Base), formada por muçulmanos oriundos de dezenas de Estados, e embora a maioria dos perpetradores fosse saudita, esse reino árabe era dos mais fiéis aliados dos norte-americanos no Oriente Médio. Mais que qualquer outro, um personagem era responsabilizado: Osama Bin Laden, milionário escondido numa rede de cavernas nas montanhas afegãs, hóspede do regime comandado pelos Talibãs, clérigos muçulmanos cuja ultrarrigorosa exegese corânica rejeita todo o mundo moderno e evoca o retorno a um suposto passado purista.

A importância dos atentados do 11 de setembro não deve ser minimizada. Do lado ocidental, deu fôlego a teses como a do professor Samuel Huntington, nutriz de ideologias ultradireitistas, que percebe o Ocidente e o Islã como duas vertentes irreconciliáveis da humanidade. No flanco muçulmano, a leitura fundamentalista, reativa ao mundo moderno, evocativa à tradição islâmica e marcada por entidades e líderes contrários à compreensão mútua, ganhou robustez. O ordenamento político global foi redefinido: a dúbia liderança de George W. Bush ganhou legitimidade inesperada, e seus planos, como a posterior guerra contra o Iraque e sua própria reeleição, foram possibilitados. Questões relativas aos Direitos Humanos e Civis foram perigosamente secundarizadas em nome da segurança. Regimes violentos, como o russo, passaram a ser tolerados. Os atentados de 11 de setembro foram a certidão de nascimento do século XXI.

O terrorismo como arma política é uma prática muito velha, lança suas raízes mais primitivas no antigo Oriente Médio. No Ocidente, no século XIX, ativistas perceberam que o caminho para o glorioso futuro no qual criam poderia ser calçado com o sangue de vítimas famosas — várias cabeças coroadas e presidentes tombaram diante das bombas, facas e pistolas revolucionárias —, um modelo seguido até meados do século XX, quando, então, uma transformação foi operada. Em 1937, aviões nazistas bombardearam a cidade de Guernica, durante a Guerra Civil Espanhola, visando precisamente a população civil, e não algum alvo militar ou político. Espalhar o pânico em meio ao povo, quebrantar sua resistência, facilitar sua capitulação e estabelecer exemplo para outras comunidades: parâmetro instituído pelas bombas alemãs e hoje ainda eficiente.

No afã de tornarem realidade suas utopias e ideais, diversos grupos elegeram o terrorismo como forma de luta. Facções partidárias (de marxistas a neofascistas), nacionalistas, étnicas, religiosas. Revolucionários e contrarrevolucionários latino-americanos. Minorias iracundas na Espanha, Irlanda, Sri Lanka, Índia. Defensores da Supremacia Branca nos Estados Unidos. Jovens, como o carismático casal Andreas Baader e Ulrike Meinhof, os quais, por meio de seus atos violentos, buscavam, ironicamente, chamar a atenção às atrocidades cometidas em outros países. A violência pública, bem se vê, tem-se caracterizado por sua plasticidade, adaptando-se às mais distintas causas.

No Oriente Médio, foco maior do terrorismo atual, essas práticas encontraram um campo fértil. No período do entreguerras, os árabes perceberam-se enganados pelas potências vencedoras da Primeira Guerra Mundial, as quais tinham-lhes prometido Estados independentes. A essa insatisfação acrescia o aumento da imigração judaica oriunda da Europa para a Palestina. Os nativos atacaram com violência alvos dos recém-chegados e estes, em retaliação, criaram facções paramilitares que empreendiam atentados terroristas. O *ovo da serpente* estava sendo chocado.

Mas o século XX foi marcado, também, por aquilo que o teórico canadense Marshall McLuhan chamou de *aldeia global*: a disseminação dos meios de comunicação de massa e do transporte rápido e acessível, encurtando distâncias e ensejando mudanças significativas nas práticas terroristas, cujos ativistas passaram a almejar a publicidade de seus atos, cultivando a cobertura midiática e cronometrando seus atentados para que aparecessem espetacularmente em tevês do mundo todo. As linhas de montagem de seus atos desconheceram fronteiras, reunindo guerrilheiros de vários países, fornecendo a eles treinamento paramilitar, armas e munições. Num exemplo dessa nova situação, em 1972, militantes japoneses de um obscuro Exército Vermelho (neomarxista), instruídos em pelo menos três países asiáticos e portando metralhadoras tchecas, adentraram o Aeroporto Internacional Ben Gurion, em Israel, e abriram fogo na fila de embarque. No incidente, conhecido como "O Massacre do Aeroporto Lod", 24 pessoas foram mortas e outras oitenta foram feridas, entre elas turistas porto-riquenhos recém--desembarcados. Todos, vítimas e algozes, parte da aldeia global.

Todos esses aspectos — o horror espraiado, a cupidez pela mídia, a transnacionalidade dos assassinos e de seus mortos — foram, todos eles, elevados à última potência nos atentados de 11 de setembro.

Mesmo antes do grande atentado, Osama era relativamente conhecido, pois a Al-Qaeda atacara, em 1998, representações norte-americanas na Tanzânia e no Quênia. Ainda assim, sua figura não era bem compreendida. O respeitado articulista Noam Chomsky afirmou que o saudita jamais ouvira falar em "globalização" e que "não conhece coisa alguma sobre o mundo" nem faz questão de sabê-lo, imagem anacoreta que não resiste à análise de sua biografia. Na segunda metade do século XX, quando o *boom* do petróleo levou a Arábia Saudita a investir pesadamente na infraestrutura do reino, coube a Mohammed Bin Laden, pai do futuro líder terrorista e então um pequeno empreiteiro, fatia gorda dessas obras. Tornou-se um dos homens mais ricos de toda a Arábia, e sua imensa família, mais de cinquenta filhos, beneficiou-se dessa fortuna.

Moço, Osama Bin Laden não se dedicava à religião. Como muitos jovens milionários, fugia das restrições religiosas vigentes em seu próprio país em viagens à Beirute, famosa por seu estilo de vida ocidentalizado e liberal. Economista e administrador, possivelmente também engenheiro, dirigia carros possantes, divertia-se com mulheres, bebia e jogava nos cassinos. Nada indicava o futuro radical que representaria. Todavia, durante sua educação superior, como muitos outros universitários árabes, tomou contato com o radicalismo islâmico, por meio de professores ligados a movimentos fundamentalistas.

A grande virada para o engenheiro saudita se deu com a invasão soviética do Afeganistão. Dentro do xadrez da Guerra Fria, a Ásia Central era reclamada pelos russos como sua região de influência, e em 1979 seus tanques cruzaram a fronteira afegã e lá instalaram um regime comunista. A reação foi feroz: os guerrilheiros afegãos, os *mujahidins*, combateram sem descanso as tropas invasoras, apoiados e financiados pelos norte-americanos, e invocaram a Jihad, a luta em defesa do Islã. Foram ouvidos: entre 1982 e 1992, 35 mil muçulmanos de 43 países combateram no Afeganistão. Entre eles, um Osama Bin Laden já tocado pelas exegeses fundamentalistas que aprendera na universidade.

Ao longo de uma década de combate, os muçulmanos que lutavam na Ásia Central travaram contato com as interpretações corânicas mais radicais. Geradas nas madraçais paquistanesas e nas universidades sauditas, essas leituras fundamentalistas aproveitaram a confluência de islamitas devotos de todo o mundo para lhes cultivar a fé. No início da década de 1990, quando do fim da União Soviética, missionários expandiram ainda mais seu catecismo radical. A guerra, terminada, legara um exército imbuído do ideal jihadista e disposto a continuá-lo. A instalação de bases militares norte-americanas na Arábia Saudita durante a Guerra do Golfo, em 1992, foi encarada como sacrilégio, e a ira radical voltou-se contra os Estados Unidos e seus governos aliados do Oriente Médio.

Bin Laden voltou à Arábia Saudita. Expulso e apátrida (teve sua nacionalidade revogada), dirigiu-se ao Sudão e montou neste país campos de treinamento de terroristas. Premida pelas sanções norte-americanas e árabes, a nação africana teve de permitir sua partida. Osama dirigiu-se, pois, em 1996, para o Afeganistão, onde os Talibãs davam início à tomada do país, completada em 1998.

Boa parte do poder de Bin Laden reside no fato de ele ser o emir da Al-Qaeda, um organismo surgido em finais dos anos 1980 para financiar o combate aos soviéticos. Originalmente financiada pela CIA e por doações de potentados árabes e muçulmanos, a organização soube se aproveitar do mundo globalizado para se estruturar e se utilizar da rede internacional de lavagem de dinheiro. Até os atentados de 11 de setembro, eram conhecidas cinco repartições responsáveis por funções específicas; uma das mais importantes o "Comitê de Negócios e Dinheiro", que movimenta os fundos monetários da organização em todo o mundo, garantia pagamentos e provia cobertura burocrática (passaportes falsos, por exemplo) a seus membros. Especula-se em cerca de US$ 30 milhões seu orçamento anual.

Embora os maiores atentados, ao que parece, tenham contado com participação do núcleo decisório, a Al-Qaeda é um organismo completamente descentralizado, dificultando seu rastreamento. Quase vinte ataques já lhe foram diretamente relacionados em quatro continentes — de Bali a Madri, de Londres a Istambul —, enquanto muitos outros compartilham de sua inspiração — o caso dos atentados em Beslan, na Rússia.

Em 2001, como represália aos ataques terroristas, tropas norte-americanas invadiram o Afeganistão, derrubaram o regime Talibã e destruíram os campos de treinamento da Al-Qaeda que lá existiam. Parecia, então, que a multinacional do terror estava liquidada. A Guerra no Iraque, contudo, deu-lhe novo fogo, e sua estrutura tornou-se mais descentralizada do que jamais fora para fazer frente aos novos alvos. A caça a Bin Laden foi implacável. A Guerra do Iraque, que se pensava ser curta e de prevenção, acabou se tornando um labirinto no qual os Estados Unidos não mais conseguiam achar o fio de novelo que o levaria a saída. Dez anos após o atentado contra as torres gêmeas, o presidente Barack Obama, por meio de anúncio público em rede aberta, declarou que Osama Bin Laden havia sido morto na cidade paquistanesa de Abbottabad durante uma operação militar norte-americana. Desde 11 de setembro de 2001, os representantes do chamado neoconservadorismo tinham adotado a tese de que a maior ameaça global era o terrorismo jihadista. Nesse sentido, esse atentado proclamado pela Al-Qaeda e por Bin Laden fez os Estados Unidos declararem uma *cruzada* antiterrorista que se desdobrara em guerras longas e sangrentas. Tudo isso em prol de garantir maior segurança aos norte-americanos, duramente penalizados pelos ataques contra as torres gêmeas. O analista internacional Francisco Carlos Teixeira construiu uma análise singular ao declarar que Osama Bin Laden morreu três vezes. A chegada de Obama ao poder mudou de forma sintomática o agir político estadunidense sobre a questão do terrorismo. Mesmo que várias de suas promessas tenham sido mais fáceis de serem ditas do que propriamente praticadas, foi por meio dele e de seu discurso que Bin Laden começaria a morrer. Durante as guerras, tanto no Iraque quanto no Afeganistão, as televisões Al-Jazeera e Al-Arabiya transmitiram incessantemente as mortes em nome de uma guerra *justa* e *santa* do Islã. De certa forma, houve uma exaustão da sociedade civil, que não aceitou mais que suas vítimas fossem transformadas em mártires. Estava decretada a primeira morte de Bin Laden. Túnis, 17 de dezembro de 2010. A população civil se revolta contra o regime local devido ao alto índice de corrupção. A chama da indignação foi endêmica. Do Marrocos ao Iêmen, do Cairo a Trípoli, na Síria, ou mesmo em Madri e Paris. Segundo Teixeira da Silva, a grande ausência nessas manifestações seria Bin Laden. De fato, para os jovens que estavam nas ruas protestando contra seus governos, lutando para viabilizar a democracia no mundo árabe, a figura de Bin Laden nada mais representava. Tornara-se um óbice. Assim, estaria decretada sua segunda morte. Seu túmulo estaria bem no centro da praça Tharir. 2 de maio de 2011, dia da morte física do líder da Al-Qaeda. As ruas de Túnis, Bengazi e Cairo, ou mesmo no Iraque e Afeganistão, representaram sua morte política e estratégica respectivamente. Parece que o analista citado tinha razão quando declarou que quando Bin Laden foi morto, já era apenas um cadáver político.

Curiosidades

O atentado terrorista que derrubou o *World Trade Center* (WTC) em 11 de setembro de 2001 não foi o primeiro. Em 23 de fevereiro de 1993, um carro-bomba explodiu no estacionamento do WTC. O objetivo era a destruição dos alicerces da torre norte para que sua queda derrubasse a torre sul, porém esse objetivo não foi atingido.

POSFÁCIO

Um dicionário, ainda que se diga "pequeno", voltado para a análise de grandes personagens históricos e para o grande público, e escrito por três historiadores de ofício, é uma novidade extremamente inteligente e bem-vinda ao lume. Trata-se, este seu projeto, de uma obra dotada de profundidade histórica, de crítica social e étnica, mas não desprovida de um bom e sensato senso de humor.

O trabalho em pauta importou, como não poderia ser diferente, numa ampla e detalhada pesquisa bibliográfica, em obras especializadas e em vários idiomas, com o sentido arguto do historiador em escolher o mais atualizado e mais erudito. Assim, o trabalho em pauta é antes de tudo o resultado de uma cuidadosa pesquisa bibliográfica, a que se soma a experiência crítica do pesquisador, trazida para a obra pelos longos anos de experiência em arquivos e em orientações de trabalhos acadêmicos dos autores.

A escolha dos personagens, e o corte cronológico, viaja da antiguidade até nossos dias, explicitando a erudição da equipe de trabalho. Da mesma forma, em atenção ao público buscado, a linguagem empregada é direta, simples e, mesmo assim, precisa. Na maioria dos verbetes, dedicados aos personagens que passeiam fantasmaticamente pelo texto, detalhes ocultos, traços da *persona* e idiossincrasias, que podem muito bem emergir como "sintomas", como diria S. Freud, ou "sinais", na expressão de Carlo Ginzburg, iluminam os "cantos escuros" das figuras históricas que marcaram uma época. Este, por sinal, é um critério central na escolha dos personagens: seu claro impacto sobre seu tempo, sua singularidade e seus atos que mudaram — e é bom que se diga, nem sempre para melhor! — a história humana. É desta forma, abandonando a "torre de marfim" dos trabalhos acadêmicos — por demais presos às suas formas originais, de caráter comprobatório e de construção de carreiras —, a obra se pretende a uma experiência nova, diferenciada, criando pontes entre o "renascimento", entre nós, do gênero biografia (como nos recentes trabalhos sobre grandes personagens da história do Brasil, como Getúlio Vargas, João Goulart ou Luís Carlos Prestes, e a biografia anônima, ou semianônima, massiva, voltada para as chamadas "pessoas comuns" (*ordinary people*), mas sempre capaz de revelar muito sobre uma época e seus contemporâneos.

Nesta imensa — mesmo querendo-se um "pequeno dicionário", trata-se de uma obra de vastas fronteiras — galeria de personagens, espécie de "museu de cera da história das paixões", encontramos, com bastante sabor, a descrição de vidas, e mortes, que abalaram a sociedade contemporânea. Por tal razão, além do citado "sabor" da escrita que se multiplica na leitura, os diversos personagens emergem como possibilidade de aprofundamento de futuras leituras, do despertar de interesses e mesmo de futuras pesquisas instigadas aos leitores.

Além disso, como uns deliciosos bônus, a obra nos oferece um erudito e detalhado texto sobre as opções teóricas entre a história acadêmica, os gêneros de narrativa e a impositiva necessidade do ofício do historiador assumir-se como um "bem social". No texto introdutório, dos historiadores Karl Schurster e Leandro Ricon, tão oportunamente denominado "Saindo da Torre de Marfim...", faz-se um detalhado e bem informado balanço dos diversos usos da história e de suas narrativas. De caráter técnico, típico do trabalho acadêmico, mas, ao mesmo tempo, crítico e aberto, o texto informa ao leitor da situação atual, e suas perspectivas, da atuação do historiador no espaço público e na construção de uma narrativa mais "socializada", mais abrangente e menos exclusiva. Assim, as escolhas feitas pelos autores — desde a Antiguidade até os nossos dias — explicita ainda um claro abandono ao viés etnocêntrico e excludente das narrativas tradicionais vigentes em obras gerais, voltadas ao grande público, organizadas a partir do chamado "Norte Global". Desta forma, lideranças políticas e intelectuais da Ásia Oriental e da África abrem espaço na vasta galeria até tão pouco tempo uniformemente brancas e orientadas pela história de colonizadores e exploradores europeus.

Por todo seu conjunto, o "pequeno dicionário" emerge como uma grande obra que, sem perder sua capacidade de imaginário histórico, é criativa e bem escrita, sendo, ainda assim, uma obra técnica de alto nível.

Francisco Carlos Teixeira da Silva

Professor titular de História Moderna e Contemporânea da UFRJ.

OBRAS DE REFERÊNCIA

ACZEL, Amir D. *Bússola: a invenção que mudou o mundo.* Rio de Janeiro: Jorge Zahar, 2002.

ALZUGARAY, Domingo (ed.). *1000 que fizeram o século XX.* São Paulo: Editora Três.

BARRACLOUGH, Geoffrey (ed.). *Atlas da História do mundo.* São Paulo: Folha de São Paulo, 1993.

BLOOM, Harold. *Gênio: os 100 autores mais criativos da história da literatura.* São Paulo: Objetiva, 2003.

ABREU, Alzira Alves de *et al.* (org.). *Dicionário Histórico-Biográfico Brasileiro.* Rio de Janeiro: Fundação Getúlio Vargas/CPDOC, 2001.

DANIELS, Patrícia S.; HYSLOP, Stephen G. *Atlas da História do mundo.* Rio de Janeiro: Abril, 2004.

DUBY, George *et al. História e Nova História.* Lisboa: Teorema, 1989.

ECO, Umberto. *O nome da rosa.* Rio de Janeiro: Nova Fronteira, 2006.

EKSTEINS, Modris. *A sagração da primavera — a Grande Guerra e o nascimento da era moderna.* Rio de Janeiro: Rocco, 1991.

FEBVRE, Lucien. *A Europa* — gênese de uma civilização. Bauru: EDUSC, 2004.

GRANDES PERSONAGENS DA HISTÓRIA UNIVERSAL. 5 vols. Rio de Janeiro: Abril Cultural, 1974.

GUARINELLO, Norberto Luiz. *História Antiga.* São Paulo: Contexto, 2013.

HOOKER, J. T. *et al. Lendo o passado: do cuneiforme ao alfabeto. A história da escrita antiga.* São Paulo: EDUSP: Melhoramentos, 1996.

IFRAH, Georges. *Os números: a história de uma grande invenção.* Rio de Janeiro: Globo, 1989.

LANE, Harlan. *A máscara da benevolência — a comunidade surda amordaçada.* Lisboa: Horizontes Pedagógicos, 1992.

LOPES, Marcos Antonio. *Grandes pensadores da História intelectual.* São Paulo: Contexto, 2003.

MANGUEL, Alberto. *Os livros e os dias — Um ano de leituras prazerosas*. São Paulo, Companhia das Letras, 2005.

MACEDO, José Rivair (org.). *Os viajantes medievais da Rota da Seda [séculos V–XV]*. Porto Alegre: Editora da UFRGS, 2011.

MONDIN, Batista. *Curso de Filosofia*. São Paulo: Paulinas, 1987.

ONG, Walter. *Oralidade e cultura escrita*. Campinas: Papirus, 1998.

REID, Struan. *As rotas da seda e das especiarias: invenções e comércio*. Lisboa: Estampa, 1993/94.

SAGAN, Carl. *Cosmos*. Rio de Janeiro: Francisco Alves, 1982.

SILVA, Francisco Carlos Teixeira da; LEÃO, Karl Schurster de Sousa; ALMEIDA, Francisco Eduardo Alves de (orgs.). *Atlântico: A História de um oceano*. Rio de Janeiro: Civilização Brasileira, 2013.

SILVA, Francisco Carlos Teixeira da *et al.* (orgs.). *Impérios na História*. Rio de Janeiro: Elsevier, 2009.

SOUZA NETO, José Maria Gomes de. *Antigas Leituras: Diálogos entre a História e a Literatura*. Recife: Edupe, 2012.

TIME-LIFE (ed.). *História em Revista*. Rio de Janeiro: Abril Livros, 1993.

TOYNBEE, Arnold. *Um estudo da História*. Brasília: Editora da UNB; São Paulo: Martins Fontes, 1987.

WATSON, Peter. *Ideas: a History of Thought and Invention, from Fire to Freud*. New York: Harper Collins, 2005.

YENNE, Bill. *100 invenções que mudaram a História do mundo*. Rio de Janeiro: Ediouro, 2003.

ZIERER, Adriana; VIEIRA, Ana Lívia B.; ABRANTES, Elizabeth S. *Nas trilhas da Antiguidade e Idade Média*. São Luís: Editora UEMA, 2014.

OBRAS DA INTRODUÇÃO

BARROS, José D'Assunção. *O campo da história*. 7.ed. Petrópolis: Vozes, 2010.

BLOCH, Marc. *Apologia da História ou o ofício do historiador*. Rio de Janeiro: Jorge Zahar Editor, 2001.

BORGES, Vavy Pacheco. "Grandezas e misérias da biografia". In: PINSKY, Carla Bassanezi. *Fontes Históricas*. São Paulo: Contexto, 2010.

BOURDIEU, Pierre. "A ilusão biográfica". In: FERREIRA, Marieta da Moraes; AMADO, Janaína (orgs.). *Usos & abusos da história oral*. 8.ed. Rio de Janeiro: FGV editora, 2008, p. 182–191.

DEL PRIORE, Mary. *Biografia: quando o indivíduo encontra e história*. TOPOI, v.10, n.19, 2009, p. 7–16.

DOSSE, François. *O desafio biográfico: escrever uma vida*. São Paulo: EDUSP, 2009.

LE GOFF, Jacques. *Comment écrire une biographie historique aujourd'hui?* Le Débat, 1989.

______. *São Luís: biografia*. Rio de Janeiro: São Paulo: Record, 1999.

______; NORA, Pierre. (orgs.). *História: novos problemas. História: novas abordagens. História: novos objetos*. 3.ed. Rio de Janeiro: Francisco Alves, 1988.

LEVI, Giovanni. "Usos da biografia". In: FERREIRA, Marieta da Moraes; AMADO, Janaína (orgs.). *Usos & abusos da história oral*. 8.ed. Rio de Janeiro: FGV Editora, 2008, p. 167–182.

LEVILLAN, Philippe. "Os protagonistas: da biografia". In: RÉMOND, René (org). *Por uma história política*. 2.ed. Rio de Janeiro: FGV Editora, 2003, p. 141 –184.

LORIGA, Sabina. "A biografia como problema". In: REVEL, Jacques (org). *Jogos de escalas: a experiência da microanálise*. Rio de Janeiro: FGV Editora, 1998, p. 225–250.

MADELÉENAT, Daniel. *La biografie*. Paris: PUF, 1984.

PALLARES-BURKE, Maria Lúcia. *As muitas faces da história: nove entrevistas*. 2.ed. São Paulo: Editora Unesp, 2000.

SCHMIDT, Benito Bisso. *Construindo biografias... Historiadores e jornalistas: aproximações e afastamentos*. Estudos Históricos: Rio de Janeiro: CPDOC/FGV, n.19, 1997.

TEORIA E METODOLOGIA

BERLIN, Isaiah. *O sentido de realidade*: estudos das ideias e de sua história. Rio de Janeiro: Civilização Brasileira, 1999.

BLOCH, Marc. *Apologia da História ou ofício do historiador*. Rio de Janeiro: Jorge Zahar, 2001.

BRAUDEL, Fernand. *Gramática das civilizações*. São Paulo: Martins Fontes, 2004.

CALVINO, Italo. *Por que ler os clássicos*. São Paulo: Companhia das Letras, 2007.

FERNÁNDEZ-ARMESTO, Felipe. *Ideias que mudaram o mundo*. São Paulo: Arx, 2004.

FERREIRA, Marieta de Morais; AMADO, Janaína. *Usos & abusos da história oral*. Rio de Janeiro: FGV. 2002.

FERRO, Marc. *A manipulação da História no ensino e nos meios de comunicação* — a História dos dominados em todo o mundo. São Paulo: IBRASA, 1983.

GINZBURG, Carlo. *O queijo e os vermes*. São Paulo: Companhia das Letras, 1987.

HARTOG, François (org.). *A História de Homero a Santo Agostinho*. Belo Horizonte: Editora UFMG, 2001.

HARTOG, François. *El espejo de Heródoto*. México: Fondo de Cultura Econômica, 2003.

HOBSBAWM, Eric. *Sobre História: ensaios*. São Paulo: Companhia das Letras, 1998.

HUNTINGTON, Samuel P. *O choque de civilizações e a recomposição da ordem mundial.* Rio de Janeiro: Objetiva, 1997.

LIMA, Luiz Costa (org.). *Teoria da cultura de massa.* Rio de Janeiro: Paz e Terra, 1982.

SAID, Edward W. *Cultura e imperialismo.* São Paulo: Companhia das Letras, 1995.

SILVA, Kalina Vanderlei; SILVA, Maciel H. *Dicionário de conceitos históricos.* São Paulo: Contexto, 2005.

SONTAG, Susan. *Diante da dor dos outros.* São Paulo: Companhia das Letras, 2003.

TCHAKHOTINE, Serge. *A mistificação das massas pela propaganda política.* Rio de Janeiro: Civilização Brasileira, 1967.

TUCHMAN, Barbara. *A prática da história.* Rio de Janeiro: Bibliex, 1995.

WHITE, Hayden. *Metahistória: a imaginação histórica do século XIX.* São Paulo: EDUSP, 1995.

WHITE, Hayden. *Trópicos do discurso.* São Paulo: EDUSP, 1994.

HISTÓRIA DAS RELIGIÕES

ABDALATI, Hammudah. *O Islam em foco.* São Bernardo do Campo: Centro de Divulgação do Islam para a América Latina, 1989.

ADLER, Joseph. *Religiões da China.* Lisboa: Edições 70, 2002.

ARMSTRONG, Karen. *Buda.* São Paulo: Objetiva, 2001.

ARMSTRONG, Karen. *Maomé*: uma biografia do profeta. São Paulo: Companhia das Letras, 2002.

BÍBLIA HEBRAICA. São Paulo: Sêfer, 2006.

BÍBLIA SAGRADA. Rio de Janeiro: Barsa/Catholic Press, 1967.

BUCK, William. *Mahabharata.* São Paulo: Cultrix, s/d.

CAMPBELL, Joseph. *As máscaras de deus: mitologia oriental.* São Paulo: Palas Athena, 1994.

CAMPENHAUSEN, Hans Von. *Os pais da Igreja — a vida e a doutrina dos primeiros teólogos cristãos.* Rio de Janeiro: CPAD, 2005.

CHALITTA, Mansour (trad.). *O Alcorão.* Rio de Janeiro: ACIGI.

COLLINSON, Patrick. *A Reforma.* São Paulo: Objetiva, 2006.

CROSSAN, John Dominic. *O Jesus histórico: a vida de um camponês judeu do Mediterrâneo.* Rio de Janeiro: Imago, 1994.

FLUSSER, David. *Jesus.* São Paulo: Perspectiva, 2002.

GOSVĀMI, Satsvarūpa dāsa. *Introdução à filosofia védica — a tradição fala por si mesma.* São Paulo: Bhaktivedanta Book Trust, 1986.

GUIGNEBERT, Charles. *El cristianismo antiguo.* México: Fondo de Cultura Econômica, 1988.

HINNELS, John (ed.). *Dicionário das religiões*. São Paulo: Círculo do Livro, 1990.

HITCHCOCK, Susan Tyler. *História das religiões: onde vive Deus e caminham os peregrinos*. São Paulo: Abril, 2005.

JORGE, Fernando. *Lutero e a Igreja do Pecado*. São Paulo: Novo século, 2007.

JESUS, Santa Teresa de. *Libro de la vida*. Madrid: Castalia España, 2005.

KHALIDI, Tarif (org.). *O Jesus muçulmano — provérbios e histórias na literatura islâmica*. Rio de Janeiro: Imago, 2001.

KUNG, Hans. *A Igreja Católica*. Rio de Janeiro: Objetiva, 2002.

KOVADLOFF, Santiago. *O irremediável: Moisés e o espírito trágico do judaísmo*. Rio de Janeiro: José Olympio, 2005.

LINGS, Martin. *Muhammad: a vida do profeta do Islam segundo as fontes mais antigas*. São Paulo: Attar, 2010.

MARTRAND, Robert (dir.). *As grandes datas do Islamo*. Lisboa: Nobar.

NASR, Helmi (trad.). *Tradução do sentido do Nobre Alcorão para a língua portuguesa*. Complexo do Rei Fahd para imprimir o Alcorão Nobre, 2006.

NORMAND, Henry. *Os mestres do Tao: Lao Tzu, Lie Tzu, Chuang Tzu*. São Paulo: Pensamento, 1987.

O BHAGAVAD-GITA COMO ELE É. São Paulo: Bhaktivedanta, 1986.

POLIAKOV, Leon. *De Cristo aos judeus da corte*. São Paulo: Perspectiva, 1979.

REEBER, Michael. *Religiões: mais de 400 termos, conceitos e ideias*. Rio de Janeiro: Ediouro, 2002.

REYNAUD, Elisabeth. *Teresa de Ávila ou o Divino Prazer*. Rio de Janeiro: Record. 2001.

RUBENSTEIN, Richard E. *Quando Jesus se tornou Deus — a luta épica sobre a divindade de Cristo nos últimos dias de Roma*. Rio de Janeiro: Fisus, 2001.

SCHURÉ, Édouard. *Krishna*. São Paulo: Martin Claret, 2003.

STRAUSZ, Rosa Amanda. *Teresa, a Santa Apaixonada*. Rio de Janeiro: Objetiva. 2005.

VENTURI, Fraco. *Utopia e reforma no Iluminismo*. São Paulo: EDUSC, 2003.

VERNET, Juan. *As origens do Islam*. Rio de Janeiro: Globo, 2004.

WIESEL, Elie. *Homens sábios e suas histórias: retratos de mestres da Bíblia, do Talmude e do hassidismo*. São Paulo: Companhia das Letras, 2006.

ZIMMER, Heinrich. *Filosofias da Índia*. São Paulo: Palas Athena, 2003.

ANTIGUIDADE PRÉ-CLÁSSICA

A EPOPEIA DE GILGAMESH. São Paulo: Martins Fontes, 1992.

BERNABE, Alberto (org.). *Textos literários hetitas*. Madrid: Nacional, 1979.

BINKLEY, Roberta. *Biography of Enhéduanna, Priestess of Inanna*. Disponível em: <http://www.cddc.vt.edu/feminism/Enhéduanna.html>. Acesso em: 22 dez. 2014.

BLOOM, Harold. *Jesus e Javé: os nomes divinos*. Rio de Janeiro: Objetiva, 2006.

BOUZON, Emanuel. *Ensaios babilônicos: sociedade, economia e cultura na Babilônia pré-cristã*. Porto Alegre: EDIPUCRS, 1998.

CARREIRA, José Nunes. *Introdução à História e cultura pré-clássica: guia de estudo*. Lisboa: Europa-América, s/d.

CLAYTON, Peter E. *Crônicas dos faraós — reis e dinastias do Antigo Egito*. Lisboa: Verbo, 2004.

FÈVRE, Francis. *Faraona de Tebas — Hatshepsut, filha do sol*. São Paulo: Mercuryo, 1991.

FINKELSTEIN, Israel; SILBERMAN, Neil Asher. *A Bíblia não tinha razão*. São Paulo: A Girafa, 2003.

GARELLI, Paul; NIKIPROWETZKY, V. *O Oriente próximo asiático*. São Paulo: Pioneira: EDUSP, 1982.

GRALHA, Júlio. *Deuses, faraós e o poder*: *legitimidade e imagem do deus dinástico e do monarca no Antigo Egito — 1550–1070 a.C.* Rio de Janeiro: Barroso Produções Editoriais, 2002.

ISRAEL E JUDÁ: Textos do antigo Oriente Médio. São Paulo: Paulinas, 1985.

JACQ, Christian. *As egípcias — retratos de mulheres do Egito faraônico*. Rio de Janeiro: Bertrand-Brasil, 2000.

JOSEFO, Flávio. *História dos judeus: obra completa*. Rio de Janeiro: CPAD, 1990.

KLUGER, Rivkah Schärf. *O significado arquetípico de Gilgamesh — um moderno herói antigo*. São Paulo: Paulus, 1999.

KRAMER, Samuel Noah. *Os sumérios*. Lisboa: Bertrand, 1972.

______. *A história começa na Suméria*. Lisboa: Europa-América, 1997.

LEICK, Gwendolyn. *Mesopotâmia — a invenção da cidade*. Rio de Janeiro: Imago, 2003.

LÉVÊQUE, Pierre. *As primeiras civilizações*. Lisboa: Edições 70, 2001.

MEADOR, Betty de Shong. *Inanna, Lady of Largest Heart: Poems of the Sumerian High Priestess Enhéduanna*. Houston: University of Texas, 2001.

MELLA, Federico Arborio A. *Dos sumérios a Babel — a Mesopotâmia (história, civilização e cultura)*. Rio de Janeiro: Hemus, 2004.

MENU, Bernadette. *Ramsés II: soberano dos soberanos*. Rio de Janeiro: Objetiva, 2002.

NOBLECOURT, Christiane Desroches. *A mulher no tempo dos faraós*. Campinas: Papirus, 1994.

PEINADO, Francisco Lara (tradução e notas). *Himnos sumerios*. Madrid: Tecnos, 1988.

ROAF, Michael. *Mesopotâmia e o antigo Oriente Médio*. Madrid: Del Prado, 1997.

SANTOS, António Ramos dos. *A Babilônia dos caldeus — uma caracterização socioeconómica*. Lisboa: Colibri, 2003.

STUCKEY, Johanna. *Inanna and the "Sacred Marriage"*. Disponível em: <http://www.matrifocus.com/IMB05/spotlight.htm>. Acesso em: 24 dez. 2014.

TAVARES, António Augusto. *Impérios e propaganda na Antiguidade*. Lisboa: Presença, 1985.

TYLDESLEY, Joyce. *Pirâmides*. Rio de Janeiro: Globo, 2005.

WILSON, John. *La cultura egipcia*. México: Fondo de Cultura Económica, 1992.

ANTIGUIDADE CLÁSSICA

ARISTÓFANES. *As nuvens; só para mulheres; um deus chamado dinheiro*. Rio de Janeiro: Jorge Zahar Ed., 2003.

ARISTÓTELES. *Poética; Órganon; Política; Constituição de Atenas*. São Paulo: Nova Cultural, 2004.

BONNARD, André. *Civilização grega*. Lisboa: Editorial Estúdios Cor, 1968.

BRUNS, Roger. *César*. São Paulo: Nova Cultural, 1988.

CANFORA, Luciano. *Júlio César*: o ditador democrático. São Paulo: Estação Liberdade, 2002.

CARLIER, Pierre. *Homero*. Lisboa: Europa-América, 2008.

CÉSAR, Júlio. *Comentários sobre a Guerra Gálica (De Bello Gallico)*. Rio de Janeiro: Ediouro.

CUSTÓDIO, Pedro Paulo. *Alexandre Magno: aspectos de um mito de longa duração*. São Paulo: Annablume, 2006.

ÉSQUILO; SÓFOCLES; EURÍPIDES. *Os persas, Electra, Hécuba*. Rio de Janeiro: Jorge Zahar Ed., 2004.

FINLEY, M. I. *O mundo de Ulisses*. Lisboa: Presença, 1982.

FINLEY, Moses I. *Escravidão antiga e ideologia moderna*. Rio de Janeiro: Graal, 1991.

GIARDINA, Andréa (dir.). *O homem romano*. Lisboa: Presença, 1982.

GREEN, Peter. *Alexandre, o Grande e o período helenístico*. Rio de Janeiro: Objetiva, 2014.

GRIMAL, Pierre. *A civilização romana*. Lisboa: Edições 70, 2001.

HOMERO. *La Batracomiomaquia; Himnos homéricos*. Buenos Aires: Losada, 2005.

______. *Ilíada*. Trad. Carlos Alberto Nunes. São Paulo: Ediouro, 2009.

______. *Odisseia*. Trad. Carlos Alberto Nunes. São Paulo: Ediouro, 2009.

HOOBLER, Dorothy & Thomas. *Cleópatra*. Rio de Janeiro: Nova Cultural, 1987.

JÁCOME NETO, Félix. *A arte de Homero e o historiador: observações introdutórias*. Romanitas — Revista de Estudos Greco-Latinos. Vitória: Laboratório de Estudos sobre o Império Romano/ Universidade Federal do Espírito Santo, 2013.

JAEGER, Werner. *Paideia: a formação do homem grego*. São Paulo: Martins Fontes, 2001.

LÉVÊQUE, Pierre. *O mundo helenístico*. Lisboa: Edições 70, 1987.

LUCE, J. V. *Curso de filosofia grega: do século VI a.C. ao século III d.C.* Rio de Janeiro: Jorge Zahar, 1994.

MAZEL, Jacques. *As metamorfoses de Eros: o amor na Grécia Antiga*. São Paulo: Martins Fontes, 1988.

McDONALD, A. H. *Roma republicana*. Lisboa: Verbo, 1971.

MOIX, Terenci. *Cleópatra: rainha e mulher*. Rio de Janeiro: Globo, 1989.

MOSSÉ, Claude. *A Grécia Arcaica de Homero a Ésquilo*. Lisboa: Edições 70, 1989.

______. *Alexandre, o grande*. São Paulo: Estação Liberdade, 2004.

PEREIRA, Maria Helena da Rocha. *Estudos de história da cultura clássica*. v. I: cultura grega. Lisboa: Fundação Calouste Gulbenkian, 1993.

PLATÃO. XENOFONTE. *Apologia de Sócrates; ditos e feitos memoráveis de Sócrates; apologia de Sócrates*. São Paulo: Nova Cultural, 2004.

PLUTARCO. *Vidas dos homens ilustres*. Rio de Janeiro: Editora das Américas, 1959.

ROMILLY, Jacqueline de. *A tragédia grega*. Lisboa: Edições 70, 1999.

ROSENFIELD, Kathrin H. *Sófocles & Antígona*. Rio de Janeiro: Jorge Zahar Ed., 2002.

SILVA, Gilvan Ventura da; MENDES, Norma Musco (orgs.). *Repensando o Império Romano: perspectiva socioeconômica, política e cultural*. Rio de Janeiro: Mauad; Vitória: EDUFES, 2006.

SÓFOCLES. *A trilogia Tebana: Édipo Rei, Édipo em Colono, Antígona*. Rio de Janeiro: Jorge Zahar Ed., 2002.

STONE, I. F. *O julgamento de Sócrates*. São Paulo: Companhia das Letras, 2007.

VIDAL-NAQUET, Pierre. *O mundo de Homero*. São Paulo: Companhia das Letras, 2002.

VRETTOS, Theodore. *Alexandria: a cidade do pensamento ocidental*. São Paulo: Odysseus, 2005.

WEPMAN, Dennis. *Alexandre o grande*. São Paulo: Nova Cultural, 1988.

TARDO-ANTIGUIDADE

AGOSTINHO, Santo. *A Cidade de Deus*. Bragança Paulista: Editora Universitária São Francisco, 2006.

AGOSTINHO, Santo. *Confissões*. São Paulo: Nova Cultural, 2004.

ALTHEIM, Franz. *A Ásia a caminho da Europa*. Lisboa: Livros do Brasil.

ARIÈS, Philippe; DUBY, Georges. *História da vida privada. v. I: do Império Romano ao ano 1000*. São Paulo: Companhia das Letras, 1992.

BARBERO, Alessandro. *9 de agosto de 378: o dia dos bárbaros*. São Paulo: Estação Liberdade, 2010.

BROWN, Peter. *Santo Agostinho*: uma biografia. Rio de Janeiro: Record, 2006.

COURCELLE, Pierre. *História literária das grandes invasões germânicas*. Petrópolis: Vozes, 1955.

DZIELSKA, Maria. *Hipatia de Alexandria*. Lisboa: Relógio D'Água, 1989.

HAMMAN, A. G. *La vida cotidiana en Africa del Norte en tiempos de San Agustin*. Iquitos: OALA, CETA; Madrid: FAE, 1989.

KULIKOWSKI, Michael. *Guerras góticas de Roma*. São Paulo: Madras, 2008.

MAN, John. *Átila, o huno — o rei bárbaro que desafiou Roma*. Rio de Janeiro: Ediouro, 2006.

MARCELINO, Amiano. *Historia*. Madrid: Ediciones Akal, 2002.

MENDES, Norma Musco. *Sistema político do Império Romano do Ocidente: um modelo de colapso*. Rio de Janeiro: DP&A, 2002.

SOUZA NETO, José Maria Gomes de. "Amiano Marcelino e a representação da barbárie". In: DABAT, Christine Rufino (org.). *Cadernos de História: oficina da História*. Recife: Editora Universitária da UFPE, 2009.

VEYNE, Paul. *Quando nosso mundo se tornou cristão*. Lisboa: Papelmunde, 2009.

O MEDIEVO OCIDENTAL

ALIGHIERI, Dante. *A divina comédia*. São Paulo: Editora 34, 2001.

ANDERSON, Perry. *Passagens da Antiguidade ao Feudalismo*. São Paulo: Brasiliense, 1994.

BANSFIELD, Susan. *Carlos Magno*. São Paulo: Nova Cultural, 1988.

______. *Joana D'Arc*. São Paulo: Nova Cultural, 1988.

BASCHET, Jérôme. *A civilização feudal: do ano 1000 à colonização da América*. Rio de Janeiro: Globo, 2006.

CAMPOS, Augusto de. *Invenção: de Arnaut e Raimbaut a Dante e Cavalcanti*. São Paulo: Arx, 2003.

FAVIER, Jean. *Carlos Magno*. São Paulo: Estação Liberdade, 2004.

FLETCHER, Richard. *Em busca de El Cid*. São Paulo: Ed. Unesp, 2002.

GIMPEL, Jean. *A revolução industrial da Idade Média*. Lisboa: Europa-América, 2001.

GORDON, Mary. *Joana d'Arc*. São Paulo: Objetiva, 2001.

HADDAD, Gerard. *Maimônides*. São Paulo: Estação Liberdade, 2003.

HEER, Friedich. *O mundo medieval: a Europa de 1100 a 1350*. Lisboa: Acádia.

HOYO, Javier Del; GAZAPO, Bienvenido (eds.). *Anales Del Imperio Carolingio — Años 800–843*. Madrid: Akal, 1997.

LE GOFF, Jacques. *A civilização da Europa medieval*. Lisboa: Estampa, 1983.

LEWIS, R. W. B. *Dante*. Rio de Janeiro: Objetiva, 2002.

MAIMÔNIDES, Moisés. *O guia dos perplexos*. São Paulo: Ed. Landy, 2003.

MICHELET, Jules. *Joana D'Arc*. São Paulo: Imaginário: Polis, 1995.

NOGUERIA, Carlos Roberto. "Apresentação". In: MICHELET. *Joana D'arc*. São Paulo: Imaginário: Polis, 1995.

PEDRERO-SÁNCHEZ, Maria Guadalupe. *História da Idade Média: textos e testemunhos*. São Paulo: Unesp, 2000.

PIRENNE, Henri. *Maomé* e *Carlos Magno*. Lisboa: Publicações Dom Quixote, 1970.

RUCQUOI, Adeline. *História Medieval da Península Ibérica*. Lisboa: Estampa, 1995.

A IDADE MODERNA

BERTIN, Claude. *Os grandes julgamentos da história. Os processos da intolerância: os Templários; Calas*. Lisboa: Amigos do livro; São Paulo: Otto Pierre, s/d.

BLACK, C. F. et al. *O mundo do Renascimento*. Madrid: Del Prado, 1997.

BURKE, Peter. *A fabricação do rei — a construção da imagem pública de Luís XIV*. Rio de Janeiro: Jorge Zahar, 1994.

CALLEJA, José García; MARTÍN, Javier Gonzáles. *Miguel de Cervantes*. Madrid, Edimat. 2005.

CERVANTES, Miguel de. *Don Quijote de la Mancha*. Madrid: Real Acadêmia Espahola/Alfaguara, 2004.

CUADRADO, Sara. *Leonardo Da Vinci*. Madrid: Edimat, 2005.

GLEICK, James. *Isaac Newton — uma biografia*. São Paulo: Companhia das Letras, 2004.

GRAY, John. *Voltaire*. São Paulo: UNESP, 1999.

HAWKING, Stephen. *Os gênios da ciência — sobre os ombros de gigantes*. São Paulo: Campus, 2004.

HELIODORA, Barbara. *O homem político em Shakespeare*. Rio de Janeiro: Agir, 2005.

HENRY, John. *A Revolução Científica e as origens da Ciência Moderna*. Rio de Janeiro: Jorge Zahar, 1998.

HONAN, Park. *Shakespeare: uma vida*. São Paulo: Companhia das Letras, 2001.

HORN, Pierre L. *Luís XIV*. São Paulo: Nova Cultural, 1987.

KITSON, Michael. *O Mundo da Arte — O Barroco*. São Paulo/Rio de Janeiro: Encyclopedia Britânica do Brasil Publicações/Expressão e Cultura, 1979.

LLOSA, Maria Vargas. "Una Novela para el Siglo XXI". In: CERVANTES, Miguel de. *Don Quijote de la Mancha*. Madrid: Real Académia Espahola/Alfaguara, 2004.

MASTERS, Roger. *Da Vinci e Maquiavel — um sonho renascentista*. Rio de Janeiro: Jorge Zahar 1999.

NULAND, Sherwin. *Leonardo da Vinci*. Rio de Janeiro: Objetiva, 2001.

OS PENSADORES. *Voltaire; Diderot*. São Paulo; Abril Cultural, 1973.

RIQUER, Martín de. "Cervantes y El 'Quijote'". In: CERVANTES, Miguel de. *Don Quijote de la Mancha*. Madrid: Real Académia Espahola/Alfaguara, 2004.

ROSSI, Paolo. *Os sinais do tempo — História da terra e História das nações de Hook a Vico*. São Paulo: Companhia das Letras, 1992.

SAAVEDRA, Miguel de Cervantes. *Dom Quixote de la Mancha*. São Paulo: Nova Cultural, 2003.

SCLIAR-CABRAL, Leonor. *Poesia espanhola do Século de Ouro*. Florianópolis: Letras Contemporâneas, 1998.

SHAKESPEARE, Willian. *The complete works*. Oxford: Clarendon Press, 1994.

______. *Complete poems*. New Jersey: Gramercy, 1996.

VOLTAIRE, François Marie Arouet. *Memórias*. Rio de Janeiro: Imago, 1995.

______. *Dicionário Filosófico*. São Paulo: Martin Claret, 2002.

WHITE, Michael. *Isaac Newton*. Rio de Janeiro: Ed. Globo, 1993.

A CONTEMPORANEIDADE

AL-JABRI, Mohammed Abed. *Introdução à crítica da razão árabe*. São Paulo: UNESP, 1999.

ARCOS, Carmelo. *Feras do rock*. Barcelona: Altaya, 1996.

ARENDT, Hannah. *Origens do totalitarismo*. São Paulo: Schwarcz, 1990.

ATALI, Jacques. *Karl Marx ou o espírito do mundo*. Rio de Janeiro: Record, 2005.

BARTOLETTI, Susan Campbell. *Juventude hitleriana*: a história dos meninos e meninas nazistas e a dos que resistiram. Rio de Janeiro: Relume-Dumará, 2006.

BAZIN, André. *Charlie Chaplin*. Rio de Janeiro: Jorge Zahar, 2006.

BILLARD, François. *No mundo do jazz*. São Paulo: Companhia das Letras, 1990.

BIRCH, Beverly. *Louis Braille*. Rio de Janeiro: Globo, 1993.

BODANSKY, Yossef. Bin Laden: *o homem que declarou guerra à América*. São Paulo: Ediouro, 2001.

BRANDÃO, Antonio Carlos; DUARTE, Milton Fernandes. *Movimentos culturais da juventude*. São Paulo: Moderna, 2004.

BROWN, Pam. *Charlie Chaplin*. Rio de Janeiro: Globo, 1993.

CARR, Caleb. *Assustadora história do terrorismo*. Rio de Janeiro: Prestígio, 2003.

CHACON, Paulo. *O que é rock*. São Paulo: Brasiliense, 1985.

CHAPLIN, Charles. *História da minha vida*. Rio de Janeiro: José Olympio, 1965.

CHOMSKY, Noah. *11 de setembro*. Rio de Janeiro: Bertrand Brasil, 2002.

CLARKE. Arthur C. *O homem e o espaço*. Rio de Janeiro: José Olympio, 1968.

COURTOIS, Stéphane *et al*. *O livro negro do comunismo: crimes, terror e repressão*. Rio de Janeiro: Bertrand Brasil, 2001.

DARNTON, Robert. *Boemia literária e revolução: o submundo das letras no Antigo Regime*. São Paulo: Companhia das Letras, 1989.

DARWIN, Charles. *A origem das espécies*. Belo Horizonte: Itatiaia, 2002.

______. *A origem das espécies*. Portugal: Lello & Irmão, 2003.

ENGELS, F; MARX, K. *Manifesto do Partido Comunista*. São Paulo: Martin Claret, 2004.

FBI FILES ON THE BEATLES. Disponível em: <http://vault.fbi.gov/The%20 Beatles>. Acesso em: 25 dez. 2014.

FEST, Joachim. *Hitler*. São Paulo: Nova Fronteira, 2006.

FREUD, Sigmund. *Cinco lições de Psicanálise; a história do movimento psicanalítico; esboço de Psicanálise*. São Paulo: Nova Cultural, 2005.

FRIEDLANDER, Paul. *Rock and roll: uma história social*. Rio de Janeiro: Record, 2002.

GAGARIN, Yuri; LIEBEDEV, V. *Psicologia e cosmos*. Rio de Janeiro: Record, 1969.

GAROZZO, Filippo. *Sigmund Freud*. São Paulo: Três, 1975.

GAY, Peter. *Freud para historiadores*. Rio de Janeiro: Paz e Terra, 1989.

GENRO, Tarso. *Lênin* — coração e mente. São Paulo: Expressão Popular, 2005.

GOULD, Stephen Jay. *Os dentes da galinha*. Petrópolis: Paz e Terra, 1996.

GRIFFIN, Farah Jasmine. *If You Can't Be Free, Be A Mystery: In Search of Billie Holiday*. New York: Random House, 2001.

HANEY, John. *Lênin*. São Paulo: Nova Cultural, 1988.

HITLER, Adolf. *Mein Kampf*. São Paulo: Centauro, 2001.

HOBSBAWM, Eric J. *A era das revoluções (1789–1848)*. São Paulo: Paz e Terra, 1977.

______. *A era dos impérios (1875–1914)*. Rio de Janeiro: Paz e Terra, 1988.

______. *História Social do Jazz*. Rio de Janeiro: Paz e Terra, 1990.

______. *A era dos extremos*: o breve século XX (1914–1991). São Paulo: Companhia das Letras. 1995.

______; RANGER, Terence (Org.). *A invenção das tradições*. Rio de Janeiro: Paz e Terra, 1997.

HOLIDAY, Billie; DUFTY, William. *Lady Sings the Blues: Uma autobiografia*. 3.ed. São Paulo: Brasiliense, 1985.

HUNTINGTON, Samuel P. *O choque de civilizações e a recomposição da ordem mundial*. Rio de Janeiro: Objetiva, 1997.

ISAACSON, Walter. *Einstein — sua vida, seu universo*. São Paulo: Companhia das Letras, 2007.

JOHNSON, Paul. *Napoleão*. São Paulo: Ed. Objetiva, 2003.

JONES, Max. *Billie Holiday*. São Paulo: Abril Cultural, 1980.

KAVÁFIS, Konstantinos. *Poemas*. Rio de Janeiro: Nova Fronteira.

MACDONALD, Florence. *Albert Einstein*. Rio de Janeiro: Globo, 1993.

MARABINI, Jean. *Berlim no tempo de Hitler*. São Paulo: Companhia das Letras, 1989.

LENIN, V. I. *O Estado e a Revolução*. 1917. Disponível em: <http://pcb.org.br/portal/docs/oestadoearevolucao.pdf>. Acesso em: 8 jan. 2015.

MARX, Karl. *O Capital — Edição Condensada*. São Paulo: Edipro, 2008.

______; ENGELS, F. *O Manifesto Comunista*. Petrópolis: Paz e Terra, 1996.

McGUIRE, Leslie. *Napoleão*. São Paulo: Nova Cultural, 1987.

MOURÃO, Ronaldo Rogério de Freitas. *Astronáutica: do sonho à realidade: história da conquista espacial*. Rio de Janeiro: Bertrand Brasil, 1999.

PEREIRA Filho, Francisco Alves. *70 anos do Oscar, 1927–1997*. Rio de Janeiro: Relume-Dumará, 1997.

RASHID, Ahmed. *Jihad: a ascensão do islamismo militante na Ásia Central*. São Paulo: Cosac & Naify, 2003.

REED, John. *Dez dias que abalaram o mundo*. Porto Alegre: L&PM. 2004.

SCHORSKE, Carl E. *Viena fin-de-siècle: política e cultura*. São Paulo: Companhia das Letras, 1988.

SCHULLER, Gunther. *O velho jazz: suas raízes e seu desenvolvimento musical*. São Paulo: Cultrix, 1970.

SCHURSTER, Karl *et al*. *Velhas e novas Direitas*. Recife: EDUPE, 2014.

SERVICE, Robert. *Lênin — a biografia definitiva*. Rio de Janeiro: Difel, 2006.

SHEARMAN, Deirdre. *Rainha Vitória*. São Paulo: Nova Cultural, 1987.

SILVA, Francisco Carlos Teixeira da. *Dicionário Crítico do Pensamento da Direita*. Rio de Janeiro: MAUAD, 2000.

______. *Enciclopédia de guerras e revoluções do século XX*. Rio de Janeiro: Campus Elsevier, 2004.

______. (org.). *Impérios na História*. Rio de Janeiro: Campus Elsevier, 2008.

______; SOARES, Luiz Carlos. *Reflexões sobre a Guerra*. Rio de Janeiro: 7 Letras, 2010.

_______. *As três mortes de Osama Bin Laden*. São Paulo: Carta Maior, 2011. Disponível em: <http://cartamaior.com.br/?/Coluna/As-tres-mortes-de-Osama-Bin-Laden/19370> Acesso em: 8 fev. 2015.

SONTAG, Susan. *Diante da dor dos outros*. São Paulo: Companhia das Letras, 2003.

STEFOFF, Rebecca. *Charles Darwin — a revolução da evolução*. São Paulo: Companhia das Letras, 2007.

STRACHEY, Lytton. *Rainha Vitória*. Rio de Janeiro: Record, 2001.

STRATHERN, Paul. *Marx em 90 minutos*. Rio de Janeiro. Jorge Zahar editor, 2006.

THIS, Bernard. *Freud e o despertar do inconsciente*. Revista Viver Mente & Cérebro, Coleção Memória da Psicanálise. São Paulo: Duetto Editorial, 2004.

TRAGTENBERG, Maurício. *A Revolução Russa*. São Paulo: Unesp, 2007.

WRIGHT, Lawrence. *O vulto das torres: a Al-Qaeda e o caminho até o 11/9*. São Paulo: Companhia das Letras, 2007.

A ÁFRICA NEGRA

BENJAMIN, Roberto. *A África está em nós*. João Pessoa, Grafiset, 2004.

EISNER, Will. *Sundiata, O Leão de Mali*. Uma lenda Africana. São Paulo: Companhia das Letras, 2004.

FLEITES, Augusto; GARCÍA, Julia. *Los Pueblos de África — vida y Costumbres en la Antiguidad*. Madrid, Edimat, 2006.

FUNDO INTERNACIONAL DE DEFESA E AUXÍIO PARA A ÁFRICA AUSTRAL (org.). *Nelson Mandela: a luta é minha vida*. Rio de Janeiro: Globo, 1988.

GLASGOW, Roy. *Nzinga — Resistência africana à investida do colonialismo português em Angola, 1582–1663*. São Paulo, Perspectiva, 1982.

HERNANDEZ, Leila Leite. *A África em sala de aula*. São Paulo: Selo Negro, 2005.

LAMBERT, Jean-Marie. *História da África Negra*. Goiânia, Ed. Kelps, 2001.

NIANE, D. T. "O Mali e a segunda expansão manden". In: NIANE, D. T. (org.) *História geral da África. vol. IV. A África do século XII ao século XVI*. São Paulo: Ática: Unesco, 1998.

PANTOJA, Selma. *Nzinga Mbandi — mulher, guerra e escravidão*. Brasília, Thesaurus, 2000.

POGRUND, Benjamin. *Nelson Mandela*. Rio de Janeiro, Editora Globo, 1991

SARAIVA, Flavio Jose Sombra. *Formação da África contemporânea*. São Paulo: Atual Editora, 1987.

SILVA, Alberto Costa e. *A enxada e a lança — A África antes dos portugueses*. Rio de Janeiro: Nova Fronteira, 1996.

AS AMÉRICAS

ALVES, Edílson Antonio. *Sóror Juana Inés de la Cruz em Busca de uma Liberdade Identitária para as Mulheres do Século XVII no México Vice-reinal.* Revista Espéculo n.14. Disponível em: <https://pendientedemigracion.ucm.es/info/especulo/numero14/sorjuana.html>. Acesso em: 8 maio 2015.

ARIAS Neto, José Miguel. *História da América — as Grandes Navegações*. Textos didáticos. Londrina: Ed. Uel, 1999.

BOLÍVAR, Simón. *Escritos políticos*. Petrópolis: Vozes, 1992.

BROWN, Dee. *Enterrem meu coração na curva do rio*. Porto Alegre: L&PM, 2003.

CAMÍN; Héctor; MEYER, Lorenzo. *À sombra da Revolução Mexicana — História Mexicana Contemporânea, 1910–1989*. São Paulo: Edusp, 2000.

CANSECO, Maria de Diez Rostworowski. *Historia del Tahuantinsuyu*. Lima: Instituto de Estúdios Peruanos, 1999.

CASTAÑEDA, Jorge. *Che Guevara — uma vida em vermelho*. São Paulo: Companhia das Letras, 2006.

COLOMBO, Cristóvão. *Diários da descoberta da América*. Porto Alegre: L&PM, 1999.

CORDIVIOLA, Alfredo. *Um mundo singular — Imaginação, Memória e Conflito na Literatura Hispano-Americana do Século XVI*. Recife: Ed. UFPE, 2005.

DOZER, Donald. *América Latina: uma perspectiva histórica*. Rio de Janeiro: Globo, 1974.

ELLIOT, J. H. "A Conquista Espanhola e a Colonização da América". In: BETHEL, Leslie (Org.). *História da América Latina — A América Latina Colonial*. vol. 1. São Paulo, Edusp, 1998.

FAVRE, Henri. *A Civilização Inca*. Rio de Janeiro: Jorge Zahar, 1998.

FUENTES, Carlos. *A laranjeira*. Rio de Janeiro: Record. 1997.

_______. *O espelho enterrado — Reflexões sobre a Espanha e o Novo Mundo*. Rio de Janeiro: Rocco, 2001.

GERÔNIMO. *Uma autobiografia*. Porto Alegre: L&PM, 1994.

GIUCCI, Guillermo. *Viajantes do maravilhoso — O Novo Mundo*. São Paulo: Companhia das Letras, 1992.

GRUZINSKI, Serge. *1480-1520 — a passagem do século*. São Paulo: Companhia das Letras.

HENRIQUES, Irineide Santarém André. *Psicanálise e Barroco na poesia de Sóror Juana Inés de la Cruz*. Revista Ética & Filosofia Política, v.7, n.2, nov. 2004. Disponível em: <http://www.psicanaliseebarroco.pro.br/portugues/revista/leitura.asp?CodObra=61&CodRev=3>. Acesso em: 8 maio 2015.

KARNAL, Leandro (org.). *História dos Estados Unidos*. São Paulo: Contexto. 2007.

KELLER, Helen. *The Story of My Life*. New York: Dover Publications, 1996.

KING, Marthin Luther. *Um apelo à consciência — Os melhores discursos de Martin Luther King*. Rio de Janeiro: Jorge Zahar Editor. 2006.

LUND, Christopher. "Os sonetos filosóficos-morais de Gregório de Matos e Sóror Juana Inez de La Cruz". In: ÁVILA Affonso. *Barroco — teoria e análise*. São Paulo: Perspectiva: CBMM, 1997, pp. 203–213.

MARQUEZ, Gabriel García. *O general em seu labirinto*. Rio de Janeiro: Record, 1997.

MORAIS, Marcus Vinícus de. *Hernan Cortez, A Conquista do México, a conquista da escrita e da história*. Ideias – Cronistas da América. *Revista do Instituto de Filosofia e Ciências Humanas*. Campinas, Ano 11 (1), Unicamp, 2004.

NUNES, Américo. *As Revoluções do México*. São Paulo: Perspectiva, 1999.

ORLANDI, Hernán (org.). *Biblioteca hombres del Peru*. vol 1. Lima: Editorial Universitária/ Fondo Editorial — Pontifícia Universidad Católica del Peru, 2003.

PAZ, Octávio. *Soror Juana Inez de La Cruz — as armadilhas da fé*. São Paulo: Mandarim, 1998.

PRADO, Maria Lígia. *A formação das nações latino-americanas*. São Paulo: Atual, 1994.

_______. *América Latina no século XIX*. São Paulo: EDUSC, 1999.

RESTALL Matthew. *Sete mitos da Conquista Espanhola*. Rio de Janeiro: Civilização Brasileira, 2006.

ROSTWOROWSKI, Maria. *Pachacutec Inca Yupanqui*. Lima: Instituto de Estúdios Peruanos, 2001

SADER, Eder (org.). *Che Guevara — política*. São Paulo: Expressão Popular, 2004.

SALAZAR, Fernando; SALAZAR, Edgar. *Cusco y el Vale Sagrado de los Incas*. Lima: Ausonia S.A, 2006.

SORIANO, Graciela. "Introdução". In: BOLÍVAR, Simón. *Escritos políticos*. Petrópolis: Vozes, 1992.

SOUSTELLE, Jacques. *A civilização asteca*. Rio de Janeiro: Jorge Zahar, 1987.

_______. *A vida cotidiana dos astecas às vésperas da conquista espanhola*. Lisboa: Livros do Brasil, s.d.

TODOROV, Tzvetan. *A Conquista da América* — a questão do outro. São Paulo: Martins Fontes, 2003.

VALENCIA, Armando Harvey. *Coricancha, el Gran Templo del Sol*. Cuzco: Universidad Nacional San Antonio Abad, 1994.

VERNE, Julio. *Os conquistadores*. Porto Alegre: L&PM. 1998.

WEPMAN, Dennis. *Simón Bolívar*. São Paulo, Abril Cultural, 1987.

WHITMAN, Christy. *O jovem Martin Luther King*. São Paulo: Nova Alexandria, 2004.

WOLF, Eric. *Guerras camponesas do século XX*. São Paulo: Global, 1984.

WOMACK JR., John. *Zapata e a Revolução Mexicana*. Lisboa: Edições 70, 1980.

BIZÂNCIO E A RÚSSIA

ANGOLD, Michael. *Bizâncio: a ponte entre a Antiguidade e a Idade Média*. Rio de Janeiro: Imago, 2002.

DIEHL, Charles. *Byzantium: Greatness and Decline*. New Jersey: Rutgers University Press, 1957.

FÈVRE, Francis. *Teodora — a imperatriz de Bizâncio*. Rio de Janeiro: Nova Fronteira, 1991.

LELOUP, Jean-Yves. *O ícone: uma escola do olhar*. São Paulo: UNESP, 2006.

MADARIAGA, Isabel de. *Catarina, a Grande*. Lisboa: Presença, 1996.

MANGO, Cyril. *Bizâncio*: o império da Nova Roma. Lisboa: Edições 70, 2008.

McGUIRE, Leslie. *Catarina, a Grande*. São Paulo: Nova Cultural, 1988.

MILNER-GULLAND, Robert. *Rússia*: dos czares aos sovietes. Madrid: Del Prado, 1997.

PROCÓPIO. *Histoire Secrète*. Paris: Les Belles Lettres, 2009.

RUNCIMAN, Steven. *A civilização bizantina*. Rio de Janeiro: Zahar Editores, 1961.

O BRASIL

BITTENCOURT, Circe (org.). *Dicionário de datas da História do Brasil*. São Paulo: Contexto, 2007.

CATÁLOGO da exposição Tereza Costa Rego. "Recife Olinda Olinda Recife". Olinda, Museu de Arte Contemporânea de Pernambuco — MAC, 1992.

CARNEIRO, Edison. *O Quilombo de Palmares*. Rio de Janeiro: Civilização Brasileira, 1966.

CHALHOUB, Sidney. *Machado de Assis, historiador*. São Paulo: Companhia das Letras, 2003.

FERREIRA, Luzilá Gonçalves. *A garça mal ferida — A História de Anna Paes D'Altro no Brasil Holandês*. Recife, Nova Presença, 2002.

FREYRE, Gilberto. *Casa-grande & senzala — formação da família brasileira sob o regime da economia patriarcal*. 30ª edição. Rio de Janeiro: Record, 1995.

FURTADO, João Pinto. *O manto de Penélope: história, mito e memória da Inconfidência Mineira*. São Paulo: Companhia das Letras, 2002.

FURTADO, Junia Ferreira. *Chica da Silva e o contratador de diamantes*. São Paulo: Companhia das Letras, 2003.

GOMES, Flávio. *Palmares*. São Paulo: Contexto, 2005.

GOMES, Nilma Lino. "Gilberto Freyre e a Nova História: Uma Aproximação Possível". In: SCHWARCZ, Lílian Moritz; GOMES, Nilma Lino (orgs.). —. Belo Horizonte: Autêntica, 2000.

GOMINHO, Zélia de Oliveira. *Veneza Americana X Mucambópolis — O Estado Novo na Cidade do Recife (décadas de 30 e 40)*. Recife: CEPE, 1998.

MELLO, Evaldo Cabral de. *Nassau — Governador do Brasil Holandês*. São Paulo: Companhia das Letras, 2006

MELLO, Evaldo Cabral de. *Olinda restaurada — guerra e açúcar no Nordeste, 1630-1654*. Rio de Janeiro: Editora 34, 2007.

MELLO, Jose Antonio Gonçalves de. *Tempo dos Flamengos — influência da ocupação holandesa na vida e na cultura do Nordeste*. Rio de Janeiro: Topbooks, 2002.

NUNES, Augusto. *Tancredo*. São Paulo: Nova Cultural, 1988.

PALLARES-BURKE, Maria Lúcia Garcia. *Gilberto Freyre — um vitoriano dos trópicos*. São Paulo: Ed. Unesp, 2005.

PIZA, Daniel. *Machado de Assis — um gênio brasileiro*. São Paulo: Imprensa Oficial, 2006.

REIS, João José; SILVA, Eduardo. *Negociação e conflito — a resistência negra no Brasil escravista*. São Paulo: Companhia das Letras, 1999.

REIS, José Carlos. "Gilberto Freyre, poeta do Brasil". In: LOPES, Marcos Antonio (org.). *Grandes nomes da História intelectual*. São Paulo: Contexto, 2003.

SANTOS, Joel Rufino dos. *Zumbi*. São Paulo: Global, 2006.

SEVCENKO, Nicolau (org.). *História da vida privada no Brasil — República: da Belle Époque à Era do Rádio*. São Paulo: Companhia das Letras, 1998.

_______. *Literatura como missão: tensões sociais e criação cultural na Primeira República*. São Paulo: Brasiliense, 1999.

SCHURSTER, Karl *et al*. *O Brasil e a Segunda Guerra Mundial*. Rio de Janeiro: Multifoco, 2010.

SILVA, Sílvia Cortez. *Tempos de casa-grande (1930–1940)*. São Paulo: Perspectiva: Fapesp, 2010.

VAINFAS, Ronaldo (org.). *Dicionário do Brasil Colonial (1500–1808)*. Rio de Janeiro: Objetiva, 2000.

VIEIRA, H.; GALVÃO, N.; DANTAS, L. (orgs.). *Brasil holandês: história, memória e patrimônio compartilhado*. São Paulo: Alameda, 2012.

VERRI, Gilda; BRITTO, Jomard (orgs). *Relendo o Recife de Nassau*. Recife, Bargaço. 2003.

VOX LEGIS (org.). *Constituições brasileiras* (Império e República). São Paulo: Sugestões Literárias, 1978.

O ISLÃ

AL-ANDALUZ: A confluência de três mundos. O Correio da Unesco. Ano 20, n.2. Brasil. Fevereiro de 1992. Rio de Janeiro, Editora FGV.

ALI, Tariq. *O Livro de Saladino*. Rio de Janeiro: Record, 1999.

AL-JABRI, Mohammed Abed. *Introdução à crítica da razão árabe*. São Paulo: UNESP, 1999.

ATTIE FILHO, Miguel. *Falsafa – A Filosofia entre os Árabes*. São Paulo: Palas Athena, 2002.

AVERROES (IBN RUSHD). *TAHAFUT AL-TAHAFUT (The Incoherence of the Incoherence).* E-text conversion Muhammad Hozien.

AVERRÓIS – MAIMÔNIDES. Dois grandes pensadores do século XII. O Correio da Unesco. Ano 14, n.11. Brasil. Novembro de 1988. Rio de Janeiro, Editora FGV.

BENMAKHLOUF, Ali. *Averróis*. São Paulo: Estação Liberdade, 2006.

CHALITTA, Mansour. *As mais belas páginas da literatura árabe*. Rio de Janeiro: ACIGI.

DINIZ, Alberto (trad.). *As mil e uma noites*. Rio de Janeiro: Ediouro, s.d.

HOURANI, Albert. *O pensamento árabe na era liberal (1789–1939)*. São Paulo: Companhia das Letras, 2005.

HOURANI, Albert. *Uma história dos povos árabes*. São Paulo: Companhia das Letras. 2006.

IBN KHALDUN, Abd Ar Rahman bin Muhammed. *THE MUQADDIMAH. Translated by* Franz Rosenthal.

JALAL AL-DIN RÛMI, Maulâna. *A sombra do amado*: poemas de Rûmi. Rio de Janeiro: Fissus, 2000.

JALAL AL-DIN RÛMI, Mawlana. *Onde dois oceanos se encontram: uma seleção de odes do Divã de Shems de Tabriz por Mevlana Jaláluddin Rûmi: uma nova interpretação por James G. Cowan*. São Paulo: Editora Gente, 1995.

______. *Poemas místicos*. São Paulo: Attar, 1996.

JALDÚN, Ibn. *Introducción a La Historia Universal* (*al-Muqaddimah*). México: Fondo de Cultura Económica, 1997.

JAROUCHE, Mamede Mustafa (trad.). *Livro das mil e uma noites*, vol. I – Ramo Sírio. São Paulo: Globo, 2005.

LACOSTE, Yves. *Ibn Khaldun — nascimento da História; passado do Terceiro Mundo*. São Paulo: Ática. 1991.

LEWIS, Bernard. *Os árabes na História*. Lisboa: Estampa.

LYONS, Jonathan. *A casa da sabedoria: como a valorização do conhecimento pelos árabes transformou a civilização ocidental*. Rio de Janeiro: Zahar, 2011.

MAALOUF, Amin. *As cruzadas vistas pelos árabes*. São Paulo: Brasiliense, 2001.

MENOCAL, Maria Rosa. *O ornamento do mundo*. Rio de Janeiro: Record, 2004.

RASHID, Ahmed. *Jihad: a ascensão do islamismo militante na Ásia Central*. São Paulo: Cosac & Naify, 2003.

ROBINSON, Francis. *O mundo islâmico: esplendor de uma fé*. Madrid: Del Prado, 1997.

ROUSSET, Paul. *História das cruzadas*. Rio de Janeiro, Zahar, 1980.

SAID, Edward. *Orientalismo — o Oriente como invenção do Ocidente*. São Paulo: Companhia das Letras, 2001.

SCOTT, Walter. *The talisman*. Nashville: North Books, 2005.

ÍNDIA, CHINA, JAPÃO E MONGÓLIA

ALBANESE, Marília. *Índia antiga*. Barcelona: Folio, 2006.

ALCÂNTARA, Eurípedes. *China: a potência exibe suas garras*. Revista Veja. Rio de Janeiro: Abril, ano 36, n. 2, p. 122–127, out. 2003.

ARMSTRONG, Karen. *A grande transformação* — o mundo na época de Buda, Confúcio e Jeremias. São Paulo: Companhia das Letras. 2008.

BARRET, Douglas; GRAY, Basil. *La peinture indienne*. Genebra: Editions D'Art Albert Skira, 1978.

BASTAN– 'dzin-rgya-mtsho, Dalai-Lama XIV. *Minha terra e meu povo: a tragédia do Tibete*. São Paulo: Palas Athena, 1988.

BLOOM, Harold. "Prólogo". In: SHIKIBU, Murasaki. *La novela de Genji Esplendor*. Madrid: Ediciones Destino, 2005.

BLUNDEN, Caroline; ELVIN, Mark. *China*: *gigante milenário*. Madrid: Del Prado, 1997.

BUENO, André. *100 textos de História chinesa*. União da Vitória: FAFIUV: Kaygangue, 2011.

BUENO, André; SOUZA NETO, José Maria (orgs.). *Antigas leituras: visões da China Antiga*. União da Vitória: Unespar, 2014.

BUSH, Catherine. *Gandhi*. São Paulo: Nova Cultural, 1990.

CHANG, Jung; HALLIDAY, Jon. *Mao: a história desconhecida*. São Paulo: Companhia das Letras, 2006.

CONFÚCIO. São Paulo: Pensamento, 1992.

______. *Os analectos*. São Paulo: Martins Fontes, 2005.

DABAT, Christine Rufino. *Mulheres no movimento revolucionário chinês (1839–1949)*. Recife: Editora Universitária da UFPE, 2006.

DANE, Lance (ed.). *O Kama Sutra ilustrado*. Lisboa: Livros e Livros, 2006.

GANDHI, Mahatma. *A roca e o calmo pensar*. São Paulo: Palas Athena, 1991.

GANDHI, Mohandas K. *Autobiografia — minha vida e minhas experiências com a verdade*. São Paulo: Palas Athena, 1999.

GARZA, Hedda. *Mao Tsé-Tung*. São Paulo: Nova Cultural, 1990.

GOODRICH, L. Carrington. *Historia del pueblo chino*: desde los orígenes hasta 1967. México: Fondo de Cultura Económica, 1978.

GRANET, Marcel. *O pensamento chinês*. Rio de Janeiro: Contraponto, 2007.

GUOJIAN Chen (ed.). *Poesía clásica china*. Madrid: Cátedra, 2002.

HOANG, Michel. *Gengis Khan*. Rio de Janeiro: Editora Globo, 2003.

HUMPHREY, Judy. *Genghis Khan*. Rio de Janeiro: Nova Cultural. 1989.

INOUE, Takehiko. *Vagabond — a história de Musashi*. 10 vols. São Paulo: Conrad, 2006.

KAIZUKA, Shigeki. *Vida y pensamiento de Confucio*. Barcelona: El Barquero, 2004.

KALIDASA. *The Recognition of Sakuntala*. Oxford: University Press, 2001.

LAPIERRE, Dominique; COLLINS, Larry. *Esta noite a liberdade*. São Paulo: Círculo do Livro, 1976.

LI T'ai Po. *Poemas chineses: Li Po, Tu Fu*. Rio de Janeiro: Nova Fronteira, 1996.

LIN Yutang. *A sabedoria da China e da Índia*. Rio de Janeiro: Irmãos Pongetti, 1945.

MAO Tsé-Tung. *O livro vermelho* — citações do comandante Mao Tsé-Tung. São Paulo: Martin Claret, 2002.

MARTOS, José Ángel. *El primer emperador: hijo de una concubina, unificó a China e levantó um fabuloso imperio*. Madrid: Santillana, 2006.

MENZIES, Gavin. *1421: o ano em que a China descobriu o mundo*. Rio de Janeiro: Bertrand Brasil, 2007.

MYIAMOTO, Musashi. *O livro dos cinco anéis*. Lisboa: Europa-América, 2007.

PALUDAN, Ann. *Crónica dos imperadores chineses*. Lisboa: Verbo, 2004.

PANIKKAR, K. M. *A dominação ocidental na Ásia*. Rio de Janeiro: Paz e Terra, 1977.

SCARPARI, Maurizio. *A China antiga*. Barcerlona: Folio, 2006.

SHE KENG — O Livro dos Cantares. Macau: Jesuítas Portugueses, 1979.

SHIKIBU, Murasaki. *La novela de Genji Esplendor*. Madrid: Ediciones Destino, 2005.

SHONAGON, Sei. *El libro de la almohada*. Madrid: Alianza Editorial, 2004.

SILVEIRA, Ildefonso. *Enfrentando os guerreiros tártaros medievais*. Petrópolis: Vozes, 2000.

SOUZA, J. B. de Mello e (org.). *Sacuntala de Calidasa e outras histórias de heroísmo e amor da Índia Antiga*. Rio de Janeiro: Ediouro, s.d.

SPENCE, Jonathan D. *Em busca da China moderna — quatro séculos de história*. São Paulo: Companhia das Letras, 1995.

VATSYAYANA, Mallanaga. *Kama Sutra*. Rio de Janeiro: Jorge Zahar, 1998.

WILSON, William Scott. *O Samurai — A Vida de Miyamoto Musashi*. São Paulo: Estação Liberdade, 2006.

YAMASHIRO, José. *Choque luso no Japão dos séculos XVI e XVII*. São Paulo: Ibrasa. 1989.

YOSHIKAWA, Eiji. *Musashi*. São Paulo: Estação Liberdade, 2. vols., 1999.